시간과 철학

서양철학자들은 시간을 어떻게 이해하였는가

한국동서철학회 편

시간과 철학

서양철학자들은 시간을 어떻게 이해하였는가

한국동서철학회 편

철학과현실사

머 리 말

시간은 가장 중요한 철학적 주제 중의 하나이지만, 동시에 그 본질을 파악하기가 매우 난해한 개념이기도 하다. 철학사 속의 지속적인 탐구에도 불구하고 시간의 본질에 대한 공통된 합의가 도출되지 않는 것은 이러한 근본적인 어려움을 반영하는 것으로 볼 수 있다. 이러한 상황에서 한국동서철학회는, 현재 국내에서 활발한 연구 활동을 펼치고 있는 소장 및 중진 학자들이 서양철학사에 등장하는 핵심적인 사상가들의 시간관을 비판적으로 검토하는 기회를 마련하였다. 그렇지만 이 책은 서양철학자들의 시간관을 단순히 역사적인 순서에 따라 소개하는 데 그치지 않고, 시간의 본질에 관한 필자들의 수준 높은 사유를 보여주는 역할도 수행하고 있음을 말하고 싶다. 이하에서는 이 책에 수록된 논문들의 집필 의도를 간략히 소개함으로써, 책의 전체적인 구성 및 지향점에 대한 독자들의 이해를 도모하고자 한다.

서영식의 글은 서양 고대철학의 두 거봉인 플라톤과 아리스토텔레스의 시간론을 다루고 있다. 필자에 따르면, 고대 그리스에서 연원하

5

며 오늘날 우주세계에 해당되는 개념인 '코스모스(cosmos)'는 본래, 표면적인 다양한 변화현상 속에서도 자신의 지속성을 유지하는 존재를 의미하였다. 이 사실을 증명하는 것이 고대 그리스 철학자들에게는 중요한 과제였으며, 플라톤과 아리스토텔레스 역시 우주의 영원성을 증명해야 하는 과제를 비켜 갈 수 없었다. 이들의 철학의 핵심으로 알려진 이데아론과 형상·질료설의 궁극적인 목표는 이와 밀접히 관련되어 있으며, 시간에 대한 논의 역시 우주의 영원성을 확인하는 과정에서 제시된 자연철학적 탐구의 일환으로 볼 수 있다. 이러한 관점에서 논문은 플라톤과 아리스토텔레스를 중심으로 고대 그리스 철학자들이 시간을 어떻게 이해하였는지, 그리고 시간에 대한 다양한 해석이 각각의 철학적 사유와 어떻게 연관되는지 검토하고 있다.

현대를 살아가는 우리에게 '시간'이 무척 중요하다고 하면서도 아직까지 그 수수께끼를 풀지 못하는 '밀림' 속에서 플로티노스가 시도한 '시간에 대한 해명'은 어떤 의미를 가질까? 플로티노스는 이미 (3세기에)『영원과 시간에 관하여(Enn. III 7)』라는 작품을 남겼다. 조규홍의 글은 이 작품을 토대로 플로티노스의 사상을 추적하고 있다. 우리는 촌각을 다투는 일상의 분주함 속에서 망연자실할 것이 아니라, 우리 존재의 본질을 숙고하여 '존재원천'으로 되돌아가자고 플로티노스는 자신의 시간연구를 통해 제안한다. 한마디로 "존재를 원하라(ἐφετὸν τὸ εἶναι)."(Enn. VI 6, 8.15)는 그의 또 다른 충고와 다르지 않게!

김태규의 글은 아우구스티누스 시간관의 특징과 영향을 포괄적으로 서술하고 있다. 아우구스티누스는 시간에 대한 선각자들의 견해를 비판적으로 분석하고 수용함으로써 시간의 의식 내재화라고 하는 독창적인 시간 분석을 성취하였다. 그는 우리를 패러독스에 빠뜨리게 하는 객관적으로 표상되는 시간을 거부하고 심리적 시간으로의 전환을 통하여 시간은 현재 영혼 속에 세 가지로 분산되어 존재하는 것으

6

로 이해하였다. 인간의 삶은 시간 속에서 분산되어 있으므로 집중을 통하여 무시간적인 영원의 관상으로 상승해야 한다. 필자에 따르면 이것이 아우구스티누스의 시간 분석의 본뜻이다.

시간에 대한 아퀴나스 논의는 두 가지 특징을 지닌다. 첫째, 논의의 초점은 시간 자체의 해명이 아니라 영원에 대한 이해에 있다. 시간이 무엇인가의 물음 역시 영원과의 구별을 분명하게 하려는 관심을 반영한다. 둘째, 논의는 전체적으로 존재론적 성격을 띤다. 이 맥락에서 시간 자체의 존재론적 위상 문제가 언급되고 논의된다. 이경재의 글은 현대적 문제의식과는 사뭇 다를 수 있는 이러한 그의 관심의 성격을 드러내는 것을 목적으로 한다.

이근세의 글은 스피노자의 윤리학이 시간성을 통해 규정된다는 것을 밝히고 있다. 특히, 논문이 강조하고자 하는 것은 스피노자의 시간관과 윤리학은 서양철학의 여러 초월적 세계관이나 종교적 관점과 달리, 인간의 완성이 사후나 내세에서 이루어지는 것이 아니라, 현세에서 명확히 체험되는 것이라는 사실이다. 스피노자에 따르면, 영원은 무한정한 시간의 연장이 아니라 존재 자체이며, 결국 윤리적 완성도 현세에서 체험하는 존재의 향유에 있다.

이태하의 글은 합리론자들이 실체의 존재를 담보한다고 생각하는 지속기간(duration)으로서의 시간개념은 근거 없는 상식적인 견해일 뿐이라는 흄의 시간론을 소개하고 있다. 시간이란 다른 인상과 구별될 수 있는 원초적인 개별적 인상으로부터가 아닌 인상들이 정신에 현상하는 방식인 계기(succession)에서 기인되는 것이다. 그러나 이 시간개념은 과거-현재-미래라는 시제적 개념이 함의되어 있지 않다는 점에서 무시제적이다. 시제적 시간은 자의식이 무시제적인 시간 속의 공적인 대상세계와 내재적으로 연관을 맺을 때 비로소 생겨나는 것이다. 우리가 관심을 갖는 도덕적 세계의 범주에 속하는 시간은 자연 안에 존재하는 계기적 대상들의 무시제적인 순서로서의 시간이 아닌 바로 그 시간 안에서 자신의 위치에 대한 느낌과 생각 속에서 반성된 시간, 즉 서사적으로 순서화된 시제적 시간, 즉 역사적 시간이다. 우리의 일상적 경험은 바로 이 같은 역사적 시간 속에서 이루어지고 있다는 점에서 시간은 우리 사유의 기본 틀이다.

박진의 글은 칸트의 시간관을 소개하고 있다. 칸트에 의하면 시간은 결코 인간의 주관과 무관한 객관적 실체나 현상과 독립된 우주 자체의 질서로서 인식될 수 없다. 오히려 시간은 유한한 인간의 주관에 내재된 감성적 의식의 형식이요, 주관이 세계를 만나는 근원적 질서이자 조건이다. 서로 잇달아 진행하는 지금의 연속인 시간은 세계를 보고 듣고 체험하는 인간 주관이 경험의 내용들을 감각적으로 받아들이고 질서 지우는 근본적인 방식이다. 시간은 세계를 바라보는 인간의 경험 속에서 감각적 내용들을 모두 제거하고라도 남는 순수한 봄(순수 직관)이며, 이렇듯 시간의 질서는 유한한 인간의 보편적 조건이기도 하다.

이정은에 따르면 헤겔은 철학의 이념과 시간을 동근원적으로 연결한다. 그래서 코제브처럼 "(헤겔의) 개념은 시간이다."라는 주장이 생겨나지만, 헤겔은 분명하게 "개념은 영원이다."라고 천명한다. 이렇게 서로 모순되는 주장은 영원한 개념과 시간 간의 동일성과 비동일성을 통해 해소할 수 있다. 헤겔의 이념은 독특하다. 이것은, 시간은 개념의 계기이면서 동시에 시간 자체도 개념처럼 발전하고 전개된다는 독특한 시간관과 밀접하게 연관되어 있다.

송영진의 글은 서양의 전통적인 시간관을 비판하는 베르그송의 이론을 다루고 있다. 전통적 시간관이 시간을 공간에 부수되는 것으로 이해하는 데 반해, 베르그송의 시간관은 시간이란 공간의 필연성에 역행하는 것으로서 지속하는 것이며 이 지속은 창조적으로 진화하는 것으로 해석한다. 서구의 전통적인 시간관에서 시간은 공간에 부수되어 버리며, 물리학이나 수학, 특히 열역학에서 시간함수는 결과적으로는 변화의 법칙에서 사라져 버리는 것으로 이해되었다. 시간이란 실재가 아니라 현상이나 가상이라는 것이다. 그러나 베르그송은 시간이야말로 실재하는 것으로서 그 경과나 과정은 법칙적으로 정리할 수 없는 성격의 것이며, 창조적으로 진화하는 것이라고 말한다. 그는 실재를 이러한 지속하는 존재로 보고, 이러한 지속하는 존재는 단순한 과정이 아니라 신의 역동적인 창조적 성격에 기인하는 것으로 이해한다.

송석랑의 글은 시간을 '고립된 지금들의 연속체'['지금-시간']로 보았던 '주/객'관주의적 인식주관의 '대상적 시간'관을 후설의 '현상학적 시간'관에 대한 실존론적 해명을 통해 극복하며, '자신에 침투된 시간을 살아가는 주관'의 존재론적 '초월성' 혹은 '지향성'으로써 시간의 본질을 새롭게 규명했던 하이데거와 메를로-퐁티의 '시간'론을 좇아 다음의 세 내용을 논구한다. (1) 실존의 '탈자적인 시간성'이 누적하는 '깊이의 두께'를 취하는 까닭에 이 두 철학자의 시간은 '친족'성을 띤다. (2) 이 친족성엔 그러나 '이상의 부력'과 '현실의 중력'이 대립하는 차이가 있다. (3) 이 차이의 두 요소는 그들 각자의 '주체 및 리얼리티'에 각각 '추상의 관념성'과 '구체의 현실성'을 입히며, 그들이 말했던 '새로운 형이상학의 진리'가 가리킬 성취와 한계를 달리 표한다.

김연숙에 따르면, 레비나스는 주체의 시간과는 다른 질서에 속한 타자의 시간들을 드러내는데, 이는 자아의식으로서의 주체가 시간의 흐름 속에서 발생하는 변화와 차이를 배제하면서 과거와 미래를 현재로 표상하는 특권을 행사하는 것을 문제 삼는 방식으로 진행된다. 타자의 시간들은 자의식과 현재의 연속성으로부터 구성되는 것이 아니며, 현재에 그 기원을 두고 있지도 않다. 타자의 시간들은 주체의 현재와는 다른, 절대적 간격과 불연속성의 통시적 시간성을 드러낸다. 나아가 타자의 시간들은 주체의 유한한 시간성을 벗어나 무한으로 향하도록 하는 적극적 계기가 된다.

　이 책이 세상에 나오게 된 계기는 지난 2007년 5월 백석대학교에서 개최되었던 한국동서철학회(www.kspew.org) 춘계학술대회로 거슬러 올라간다. 학술대회의 주제는 <동서철학의 시간관>이었는데, 당시 서양철학 분과에서 발표되었던 논문들과 이후 새롭게 집필된 글들을 모아 한 권의 책으로 간행하게 되었다. 책이 기획된 이후 몇 가지 사정으로 인해 출간이 늦어졌고, 이로 인해 필자들에게 본의 아니게 누를 끼친 것 같다. 이 자리를 빌려 양해를 구한다. 책의 전체적인 구상 및 업무 추진은 서영식 총무이사가 담당하였으며, 원고의 교정 과정에서는 충남대학교 철학과 대학원에서 수학한 조원대 씨가 수고하였다. 이 책이 시간에 대한 철학적 논의를 접하는 독자들에게 시간의 모든 것을 알려 줄 수는 없더라도, 이 개념의 철학적 의미와 가치를 전달하는 작은 길잡이 역할을 한다면 다행일 것이다.

2009년 8월

한국동서철학회 도서간행위원회

차 례

11

플라톤과 아리스토텔레스를 중심으로 본
고대 그리스 철학의 시간이해

서영식

1. 들어가는 말

시간의 본질에 대한 관심과 탐구는 인간이 의식적인 삶을 영위하기 시작한 이래 지속되어 왔다. 서양의 경우, 이미 철학의 역사가 시작되기 훨씬 이전에 등장했던 신화나 서사시 같은 장르에서 자연의 변화와 시간의 흐름, 그리고 그 안에서 활동하는 인간의 지위와 소명에 대한 통찰이 나타나고 있다.[1] 고대 그리스에서 시간은 천체의 순환과 더불어 원환적으로 표상된 것으로 알려져 있다. 그리스인들의 삶은 자연에 근거하며 따라서 이들은 역사의 영역을 자연의 영역처럼 이해하였는데, 이는 결국 그리스에서는 역사의 의미에 대한 심각한 물음이 없었음을 의미하는 것이다. 이러한 시각에서 고대 그리스의 시간과 역사 이해는 이른바 '영겁회귀'로 표현되기도 한다.[2]

---

[1] 이와 관련해서는 고대 그리스의 수많은 문헌들 중에서도 특히 헤시오도스의 『노동과 나날』에 주목할 수 있을 것이다. 이 작품에서는 평범한 인간이 세상을 살아가면서 겪게 되는 일상의 일들과 그것을 지배하는 규칙들, 나아가서 올바른 삶을 영위하기 위해 필요한 생활 태도에 관한 언급이 제시된다.

고대 그리스에서 연원하며 오늘날 우주세계에 해당되는 개념인 '코스모스'는 본래, 표면적인 다양한 변화현상 속에서도 자신의 지속성을 유지하는 존재를 의미하였다. 그리스인들에 따르면 우리의 세상을 구성하고 인도하는 질서는 본질적으로 변하거나 바뀌지 않는다. 또한 이들에게는 이 세상 이외에 또 하나의 세계가 따로 존재하지 않으며, 다른 세계가 별도로 존재하지 않기에 현재의 세상이 다른 세상에 속한다거나 혹은 그보다 열등하다는 식의 관념도 존재하지 않았다. 철학사에 자주 등장하는 개념 중 하나인 '초월'에 대한 현대인의 이해 역시 이원론에 기초한 중세식 사고에 영향 받은 바 크며, 고대 그리스인들의 사고와는 거리가 있는 것이다. 이처럼 코스모스는 질서, 지속성, 영원성 등을 본질로 한다. 이 사실을 증명하는 것이 고대 그리스 철학자들에게는 중요한 과제였으며, 그리스 고전기를 대표하는 두 철학자인 플라톤과 아리스토텔레스 역시 우주의 영원성을 증명해야 하는 과제를 비켜 갈 수 없었다. 이들의 철학의 핵심으로 알려진 이데아론과 형상·질료설의 궁극적인 목표도 이와 밀접히 관련되어 있다. 시간에 대한 논의 역시 우주의 영원성을 확인하는 과정에서 제시된 자연철학적 탐구의 일환으로 볼 수 있다. 이 글은 플라톤과 아리스토텔레스를 중심으로 고대 그리스 철학자들이 시간을 어떻

---

2) 고대 그리스의 원환적 시간관과 유사한 예는, 마찬가지로 농경사회였던 동아시아 문화권에서도 찾아볼 수 있다. 이에 반해 헬레니즘과 더불어 서양 문화의 또 다른 축을 형성했던 헤브라이즘에서 시간은 직선적으로 진행된다. 즉 유대인들의 유목사회에서는 역사의 목표와 진행이 신의 의지를 토대로 한다. 역사는 신의 섭리에 의해서 진행되기 때문에 역사과정은 의미의 통일체를 이루게 되며, 시간은 종말을 향해 나아가는 직선적인 것으로 표상된다. 고대 그리스인들의 시간이해에 대한 일반적인 해석과 달리, 그리스 사유 안에서 시간의 흐름이 인간에게 가질 수 있는 의미에 대한 적극적인 해석을 시도하는 경우도 찾아볼 수 있다. 예컨대 가이저는 플라톤의 철학사상 속에 담긴 '역사'의 의미를 재조명하는 작업을 수행하였다. K. Gaiser, *Platon und die Geschichte*, Stuttgart, 1961; B. Wilke, *Vergangenheit als Norm in der platonischen Staats-philosophie*, Stuttgart, 1997.

게 이해하였는지, 그리고 시간에 대한 다양한 해석이 각각의 철학적 사유와 어떻게 연관되는지 검토하고자 한다. 우리는 먼저 그리스 고전기 철학의 배경을 형성하는 소크라테스 이전 철학자들의 시간이해 방식을 간략히 살펴볼 것이다. 이전 사상가들의 사색에 대한 진지한 검토와 비판이 플라톤과 아리스토텔레스 시간이론의 출발점을 형성하기 때문이다. 나아가서 시간의 본질에 대한 본격적인 탐구를 수행한 두 철학자의 이론이 지닌 특징 및 그것의 철학적 함의에 대해 고찰하고자 한다.

2. 소크라테스 이전 철학자들의 시간관

서양 최초의 철학자들로 일컬어지는 소크라테스 이전 철학자들은 어떤 시간관념을 가지고 있었으며, 또한 이를 어떻게 표현하였는가? 최초의 철학자들의 사상 속에서 시간을 개별적인 주제로 다루거나 이에 대한 개념적인 정의를 내리는 모습을 발견하기는 쉽지 않다. 그렇지만 이들의 단편 속에는 적어도, 시간에 대한 후대 철학자들의 본격적인 논의에 자극을 주고 단초를 제공하는 내용이 다수 포함되어 있다.

일군의 서양철학사가들 사이에서 탈레스를 제치고 최초의 철학자로 평가받고 있는 아낙시만드로스[3]는, 우리를 둘러싼 모든 것은 시간 속에서 변화한다는 사실, 즉 시간의 우주론적인 국면에 주목한다. 그

---

3) 서양철학사에서 탈레스가 세계에 대한 신화적인 설명을 거부하고 합리적인 방식으로 세계를 설명하고자 시도한 최초의 인물이라면, 아낙시만드로스는 세계를 포괄적으로 설명하고자 한 최초의 철학자로 평가되고 있다. 아낙시만드로스를 최초의 철학자로 평가하는 해석가들로는 체르니스(Cherniss), 포퍼(Popper), 로빈슨(Robinson) 등을 들 수 있다. 이와 관련해서는, 장영란, 「그리스 신화와 철학에 나타난 네 요소에 관한 철학적 상상력의 원천 (I)」, 『서양고전학연구』 14집, 1999, pp.10-14 참조.

에 따르면 세상과 그 안에 존재하는 모든 사물들은 양적으로 무한하며 질적으로는 규정될 수 없는 어떤 것, 즉 '무제약자(apeiron)'로 불리는 근원으로부터 발생하며,[4] 또한 이들은 "시간의 질서(taxis)에 순응하여"(DK12A9, B1) 다시 무제약자 속으로 소멸해 간다.[5] 이와 같은 묘사를 통해서 아낙시만드로스는, 사물의 생성을 무제약자 자신의 질적인 변화가 아니라, 자체로서는 변하지 않는 무제약자 안에 내재하는 대립요소들의 분리로, 역으로 사물의 소멸을 상반된 요소들의 지양으로 해석하고 있는 것으로 보인다.

서양철학사에서 시간의 문제를 심층적으로 다룬 최초의 인물은 아마도 헤라클레이토스일 것이다. 그에 따르면 세계의 생성소멸 과정은 아낙시만드로스가 내세우는 무제약자가 아니라, 우주와 만물의 근원적인 질료로 간주되며 로고스(logos)적인 구조를 지닌 불에 기인한다. "이 세계(cosmos)는, 모두에게 동일한데, 어떤 신이나 인간이 만든 것이 아니라 언제나 있어 왔고 있고 있을 것이며, 영원히 살아 있는 불(pyr aeizɜon)로서 적절한 만큼 타고 적절한 만큼 꺼진다."(DK22 B30) 그는 세계의 생성과 소멸이 지속적으로 이루어지고 있는 것으로 보는데, 이는 만물의 근원인 불이 끊임없이 다른 요소로 변환되기

---

4) 즉 아페이론은 우주만물이 생성되는 원천이자 원초적인 질료이며, 따라서 이로부터 다양한 세계가 생기고 성장하게 된다. 아페이론은 물이나 불과 같이 다른 철학자들에 의해 요소로 지칭되는 것들 중의 하나가 아니라, 오히려 무한히 자연적인 어떤 것으로서 이로부터 자연에 속하는 사실상 모든 것들이 발생하게 된다. 아낙시만드로스의 사상과 관련해서는, 이정호 · 김인곤, 「신화적 세계관과 그리스 철학의 기원」, 『한국방송통신대 논문집』 29집, 2002, pp.69-93 참조.

5) 소크라테스 이전 철학자들의 단편에 대한 번역은 다음에 의거한다. 김인곤 외 옮김, 『소크라테스 이전 철학자들의 단편 선집』, 아카넷, 2005. 프랭켈에 따르면 '시간의 질서'에 관한 아낙시만드로스의 언급은 고대 그리스의 초기 시간관을 대표하는 것으로 평가될 수 있다. H. Fränkel, "Die Zeitauffassung in der frühgriechischen Literatur", in ders., *Wege und Formen frühgriechischen Denkens*, München, 1960, pp.1-22 참조.

때문이다.6) 헤라클레이토스에 따르면 "같은 강물에 두 번 발을 담글 수 없는데", 왜냐하면 "우리는 같은 강물에 두 번 들어가지 않으며, 우리는 있으면서 있지 않기"(DK22B91) 때문이다. 이것은 단지 강물만 지속적으로 흐르고 변하는 것이 아니라, 그 강에 발을 담근 사람 역시 시간의 흐름 속에서 변화를 거부할 수 없음을 함축한다. 이와 더불어 헤라클레이토스는 시간과 관련해서 오늘날까지도 논쟁거리가 되고 있는, 변화와 연속성의 관계 문제에 주목한 것으로 볼 수 있다. 즉 모든 것이 시간 속에서 변화를 맞이한다면, 존재자 중에서 어떤 것도 하나이며 동일한 것으로 자신의 정체성을 유지할 수는 없는 것이다. 헤라클레이토스의 논의에 따르면, 시간은 단순히 사물에 덧붙여지거나 귀속되는 속성이 아니라, 세계와 우리의 고유한 삶을 근본적으로 규정하는 무엇이다. 시간은 우리 밖에서 따로 존재하는 것이 아니며, 우리 자신이 바로 시간의 흐름을 표현하고 있는 것이다. 그런데 여기에서 한 가지 의문을 제기할 수도 있을 것이다. 이처럼 모든 것이 변화의 소용돌이 속으로 잠겨 버린다면 결국 우리 자신도 어느 순간에는 더 이상 존재할 수 없는 것 아닌가? 이에 대해서 헤라클레이토스는 다음과 같이 대답한다. 우리 자신을 포함한 모든 것이 지속적으로 변하는 것은 사실이다. 즉 모든 것은 변하지만 이러한 변화가 발생하는 틀 자체는 항상 동일하다. 이처럼 변화 속에서 항상 동일하게 남아 있는 틀은 생성소멸하는 존재자들보다 훨씬 더 실재적이며, 주지하듯이 헤라클레이토스는 이것을 '로고스(logos)'로 명명하였다. 로고스는 우주의 신적인 근거이며, 세계 안에서 발생하는 모든 변화의 근본원인이기 때문이다.

서구 존재론을 정초한 인물로 평가받는 파르메니데스는, 비록 간접적이지만 이전 사상가들에 비해 좀 더 논증적인 방식으로 생성소멸

---

6) cf. DK22B31, 65, 67, 76, 90.

및 시간의 흐름과 연관된 자신의 입장을 제시하였다. 주지하듯이 파르메니데스는 자신의 교훈시에서, 현상계의 가상을 넘어서 실제로 존재하는 것은 오직 존재(on)임을 주장하였다. 즉 존재는 항상 자기 자신과 동일하며 불변하기에, 어떤 형태의 변화나 비존재도 존재로부터 배제되어야 한다. 더불어 존재는 과거와 미래를 자신 안에 포함할 수 없는데, 왜냐하면 그것은 "지금 전부 함께 하나로 연속적인 것으로 있기에."(DK28B8) 즉 하나와 전체로서 항존하는 것은 과거나 미래의 존재방식을 통해서 표시될 수 없으며, 오직 순수한 현재, 존재의 변화하지 않고 고정된 현현으로 간주되어야 한다. 결국 파르메니데스에 따르면 전혀 근거가 없는 '의견(doxa)'으로부터 발생하는 변화에 대한 생각은 가상일 뿐임이 밝혀질 수밖에 없다.

파르메니데스의 제자인 제논은 스승을 따라 다(多)와 변화, 그리고 이와 더불어 시간 역시 존재하지 않음을 매우 정교한 역설들을 통해서 논증하고자 하였다. 즉 플라톤의『파르메니데스』편 전반부에서 소개된 바에 따르면(cf. 127e ff.), 제논은 파르메니데스의 주장을 변호하고 정당화하기 위하여 다양한 역설들을 고안해 냈다. 그는 존재하는 것이 오직 하나라면 불합리한 결과들이 초래된다고 주장하는 사람들의 입장, 즉 존재하는 것이 여럿이라는 가정이 파르메니데스의 가정보다 훨씬 더 불합리함을 밝히려 했다는 것이다. 이처럼 여럿의 존재를 가정할 경우에 발생하는 모순적인 결과들을 토대로, '존재하는 것이 여럿인 세계'는 성립할 수 없음을 입증하려 했던 제논의 의도는 자연히, 현상계의 진행과 관련된 근본개념들(시간, 공간, 운동, 변화 등)에 대해 이전보다 좀 더 심층적으로 사고하도록 만들었다. 파르메니데스와 마찬가지로 제논에 따르면, 다양한 현상과 그 안에서의 변화, 그리고 변화를 가능케 하는 시간의 흐름은 단지 가상일 뿐이며, 이들은 운동과 현상의 본성에 대한 면밀한 분석을 통해 사유로부터 사라질 따름이다. 서양철학사 속에서 파르메니데스와 제논은,

실제로 존재하는 것을 고유한 척도에 따라 규정하며 더불어 자기 자신을 이와 같은 실재에 속하는 것으로 인식하는 순수사변의 힘을 보여준 인물로 평가되고 있다. 변화의 부정, 그리고 이와 더불어 (순수한 사유의 척도에 반하기에) 시간을 비실재적인 것으로 간주하는 모습은 이미 서양 고대철학 초기의 발전단계에서 찾아볼 수 있는 것이다.

지금까지 간략히 조망해 본 바와 같이, 소크라테스 이전 철학자들의 논의에서는 비록 충분히 검토되고 정형화된 시간개념을 찾아보기 힘든 것이 사실이지만, 적어도 후대 사상가들의 시간이론에 중요한 단초를 제공하는 사유의 흔적을 발견할 수 있다. 예컨대 시간을 영원과의 관계 속에서 고찰하는 플라톤의 시간이해는 이미 아낙시만드로스나 엠페도클레스 등에서 단초가 발견된다. 이들은 '무제약자' 내지 '네 뿌리들(tessara rhizomata)'을 바로 이들로부터 발생하고 변화의 흐름 속에 내던져진 파생적인 것들과 분명히 대조시키고 있기 때문이다(cf. DK12A9, B1; DK31B16, B17).[7] 또한 제논의 운동역설에는 지금(점)의 분할 및 연장 불가능성, 그리고 시간의 연속적인 성격 등이 전제되어 있는 것으로 볼 수 있는데, 사실 아리스토텔레스의 시간해석은 이에 대한 비판적인 검토를 토대로 진행된다.[8]

---

7) 그렇지만 소크라테스 이전 철학자들이 표상한 영원성은 후대(플라톤, 플로티노스 등)에 등장하는 무시간성이기보다는, 헤라클레이토스가 말하는 "무한한 시간의 길이"(cf. DK22B30)를 의미할 것이다.

8) 나아가서 아리스토텔레스의 시간관과 관련해서는, 피타고라스의 우주진화론(cf. DK14A8, 8a)에 등장하는 "시간의 계산 가능성(Zählbarkeit der Zeit)"에 대해서도 언급할 수 있을 것이다. J. Halfwassen, "Zeit, Mensch und Geschichte in der antiken philosophie", in M. Laaemann und T. Trappe(eds.), *Erfahrung-Geschichte-Identität. Zum Schnittpunkt von Philosophie und Theologie*, Freiburg i.B., 1997, pp.149-164 참조.

3. 플라톤의 시간론

1) 그럴듯한 이야기

『티마이오스』편은 플라톤의 자연철학이 포괄적이며 체계적으로 소개된 작품이다. 이 대화편에서 묘사되고 있는 우주론의 지향점 중 한 가지는, 오직 사유에 의해서만 파악될 수 있는 세계와 감각에 의해 포착되는 세계 사이에 존재한다고 여겨지는 표면상의 단절을 극복하는 것이다. 영원을 모방하여 시간이 창조되었음을 요체로 하는 플라톤의 시간이론은 이와 같은 관점에서, '사유에 따르는 존재의 영역과 감각에 따르는 생성의 영역, 즉 형상계와 현상계가 각각 어떤 방식으로 존재하고 서로 관계 맺을 수 있는가에 대한 논의'의 일환으로 소개된 것으로 볼 수 있다. 변화(생성소멸)를 초월한 대상들에 대한 논의, 즉 형상, 영원 그리고 수학적인 대상들에 대한 플라톤의 설명은 '근거대기(logon didonai)'에 기초한 '엄밀한 학문(akribĪs logos)'의 성격을 띤다. 이에 반해서 시간과 관련된 플라톤의 언급은, 한편으로 시간을 형상의 속성인 '영원(aiȝn)'⁹⁾이라는 술어와 결합시키기 때문에 이성적인 설명과 연관될 수 있지만, 다른 한편 충분히 엄밀하지 못하고 단지 개연적인 차원에 머물 따름이다. 시간 속에는 끊임없는 변화와 운동의 속성이 내재되어 있기 때문이다. 이러한 차원에서 플라톤은 시간에 대한 자신의 설명을, 『티마이오스』편에서 제시된 자연

---

9) 'aiȝn'은 '무한성', '불멸성' '영원성' 등 다양한 의미를 함축하고 있다. 이러한 의미상의 포괄성으로 인해 'aiȝn'은, 시간을 초월하며 시간과 전적으로 무관한 상태(시간의 부정)를 뜻하는 'aeternitas'뿐만 아니라, 시간의 끝없는 지속을 의미하는 'sempiternitas'로 번역되기도 하였다. K. Gloy, *Studien zur Platonischen Naturphilosophie im Timaios*, Würzburg, 1986, p.53 이하 참조. 다른 한편 뵈메에 따르면, 'aiȝn'의 본래적인 의미는 '생명' 자체, '생명의 힘', '생명의 근원과 원리'이다. G. Böhme, *Idee und Kosmos. Platons Zeitlehre-Eine Einführung in seine theoretische Philosophie*, Frankfurt a. M., 1996 참조.

에 관한 여타의 논의들과 마찬가지로 '그럴듯한 이야기(eikㅇs logos)'
로 명명한다.10)

2) 세계창조와 시간의 생성

플라톤의 묘사에 따르면, 이 세상에는 아직 어떤 식으로도 명확히
규정되지 않은 '물질' 혹은 '질료적인 것'11)이 이미 존재하고 있었다.
그런데 '데미우르고스(dㅓmiurgos)'로 지칭되는 신적인 존재가 '영원
하고 완벽한 존재(aei kata tauta on)'를 '본(paradeigma)'으로 삼아,
이 물질들에 일정한 형태를 부여함으로써 이성적이며 불사적인 생명
체를 창출하였는데, 이것이 바로 현재 우리 인류가 살고 있는 '우주
세계'다.12) 그리고 시간은 바로 세계의 창조자인 데미우르고스가 하
늘의 천구를 제작함으로써 생겨난 것이다. "어쨌든 시간은 천구와 더
불어 생겨났는데, 이는 만약 언젠가 이것들의 해체 사태가 일어난다
면, 이것들은 생겨나기를 함께하였으므로 해체되는 것도 함께하도록
하기 위한 것이다. 그리고 그것은 영원한' 본성을 지닌 그 본에 따라
생겨났는데, 이는 그것이 그 본을 가능한 한 최대한 닮도록 하기 위

---

10) 이 표현방식과 관련된 근래의 포괄적인 논의로는 이경직, 「플라톤의 자연세계
   설명: eikôs logos」, 『철학』 66집, 2001, pp.53-76; 이경직, 「플라톤과 데미우르
   고스: 세계설명과 세계제작」, 『서양고전학연구』 16호, 2001, pp.63-86 참조.
11) 『티마이오스』편에서 물질에 해당되는 개념은 아낭케(anankㅓ)이다. 이 개념은
   "세계제작 과정에서 지성(nous)이 개입하기 이전의 물질의 상태를 가리킨다.
   지성이 개입하기 이전의 물질들은 다른 것에 의해 움직여지고 다시 다른 것들
   을 필연적으로 움직이지만, 이 운동은 불확정적이고 불규칙하며 무질서하게
   진행된다." 이런 차원에서 'anankㅓ'는 플라톤에 의해 "방황하는 원인(to tㅓs
   planㅇmenㅓs eidos aitias)"으로 규정된다(48a6-7). 플라톤, 『티마이오스』, 박종
   현·김영균 역주, 서광사, 2000, p.131, 각주 279. 대화편의 번역은 이 역주서
   를 따랐다.
12) 이와 같은 플라톤의 묘사는 이른바 '무로부터의 창조(creatio ex nihilo)'로 규
   정되는 히브리적 창조관과의 차이를 드러낸다.

한 것이다. 그야 물론 본이 영원토록 있는 것인 반면에, 천구는 그것 대로 일체 시간에 걸쳐 언제나 '있어 왔고' '있으며' '있을 것'이기 때문이다."(38bc) 이처럼 시간의 존재와 특성은 우선 천구의 조화로운 체계와 연관해서 설명된다. 천구를 도는 행성들은 '시간의 제작기구'로 명명되는데, 행성들의 주기적인 회전은 시간측정에서 판단의 척도로 기능하기 때문이다.13) 다시 말해서 행성들의 회전은 시간의 길이를 규정하며, 시간은 본질적으로 수에 따라 움직이는 운동자의 특성을 지니고 있는 것이다. 나아가서 시간은 변화하는 우주와 그의 완전하고 영원한 원상 사이에서 위치하는 것으로 묘사된다. 우주세계를 그의 원상과 가능한 한 유사한 방식으로 조형하기 위해 고안된 시간은 영원에 대해서 '모사와 원상의 관계'에 있는 것이다. 이처럼, 마치 우주 안에서 발견되는 각각의 규정성들이 원상으로서의 형상들에 대한 묘사로 해석될 수 있듯이, 시간의 속성은 영원과의 관계라는 차원에서만 이해 가능하다. 다른 한편 시간은 영원을 닮아서 한 번 만들어진 후 소멸하지 않는 천체와 마찬가지로 불사적일 뿐만 아니라, 지속적으로 변화하는 속성을 지니고 있다. 그런데 이와 같은 변화와 운동의 과정은 앞에서 언급되었듯이 수적인 관계에 따라, 즉 이성적인 리듬에 따라서 질서 지어져 있기 때문에 결코 혼돈스럽지 않다. 결국 시간은 자신의 규칙적이고 조화로운 수적인 성격을 통해서 영원의 모상이 되는 것이며, 이와 같은 차원에서 "수에 따라서 움직이는 영원의 모사"(37d)로 지칭된다.

---

13) 플라톤의 묘사에 따르면, 우주를 조형한 데미우르고스는 천체들(태양, 달, 화성, 수성, 목성, 금성, 토성)이 각각 일정한 궤도를 따라서 순환운동을 할 수 있도록 배치하였다. 나아가 순환운동에는 두 점에서 교차하며 서로 역방향으로 진행하는 두 개의 원환운동이 추가된다. 하나는 외부 궤도인 적도를 따라 진행되며, 다른 하나는 내부 궤도인 황도를 따라 진행되는데, 각각 같음의 궤도와 다름의 궤도로 명명된다.

3) 시간의 속성

『티마이오스』편의 시간묘사를 통해서 플라톤은 다음과 같은 점을 전달하고자 한 것으로 보인다. 첫 번째, 시간은 비록 운동하는 세계와 더불어 창조되었지만, 일단 창조된 이후로는 영원성에 참여하고 있다. 이것은 한편으로 시간이 세계창조의 재료로 사용되었던 물질과는 달리, 데미우르고스의 작업 이전에는 어떤 방식으로도 존재하지 않았음을 의미하며, 다른 한편 시간은 출발점을 지니고 있으나 영속적인 우주세계와 마찬가지로 종말은 생각될 수 없음을 함축한다. 이처럼 불멸하는 세계와 불가분의 관계에 있는 시간은 결코 소멸되지 않으며, 따라서 플라톤에 의해 '영원'한 것으로 지칭될 수 있었다.

두 번째, 비록 시간은 천상의 행성들처럼 영원하지만, 원상으로서의 영원과 이것의 모사로서의 시간 사이에는 사실상 극복될 수 없는 존재론적인 간극이 놓여 있다. 즉 원형의 영원성은 시간적인 연속이나 단절 혹은 변화 등 모든 시간적인 계기의 절대적인 부정을 함축하는 데 반하여, '시간이 영원하다' 함은 무제한적인 시간지속을 의미하며, 이 과정을 통해서 우주 안에는 끊임없는 변화의 계기가 형성되는 것이다.

세 번째, 비록 시간은 연속성과 주기성을 속성으로 갖는 행성들의 운동과 직접적으로 연관되어 있지만, 시간이 행성운동 자체와 동일시될 수는 없다. 오히려 수의 법칙에 따라 규정되는 지속적인 생성으로서의 시간은 행성의 위치운동에 기인하는 것이다. 즉 시간의 창조와 더불어 천체의 운동이 질서정연하게 규정되었는바, 천체의 궤도는 자신의 연속성과 순환성을 토대로 시간의 측정이 가능하도록 제작된 것이다. 플라톤에 따르면 천체는 "시간의 제작기구(organa chronu)"(41e5)인데, 만약 천체의 운동을 시간과 동일시한다면 이는 측정의 척도와 측정대상 사이의 구분이 희미해지는 결과를 야기할 것이다.

네 번째, 존재가 생성과 구분되듯이 시간은 자신의 '부분들(merī)' 뿐만 아니라, 자신의 '양태들(eidī)'과도 엄격히 구분된다.[14] 이는 한편으로 시간의 포괄성을, 다른 한편으로 시간의 단일성과 전체성을 지시하는 것이다.

4) 시간과 영원

존재에 대한 생성 혹은 단일성에 대한 다수성의 관계와 마찬가지로, 시간과 영원이라는 '원상-모사 관계'에서는 완전한 동일성도 완전한 차이도 존재하지 않는다. 즉 시간과 영원의 부분적인 동일성과 부분적인 차이를 통해서는 오직 양자 사이의 유사성이 드러날 뿐이다. 영원은 지속적으로 존재하는데, 이것은 시간적인 차원의 연속을 부정하며 또한 시간적인 변화를 완전히 극복하고 있기 때문이다. 이에 반해 비록 시간은 플라톤에 의해 영원한 것으로 명명되지만, 그 영원성은 '무한한 시간지속'을 의미한다. 다시 말해서 시간은 자신 안에 자체적인 불변성과 규칙적인 변화의 지속성이라는 두 가지 속성을 포함하고 있는 것이다. 이처럼 영원한 상태와 관련된 근본적인 차이에도 불구하고, 시간의 존재이유는 우주의 항존성이라는 관점에서 찾아질 수 있다. 시간은 우주와 영원한 이데아 세계가 가장 유사해질 수 있는 방식이 논의되는 순간, 즉 세계가 살아 있는 원형의 영원하고 단일하며 지속적인 속성을 닮는 것이 문제시될 때 기능적인 차원에서 소개된 것이다. 우주는 천체의 운동을 토대로 하는 시간을 통해서 영원하게 되며, 또 이와 같은 의미에서 일종의 '신적(theion)'인 것으로 간주된다.

세계의 제작자 데미우르고스는 자신의 창조물이 불안정한 모상의

---

14) 여기서 시간의 부분들이란 일, 월, 년을, 시간의 양태들이란 과거, 현재, 미래를 의미한다. 『티마이오스』편, 37e 참조.

상태로 남아 있기를 원하지 않으며, 시간의 창조와 더불어 가능한 한 그것을 완벽한 원형에 동화시키고자 하였다. 이러한 시각에서 보면, 시간은 결코 세계창조 과정에서 우연히 파생된 부산물 중 하나로 치부될 수 없다. 시간은 한편으로 자신의 양태들을 통해, 우주 안에서 끊임없는 변화를 야기함으로써 그것이 영원성과 불변성을 통해 규정되는 원형의 세계와 구별되도록 만들지만, 동시에 영원과 공유하는 특성(지속성, 전체성, 단일성)은 우주의 원형과 그것의 모상 사이의 존재론적 차이를 가능한 한 완화시키는 역할을 하는 것이다. 이상의 논의들을 통해 볼 때, 플라톤의 시간은 우주의 원형인 이데아계와 그것의 모상인 감각세계 양쪽 모두와 관계를 맺고, 가능한 한 서로가 닮을 수 있도록 만드는 매개 역할을 하는 것으로 이해할 수 있다.[15]

---

15) 마지막으로 플라톤이 묘사하는, '시간의 생성'의 의미에 대해 간략히 살펴보자. 주지하듯이 아리스토텔레스의 비판에 따르면, 플라톤은 우주(생성)와 관련된 논의에 신화를 끌어들임으로써 자연과학적 설명이 요구하는 엄밀성을 훼손하는 오류를 범하였다. 특히 시간과 관련해서 플라톤은 시간을 데미우르고스에 의한 세계창조 과정에서 생성된 것으로 묘사하고 있는데, 이는 시간의 항존성에 주의를 기울이지 않은 결과다. 즉 아리스토텔레스의 입장에서 볼 때 문제는, 어떻게 시간의 시작에 대해 설득력 있게 말할 수 있냐는 것이다. 이러한 비판은 언뜻 보기에는 타당성이 있는 것으로 여겨진다. '영원하다'는 술어는 어떤 출발점이나 끝맺음도 자신 안에 포함하지 않는 대상에 대해 사용하는 말이다. 그런데 플라톤의 묘사에 따르면 시간의 존재는 제작자인 데미우르고스의 작업에 의해 비로소 가능해진다. 이때 우리가 시간의 생성을 이미 시간적인 차원에서 존재하는 데미우르고스에 의한 하나의 생산적인 행위로 이해한다면, 아리스토텔레스의 비판은 나름대로 설득력을 지닐 것이다. 시간 속에서 이루어지는 시간의 시작이란 사실 자기모순적이며, 또한 시간은 끝없이 지속되어야 한다는 플라톤 자신의 요청에도 위배되기 때문이다. 『티마이오스』편에서 시간의 생성은 일종의 시간적인 행위로 묘사되고 있는 것이 사실이지만, 우리는 이것을 결코 시간적인 차원으로 이해해서는 안 될 것이다. 신화는 자신의 '이야기 구조'에 기초해서, 무시간적으로 존재하며 전(全)시간적으로 타당한 것으로 생각되는 내용을 단지 방법론적인 차원에서 일련의 '시간 순서'에 따라 묘사하는 것이기 때문이다. 이러한 입장에서 보면 데미우르고스에 의해 야기된 시간의 생성은, 그 자체로서는 무시간적인 상황에서 진행된 것이다. 시간의 생성은 아리스토텔레스가 이해한 바와 달리 시간적인 행위로서가 아니

4. 아리스토텔레스의 시간론

1) 이전 사상가들의 견해와 그에 대한 비판

아리스토텔레스는 서양철학사에서 자연학적인 시간이해의 지평을 열어 놓은 인물, 즉 자연세계의 운동과 변화에 대한 관찰을 토대로 시간개념을 정립한 최초의 철학자로 평가받고 있다.[16] 시간에 관한 그의 입장은 『자연학』 4권(10-14장)에서 비교적 자세히 소개되고 있다.

아리스토텔레스는 10장에서, '시간은 과연 존재자에 속하는가, 아니면 단지 비존재일 따름인가?'라는 당대의 '일반적인 논의(ex3 teri-koi logoi)'를 소개하는데, 이는 다음과 같은 패러독스의 형태로 제시된다. 시간은 사실상 존재하지 않는 부분들로 구성되어 있는 것처럼 보인다. 과거는 이미 없고 미래는 아직 존재하지 않는다. 또한 현재는 과거를 미래로부터 분리하지만 자체로서는 연장성이 없는 한계일

라, 하나의 무시간적이며 존재론적인 구조 안에서 이해되어야 한다는 것이다. 비록 시간의 생성과 관련된 신화적인 설명은 편의상 시간적인 선후에 따라 진행되었지만, 실제적으로는 존재론적인 선후만이 의미를 지닐 것이다. '원상과 모상' 혹은 '원인과 결과'의 관계에 있는 영원과 시간은, 시간적인 선후가 아니라 존재론적인 선후관계에 있는 것이다. 달리 표현하면, 영원은 시간에 '시간적으로' 앞서는 것이 아니라, 시간의 '근원(aitia)'으로서 '원인론적'인 차원에서 앞서고 있다. 결국 영원으로부터의 시간의 생성은 결코 과거에 하나의 사건으로서 존재했던 것이 아니라, 오히려 항상 '현재형'으로서 존재하고 있는 것이다. H. Westermann, "Praesens divinum-Die Zeit des Mythos und die Zeit im Mythos"(unveröffentliches Vortragsmanuskript an der Universität Luzern/ Schweiz), 2007, p.8 참조.

16) 이러한 평가는, 아리스토텔레스에서는 플라톤과 달리 영원과 시간 사이의 연결이 사라지고, 시간의 본질에 대한 연구가 비형이상학적이며 물리적인 차원에서 진행된다는 해석에 기초한다. 그에게 시간은 더 이상 우주론적인 맥락의 고찰대상이 아니며, 단지 지각 가능한 세계 안에서의 물리적인 현상으로 파악된다는 것이다.

뿐이며, 자기 동일적인 상태를 유지한다고 볼 수도 없다. 즉 사실상 현재로서만 의미가 있는 시간은 무수한 지금들로 이루어지는데, 각각의 지금은 순간적으로만 존재할 뿐 결코 지속될 수 없기 때문이다.[17]

나아가 그는 시간의 본성과 관련된 이전 사상가들의 '견해(doxa)'를 반박한 이후, '운동(kinḗsis)'의 관점에서 시간과 관련된 자신의 생각을 제시한다. 일반적으로 시간과 변화를 단순히 동일시하는 경향이 있는데, 이러한 관점은 오류다. 그 이유는 첫 번째, 운동은 시공간 속에서 특수한 경우, 즉 움직이거나 변화하는 실제 대상과 관련되며 따라서 한 곳에 치우쳐 있지만, 시간은 정지한 상태와도 함께하기 때문이다.[18] 즉 시간은 보편적이며 어디에서나 존재한다.[19] 두 번째, 운동(변화)은 경우에 따라서 빠르거나 느리게 진행될 수 있다. 빠름은 일정기간 동안 운동량이 많음을 의미하고, 느림은 그 반대의 경우에 해당된다. 이에 반해 시간은 빠르거나 느릴 수 없고, 사물의 운동속도를 측정하는 기준이기에 항상 동질적이어야 한다. 이처럼 시간은 단지 많거나 적은 것 혹은 길거나 짧은 것으로 생각될 수 있을 따름이다.[20] 다른 한편 아리스토텔레스는 시간을 우주(천체)의 운동과 동일시하는 입장에 대해 부정적인 태도를 취하는데, 이는 일반적으로

---

17) 이처럼 우리가 시간을 가분적인 것으로 간주하더라도 그것은 대단히 모순적인 성격을 내포하고 있음을 알 수 있다. 이후의 아리스토텔레스의 논의에 따르면, 지금은 지속될 수 없기에 크기를 갖지 않으며, 따라서 부분을 갖거나 나누어지지도 않는다. 즉 지금은 어떤 크기를 갖는 지속하는 시간이 아니라, 마치 점과 같이 전혀 크기를 갖지 않는 한순간이다.

18) 시간은 운동뿐만 아니라 정지까지도 포괄하며, 나아가서 양자의 측정기준이 된다는 점에서, 운동보다 더 근원적이라고 말할 수 있다.

19) 달리 표현하면, 생성소멸의 물리적인 변화작용을 포함하여 세상에 존재하는 모든 것은 시간 속에서 발견된다.

20) 이처럼 시간은 운동과 비교해 볼 때, 항상 지속적이며 동일한 상태를 유지한다. 또한 아리스토텔레스에 따르면 시간은 자체를 통해서는 측정될 수 없으며, 시간의 흐름을 측정하기 위해서는 하나의 지속적이며 고정된 점이 필요하다. 이 문제는 시간에 대한 논의 후반부에서 다루어진다.

플라톤의 시간론에 대한 비판으로 받아들여지고 있다.[21] 아리스토텔레스에 따르면, 시간의 흐름이 천상의 주기에 따른 규칙적인 순환 속에서 가능하다는 생각은 시간과 우주의 운동을 동일시하는 방향으로 나아가는데, 이는 시간과 시간의 단위를 혼동하는 결과를 야기했다는 것이다. 그렇지만 시간은 결코 천체의 운동, 즉 공전이 아니다. 또한 양자를 동일시할 경우, 만약 우주가 여럿 존재한다면 시간 역시 각각의 우주에서 발생하는 운동의 수만큼 다양하게 존재할 것인데 이는 모순적이다. 그런데 이러한 아리스토텔레스의 문제제기가 플라톤의 시간이해에 상응하는지는 의문이다. 앞에서 살펴본 바와 같이, 플라톤은 시간을 천체의 운동과 동일시함으로써 다수의 시간을 상정한 적이 없으며, 다만 영원을 모방해서 만들어진 보편적인 차원의 시간에 대해서만 언급하고 있기 때문이다.

2) 운동과 수를 통한 시간 규정

아리스토텔레스는 한편으로 시간과 운동(변화)을 동일시하는 선대의 견해를 비판하지만, 다른 한편 운동은 시간이 존재하기 위한 필요

---

21) 『티마이오스』편, 39c ff. 참조. 그렇지만 아리스토텔레스의 시간관은 적지 않은 경우 플라톤의 시간이해로부터 영향 받고 있음을 부인하기 어렵다. 예컨대 아리스토텔레스의 시간 역시 천구의 규칙적인 회전운동을 척도로 가짐으로써 항존적인 성격을 지니게 된다. 플라톤에서와 마찬가지로 시간은 영원에 참여하는 것이다. 시간의 항존성 외에도 아리스토텔레스는 플라톤을 따라, 시간의 보편적인 성격, 즉 단일성과 편재성을 강조하였다. 시간은 모든 변화, 모든 장소와 대상을 포괄하고, 하나이며 동일한 것으로서 존재한다. 이러한 관점에서 루돌프는, 아리스토텔레스의 시간개념은 자체로서는 시간적이지 않은 나름의 형이상학적인 장치 안에서 근거 지워졌다는 점을 지적한다. 아리스토텔레스는 시간의 영원성에 대한 최종적인 근거를, 모든 변화의 변하지 않는 원인으로 작용하는 신에서 찾고 있다는 것이다. 이와 관련해서는 E. Rudolph, "Zum Verhältnis von Zeit und erstem Beweger bei Aristoteles", in *Philosophia Naturalis* 20, 1083, pp.96-107 참조.

조건으로 전제되어야 한다는 점에 주목한다. 비록 시간 자체를 운동과 동일시할 수는 없지만, 운동 없이는 시간이 존재하거나 사유될 수 없다는 것이 그의 근본입장인 것이다. 11장을 중심으로 소개되는, 시간과 운동의 상관성에 대한 아리스토텔레스의 논의는 지각과의 관계에 대한 검토와 더불어 시작된다. 일반적으로 우리는 잠을 자다가 깬 경우 시간이 경과했다는 느낌을 갖지 못하는데, 이는 잠들기 전과 잠에서 깬 후 두 상황 사이에 발생한 시간 간격에 대한 의식이 없기 때문이다.22) 이를 통해서, 운동에 대한 지각이 전제되지 않는 상황에서는 시간 역시 누군가에 의해 지각될 수 없다는 점이 암시된다. 즉 우리 인간은 가장 근본적인 차원에서 변화와 운동을 지각함으로써 비로소 시간의 흐름을 의식하게 되는 것이다. 이처럼 아리스토텔레스는 비록 시간이 변화와 동일시될 수는 없지만, 시간의 인식은 항상 변화의 지각을 전제한다는 점에 주목하였으며, 시간은 운동에서 의식적으로 계산되고 헤아려지는 것이라는 의미에서 "운동의 어떤 것(kinḗ-seōs ti)"(219a10)으로 표현되었다. 그렇다면 운동과 시간 중 어느 것이 더 근원적인가? 운동경기 중에 던져진 공을 예로 들어보자. 아리스토텔레스의 관찰에 따르면, 시간은 던져진 공의 운동에서 발견되는 어떤 것이다. 그런데 우리가 공의 이동 자체에서 시간을 발견한다고 말할 수는 없다. 공이 멈추거나 혹은 공이 지나간 자리가 그대로 남아 있더라도 시간은 계속 흐를 것이기 때문이다. 이와 같이 시간은 운동뿐만 아니라 정지까지도 포괄하며 양자의 측정기준이 되기에, 시간이 운동보다 한층 더 근원적이라고 말할 수 있다. 시간이 "땅과 바다와 하늘 안의 모든 것 속에"(223a17) 존재한다면, 운동이나 그 밖에 운동을 경험하는 모든 것은 "시간 안에 있는 것(to en chronō einai)"(221a4)이다.

---

22) 여기에는 잠들기 전의 순간과 잠에서 깨어난 후의 순간이 동일하지 않다는 점이 함축되어 있다.

나아가서 아리스토텔레스는 연장적 크기(공간)의 특성에 대한 검토를 매개로 시간과 운동의 관계를 설명한다.23) 공간(속의 물체), 운동, 시간은 모두 연속성을 특징으로 하며 따라서 이들 사이에는 어떤 구조적인 유사성이 존재한다. 우리는 이를 바탕으로 공간, 운동 그리고 시간은 일련의 의존관계를 형성하고 있음을 알 수 있다. 즉 시간의 구조는 운동의 구조를 따르고 운동의 구조는 다시 공간의 구조를 따르는데, 이는 공간, 운동, 시간이 모두 연속적(앞과 뒤의 연속)이기 때문이다. 그런데 동시에 이 세 개념은 모두 앞과 뒤로 구분된다. 본래 앞과 뒤의 구분은 공간상의 위치배열에 의해 이루어진다. 따라서 공간 속의 운동에도 선후가 존재하며,24) 더불어 운동 속에서 앞의 순간과 뒤의 순간을 결정하는 시간 역시 분할 가능한 것으로 볼 수 있다. "우리가 운동을 앞과 뒤로 규정하며 운동을 확정할 때, 우리는 시간을 인식하게 된다. 그리고 우리는 운동 속에서 앞과 뒤의 지각(aisthē sis)을 확보할 때, 시간이 흘렀다고 말하게 된다."(219a22-25) 이처럼 시간에 대한 인식은 연속적인 운동 속에서 앞과 뒤로 한정된 내용을 우리가 의식적으로 구별하는 순간에 가능한 것이다. 결국 공간, 운동, 시간은 모두 연속과 분할의 계기를 자신 안에 포함하고 있으며, 이에 따라 아리스토텔레스는 시간을 "변화된 부분들의 일정한 크기가 세어지거나 측정된 것"이라는 의미에서, "앞과 뒤에 따르는 운동의 수"(219b2-3)로 규정한다.25) 그런데 시간은 운동의 앞과 뒤를 한정하는 과정, 즉 셈을 통해서 특징지어진다는 점으로부터 필연적으

---

23) 이 단계의 논의는, 시간은 운동의 어떤 요소인가에 대한 좀 더 세밀한 분석으로 나아간 것으로 볼 수 있다.

24) 운동 속의 전후가 운동을 구성하는 것이기는 하지만, 그것 자체가 운동이라고 볼 수는 없다.

25) 아리스토텔레스의 용법에서 수는 한편으로 '세어진 것' 내지는 '셀 수 있는 것'(총수)을 의미하지만, 다른 한편 '세어 나가는 행위'(계수)를 지칭하기도 한다. 그가 시간의 규정과 관련해서 사용한 수의 의미는 '세어진 수'이다.

로 셀 수 있는 능력을 갖춘 어떤 존재가 요청되며, 아리스토텔레스는 이것을 '영혼(psychḗ)'(219a28)으로 명명한다.

3) 시간과 지금

"이전과 이후의 지평에서 만나는 운동에 있어서 세어진 것"이라는 아리스토텔레스의 규정을 통해서 유추할 수 있듯이, 시간구조는 변화에 본질이 있는데, 이와 관련해서 그는 특히 '지금(nun)'의 의미 및 시간과의 관계에 주목한다.[26] 그는 시간과 지금, 양자의 관계를 해명하는 일이 시간이해를 위한 핵심에 속하는 작업으로 보는데, 비록 지금이 시간의 부분일 수는 없지만(cf. 218a5-7), 지금은 현재로서만 의미를 지니는 시간의 존재기반을 형성하는 것이기 때문이다. 앞에서 살펴보았듯이, 한편으로 시간은 연장적 크기(공간)나 운동의 속성에 상응하며, 따라서 본질적으로 연속적이다. 그렇지만 다른 한편 모든 시간의 길이는 분리된 구간들에 따라 세분된다. 시간은 처음과 끝에 의해 한계 지어지는 것이다. 아리스토텔레스에 따르면 이와 같은 시간의 두 속성(연속성과 한계)은 시간의 지금에 대한 관계로 소급된다. "지금은 시간의 연속(의 원리)이다. 왜냐하면, 이미 언급되었듯이, 이것은 지나간 그리고 다가올 시간을 결합시키기 때문이다. 그리고 지금은 시간의 경계(의 원리)다. 왜냐하면 한편으로는 (시간의) 출발점이지만, 다른 한편 (시간의) 끝이기 때문이다."(222a10-13) 이처럼 지금은 한편으로 원자적이고 불연속적이며 항상 동일하다. 그렇지만 지금은 항상 자신과 다른데, 마치 움직이는 물체가 자신의 지속적인 위

---

26) 지금의 기능과 성격에 관한 포괄적인 논의로는 U. Coope, *Time for Aristotle. Physics IV. 10-14*, Oxford, 2005, pp.113-139; 김태규, 『고대철학의 시간이론』, 한글, 2002, pp.11-50; 이영환, 『아리스토텔레스의 시간론 연구』, 서울대, 1998 참조.

치이동으로 인해 끊임없이 다르게 규정되듯이, 명확성에 있어서 항상 자신과 다른 어떤 것으로 보아야 한다.

아리스토텔레스에 따르면, 시간은 공간적인 동시성의 전체적인 폭에 있어서는 하나이고 동일하지만, 시간 국면들의 연속에서는 어떤 동일성도 갖지 않으며, 따라서 현재의 변화는 분명히 과거와 미래의 변화와 수적으로 구분되어야 한다. 이와 같은 구분에 따라 시간측정은 지금이라는 단위를 통해서 가능해지며, 나아가서 시간은 지금에 대해 일종의 의존관계에 놓여 있는 것으로 볼 수 있다. 이처럼 아리스토텔레스에 따르면, "시간은 지금에 의해 연속되며, 또한 지금에 따라서 나뉜다."(220a5) 그렇지만 지금이 시간의 처음과 끝을 형성한다는 사실에도 불구하고, 마치 운동에서의 한 순간이 운동의 부분이 아니며 선 위의 점이 선의 부분이 아니듯이, 지금을 시간의 부분으로 볼 수는 없다.[27] "한계인 한에서 지금은 시간이 아니라, (시간 안에서 일종의 추가적인 규정으로서) 등장하는 것이다."(220a21)

아리스토텔레스에 따르면, 시간과 지금의 공속성은 수 개념에 대한 언급을 통해서 좀 더 명확히 표현된다. 시간에 대한 지금의 관계는 운동에 대한 운동물체의 관계에 비유할 수 있으며, 지금과 운동물체 양자는 모두 수의 단위로 표현될 수 있다. 즉 운동체가 운동의 전후를 셀 수 있는 것처럼, 지금이라는 순간 역시 시간의 전후를 세는 것이다. 운동물체의 수는 운동물체의 셈하는 기능을 나타내듯이, 지금은 운동의 척도를 위한 단위의 역할을 한다. 달리 표현하면, 하나의

---

27) 아리스토텔레스는 시간과 지금 사이의 관계를 운동과 움직이는 물체 혹은 크기와 점의 관계에 비유하여 설명한다. 즉 움직이는 물체는 자신의 연속적인 위치 점유에 의해 운동을 가능하게 만드는 동시에 운동 자체를 전후로 나누며, 점은 공간을 이어주는 동시에 이를 나누듯이, 지금은 시간을 양분한다. 그렇지만 비유를 통해서 살펴본 이들의 관계가 동일하다거나 비유 자체가 완벽하다고 말할 수는 없다. 예컨대 점은 이중적으로 취해질 수 있지만, 지금의 경우에는 그와 같은 사태가 불가능하다.

위치 안에 존재하는 움직이는 것은 운동의 척도를 위한 단위가 될 수 있다. 이것은 지금에도 해당되는데, 지금은 움직이는 것의 지금이기 때문이다. 이처럼 움직이는 것과 지금은 모두 일종의 측정단위로서 사용될 수 있다.

이상의 논의를 통해서 우리는, 시간은 실재성과 인식 가능성에서 지금에 의존하고 있다는 점을 확인하게 된다. 지금은 시간측정의 단위이자 시간인식의 원리인 것이다. 모든 시간(지속)은 시작점과 끝점에 의해 한계 지어지지만, 지금은 자체로서는 시간적인 국면을 지니고 있지 않기에 시간의 부분들로 이해될 수는 없다. 오히려 지금은 원자적인 성격을 지니고 특정한 시간의 경계 설정에 사용되며, 과거와 미래를 중재하기에 시간을 구분하고 이어 주는 원리 역할을 하는 것이다. 이처럼 아리스토텔레스는 지금이 지닌 이중적인 기능에 주목하면서 시간의 연속적인 성격을 인식한 최초의 철학자로 볼 수 있을 것이다.

'지금'을, 이 개념이 지닌 특성에 대한 이해의 차원에서, 플라톤의 『파르메니데스』편에 등장하는 '순간(exaiphnês)'과 비교해 보자. 두 개념은 그 속성이나 구조에 있어서 비록 동일하지는 않지만, 시간에 대한 관계의 측면에서 볼 때는 서로 유사한 기능을 지닌 것으로서 비교되어 왔다.[28] 이 대화편 훈련 부분 3가정에서, 순간의 특성은 대화 주도자 파르메니데스에 의해 다음과 같이 묘사된다. "순간은 운동과 정지 사이에 놓여 있으며, 결코 시간 안에 있지 않다, 또한 순간 안에서 그리고 순간으로부터 움직이는 것은 정지 상태로, 정지한 것은 운

---

28) 플라톤과 반대로 아리스토텔레스에 있어서 순간은 시간적이다. 즉 순간은 지속기간의 짧음 때문에 자각되지 않은 시간 속에서 일어났던 것을 통해서 규정된다. 이와 같은 견해는, 모든 생성과 소멸은 시간 안에서만 발생한다는 아리스토텔레스의 해석과 연관해서 볼 때, 비록 시간 안에는 어떤 장소도 가지고 있지 않지만 시간의 원리로서 그 안에서 작용하는 것으로 간주된 플라톤의 순간 개념에 대한 비판으로 이해할 수 있을 것이다. 『자연학』, 222b 15f. 참조.

동 상태로 급변한다. … 하나는 순간 속에서 갑자기 변하는데, 이 변화는 결코 시간 안에서 이루어지는 것이 아니다."(156d-e) 바이어발테스(W. Beierwaltes)의 표현에 따르면, 순간은 어떤 위치도 가지고 있지 않은, '무시간적'인 것이다. 즉 순간은 시간의 부정이다. 그렇지만 다른 한편 순간은 시간을 통해서 규정되는 존재방식들 안에 있으며, 시간 안에서 시간의 원리로서 작동한다. 즉 순간은 "갑작스럽고 무매개적인 것(das plötzlich Unvermittelte)"으로 등장하지만 그럼에도 불구하고 중재하는 역할을 수행함으로써, "시간의 연속성의 비연속적인 근거"가 된다.29) 이와 같은 플라톤의 순간의 특성에 대한 관찰을 토대로 다음의 지적이 가능한데, 한 상태에서 다른 상태로 전이되는 과정은 어떤 시간적인 길이도 없이 일순간에 이루어지며, 순간은 짧은 시간이 아니라 오히려 일종의 비연장적인 시점을 의미한다. 바그너(H. Wagner)는 아리스토텔레스의 '지금'과 플라톤의 '순간'은 모두 시간-계기들의 구성에서 본질적인 역할을 한다는 사실로부터, 플라톤의 순간은 아리스토텔레스의 지금에 상응한다는 결론에 도달하기도 하였다.30) 그렇지만 양자를 완전히 동일한 개념으로 보기는 어려운데, 플라톤의 순간이 "시간 안에서의 무시간적인 사이"라면, 지금은 오히려, "시간으로 존재하는 매 순간적 사이(das jeweilige Zwischen als Zeit)"31)를 규정하는 것이기 때문이다.

4) 시간과 영혼

아리스토텔레스는 "만약 영혼이 없다면 시간은 존재할까?"(223a21)

---

29) W. Beierwaltes, "Exaiphnḗs oder: Die Paradoxie des Augenblicks", in *Philosophisches Jahrbuch* 74, 1966/67, pp.272-275.

30) Aristoteles, *Physikvorlesung, übersetzt und kommentiert von Hans Wagner*, fünfte, durchgesehene Aufl., Berlin, 1995, p.584.

31) W. Beierwaltes, "Exaiphnḗs oder: Die Paradoxie des Augenblicks", p.276.

라는 질문을 던지며 시간의 존재방식을 논의의 전면에 끌어들인다. 시간은 영혼과 어떤 관계에 놓여 있는가? 시간은 영혼에 의존하지 않는 자연적인 존재인가, 아니면 영혼을 통해서만 비로소 존재할 수 있는가? 그런데 시간과 영혼의 관계방식에 대한 이러한 질문은 운동과 수를 통해 시간의 본성을 규정한 아리스토텔레스의 시간정의에 내재된 역사적인 의미, 즉 객관적인 시간현상에 대한 최초의 개념적인 파악이라는 측면을 퇴색시키는 것 아닌가? 이어지는 그의 언급은 이러한 추측과 연결된다. "영혼 그 중에서도 영혼의 이성능력(nous) 말고는 어떤 것도 셈할 수 없다면, 영혼이 없는 한 시간이 존재하는 것은 불가능하다."(223a25-26) 물론 아리스토텔레스는 변화를, 그것이 모든 시간적인 과정을 위한 조건으로 기능한다는 차원에서 시간의 '기체(ho pote on)'로 명명하고 있으며, 이로부터 변화는 영혼과 무관하며 그로부터 독립적이라는 점 또한 분명해진다. 시간구성의 본질은 변화 속에 있다는 것이다. 그렇지만 다른 한편 아리스토텔레스는 변화가 시간 자체와 동일시될 수는 없으며, 오히려 시간이 실재하기 위해서는 자신의 수적인 성격을 포착할 수 있는 계산능력이 요구된다는 점을 지적한 바 있다.[32] 그에 따르면 오직 영혼의 이성능력만이 이와 같은 계산에 적합하다. 그렇지만 시간 설명 과정에서 등장한 영혼의 존재로 인해 그의 시간관을 일종의 주관주의적인 것으로 해석할 수 있는가? 사실 영혼의 역할과 관련된 아리스토텔레스의 비교적 짧은 언급은 이미 고대부터 적지 않은 논란거리가 되었으며, 중세를 거쳐 근현대에 이르기까지 수많은 철학자들이 그의 시간관을 이해하고 해석하거나 혹은 자신의 시간관을 정립하는 과정에서 한 번은 통과해야 할 일종의 관문으로 간주되었다.[33] 이 문제와 관련해서 해석

---

32) "만약 셀 수 있는 무엇인가가 전혀 존재하지 않는다면, 그것에 의해 세어질 수 있는 것 역시 존재할 수 없으며, 이로부터 어떤 수도 존재할 수 없다는 명확한 결론에 도달하게 된다."(『자연학』, 223a22-23)

의 지평을 확장시킨 것으로 평가받고 있는 비란트(W. Wieland)는 다음과 같은 분석을 제시하였다.[34] 그에 따르면 영혼은 세계 속에 시간과 같은 무엇인가가 존재하기 위한 필요조건이기는 하지만, 결코 그것을 위한 충분조건은 아니다. 즉 시간은 영혼을 통해서 혹은 영혼 안에서 존재하는 것이 아니라, 단지 영혼의 실제적인 활동 없이는 존재할 수 없다는 것이다. 이러한 비란트의 영혼이해가 주목받았던 이유는, 시간은 영혼으로부터 완전히 독립적이라든지(실재론적 해석), 아니면 반대로 시간은 영혼 안에서 존재하며 따라서 영혼에 의존한다(관념론적 해석)는 식으로 한 가지 측면만을 강조했던 기존의 해석들을 지양하기 때문이다.

그에 따르면, 우리는 시간과 영혼의 관계에 대한 아리스토텔레스의 언급(계산의 주체와 그의 활동 없이는 계산 자체가 성립할 수 없듯이 영혼의 활동 없이는 시간이 존재할 수 없음)을 주관주의적 시간이해의 증거로 간주해서는 아니 된다. 시간은 한편으로 영혼에 의존하고 있지만, 다른 한편 영혼으로부터 독립적이다. 즉 시간은 본질적으로 계산능력을 보유한 존재인 영혼에 의존적이지만, '시간실체(Zeitsubstrat)'라는 의미에서는 영혼으로부터 독립해 있다. 나아가서 그에 따르면 수에 대한 분석을 바탕으로 시간과 영혼의 관계 문제에 대한 접근이 가능해진다. 아리스토텔레스에 있어서 수는 술어 개념, 즉 '크기'들의 술어이며, 이러한 성격은 특히 수의 '사물연관성(Dingbezogenheit)'을 통해서 구체적으로 드러난다. 플라톤주의자와 수학자들의

---

33) 대표적인 예로 플로티노스, 아퀴나스, 하이데거 등을 들 수 있을 것이다. 아리스토텔레스의 시간론에 등장하는 영혼의 역할에 대한 고금의 다양한 해석과 관련해서는 F. Volpi, "Chronos und Psyche. Die aristotelische Aporie von Physik IV, 14, 223a 16-29", in E. Rudolph(ed.), *Zeit, Bewegung, Handlung. Studien zur Zeitabhandlung des Aristoteles*, Stuttgart, 1988, pp.26-62 참조.

34) W. Wieland, *Die aristotelische Physik. Untersuchungen der Prinzipienforschung bei Aristoteles*, Göttingen, 1962, pp.316-334.

입장에서 볼 때 수는 대상화되고 조작될 수 있지만, 아리스토텔레스가 볼 때 수는 '술어화'되는 것으로 이해되어야 한다. 그런데 술어화되는 것은 완전한 의미에서 '독립적인 것'도 '실재적인 것'도 아니다. 수는 운동과정에 의존적이며, 또한 운동을 구성하는 이전과 이후는 결코 자존적인 존재가 아니라, 운동하는 사물의 상이한 상태를 표현할 따름이다. 다른 한편 시간은 매번 단일하게 규정된 운동부분들의 특정한 크기이며, 이 크기는 영혼에 의해 측정된다. 즉 영혼에는 운동의 경과 속에서 이어지는 상이한 지금들을 계산하며, 이들을 서로 다른, 즉 이전과 이후의 지금으로 규정하는 기능이 전제된다. 이 과정을 통해서 시간이 구성되며, 이런 의미에서 시간은 영혼의 이성능력에 의해 계산된 운동으로 규정된다.[35]

결국 비란트에 따르면, 아리스토텔레스의 시간은 자연세계의 경험과 공속적인 어떤 것이며, 따라서 일종의 "작동적인 경험개념(ein operativer Erfahrungsbegriff)"으로 이해되어야 할 것이다. 사실 시간론 전개과정에서 영혼의 기능은 명시되지 않은 채 남아 있지만, 영혼 자체는 "자연세계의 경험을 위한 필수조건"임이 암시되고 있다.[36] 이처럼 시간과 영혼의 관계에 대한 비란트의 해석은 기존의 관념론적 해석이나 실재론적 해석을 모두 지양하고 있다. 즉 그는 관념론자들이 주장하듯이 영혼을 신학적으로 해석하거나, 혹은 실재론자들이 주

---

35) 그렇지만 비란트에 따르면 시간은 영혼이 그 안에 운동을 투입하게 되는 단순히 주관적인 '틀(Schema)'이 아니다. 영혼은 계산 대상으로서의 시간 안에 운동이 경과된 내용을 투입하고 일종의 '질서(Ordnung)'가 형성되지만, 이때 이 질서가 영혼 안에서 미리 규정되는 것은 아니다.

36) 이와 관련해서 비란트는 아리스토텔레스가 "통속적인 시간이해의 현상학"을 제시하고 있다고 표현한다. 물론 이 표현은 20세기의 철학 사조를 의미하지 않는다. 코넨 역시 시간은 일면적으로 주관적이거나 객관적이지 않음을 지적한다. 시간은 운동 자체는 아니지만, 그렇다고 해서 "일종의 순수한 의식구성물(ein reines Bewusstseinsgebilde)"로 생각해서도 안 될 것이다. P. F. Conen, *Die Zeittheorie des Aristoteles*, München, 1964, p.168.

장하듯이 구체적이고 사물적인 대상으로 보지 않으며, 영혼에 의존적인 시간 역시 "경험적이며 계산된 운동의 현상형식"으로 파악하고 있는 것이다.[37]

5) 천구운동과 시간의 측정

지금까지의 논구과정을 통해서 시간과 운동(변화)은 서로 일종의 상호 의존관계에 있음이 드러났다. "시간은 운동을 통해서, 운동은 시간을 통해서 측정된다."(223b15) 이 연장선상에서 아리스토텔레스는 시간과 운동의 근원적인 척도에 관해 언급한다.[38] 그에 따르면 시간과 변화는 영원성과 불변성 그리고 규칙성을 본성으로 하는 천구의 회전운동을 자신들의 궁극적인 척도로 삼는다. 즉 양자는 자신들의 궁극적인 척도를, 영원한 구조를 지니고 있으며 가장 완전한 '천체의 등속적인 회전운동' 안에서 발견한다는 것이다.[39] 시간의 진행

---

37) 볼피에 따르면, 아리스토텔레스는 영혼이 시간적인 구조를 드러내고 있음을 분명히 인식하였다. 그렇지만 그는 시간구성의 문제를 심리적인 지속에 대한 질문으로부터 분리하고자 하였다. 양자의 연관성을 포착하려는 시도는 오랜 세월이 지난 후 하이데거에 의해 이루어졌다. 하이데거의 해석은 시간성으로서의 현존재에 대한 그 자신의 독특한 이해에 기반하고 있다. 즉 시간은 이미 자체로서 시간적인 영혼으로서, 존재자의 시간성 안에서 발견될 수 있다는 것이다. 어쨌든 하이데거의 입장에서 아리스토텔레스는, 시간성으로서의 영혼의 명백한 기능을 주관적인 시간체험의 구성 속에서 뿐만 아니라, 객관적인 시간경험의 구성 안에서 인지하고 문제로서 발굴한 최초의 인물로서 자리매김된다. F. Volpi, "Chronos und Psyche. Die aristotelische Aporie von Physik IV, 14, 223a 16-29", pp.26-62. 하이데거의 시간해석에 관해서는 Martin Heidegger, *Die Grundprobleme der Phänomenologie. Marburger Vorlesung Sommersemester*, 1927, hrsg. von F.-W. von Hermann(Gesamtausgabe, Bd. 24), Frankfurt a. M., 1975 참조.

38) cf. 『자연학』, 223b ff.

39) 현실 속의 모든 운동은 시작과 끝을 가지고 있으며, 이 점은 아리스토텔레스에 의해 운동과 시간이 동일시될 수 없는 이유 중의 하나로 언급되기도 하였

이란 자연 속의 운동과 변화가 율동적으로 세분화되는 과정이며, 나아가서 이것은 영혼의 인지능력에 의해 포착될 수 있다는 입장에 기초해서, 아리스토텔레스의 시간은 궁극적으로 '영원에 참여'하게 되는 것이다. 이처럼 시간의 척도를 천구의 규칙적인 회전운동으로 규정하는 아리스토텔레스의 설명방식은 물론 스승 플라톤의 유산으로 볼 수 있다. 앞에서 살펴보았듯이, 플라톤에 따르면 시간의 존재와 특성은 천구의 조화로운 체계와 연관해서 이해되어야 하는바, 영원하고 지속적인 행성들의 회전은 시간측정의 척도로서 기능하며, 따라서 행성들은 시간의 제작기구로 지칭되기 때문이다.

그렇지만 아리스토텔레스가 주장하는바, '시간의 근원적인 척도' 내지는 '시간을 재는 기구'로 간주되는 천구 회전운동이 동일한 속도로 진행된다는 점, 즉 이 운동의 규칙성은 무엇을 통해서 보장받을 수 있는가? 이 물음에 대해 아리스토텔레스는 시간이 그와 같은 회전의 측정을 위한 척도이며, 이 회전은 다시 시간측정을 위한 척도가 된다고 말하는데, 이와 같은 대답은 그의 사고가 순환논증에서 완전히 벗어나지 못했음을 보여주는 것으로 보인다.

5. 나오는 말

소크라테스 이전 철학자들이 시간을 독립적인 주제로 다루거나 시간에 대한 개념적인 정의를 시도했다고 보기는 어렵다. 그렇지만 다양한 자연현상들, 즉 운동과 변화, 그리고 그 배후에 존재하는 원리에 대한 논의 속에는 적어도, 시간에 대한 후대 사상가들의 본격적인 논의에 자극을 주고 단초를 제공하는 내용이 다수 포함되어 있다.

다. 이에 반해 고대적 관점에서 볼 때, 시작과 끝이 없는 천체의 순환운동은 완전하고 이상적인 운동의 전형으로 간주되었다. 특히 그 영원성으로 인해서 신적인 것으로 불리기도 했다.

플라톤의 시간론은 불변의 영역인 형상계와 생성의 영역인 현상계의 존재 및 관계방식에 대한 고찰이라는 그의 자연철학적 구도 속에서 제시된 것이며, 따라서 그의 시간해석에는 기본적으로 두 세계의 특성에 대한 고려가 담겨 있다. 즉 그의 시간 규정('수에 따라서 움직이는 영원의 모사')에서 나타나듯이, 플라톤의 시간해석은 한편으로 형이상학적인 전제에 따라 영원과의 관련성 속에서 논구되지만, 다른 한편 천체운동에서 드러나는 순환의 규칙성에 대한 이성적인 인식이 토대가 된다.

아리스토텔레스는 자연세계의 운동과 변화에 대한 관찰을 토대로 시간개념을 정립한 최초의 철학자다. 시간을 운동 및 수와 연관시킨 점(수의 원리가 시간과 운동 사이의 관계를 결정함), 천체의 등속운동에 대한 이성적인 이해가 시간해석의 토대 역할을 한 점 등은 아리스토텔레스와 플라톤의 시간해석 사이의 유사성을 드러내는 것으로 볼 수 있다. 그렇지만 스승과 달리 그의 시간이해에는, 세계의 창조, 시간과 영원 사이의 차이 등과 같은 형이상학적 논의가 배제되어 있으며, 오직 운동과 변화에 대한 관찰과 분석을 토대로 한다. 다른 한편 아리스토텔레스는, 시간의 존재론적 지위는 인간의 영혼, 특히 '이성능력'과 뗄 수 없는 관계에 놓여 있음, 즉 시간은 영혼의 실제적인 활동 없이는 존재할 수 없음도 밝히고 있다. 이러한 언명은, 비록 아리스토텔레스가 스스로 의도한 것은 아니지만, 이후 철학사에서 '시간의 영혼적 성격' 혹은 '주관적인 시간체험'을 강조했던 철학자들의 영감의 원천이 되기도 하였다.

지금까지 살펴본 바와 같이, 고대 그리스 사상가들의 시간이해는 본질적으로 자연의 변화에 대한 관찰을 토대로 하고 있으며, 특히 천구의 회전운동과 마찬가지로 시간은 순환적, 규칙적, 영속적, 불변적인 것으로 표상되었다. 이 글에서는 플라톤과 아리스토텔레스를 중심으로, 시간을 자연현상의 일부로 이해하는 관점에 대해 살펴보았다.

그렇지만 이들의 시간이해가 단지 자연적인 설명에 국한된 것은 아니며, 또 다른 작품들(『프로타고라스』, 『정치가』, 『니코마코스 윤리학』 등)에서는 시간의 흐름이 인간 자신에게 가지는 의미에 대한 논의가 적극적으로 이루어지고 있다. 어떤 의미에서 시간에 대한 과학적인 검토는, 시간과 관련된 논의의 서곡 역할을 하는 것으로 볼 수 있을 것이다. 이들 고대철학자들의 사상 속에 담긴, 역사의 의미와 인류의 미래, 그리고 진보의 가능성에 대한 논의는 이 글의 범위를 넘어서는 것이며, 따라서 차후의 과제로 남기고자 한다.

참고문헌

헤시오도스, 『신통기』, 천병희 옮김, 한길사, 2004.
플라톤, 『티마이오스』, 박종현 · 김영균 역주, 서광사, 2000.
김인곤 외 옮김, 『소크라테스 이전 철학자들의 단편 선집』, 아카넷, 2005.
김태규, 『고대철학의 시간이론』, 한글, 2002.
소광희, 『시간의 철학적 성찰』, 문예출판사, 2001.
이영환, 『아리스토텔레스의 시간론 연구』, 서울대, 1998.
Diels, H., *Die Fragmente der Vorsokratiker I*, griechisch-deutsch, 6. Auflage, Weidmann, 1974.
Platon, *Werke in acht Bänden*, herausgegeben von G. Eigler, übersetzt von F. Schleiermacher, H. Müller u.a., 2. Aufl., Darmstadt, 1990. (griechisch-deutsch)
____, *Sämtliche Dialoge*, übersetzt von O. Apelt, Hamburg, 1998.
____, *Timaios*, übersetzt und erläutert von H. G. Zekl, Hamburg, 1992.
Aristoteles, *Physikvorlesung*, übersetzt und kommentiert von Hans Wagner, fünfte, durchgesehene Aufl., Berlin, 1995.
____, *The Physics I*, translated by Ph. H. Wicksteed and F. M. Cornford, Cambridge, 1970.

Beierwaltes, Werner, "Exaiphnī s oder: Die Paradoxie des Augenblicks", in *Philosophisches Jahrbuch* 74, 1966/67, pp.271-283.

Böhme, Gernot, *Idee und Kosmos. Platons Zeitlehre - Eine Einführung in seine theoretische Philosophie*, Frankfurt a. M., 1996.

Coope, Ursula, *Time for Aristotle. Physics IV. 10-14*, Oxford, 2005.

Flasch, Kurt, *Was ist Zeit? Augustinus von Hippo. Das XI. Buch der Confessiones. Historisch-philosophische Studie. Text - Übersetzung - Kommentar*, Frankfurt a. M., 1993, pp.109-124.

Fränkel, Hermann, "Die Zeitauffassung in der frühgriechischen Literatur", in ders., *Wege und Formen frühgriechischen Denkens*, München, 1960, pp.1-22.

Gaiser, K., *Platon und die Geschichte*, Stuttgart, 1961.

Gloy, Karen, *Studien zur Platonischen Naturphilosophie im Timaios*, Würzburg, 1986.

Halfwassen, Jens, "Zeit, Mensch und Geschichte in der antiken philosophie", in M. Laaemann und T. Trappe(eds.), *Erfahrung - Geschichte - Identität. Zum Schnittpunkt von Philosophie und Theologie*, Freiburg i.B., 1997, pp.149-164.

Rudolph, Enno, "Zum Verhältnis von Zeit und erstem Beweger bei Aristoteles", in *Philosophia Naturalis* 20, 1983, pp.96-107.

____, "Zeit und Ewigkeit bei Platon und Aristoteles", in ders.(ed.), *Zeit, Bewegung, Handlung. Studien zur Zeitabhandlung des Aristoteles*, Stuttgart, 1988, pp.109-128.

Volpi, Franco, "Chronos und Psyche. Die aristotelische Aporie von Physik IV, 14, 223a 16-29", in E. Rudolph(ed.), *Zeit, Bewegung, Handlung. Studien zur Zeitabhandlung des Aristoteles*, Stuttgart, 1988, pp.26-62.

Wieland, Wolfgang, *Die aristotelische Physik. Untersuchungen der Prinzipienforschung bei Aristoteles*, Göttingen, 1962, pp.316-334.

플로티노스의 시간이해와 그의 철학적 입장

그의 *Enn*. III 7을 중심으로

조규홍

1. 들어가며

2004년 미국의 이론물리학자 브라이언 그린(Brian Greene)이 약 7
백여 쪽에 달하는 책을 내놓자 "새로운 호킹(Howking) 그 이상"이요,
"21세기 물리학" 및 우주의 시공간에 관한 첨단이론을 "결코 야단스
럽지 않게 설명"했다는 호평을 받았고 우리말로도 그 이듬해 번역 출
간되었다.[1] 과연 이 책은 17세기 뉴턴을 위시하여 아인슈타인, 하이
젠베르크, 호킹 등 현대의 유명 물리학자는 물론 중력, 양자역학, 빅
뱅, 블랙홀, 웜홀과 시간여행, 끈-이론 및 홀로그램에 이르는 첨단이
론과 미래에 개진될 논의도 총망라하고 있다. 그런데 시간에 대해 철
학적으로 살피려는 우리에게 저자는 의미심장한 말을 전한다. 예컨대
그는 시간과 공간 연구의 중요성을 알리면서 시작했으나 마지막 16
장에서는 그동안 물리학의 성과를 이렇게 요약한다: "지금까지 우리
는 시간과 공간의 정체를 규명하려는 인간 노력의 역사를 살펴보았

---

1) Brian Greene, *The Fabric of Cosmos*, 2004. 박병철 옮김, 『우주의 구조: 시간
   과 공간, 그 근원을 찾아서』, 승산, 2005.

다. 개중에는 깊은 통찰력을 발휘한 혁신적인 아이디어도 있었지만, 모든 혼란스러움을 극복하고 유레카를 외칠 수 있는 단계에는 아직 도달하지 못했다. 우리는 아직도 정글 속을 헤매고 있는 것이다."[2]

시간에 관해 '철학적으로 묻는다'는 것은 무슨 의미일까? 철학적 물음에도 최소한 '물음을 던지는 자'와 '물어지는 것'이 자리한다. 그런데 일반적인 물음과는 다르게 철학적 물음의 경우에는 그 두 요소가 서로 별개의 것이 아니라는 사실을 근본으로 삼는다. 다시 말해 철학적 물음은 다른 물음의 경우와는 달리 '묻는 의도'에 적잖이 마음을 쓴다. 흔히 '왜 그런 물음을 갖는지' 따지고 든다. 그래서 종종 그렇듯 묻는 행위가 이성으로부터 비롯되지만, 더 이상 이성이 답할 수 없는 곳까지 다그치게 된다. 그것은 막다른 생각에까지 이끌어 도대체 물어지는 것의 저변에 다가서게끔 하는 것일 수 있다. 그로 인해 철학이 의도하는 것은 결국 '묻는 자'에게 '물어지는 것'이 최대한 낱낱이 알려지고, 그로써 그 둘이 철저히 '하나'가 되는 것이 아닐까!

간단히 말할 수 있다면, 플로티노스의 철학은 그와 같이 "하나(Hen)에서 시작하여 다시 하나로 되돌아가고자 한다." 여기 시간에 관한 그의 물음을 통해서도 우리는 그것을 확인할 것이다. 다시 말해 그가 의도하는 것은 시간에 대해 묻는 인간 자신(영혼)과 물어지는 그것(시간)을 하나로 엮어 내는 것이다. 그러면 그의 시간이해를 자세히 들여다보자.

---

2) Brian Greene, *The Fabric of Cosmos*, p.635.

2. 풀어 가며

1) 작품 *Enn.* III 7(영원과 시간에 관하여)의 개요[3]

플로티노스가 육체적으로나 정신적으로 원기왕성한 시기에 집필했던 것으로서 제자 포르피리오스가 뒤에 편집하여 전해 준 45번째 작품 *Enn.* III 7은 탄탄한 짜임새(기승전결)를 보아서도 그의 완숙하고 치밀한 정신세계를 엿볼 수 있다. 총 13장으로 구성된 이 작품은 크게 네 부분으로 구분된다.

(1) [기(起)] 영원과 시간에 관한 질문을 시작하는 머리말(1.1-24) : 플로티노스에게 신적인 존재와도 같은 스승 플라톤의 『티마이오스 (*Timaios*)』에 의거한 '영원과 시간 사이의 관계'로부터 시간이해를 위한 단서를 발견하지만, 또 다른 다양한 전통적인 가르침(시간에 관한 서로 다른 해석)들 앞에서 미궁에 빠지기 일쑤이니, 다시금 차분한 마음으로 그들 가운데 누가 좀 더 올바른 시간관을 제시하였는지

---

3) 이 글이 참조한 그리스 원문은 R. Harder 대역본(그리스-독일어본[Hamburg, 1967])을 중심으로 번역하였지만, 그 밖에 이미 현대의 여러 가지 외국어로 번역 소개된 글들, 예컨대 Henry-Schwyzer의 *Plotini Opera*(ed. Paul Henry et Hans-Rudolf Schwyzer, T. I, Oxonii, 1964, [2]1978); Werner Beierwaltes의 *Plotin, Über Ewigkeit und Zeit*(Frankfurt a. M., [4]1995); Émile Bréhier의 *Plotin, Ennéades III*(Paris, 1925, [4]1981); A. Hilary Armstrong의 *Plotinus* (Vol. III, London-Cambridge, 1967); Giuseppe Faggin의 *Plotino, Enneadi* (Milano, [3]1992)를 참조하였다. 필자의 학위논문 *Zeit als Abbild der Ewigkeit. Historische und systematische Erläuterungen zu Plotins Enneade III 7*(nebst Originaltext und deutscher Übersetzung) 안에서 새롭게 시도한 독일어 번역을 다시 모국어로 번역한 『시간과 영원 사이의 인간존재』(성바오로, 2002)의 *Enn.* III 7 번역문(pp.62-100)을 본문으로 삼았다. 이 글 뒤에 소개한 '해제 시도'의 경우 제한된 논문의 성격상 몇몇 주요 구절만 살펴보았지만, 다른 궁금한 구절들은 앞선 필자의 해제를 참조하길 바란다.

살펴볼 필요가 있다고 말문을 연다. 이때 플로티노스는 플라톤의 입장, 곧 원형(paradigm)과 모상(icon)의 관계, 달리 말해 회상(anamnesis)을 기초로 연구를 시작하자고 제의한다. 우리가 무엇이든 알아들을 수 있는 까닭은 회상하는 데서 비롯한다고 확신하는 만큼,4) 플라톤의 상기설이 유효하고 효과적이라고 본 셈이요, 그런 점에서도 플로티노스는 플라톤주의자다.

(2) [승(承)] '영원' 개념에 대한 올바른 정립을 위해 다른 몇 가지 개념들(존재, 정지와 운동, 동일성과 차이)과 함께 고려하는 시도(2.1-6.57) : 원형으로서 영원은 과연 어떻게 표현될 수 있을까? 단 "피안의 것(존재)에 관하여 차안의 범주(개념)를 따라 답하는 데는 어려움을 감안하여야 한다."(2.7f.) 그래서 영원을 정신적인 것으로 표현하는 중에도 그때마다 부분적으로 제한하여 이해하는 태도가 아니라 언제든 그 개념을 통해 포괄적인 이해로 나아가야 한다. 예컨대 움직임(kinesis)이 시간이해에 도움이 된다고 하여, 그것을 영원이해에서 배제시켜서는 안 된다. 만일 그렇지 않고 오로지 정지만을 영원과 동일한 개념으로 말해 버린다면, '영원한 운동'이라는 또 다른 우리의 일상적 표현은 결국 '정지된 운동'이라는 어처구니없는 의미를 띠고 말 것이다(2.27). 차라리 '영원'은 포괄(περιοχή)(2.17) 개념, 나아가 전체(ὅλον)(2.18)를 뜻하는 <하나>를 통해 이해되어야 한다. 달리 말해서 플라톤이 가르쳤듯이 "<하나> 안에 머무름(μένειν ἐν ἑνί)"(2.35)이란 표현이 영원의 의미로 합당하다. 이 표현은 이제 플라톤의

---

4) 이 작품 안에서도 자주 그런 태도를 보여준다. 예컨대 "어떻게 영원 안에 다가설 수 있으며, … 그 영원을 틀림없이 알아보고, 그 의미를 손색없이 추구할 수 있단 말인가?"(5.11f.) "만일 우리가 그것들[생소한 것들]과 접할 수 없었던들, 대관절 어찌 관계를 가질 수 있었겠는가?"(7.3) "모름지기 아예 생소한 것을 영혼이 접할 수는 없다. 왜냐하면 영혼이 자신과 다른 무엇과 접하기 위해서는 먼저 관계를 유지해야 한다."(12.13f.)

46

다섯 가지 범주(존재, 운동과 정지, 동일성과 차이)를 따라 항상 "<하나>로 있다."(3.11)는 것, "마치 하나의 점 안에 모든 것이 자리한다." (3.19)는 것 혹은 "언제나 다름없이 존재한다."(3.29f.)는 의미와 통한다. 그러므로 '영원'은 "있었거나 혹은 있을 것이 아니라, 오로지 있는 것으로서 있다는 현재적 의미에서"(3.34), 곧 "있음 깊숙이 있는 것으로서 있다."(3.23) "이미 하나도 결핍되지 않은 전체로서"(4.16) 영원에는 생성도 소멸도 자리하지 않기에 "항상 있음(τὸ ἀεὶ εἶναι)" (4.33)이 어울린다.

결국 플라톤이 제대로 보았던 것처럼 "영원은 <하나> 안에 머물러 있다."(6.6)는 가르침에 집중하여 도대체 "언제나 <하나> 주위를 맴돌며 <하나> 안에 머무르며 <하나>를 따라 그 [충일한] 생명력" (6.2f.)을 무한히 발휘하는 영원 존재를 고려하는 것이 바람직하다고 강조한다. 만일 그러하다면 우리가 흔히 '항상'이란 개념을 이해할 때 좀 더 신중할 필요가 있다. 다시 말해서 "'항상'은 참으로 존재하는 것"(6.34)에만 국한시켜 이해할 필요가 있다. 거꾸로 '항상 변화한다'고 표현한다 하더라도, 그것은 실상 '항(恒)-존재성'을 확보하기 위한 시도로서 고상한 의미를 띠는 것이지 변화 자체가 고상하다는 뜻이 아니다. 이 같은 해석은 이제 변화 및 운동을 따라 이해하는 '시간'에 "앞서(πρὸ)" 영원이 존재한다는 의미에 접근하도록 이끈다.

(3) [전(轉)] 통속적으로 전해지는 시간이론들(아리스토텔레스, 스토아 및 에피쿠로스 학파의 시간이해)에 대한 비판(7.1-10.8) : 시간 개념은 우리의 일상이 시간 안에 벌어지기에 접근하는 데 영원 개념보다 어려움이 덜한 것 같다. 그러나 문제는 우리에게 전해져 온 시간에 대한 해석들이 다양하다는 것이다. 이에 세 가지 해석을 따라 다양하게 전해져 오는 시간이론을 정리할 수 있겠는데, 첫 번째는 "시간은 운동", 두 번째는 "시간은 움직여진 무엇(천체)", 그리고 세

번째는 "시간은 운동과 관련된 어떤 것(거리, 운동의 수 혹은 잣대: 전과 후, 운동에 뒤따르는 어떤 것)"이라고 보는 시간관을 가리킨다 (7.19f.). 그런데 각각의 이론에는 당장 반론이 제기된다. 예컨대, [3-1] "운동이란 사실상 시간일 수 없다."(8.1) 오히려 모든 운동은 "시간 안에(ἐν χρόνῳ)"(8.4) 존재하기 때문이다. "운동이란 대관절 중지하거나 소거될 수 있다 하더라도, 시간은 그럴 수 없다는 점에 서"(8.7f.) 더구나 그 둘은 엄연히 다르다. "천체(天體)의 운동"(8.8)이라 하더라도 마찬가지다. 별들의 원운동도 그 원의 크기에 따라 '빠른 운동' 혹은 '더딘 운동'이라고 표현하듯이, 차라리 운동 또한 시간을 통해 그렇듯 빠르고 더디게 이해된다고 말해야 할 것이다. [3-2] 천체의 운동이 시간일 수 없듯이, "천체 자체 역시 이미 시간일 수 없다."(8.21) 참고로 말하지만 천체의 움직임은 단지 "우리가 시간을 쉽게 알아보도록"(8.22) 도와줄 뿐이다. [3-3] '운동과 관련된 어떤 것'이라고 보는 견해 중에는 가장 먼저 [3-3-1] 시간을 '거리'로 보는 입장을 들 수 있다. 그런데 운동속도에 따라서 거리가 달라지는 것이 사실이다. 그러나 "세상에는 수없이 많은 운동이 있는데, 도대체 어떤 운동이 이에 합당하단 말인가?"(8.29f.) 또한 거리란 '운동이 진행된 크기'를 의미한다고 볼 때 차라리 시간보다는 공간(장소)과 관계가 더 깊다. 그런 점에서 '누적된 크기가 일정한 수(數)'로 표현된 셈이다. 이들(거리, 크기 및 수)은 모두 "양적인 것(τὸ τοσόνδε)"으로서 "그저 시간 안에(ἐν χρόνῳ) 자리할 뿐이다."(8.46f.) 다시 말해 임의적으로나 규칙적으로나 운동하는 중에든 아니면 아예 정지한 중에든, 그 모두가 시간 안에 자리할 뿐이다. 이때 한 가지 특기할 만한 점은 그 모든 경우가 '시간 안에 자리한다'고 보아야 한다면, "시간이 이미 어떻든 '있는 것'으로 존재해 왔다."(8.57)는 것이다. 그렇다면 우리는 '시간을 이해하던 다양한 현상들'에 대해서가 아니라 정작 '시간 자체'에 대해서 물어야 한다. 곧 "존재하는 시간, 그것은 무엇인가(τί ὧν ἐστι χρόνος)?"(8.58f.)⁵⁾ [3-3-2] 혹자는 "운동의 수 혹은 척도"라고 말하기도 한다. 과연 빠르거나 느린 운동 혹은 규칙적이거나 불규칙적인 운동을 그때마다 판단하기 위해서는— 마치 액체든 고체든 그 부피를 측정하는, 이른바 일정 크기의 '됫박'(9.9f.) 혹은 '팔꿈치만하다'(9.18f.)는 식의 — 척도(尺度)로서 앞서 '어떤 하나의 운동' 나아가 '규칙적인 일정 운동'(9.34)이 모범적으로 고려되어야 한다. 그런데 그런 척도 역시 여전히 하나의 운동으로서 '시간 안에' 존재할 뿐이요, 시간 자체는 아니다. 수(數)의 경우도 마찬가지다. "마치 열(10)이라는 수가 [열 마리의] 말(馬)과 관련된다고 하지만, 그 말과 함께만 반드시 표현되는 것이 아니듯"(9.52f.), "어떤 종류의 수가 도대체 시간일 수 있단 말인가?"(9.45f.) [3-3-3] 우리는 아직 수(數)가 무엇인지 모른 채 활용하고 있는데, 한편 수로써 어떤 운동의 '전과 후'를 따지고 또 표시한다. 따라서 운동을 측정하는 것이 수라고 말할 수 있다. 그럼에도 수가 곧 시간이라고 말하기에는 어려움이 많다. 실상 '전과 후'란 "일종의 시간차(χρονικὸν)"를 뜻한다. 다시 말해 "한편 [전(前)이란 '지금'에서 끝나고 다른 한편 [후(後)란 '지금'에서 시작하는 그런 의미에서의 시간차를 일컫는다."(9.65) 그러므로 시간차를 표시하는 수와 시간 자체는 엄연히 다르다. 그럼에도 여기 한 가지 주목할 만한 점이 있다. "수와 함께 시간이 쉽게 논의된다."(9.73)는 점이다. 따라서 "어떤 크기란 그때마다 크기를 앞서 가늠하고 정의내리는 자가 없는 한에서는 그 무엇이 얼마만큼 크다고 말할 수 없음"(9.74f.)을 숙고해야 할 것 같다. 다시 말해 "시간의 일부가 측정되기 전에 [측정하는 무언가가] 이미 존재했다. 더 나아가 묻고 싶다면, 측정하는 영혼(靈魂)이 있기 전에는 왜 시간이 없다고

---

5) 플로티노스는 이같이 정작 물어야 할 것(시간존재의 본질)에 초점을 맞추어 다시 논의하게 되는데, 통속적인 시간관을 모조리 비판하고 난 다음, 뒤에 10장에서부터 본격적으로 자신의 생각을 전개한다.

볼까?"(9.78f.) 그런 까닭에 시간의 정체를 규명하는 이 시점에서 영혼의 역할이 궁금해진다.6) [3-3-4] 끝으로 '운동에 뒤따르는 것'으로서 시간 자체를 이해할 수는 없다. 오히려 운동과 마찬가지로 모두 고작 '시간 안에서' 벌어질 뿐이다(10.8). 반복하지만 그런 [물리적] 운동보다 앞서 시간이 존재한다.

(4) [결(結)] 시간에 대한 플로티노스 자신의 견해(10.9-13.69) : 앞선 시간에 대한 물음이 '운동'의 관찰로부터 출발하였지만, 그 모든 시도가 시간이 잘 드러나거나 파악되는 현상(現像)에만 치중하였기에, 정작 시간 자체 혹은 시간존재에 관한 물음은 지나쳐 버렸다(10.17). 이 시점에서 앞서 거론했던 영원에 관한 정의를 되새겨 보자(11.1f.). 저 영원한 존재 곁에서는 "아무런 흔들림 없이 [오로지] <하나> 안에서 <하나>를 고집하는 그런 [전일한] 삶"(11.4)을 떠올리게 되듯이 시간이란 거기에 아직 존재하지 않았다고 본다. 저편의 세계는 항상 고요한 상태에 머물러 있기에 그 어떤 충동(부족함을 채우려는 활동)으로 흔들릴 까닭이 없다. 그러면 어떻게 시간이 생겨났던 것일까? 이를 알기 위해서 천기(天機)를 헤아리는 무녀들의 도움을 받지 않더라도(11.9f.) 우리의 영혼에게서 그 단서를 발견할 수 있을 것 같다. "동분서주하는 본성(πολυπραγμοσύνη φύσις)"을 가진 영혼(11.15), 매번 다른 것에 매혹되는 영혼, 현재적인 것보다는 꾸준히 미래적인 것 혹은 나중 것에 관심을 갖는 영혼 곁에서 시간을 목격하기 때문이다. 그렇게 "영혼이 움직이자 시간 역시" 그 움직임과 함께 시작된 것이라 하겠다. 이는 플로티노스에게서 "영혼이 자기 자신을 시간화하였다(ἑαυτὴν ἐχρόνωσεν)."(11.30)는 뜻이다. 한편 그것은 영혼이 "자신의 순간 속에 [이미] 모든 것이 자리하고 있음을 [스스로]

---

6) 물론 이 궁금증(영혼의 역할)에 대해서도 뒤에 11장부터 함께 논의될 것이다.

부인"(11.25f.)하였음을 내포한다. 왜냐하면 그 같은 움직임은 자기 밖의 또 다른 것에 대한 관심과 집착을 의미하기 때문이다. 영혼의 그 같은 움직임은 비록 저편의 세계와 닮은 (이) 세상을 만들어 놓긴 하지만, 불완전한 까닭에 세상은 계속 '다름'을 따라 변화한다.

항상 안정된 삶을 뜻하는 영원과는 달리 불안정한 삶을 선택한 영혼은 그로 말미암아 변화무쌍한 삶, 부분적인 활동, 계속 지나가는 삶에 빠져 버리지만, 그럼에도 일부 단일한 삶을 모방하고 차례차례 완전함을 기획하면서 미래의 완전한 삶을 꿈꾸며 살아가게 된다. 그렇게 영혼은 "영원을 닮으려는 가운데 시간을 낳게 되었다."(11.45-60)고도 말할 수 있다. 결과적으로 영혼이 세상에 머무는 것은 "영원 바깥에 자리한다."는 것을 상징하며, 그것은 시간이란 곧 영혼의 "지상적인 삶"(12.21f.)에 심취하여 살아가는 '수명'과 관계한다. 그런 점에서 "영혼의 활동이 곧 시간(καὶ ἡ [ἐνεργεία] μὲν χρόνος)"(12.25)인 셈이다. 그러면 "우리는 그러면 도대체 어떻게 시간을 잴 수 있는가?"(12.37f.) 나아가 "나에게 시간이 '이럭저럭 많다'고 할 수 있는 근거는 무엇인가? 여기서 '나'는 도대체 누구인가?"(12.38f.) 이 같은 물음을 통해 나 자신이 시간을 측정하는 주체로 간주되지만, 그럼에도 여전히 '나'는 시간의 척도(원형)는 아닌 것 같다. 차라리 그렇게 내 영혼의 활동을 시간으로 본다면, 그 척도는 그것과는 다른 것이어야 하기 때문이다. 그것은 마치 운동에 앞서 운동의 척도가 그 운동과는 다른 어떤 것으로 전제되어야 할 것처럼 말이다. 그러므로 몸의 움직임은 — 비가시적일지라도 앞서 존재한 — 영혼 및 정신적인 움직임에 기인한다고 보는 것이 더 논리적이다. 그래서 영혼의 "자생적인 움직임"(13.38)에 주목할 만하다. 곧 "영혼이 활동할 때마다 시간을 소유하게 되었다."(13.46)고 보는 것이 더욱 진지하게 보인다. 몸과 영혼 사이에서 시간을 발견하지만, 또한 영혼 자체가 곧 시간의 원형(paradigm)이 아닌 까닭에, 나아가 그런 모든 시간의 흐름이 마침내 안정을 찾는 저 <하나>와는 어떤 유대를 맺고 있는지 생각해 보아야 한다.

2) *Enn.* III 7의 주요 용어 및 구절에 대한 해제 시도

(1) 플라톤의 원형(paradigm)과 모상(icon)의 관계 및 회상(anamnesis)

여기에서 의도하는 '닮은꼴', 곧 원형으로서의 영원과 그 모상(模像)으로서 시간과의 관계는 본문의 11장 20, 29, 46절과 13장 24절에서 여러 번 소개되는데, 무엇보다도 플라톤(*Timaios* 37c-d)의 용어를 차용하고 있다. 이 같은 용어의 차용은 플로티노스의 다른 작품(*Enn.* I 5, 7.15: "영원의 복사물[εἰκών αἰῶνος]")에서도 엿볼 수 있으며, '원형-모상 관계'는 존재발생적인 관점에서 시간 안에 존재하는 모든 것들에게 내적으로 긴밀하게 요구되는 '존재'와 '생명'의 필연적인 시원(始原) 및 원인을 소급하여 알아듣는 데 도움을 준다. 그래서 "만일 누군가가 이러한 가시적인 세계를 두고 놀라움에 사로잡힐 때, 그 크기와 아름다움과 질서가 결국 '영원하다'는 데에 관련되어 있다고 볼 수 있다. … 그리하여 모든 동식물들에게서 또한 매료되어 그들의 원형, 그들의 참된 존재를 따져 물어 나간다면, 저편 원형의 세계에 스스로 영원히 머물러 있는 정신적인 실체의 모든 것이, 곧 '만족'과 '정신'의 신 크로노스(Kronos)의 헤아릴 수 없는 지혜와 참된 삶이 이미 존재함을 깨닫게 될 것이다. … 반면에 시간은 영혼을 맴도는데, 오로지 (그 영혼에 힘입어) 영원을 본떠, 마침내 지나가 버림과 다가옴을 거듭한다. 왜냐하면 거듭된다는 것 자체가 영혼과 관련되어 있기 때문이다."(*Enn.* V 1, 4.1-25)

플라톤적 '영원' 개념이 이미 헬레니즘 시대에 영향을 미쳤다는 사실은 엘레우시스(Eleusis)의 신전 축성문에서도 엿볼 수 있다.[7] 좀 더 분명한 흔적은 유대-헬레니즘, 특히 필론(Philon)에게서 엿볼 수 있다.

그에 따르면 시간이란 "영원의 모상(μίμημα αἰῶνος)"(*Quis rer. divin. heres.* §165)이요, 영원이란 한편 "시간에 앞선 원본이며 원형(τὸ ἀρχέτυπον τοῦ χρόνου καὶ παράδειγμα)"(*Quod deus immut.* §32)이다. 플라톤을 소개해 주던 아풀레이우스(Apuleius, 2세기경) 역시 "시간은 영원의 모방(tempus ··· aevi esse imaginem)"임을 전하고 있다(*De Platone et eius dogmate* I 10). 플로티노스의 제자 포르피리오스도 체계적으로 "(영혼의) 움직임에 시간이 근거하며, '정신'의 자체 내 머무름에 영원이 근거한다."(*Sententias* §44)고 밝히고 있다. 프로클로스(*Theol. Plat.* I 14)와 다마스키오스(Damaskios)(*Dubit. et solut.* Pars I)에게서 다시금 시간은 "영원의 복사물"로 소개된다. 플라톤적이며 동시에 플로티노스적인 이 개념 정의는 결국 프로클로스에게도 기초가 된다: "우리의 ··· 지상적인 전체 삶은 곧 저편 세계를 바라보기 위한 하나의 훈련장이다."("In Platonis Parm. Comm", in *Opera inedita.* Pars III) 플로티노스를 라틴어로 소개한 빅토리누스(Marius Victorinus) 역시 이와 동일한 개념 정의를 전해 준다: "영원이란 모든 사물들이 실제적으로 항상 현재하는 것을 가리킨다고 확언하기 위해서는 거기에 살아 있는 그래서 그 자체가 생동감 있고 현재하는 활동을 반드시 동반하여야 하며, 그로써 '생명력'을 우리는 감안해야 한다. ··· 한편 우리에게 시간이란 '영원의 모방'이라고 가르치듯 우리에게 [시간을 따라] 현재하는 것은 실제 그 자체의 힘에 따라 있는 것도 아니며 그에게 항상 현존하는 의미에서가 아니다."(*Adv. Arium* IV 15) 아우구스티누스는 이러한 전통을 이어 받아 시간이란 "영원의 발자취(vestigium aeternitatis)"(*De gen. ad litt. imp.* 13.38)라 하거나 혹은 "영원을 본뜬 것들(aeternitatis imitanta)"(*De*

---

7) E. Degani, *Aion da Omero ad Aristotele*, Padova, 1961, p.89 참조. 이 축성문은 로마 아우구스투스(Augustus) 황제 시대에 유포된 신전 축성문 가운데 하나로서 거기엔 '아이온(Aion: 영원의 초기) 개념'이 목격된다.

musica VI 11.29)이라고 정의한다.

한편 '회상(回想)' 개념을 통해서 플로티노스는 플라톤의 경우처럼 영혼이 이미 그 원천인 영원으로부터 "추락하였다"(*Enn.* III 7, 11.1-20 참조)는 선(先)-역사적 사건을 전제로 삼는데, 이는 플로티노스의 존재론에 기초가 된다. 물론 플라톤에 따르면 저마다의 영혼은 육체의 세계로 떨어져 "망각의 강물"(*Politeia* 621a-c)을 마셨다. 그러므로 인간은 여러 가지 육체적 감각에서 벗어나 이성적 활동을 통하여 원천적인 것들을 재고할 필요가 있다. 플라톤은 그래서 "그것(이성적인 활동)은 일종의 회상인데, 우리의 영혼이 일찍이 보았던 것에 대한 회상이요, … 그로써 우리는 참된 존재를 향하여 자신을 가다듬을 수 있다."(*Phaidros* 249c)고 가르친다. 그렇듯 플라톤에게서 "찾음과 배움이란 회상과 다르지 않다."(*Menon* 81d; 참조 *Phaidon* 76a)[8]

플로티노스에게서도 영혼은 플라톤과 다르지 않게 마치 감각적인 세계라는 '동굴' 안에 갇혀 있다. 회상을 통하여 비로소 자신을 회복할 수 있다(*Enn.* IV 8, 4.25-31). 달리 말해 영혼은 참된 것을 알아보는 능력을 타고났다. 그래서 "만일 (영혼에게) 어떤 내적인 (인식의) 실현이 요구되면, 과거의 선인들이 그러했듯이 스스로 지니고 있던 능력을 발휘한다는 의미에서의 '기억과 회상'을 운운할 수 있겠다."(*Enn.* IV 3, 25.31-33) 만일 영혼이 그러하다면, 영혼이란 "모든 것들을 이해할 수 있는 총괄적인 열쇠요, 지적인 영역의 가장 끄트머리에 서 있되, … 이 감각적인 세계에서는 가장 높은 곳에 자리하는 무엇"(*Enn.* IV 6, 3.5-7)이라는 인간 위상(dignitas)은 그 기반을 단단히 갖춘 셈이다(르네상스의 Ficino 및 Pico 참조). 회상이란 진정한

---

8) 플라톤의 '회상' 개념과 관련하여 Ludiger Oeing-Hanhoff, "Zur Wirkungsgeschichte der Platonischen Anamnesislehre", *Collegium philosophicum*, Festschr. Joachim Ritter zum 60. Geb., Basel-Stuttgart, 1965, pp.240-271을 참조할 수 있겠다.

의미에서 원천인식의 한 실현이요, 더 완전한 삶으로의 고양을 함의한다. "만일 영혼이 저 위로부터 흘러 내려온 것을 안으로 받아들여 자극제로 삼는다면, 그의 열정이 마침내 타올라 옛 향수를 느끼듯 할 것이니, 이는 일종의 '사랑의 울림'이라 하겠다. … 비록 영혼이 한때 주위에 시선을 잃는다 해도 '기억'을 좇아서 또 다른 세계, 곧 더 커다란 세계로 치솟아 나아가게 될 것이다."(*Enn.* IV 7, 22.8-17) "저편의 세계에 대한 회상을 영혼이 꾸준히 실현하는 한 영혼은 몰락하지 않는다."(*Enn.* IV 4, 3.3f.)

(2) "〈하나〉 안에 머무름(μένειν ἐν ἑνὶ)"(2.35)

앞서 '포괄적(περιεκτικὰ)'이란 용어는 누구보다도 아리스토텔레스의 입장에서 특별히 '영원'을 가리켜 시간적인 모든 삶의 "포괄적인 목적(τέλος περιέχον)"이라고 말하는 중에 그 의미를 짐작할 수 있다(*De coelo* I 9[279a.23-25]). 그러나 아마도 플로티노스 자신은 여기서 조직적이며 합목적적인 창조력 자체를 '영원'이해에 덧붙임으로써 최소한 영원 개념과 '정신적 개념'과의 차별을 막고, 다른 한편 창조적 능력과 정신과의 원활한 유대를 영원 자체 안에서도 확인할 수 있다는 인상을 심어주는 점에서 플라톤을 더욱 신뢰한다. 본문에서 거듭되는 '포괄적인' 의미에 대한 플로티노스의 설명은 그래서 정신적 세계와 영원 사이의 '다름'을 넘어서 두 가지가 서로 화합할 수 있다는 점을 강조한다: "영원의 존재란 정신적 본질을 맴돌거나 그 본질 안에 머무른다고 하거나 혹은 그 곁에 현존한다고 말할 수 있겠다."(2.14f.) 전적인 '하나'의 영원한 세계를 플로티노스는 다음과 같이 소개한 적이 있다: "저편에선 모든 것과 저마다의 개별적인 것이 빛을 받아 [한결같이] 분명하게 드러난다."(*Enn.* IV 9, 5.28f.) 혹은 "저편에선 그렇듯 모든 것이 실현 가능하며 또한 실현 자체로 자리하며 그 모든 것이 생명과 결부되어 있듯이 저편의 영역을 '생명의 영역'이라 일컫는다. 그곳은 영혼과 정신의 참된 시원이며 원천이다."
(*Enn.* II 5, 3.19f.)

"<하나> 안에 머무름"은 일찍이 플라톤(*Timaios* 37d.6)이 시간의
원형으로서 영원을 함축적으로 표현한 것이다. 이는 실상 크세노파네
스(Xenophanes)에게서 처음 발견되는데, 그는 자신이 찾던 신(神)을
"항상 동일한 것 안에 머무르는 자"(M 36 / DK 26: αἰεὶ δ᾽ ἐν ταὐ
τῷ μίμνει)로 표현했다. 플로티노스도 본문에서 영원을 "변함없이
'하나'를 맴도는 생명"(6.7)이라 말하고 이를 "우리가 애초부터 찾던
것"이라 덧붙인다. 이로써 앞서 상징적으로 영원의 본질을 설명한,
이른바 "끊임없이 '하나' 주위를 맴돌고, '하나'로부터 유래하여 '하
나'로 되돌아간다."(6.1)는 표현을 반복한 셈이다. 이 같은 상징적인
표현은 최소한 '하나'의 무한히 머무르는(연장되지 않는) 속성, 곧
"시간과 함께 사라지지 않는 힘"(2.32f.)으로서 '하나'의 초월성을 손
색없이 설명할 수 있어야 할 것이다. 우리는 여기서 '하나'의 정체를
두고 좀 더 세밀하게 따져 보아야 할 이유를 갖는다. 절대적인 존재
로서의 '하나'가 갖는 내심 한결같이 머무르는 능력은 '하나' 자체로
부터 전적으로 드러나는 또 다른 무엇(= 정신)의 온전한 현현을 결정
한다. 이에 반해 시간적으로 거듭 연장(延長)되는 속성은 저 정신적
인 것의 부분적 현현에 그친다. 이러한 부분적 현현이 말해 주는 것
은 결국 '하나'의 온전한 자기현시가 아니라 오로지 '하나'를 따라 차
례차례 부분적으로 드러나는 것임을 의미한다. 바이어발테스는 이 점
을 단절된 의미에서만 소개한다: "영원은 저 '하나' 안에, 곧 하나-됨
에 머무르는 반면, 시간은 꾸준히 거듭되는 '외적 현시(Aus-Sich-
Heraustreten)'를 통하여 완전히 하나-됨에 도달할 수 없다."[9] 이 점
에 관하여 아우구스티누스는 '영원한 성부'를 대면하여 "나 자신은

---

9) W. Beierwaltes, *Plotin. Über Ewigkeit und Zeit*, p.154.

[그분에게 부분적으로 참여하는 만큼] 시간 안에서 그분을 닮지 못할 뿐"(*Conf.* XI 29.39)이라고 고백하면서 차라리 영혼을 통해 신에게 온전히 나아가길 권고한다. 그것은 플로티노스가 '회상' 개념 및 '원형-모상의 관계'를 통해서 "영혼에게 저편의 머무름에서 유래하는 능력이 자리한다."(*Enn.* IV 3, 6.23f.)는 관점과 통한다.

(3) 통속적 시간관(특히 '운동이거나 운동과 관련된 것') 분석과 비판

이로써 플로티노스는 당대에 회자되는 '시간관'을 모조리 요약하려 했음을 엿볼 수 있겠는데, 먼저 '시간'은 "운동이거나 운동과 관련된 어떤 것"이라고 하는 관점을 우리는 이미 아리스토텔레스의 논의(*Physik* IV 11[219a.8f.])에서도 발견한다. 플로티노스는 거기에 또 다른 시간관으로서 '움직여진 무엇'을 덧붙여 생각한다. 이는 '천체와 관련된 시간이해'를 함께 살펴보도록 하였으니, 아마도 아리스토텔레스 이후 계속된 다양한 시간이론들을 종합하려 했던 것으로 보인다. 이들을 비판적으로 내다보는 이유는 '어떤 안목이 결핍되었기' 때문이니, 그것은 '시간이 아닌 것'을 찾는 연구가 아니라 정작 '시간이란 무엇인지'를 추궁하는 연구라야 하는데, "그로부터 벗어났다."(10.9f.)는 데 있다. 그래서 플로티노스는 '존재'의 관점에서 시간을 다시금 이해하도록 고무시킨다. 한마디로 "시간이란 (그것이 존재하는 한) 결코 '양적인 것'이 아니다."(*Enn.* VI 1, 5.19)는 비판으로부터 출발한다. 설령 시간을 이해하는 수단으로서 '양적인-물질적인 표현 혹은 표식'을 활용한다고 하더라도, 그것이 시간 자체는 아니다. 오히려 그런 모든 것들은 "시간 안에"(7.5f.) 자리하는 어떤 것에 지나지 않는다. '시간존재'는 '존재'라는 점에서 '양적인 것'에 앞서 이해되어야 한다. 그러면 차례로 플로티노스의 비판적 논의를 추적해 보자.

'운동에 관련된 어떤 것'이란 시간이론은 누구보다도 아리스토텔레스에게서 발견할 수 있다: "시간이란 '운동'이 아니면 '운동에 관련된

어떤 것'이다. 시간이 그러나 '운동'이 아니기 때문에, 그것은 '운동에 관련된 어떤 것'이어야 한다."(*Physik* IV 11[219a.8-10]) 플로티노스는 본문 8장 1-19절에서 아리스토텔레스가 앞서 분석한 것(*Physik* IV 10[218b.9-18])처럼 시간이 '운동은 아니'라는 사실은 확인했지만, 아직 '운동에 관련된 어떤 것'이라는 논리는 따져 볼 필요가 있다고 보았다. 그래서 그는 8장 23절-10장 8절을 통해 다시금 세밀히 검토한다. 이때 먼저 플로티노스는 "우리가 시간과 운동을 함께 생각할 수밖에 없다."(*Physik* IV 11[219a.3f.])는 처지에 대해 아리스토텔레스의 견해를 수용한 것처럼 비춰진다. 그럼에도 플로티노스는 아리스토텔레스가 어쩌면 침묵하고 있는 것으로 여겨지는 '영혼의 움직임'에 관한 진술을 겨냥하여 어떤 점에서 운동이 시간과 관련하여 고려되어야 하는지, 곧 물질적인 운동 이전에 무엇이 먼저 필연적으로 고려되어야 옳은지 물어 나간다. 이는 플로티노스가 아리스토텔레스와는 다르게 그리고 다른 시간관과 달리 고유하게 시간을 해명하려는 특별한 부분으로 여겨진다.

'거리(διάστημα)'란 스토아 철학자들에 의해 흔히 논의되었던 시간개념이다. 플로티노스보다 약간 후대에 살았으면서 전대의 가르침들을 글로 소개하고 있는 심플리키오스(Simplikios)는 이와 관련하여 이렇게 전한다: "스토아 학자들 가운데 제논은 시간을 '그때마다의 운동의 거리(혹은 간격)'라고 말했다. 그러나 크리시포스는 덧붙여 시간을 '천체 운동의 거리'라고 가르쳤다."(*SVF*. II, 510) 바이어발테스가 보았던 것처럼 플로티노스 역시 앞 시대의 가르침, 곧 제논의 시간정의를 8장 23-30절 안에서, 또 크리시포스의 시간정의를 8장 30-69절 안에서 다루고 있다. 한편 아우구스티누스도 스토아 철학의 '거리' 개념을 두고 플로티노스와 마찬가지로 '존재론적인 관점'에서 다음과 같이 날카롭게 비판한 바 있다: "내가 보기에 [그들에게서는] 거리 외에는 그 어떤 시간이 하나도 거론되지 않는 것 같다(Mihi visum est nihil esse aliud tempus quam distentionem)."(*Conf.* XI 26,33)

플로티노스는 9장부터 아리스토텔레스의 또 다른 시간이론을 분석하기 위해 그의 용어 '운동의 수 혹은 잣대'에 대해 따져 묻는다. 이는 아리스토텔레스가 소개한 "시간은 운동의 수"(*De coelo* I 9[179a. 14f.]) 또는 "시간이란 곧, 전(前)과 후(後)의 관점에서의 운동의 수"(*Physik* IV 11[219b.1f.]) 또는 "시간은 운동과 움직여진 것의 잣대"(*Physik* IV 12[220b.32f.]) 또는 "시간은 운동과 정지의 잣대"(*Physik* IV 12[221b.22f.])라는 명제를 고려할 수 있겠다. 여기서 그러나 플로티노스는 아리스토텔레스의 관점과 다소 상이한 입장에서 상기 개념들을 이해한다. 바이어발테스는 이러한 점을 들어 플로티노스가 "시간으로부터 운동을 따로 떨어뜨리려고, 이른바 시간은 더 이상 운동에 관련된 어떤 것이 아니라는 점을 강조하고자 한다."(*Plotin.* 229)고 설명한다. 물론 "측정하는 것(잣대)은 측정되는 것(운동)과 다르다." 그러나 그 이상으로 플로티노스의 의도를 생각해 볼 필요가 있다. 다시 말해 플로티노스가 '시간을 운동으로부터 독립시키려' 했다면, 이는 결국 플로티노스가 시간의 주체(主體)로 여겨지는 '영혼' 또한 이미 시간적으로 움직이는 모든 것들로부터 독립하여 존재하며 나아가 그러기에 그들을 셈할 수도 있고 측정할 수도 있다는 점을 암시한다고 볼 수 있다(아래의 해제 (7) '자생적인 영혼' 참조).

'전과 후'에 관한 분석은 분명 아리스토텔레스의 견해를 겨냥한 것이라 하겠다(참조 *Physik* IV 11[219b.1f.]). 왜냐하면 아리스토텔레스는 앞서 "우리는 운동의 경과를 구분하는 중에 시간에 대해 알 수 있다고 한다. [그래서] 그러한 구분을 운동의 전과 후로 말하는데, 만일 운동의 경과 중에 전과 후를 말할 수 있다면, 거기서 시간은 사라지는 어떤 것으로"(*Physik* IV 11[219a.22-25]) 볼 수 있다고 말하기 때문이다. 여기서 아리스토텔레스는 전과 후의 관찰을 통하여 시간은 사라지는 것으로 탐구했지만, 아직 시간 본질에 대한 물음에 다가서

지는 못했다. 나아가 '지금 중지된 의미에서의 전'과 '지금 시작하는 의미에서의 후' 역시 아직은 운동의 경과와 함께 표현되어 있다는 점에서 시간 본질 혹은 시간존재를 명확하게 밝히지는 못했다고 플로티노스는 지적한다. 그것은 일종의 '시간차'일 뿐 시간 자체는 아니라는 것이다(9.65 참조). 그리하여 당장 시간은 "전후를 따라 운동을 측정하는 수와 다른 무엇"(9.66f.)이라고 설명한다. 그러나 플로티노스는 아리스토텔레스의 견해에 동의하지 않으면서도 "시간이 수와는 다르다."는 점을 더 이상 밝히지 않는다. 다만 그러한 '운동경과의 전후'란 '운동과 연관되어 표기되었을 뿐'이요 또한 '양적으로' 표현되었다는 이유로 거부하였음을 짐작케 한다. 이때 한편 아리스토텔레스에게서 목격되는 '앞서다'라는 '전(前)'의 의미가 본질적으로 단지 '시간적인 차원에서'만이 아니라, '존재론적인' 차원에서 앞섬(Kategorien 12[14a.30])에도 적용될 수 있다면, 플로티노스의 견해는 아리스토텔레스와 전혀 색다른 노선을 걷는 것은 아니라고 하겠다.

(4) "존재하는 시간, 그것은 무엇인가(τὶ ὤν ἐστι χρόνος)?"(8.58f.)

플로티노스는 여기에서 "도대체 이것이 무엇인가(τὶ δὲ τοῦτό ἐστιν)?" 하고 물으면서 자신이 제안하는 '존재론적인 해석'으로 유도하고 있다. 이 같은 질문형식(τὶ … ἐστιν)은 여기서 앞선 시간이론들이 추구하는 바에 대해 그 의문을 제기함과 동시에 다시금 정확히 시간의 정체를 파악하려는 의도가 담겨 있다. 그로써 플로티노스는 가장 먼저 시간이 기껏 '시간 안에' 존재하는 운동의 거리로 환원되는 것에 대해 비판한다(8.59-61).

그에 반해 플로티노스의 질문형식은 시간 자체에 관심을 갖도록 고무시킨다. 플로티노스는 이러한 질문형식을 원천적으로 소크라테스에게서 배웠다. 실상 소크라테스는 누구에게서든 대화를 통해 궁극적인 앎에 이르도록 이끌었다. "그는 그의 벗들과 더불어 '도대체 저마다 존재하는 것들이 무엇인지(τί ἕκαστον εἴη τῶν ὄντων)'를 알기 위해 결코 멈추지 않았다."(*Memoria* IV 6.1)고 크세노폰이 전해 주듯 말이다. 소크라테스의 물음형식은 플라톤 곁에서도 어렵지 않게 확인된다(예컨대 *Phaidon* 99b; *Hippias maior* 287d; *Kriton* 47c; *Theaitetos* 174b. 이 작품들 안에서 '그것이 무엇인가'라는 질문형식을 한결같이 발견하게 된다). 플로티노스 역시 본문 안에서 여러 번 반복하고 있음은 물론 나아가 8장 67절에서는 다소 강화된 질문형식을 선보인다. 예컨대 "본래 모습은 무엇인가(τίνα φύσιν ἔχει)?" 하고 묻는다. '본래 모습, 혹은 본질(φύσις)'이라는 말은 시간 및 공간 안에 나타나는 감각적인 사물의 내면에 자리 잡은 변함없는 실체(實體)를 가리킨다. 그것은 그 어떤 외부적 조건으로 인해 손상될 수 없는 여느 존재의 꾸준한 동일성을 함의한다. 이는 다양하게 나타나는 사물의 한결같은 정체성은 감각이 아니라 '정신'을 통해 식별해 낼 수 있음을 가리킨다. 그래서 플로티노스가 "시간이란 무엇인가(τί ὤν ἐστι χόρνος)?"(8.58f.) 하고 물었다면, 이는 말 그대로 시간의 본질 혹은 실체에 관해서 묻는 것이요, 통속적인 시간관 앞에서 플로티노스 자신의 관심사를 드러낸 것이다. 우리는 과연 시간이 무엇의 척도인지 알고 있지만 "시간 자체가 무엇인지는 아직 밝혀지지 않았다."(9.11) "도대체 존재하는 그것은 무엇인가?" 이러한 존재론적 물음은 앞선 영원에 대한 설명 안에서도 목격된다. "영원", 그것은 "있는 그것이요(ὅπερ ἐστι)"(3.23), "있음 깊숙이 있는 것으로 있는(ἐν τῷ εἶναι τοῦτό ὅπερ ἐστιν εἶναι)"(3.33f.) 것이다. 그렇게 플로티노스는 '존재론적 관점'을 통해 영원과 시간에 얽힌 난해한 문제를 해결하고자 했다.

(5) "동분서주하는 본성(πολυπραγμοσύνη φύσις)"을 가진 영혼(11.15)

'동분서주하는(πολυπραγμοσύνη)'이란 말마디는 '분주하다'는 것을 가리킨다. 이 용어는 플라톤에게 있어서는 윤리적인 측면을 띤다. 예컨대 그는 4주덕에 대해 소개하면서 이 용어를 설명하고 있다. 곧 '지혜', '용맹', '사려 깊은 의욕(= 절제)', '의로움'(*Politeia* 433d)을 거론하는 중에 앞선 세 가지 덕성을 영혼의 지적인 능력, 용감성, 의욕과 견주고 있다(*Politeia* 439d-e). 의로움은 영혼의 이 세 가지 탁월한 특성들의 조화로운 결합 안에서 발견된다(*Politeia* 442c). 이것은 마치 탄금(악기)의 세 으뜸현이 어우러져 마침내 아름다운 음을 발하는 것에 비유된다(*Politeia* 443d). 의로움은 그로써 "스스로가 가진 것을 두고 노력하는 데에 있지, 다른 많은 것을 욕심내는 데에 있지 않다."(*Politeia* 433a)는 의미도 내포한다. 그래서 어떤 합창단의 단원들 각자가 자신의 발성에 열중해야 할 것이니, 만일 다른 소리에 몰두한다면, 결국 합창단(전체)의 소리를 손상시키는 것과 흡사하다(참조. *Politeia* 434b) 하겠다. 그렇듯 불의(不義)는 "저 영혼의 세 가지 탁월한 특성과 다른 무엇이 곁가지를 친 것과 같으니, '분주함'이 바로 그것이다. 이는 자신을 다른 낯선 용무에다 뒤섞는 것이요, 전체적인 영혼의 흐름을 거스르는 행위이며, 월권으로써 (제 것이 아닌 것을) 지배하려는 속셈과도 같다."(*Politeia* 444a-b)는 것이다. 탐탁치 못한 지배욕은 본문에서 "… 넘나 보는 의욕이 솟구쳤다."(11.15)는 대목과 통한다. 분명 플로티노스는 현실적으로 개별영혼들의 의욕과 관련된 불화에 대해 알고 있었고, 그것을 극복하는 계기를 마련하려는 인상을 심어 준다: "부분들은 전체에 의해 보장된다. 전체는 내적인 친화력에 의해 뭉쳐져 있다."(*Enn.* III 2, 1.33) 이는 플로티노스가 궁극적으로 추구하는 바가 무엇인지 알 수 있게끔 도와준다: "온전히 복된 삶을 누리는 존재는 스스로 고요 속에 머무르며, 있는 그대로의 자신에 만족해한다. (따라서) '분주하다'는 것은 이와 달리 위험을 암시하고 있으니, 이는 그들의 고유방식과 다르게 존재하는 데 주력하기 때문이다."(1.40-43) 분주함은 개별영혼의 자연적 속성처럼 보인

다: "개별영혼에게는 그 어떤 정신적인 충동이, 곧 자신의 원천으로 귀의하려는 의욕이 있긴 하지만, 반대로 아래 세계로 기우는 욕구도 있어서 그것을 방해한다. … 만일 그들이 시간을 통해 거듭거듭 그렇게 행동한다면 전체성과는 거리를 두게 될 것이요, … 이내 병들어 버리는 것은 물론 '분주함'에 깊이 빠져들게 될 것이다."(*Enn.* IV 8, 4.1-16)

(6) "영혼이 자기 자신을 시간화하였다(ἑαυτὴν ἐχρόνωσεν)."(11.30)

여기 활용된 그리스어 원어는 'ἑαυτὴν ἐχρόνωσεν'다. 바이어발테스는 "χρονόω(시간의 동사화) 용어는 … 플로티노스 이전에는 사용되지 않았다."(*Plotin.* 260)고 설명한다. 이 동사형 표현은 시간과 시간적인 세상의 드러남(自然의 現像)을 '자발적인 혹은 능동적인 행위'로 이해한 것처럼 보이지만, 영원 개념의 완전한 자율성과 비교된다.

여기서 플라톤의 우주론과 확실한 차이점이 엿보인다. 예컨대 『티마이오스』(37d.5)에서의 'ἐπενόει'가 연상시키는 것처럼, 영원을 따라 움직이는 모양으로 빚어진 시간의 '드러남'이 이를 창조하는 데미우르고스의 (분별하여 계획하는) 사유로부터 비롯하는 반면에 플로티노스에게 시간 및 세상은 '주체적으로 자신을 실현시키는 (세계)영혼의 직접적인 표현'이다. 플로티노스의 말을 빌리자면, "시간은 영혼의 자아실현 행위에 의해 실존하게 되기에 영혼에게서 유래한다."(*Enn.* IV 4, 15.2-4) (근대의 칸트처럼) 인간의 순수 내면성(정신)이 절대적으로 자율성을 확보하는 것과는 달리 플로티노스가 말하는 영혼의 주체성은 그에 앞선 모범을 따른다. 그러므로 영혼의 행위는 일찍이 요나스(H. Jonas)가 규정하듯, 일련의 '형이상학적인 선(先)-역사'를 전제한다.[10) 여기서 선-역사는 곧 영혼이 기꺼이 닮고자 하는 모범과 연관을 맺는다. 다시 말해 "영혼은 정신을 모범으로 삼는다. 그래서 영혼에 앞서 벌어진 생각이 영혼이 스스로 생각할 때 그 모범으로 존재하며, 영혼 자체는 정신의 생각을 대변한다. 영혼은 [다시 말해] 정신이 내어놓은 효과적이며 활동적인 능력으로 존재하며, 그 능력은 [정신과] 다른 무엇을 실존하게끔 하는 근거로 작용한다."(Enn. V 1, 3.7-10) 여기서 일컫는 '다른 무엇'이란 물론 감각적이고 물질적인 세상을 가리키며, '정신'이 감각적이고 구체적으로 발설하는 경로를 따라 별도로 존재하게 된다. 그러므로 '언어적인 발설'이 우뚝 존재하는 것이 아니라, 과정의 선후를 따져 볼 때, 정신적인 형상이 먼저 존재함으로써 그것이 비로소 존재한다. 그렇게 물질적인 것과 정신적인 것이 서로 떨어져 존재하지 않는다. 그래서 플로티노스는 "이 세상이 영혼에 의해서 이루어지지 않은 적이 없었으며, 다른 한편 육체적인 것이 앞서 존재하거나 혹은 그런 육체가 영혼으로부터 따로 떨어져 생겨난 적이 없었으며, 나아가 물질 역시 제 형상을 갖지 않은 채 머물렀던 적이 없었다. 사람들은 다만 그런 점을 고려하면서도 자신들의 생각 안에서 이 두 가지를 서로 갈라 세워 소개하였다. … 그러나 참된 의미에서 분명하게 말하자면 육체가 없다면 영혼 역시 존재를 위해 나아갈 수 없을 것"(Enn. IV 3, 9.15-23)이라고 설명한다. 이것은 다시금 플로티노스에게서 아주 가끔씩 관찰되는 '반-육체주의적인 사상', 곧 '육체나 물질'은 '나약함의 원인'이요, '악의 근본'이며 더 나아가 '최초의 악' 그 자체라는 생각을 넘어서 새로운 시각을 갖도록 도와준다(Enn. I 8, 14.49-51).

---

10) 참조. H. Jonas, "Plotin über Ewigkeit und Zeit. Interpretation von Enn. III 7", in: Alois Dempf, Hanna Arendt, Friedrich Engel-Janosi(Hrsgg.), *Politische Ordnung und menschliche Existenz*. Festgabe für Eric Voegelin zum 60. Geb., München, 1962, pp.295-319.

(7) 영혼의 "자생적인 움직임"(13.38)

'자력의' 혹은 '자생적(自生的)인 운동(αὐτουργὸς κίνησις)'을 두고 플로티노스는 "밖으로부터 비롯하지 않은(οὐκ ἔξωθεν)"(4.1) 운동이라고 보며 '온전히 그리고 철저히 자기 내면으로부터 비롯하는 움직임'으로 이해한다. 물론 이는 '밖으로도' 움직인다는 점을 거부하지 않는 한 '다른 것'으로 발전하게 되지만, 그럼에도 자신의 동일성을 잃지 않는 가운데 '자신 안에 머무르기' 때문에 마땅히 "정지 자체(α ὑτοστάσις)"(2.36)로도 이해된다. 순수 존재론적인 관점에서 자생적인 운동은 다른 모든 비-영혼적인 운동에 선행한다(13.34f.). 한편 비-영혼적인 운동은 외부적인 충동에 의해서만 비롯되는 운동을 가리키며, 그렇게 우연성에 영향을 받는 만큼 운동실체의 합목적성(전체성)을 따라 이해할 수는 없는 운동이다. 이와 달리 자생적인 운동은 자연을 통해서도 잘 드러난다. 예컨대 나뭇가지를 잘라 내면, 그 나무가 내적인 생명력을 통해 어떤 방법으로든 복원시키려는 것을 볼 수 있듯이 말이다. 그렇듯 세상에서 자생적인 운동은 분명 이념을 넘어서 전개된다. 그래서 플로티노스는 "운동에 관한 생각이 자생적인 운동을 낳은 것이 아니라, 오히려 거꾸로 자생적인 운동이 마치 그 스스로가 움직이고 또 생각을 이루게 하듯이 마침내 '생각'을 낳았다." (*Enn.* VI 6, 6.30-33)고 강조한다. 자생적인 운동 개념이 경험적인 "운동의 시작(ἀρχὴ κινήσεως)"(12.21)으로 여겨진다면, 영혼 자체의 움직임이 곧 모든 외적인 운동 및 시간의 근원으로서 능히 이해될 것이다. 이는 플라톤의 생각과 일치한다: "영혼은 자신의 본질과 능력을 거의 모두 알고 있기에, 자신의 부수적인 특성과 그로부터 생겨나는 모든 것들에 대해 모르지 않을 것이다. … 왜냐하면 영혼은 육체적인 모든 것에 앞서 생겨났으며 육체적인 것의 변화와 변형을 앞서 주도하기 때문이다."(*Nomoi* 892a) 이와 유사한 내용을 암시적으로 플로티노스는 12장 8-12절과 13장 28-30절에서 설명하고 있는데, 이는 이미 플라톤이 영혼에 대해 가르친 것과 흡사하다: "모든 운동들의 (최초의) 시작이며 모든 정지된 사물들을 움직이고 또 움직여진 것들 안에서 여전히 작용하는 것으로서 자기 스스로 움직이는 운동은 … 변화하는 모든 것들 가운데 가장 오래된 것이며 가장 능력 있는 것이다."(Nomoi 896c) 플라톤은 그렇게 앞서 영혼을 "스스로 움직이는(τὸ ἑαυτὸ κινεῖν)"(Nomoi 896a) 존재로 설명함으로써 저 <세계영혼>이 움직이는 천체(天體)의 주인이라고 설명한다: "만일 … 영혼이 움직이는 모든 것을 주도하고 그 안에 거주한다면, 다음과 같이 주장하는 것은 당연할 것이다. 곧 영혼이 천체를 주도한다는 주장 말이다."(Nomoi 896d-e) 천체의 회전운동 안에서 관찰되는 산술적 균형과 그 안에 내포되어 있는 계측 가능성은 결국 "가장 선한 영혼이 전 우주를 돌봄으로써 일정 궤도를 따라 돌게끔 이끈다."(Nomoi 897c)는 생각을 갖게 한다(또한 Phaidros 246b 참조). 이로써 <세계영혼>에 대한 플로티노스의 생각은 플라톤의 영향을 받아 확고하게 다져졌음을 알 수 있다.

3) 그의 시간연구에서 엿보는 철학적 입장: '닮음', 존재론적 고찰, 영혼의 시간화(時間化)

(1) 원형과 모상의 관계('닮음')의 의미

'닮음'을 따라 우리는 서로 간에 같음을 발견하면서도 다름을 배제하지 않고, 서로 간에 다름을 살피면서도 같음을 고려하게 되는데, 그런 와중에 무엇이 무엇을 닮았는지 하는 궁금증을 갖게 된다. 여기 영원과 시간에 관하여 '닮음'을 통해 논의를 시작하는 플로티노스에게서 우리는 이미 정신계(저 너머의 세계)와 물질계(세상) 사이의 관계를 그 같은 방식으로 접근하고 있음을 보게 된다. 이는 플라톤의 유산이다. 어떻게 우리 영혼은 닮음을 알 수 있을까? 더욱이 누가 가르치기도 전에 우리는 닮음에 대해서 알고 있지 않은가? "우리가 처음으로 실제 같은 것들을 보고, 그것들이 모두 같음 자체에 도달하려고 애쓰지만, 거기 미치지 못하는 것임을 의식하기에 앞서, 그 같음 자체를 이미 알고 있었던 것이 아닐까? … 우리가 보거나 듣거나 혹은 이 밖에 어떤 모양으로 감각하기에 앞서, 같음 자체를 알고 있어야 하지 않는가! 그렇지 않다면, 감각을 통해서 알게 된 여러 가지 것들이 '같다'고 혹은 '같지 않다'고 평가할 기준이 없다고 보아야 하지 않을까! … 결국 우리는 같음에 관한 지식을 앞서 가져야 하지 않을까? 그것도 태어나기 전 혹은 경험하기 전부터 말이야!"(*Phaidon* 74a-75e) 이렇듯 "시간성을 넘어(προ ἐκείνου τοῦ χρόνου)"(*Phaidon* 75a) 영혼의 내면에 자리하는 선-지식의 입장은 플라톤과 마찬가지로 플로티노스의 경우에도 소위 근대에 더욱 선명하게 부각된 'res cogitans(정신)'와 'res extensa(물질)' 사이의 결렬을 내세우는 고립주의자들 및 이원론자들과는 다른 입장임을 말해 준다. 무엇보다도 정신계와 물질계를 잇고 있는 중간자로 '영혼'을 이해하는 플로티노스의 통찰이 그것을 분명하게 대변한다. 여기 *Enn.* III 7에서도 "우리의 영혼이 [영원과 시간에 관한] 사유의 직접적인 인지능력을 소유하고 있으며, 그로 인해 그것들에 관한 분명한 인상을 갖고 있다."(1.4)고 확신한다. 물질계와 관련하여서도 영혼은 "공감하는 능력(συμπάθεια)"(*Enn.* IV 3, 8.2; 비교 *Enn.* IV 5, 1.12)을 발휘한다. 그것은 모두 선(善 및 하나)에서 비롯하였기 때문이기도 하다(참조. *Enn.* IV 9, 3.1). 그로써 인간(영혼)의 사유와 경험세계 사이의 교류는 언제든 가능하다. 이는 소위 "영혼을 통해 사물 자체를 관찰하는 일"(*Phaidon* 66e)이 가능할 뿐만 아니라 필수적임을 시사한다. 필수적임은 '존재론적인 고찰'에서도 고려될 수 있겠지만, 영혼이 관찰하고 개념화하여 인지할 수 있는 가능성은 그렇듯 영혼 스스로 "내적인 대화(τῆς ψυχῆς διαλογισμος)"(*Enn.* VI 9, 10.7)를 개진할 수 있는 능력에서 비롯한다. 내적인 대화는 본문(*Enn.* III 7)에서 다시 영혼의 "소리 없는(ἀψο φητî) 활동"(12.3)과도 통한다. 바이어발테스가 고려했듯이(*Plotin.* 274), 이 표현 또한 이미 플라톤에게서 발견된다(참조 *Timaios* 37b. 57f). 영혼의 소리 없는 자아실현은 자아의 내면적인 활동, 곧 인간 자신의 내면적인 성찰 혹은 내적인 대화와 관련을 맺는다. 이러한 내 적인 대화, 곧 영혼이 자신과 나누는 대화는 과연 외적으로 행해지는 발설이나 발성을 통한 대화와 다르게 이루어진다. 그것은 직관(直觀) 으로 이해된다. 순수 정신적인 차원에서 다른(감각적-사변적) 중재 없 이 온전한 이해를 추구하는 점에서 순수한 생각이다. 그것은 '나'라 는 개별성을 떠나 모든 존재와 하나 된 자아, 곧 나와 네가 더 이상 분리되지 않은 일치된 자아의 생각이란 점에서 객관적이며 보편적이 다.

그런 점에서 우리가 알아보는 참됨(진리)은 결국 이미 분화된 정신 의 자기회복 및 자기일치라 말할 수 있다. 그래서 "[참된 정신은] 실 제적인 진리이니, 그것은 다른 것과의 일치가 아니라, 바로 자기 자 신과의 일치요, 순수 자신만을 드러내어 말하는 것이기 때문이요, [그 렇듯] 그가 말하는 것은 곧 자기 자신이요, 자신으로 있는 것을 말하 기 때문"(*Enn.* V 5, 2.18-20)이라고 설명한다. 플로티노스의 이러한 '진리의 자기표명'은 미학적이고 윤리적인 입장에도 일치한다. 여기 본문에서도 '진리'를 '아름다움'과 더불어 생각하는 데서 엿볼 수 있 다: "첫 번째 원천에 '아름다움'을 고려할 때 동시에 거기에는 '선함' 도 자리한다. 그로써 정신은 아름다움과 직접 관련을 맺으며, 그 정 신을 통해 우리의 영혼 또한 아름답다. 또한 그 때문에 그 밖의 모든 아름다움은 올바른 영혼의 행위 및 활동들 안에서 이해되며, 우리의 육체가 또한 아름답다고 한다면, 이는 모름지기 우리 영혼에 의해서" (*Enn.* I 6, 6.26-31) 그렇다고 말할 수 있다. 원형과 모상 관계로 세상 을 이해하려는 관점은 그렇게 진과 선과 미를 알아보는 일과 연계되어 있다. 이는 플라톤이 일찍이 "스스로 참된 것을 생각하는 자체가 이미 아름다움이요, 자신이 그릇됨에 빠지는 것은 곧 추한 일"(*Theaitetos* 194c)이라고 말했듯이 원천적인 아름다움은 곧 우리 자신의 존재 및 행위와 관련된 자기발견임을 플로티노스 또한 확인해 주고 있는 셈이다: "정녕 우리가 우리 자신에 속할 때 우리는 아름다우나 우리가 낯선 어떤 것에 몰두한다면 추한 것이다. 그러므로 우리가 우리 자신을 참으로 알 때 아름답고, 우리 자신을 잘못 알 때 추한 것이다."(*Enn.* V 8, 13.19-22) 플로티노스는 그러기에 저 그리스 델피 신전에 걸려 있는 "너 자신을 알라."라는 명언을 따라 자아인식과 존재의 본질적인 앎, 곧 성스러운 원천 경험을 일치시키고 있다.11)

(2) 존재론적 고찰의 의의

'있음(존재)'에 대한 플로티노스의 기본적인 사유가 여기 시간연구에 어떤 도움을 주며 궁극적으로 존재론적 사유는 어떤 의미를 지닐까? 플로티노스는 전해져 오는 모호한 시간해명을 지적하고 "다른 관점"(13.53f.)에서 재고하길 권장한다. 반면 그렇듯 불분명한 시간해명은 무엇보다도 시간존재를 단지 경험적 입장에서 해체시켜 버림으로써 좀 더 진지하게 생각할 기회를 잃게 만든다고 경고한다. 오히려 우리가 정작 물어야 할 시간의 실체는 경험적으로 파악하려는 잣대(양적인 것) 너머에 자리한다. 최소한 경험적인 것은 시간 안에서 파악될 뿐 시간 자체가 아니다.

시간 자체에 대한 연구는 물리학 안에서도 요구되고 있다.12) 시간

---

11) K. Kremer, "Selbsterkenntnis als Gotteserkenntnis nach Plotin", *International Studies in Philosophy* 13/2, 1981, pp.41-68 참조.

12) 참조. Brian Greene, *The Fabric of Cosmos*, pp.636-637. "시간과 공간은 [경험적으로] 언제 어디서나 존재하지만, 학계를 선도하는 물리학자들은 이들 자체가 근본적인 개념이 아닐 수도 있다고 생각하고 있다. … '시공간은 하나의 환상이다!' 언뜻 듣기에는 상당히 도전적이고 … 약 올리는 말 같기도 하지만,

을 발견하는 바로 그 자리에서 ─ 과거에서 현재 그리고 미래로 나아가는 현상들에 대해 ─ 전체적인 시야를 제공하고 또 보장하는 관점이 필요한 것 같다. 마치 어떤 존재에 관한 바람직한 규명이 그 존재의 사태를 전체적으로 조망할 수 있는 관점(존재론적 시각)에 의해 이루어질 수 있듯이 말이다. 존재론적(存在論的) 고찰은 분명 형이상학적인 것과 관계를 맺는다. 형이상(形而上)의 것에 대해 관심을 갖는 것은 형이하(形而下)의 것들(보이는 것들, 감각적인 것들)로부터 모두 해명되지 않기 때문이다. 이는 아리스토텔레스의 생각, 곧 "참되다는 것을 우리는 그 (존재의) 원인 없이는 알 수 없다."(*Metaphysik* II 1[993b.23f.])는 견해나 혹은 아우구스티누스의 생각, 곧 "진리란 '있는 그것'을 보게 해준다(Veritas ostendi id quod est)."(*De vera rel.* 36, 66)는 견해와 상통한다. 그럼에도 [초경험적인] 존재론적인 진리의 망각은 근대 이후 그리고 무엇보다도 그 당시 철학적인 태도에서 준비되어 어느덧 현대인에게 고독한 '자기우월성'을 낳게 했다.13) '인간(주체이성) 중심의 입장'은 칸트의 경우에서와도 같이 심미적 판단의 근거로서 이성(理性)이라는 '내용 없는 형식' 안에 고집스럽게 머무는 것을 가리키는데, 그로 말미암아 주체이성을 초월한 것은 신뢰할 수 없는 것으로 전락해 버린다. 근대의 주체는 (포이어바흐가 그의 논문에서도 밝혔듯이14)) 스스로에게 덮어씌운 '고립주의

그들(물리학자들)이 이런 과격한 표현을 쓰는 데에는 그럴 만한 이유가 있다. … [예컨대 사람들은] 그것들(날아오는 포탄이나 달리는 치타 혹은 들이마신 장미꽃 향기)이 눈에 보이는 것보다 더욱 근본적인 원자로 구성되어 있다는 이유로 그것들의 존재를 부인하지는 않을 것이다. … 이와 마찬가지로 만일 시간과 공간이 모종의 집합체로 판명된다면 뉴턴의 물통에서 아인슈타인의 중력에 이르는 모든 이론들은 하나의 환상에 불과하다. … 시간과 공간이 근본적인 물리량이라는 믿음은 우리 스스로 만들어 낸 환상일지도 모른다."

13) 참조. Wolfgang Strobl, "Die vergessene ontologische Wahrheit. Philosophische Wissenschaftstheorie am Ende des 20. Jahrhunderts", in: *Salzburger Jahrbuch für Philosophie* 23/24(1978/79), pp.12-38.

적인 조건'으로 인해 지울 수 없는 '자기모순'을 안고 말았다.

이미 플라톤의 선-지식을 수용하고 있는 플로티노스에게 '정신세계' 및 '정신'은 분명 중요한 의미를 띤다. 그럼에도 근대의 주체이성과는 구별된다. 무엇보다도 첫째, 자연(물질적 세계)과의 교류가 단절된 의미에서의 정신이 아니라는 점에서, 둘째, 존재에 뒤따르는 정신이라는 점에서 말이다. '하나'를 누구보다 강조한 플로티노스였기에 그 같은 단절(틈)이란 반드시 극복되어야 할 대상이기에, 영혼의 역할을 통해 그 둘(물질계와 정신계) 사이의 유대를 해명하고자 했다. 물론 그는 감각적 혹은 사변적 경험세계 너머에서 존재의 근원을 찾도록 촉구한다. 다시 말해 정신에 앞서 "그것에 이름조차 붙일 수 없는"(*Enn.* IV 9, 5.31) "경이로운 존재"(5.30)가 고려되어야 한다는 것이다. 그것은 "모든 것의 시원(παντων αρχη)"(5.24)이요, 세상의 "그 어떤 것으로부터 생겨나지 않으니"(3.40f.), 이는 "이 세상에 [그로부터] 생겨난 것들보다 앞서 존재하기 때문이다."(5.35f.) 그렇듯 플로티노스에게 정신은 "두 번째에 위치한다." 왜냐하면 "정신은 생각하는 것(주체)과 생각되는 것(대상)을 나누기 때문이다."(*Enn.* VI 9, 2.36f.) 그것은 <하나> 다음으로 벌어지는 일이다. 반면 "<하나>에게는 서로 다름으로 구별되는 정신이 없다."(6.43) "저 <하나>가 선(자체)일진대, 정신 역시 선하다고 한다면, 그것은 정신이 [저 <하나>를] 바라보는 중에 자신(의 존재)을 취하기 때문일 것이다."(*Enn.* VI 7, 15.10f.)

그리하여 존재의 실현과정을 따라 모든 것을 이해하려는 플로티노스는 무엇보다도 '존재의 하나-됨'에 근원적으로 기대어 그때마다 경험하는 것에 대해 따져 묻는 이성적 수고가 결실을 맺을 수 있다는 입장을 지지한다. 정신적 사유로 추구된 앎이 참될 수 있기 위해서는

---

14) Ludwig Feuerbach, "Gedanken über Tod und Unsterblichkeit"(1830), in: *Feuerbachs Werke in 6 Bänden*, Hg. v. Erich Thies(Bd. 1), Frankfurt a. M., 1975, pp.77-349.

인간의 주체이성이 단독으로 규정할 것이 아니라 언제든 알고자 하는 대상의 실체에 대해 물으면서 그 원천으로 되돌아가려는 노력이 필수적이라는 것이다.[15] 그렇게 플로티노스는 존재론자다.

(3) '영혼의 시간화' 해명의 취지(끝맺음을 대신하여)

플로티노스가 영혼의 삶이 곧 시간이라고 풀이하는 데는 어떤 취지가 담겨 있는 것일까? *Enn.* III 7에서 플로티노스는 11장 이후 본격적으로 이 주제를 다루기 전에도 가끔 영혼과 시간(존재) 사이의 관계를 암시하였다. 머리말에서도 이미 우리의 영혼이 시간에 대해 경험하는 만큼 어느 정도 그에 대해 인지하고 있다고 보았으며, 특히 통속적인 시간을 분석하는 와중에도 시간의 척도에 대해 물으면서 객관적으로 거론되는 크기나 수(數)를 고려할 때 "그것이 인식하는 주체와 어떤 관계를 맺고 있지 않은가?" 하는 궁금증을 내비쳤다. 다시 말해 수는 셈하는 주체 없이는 파악되지 않는다. 물론 플로티노스는 그 주체를 영혼으로 이해했다. 그러니까 시간이 존재한다면 그것은 영혼 없이 파악되지 않는다는 것이다. 그리하여 "영혼이 자기 자신을 시간화하였다(ἑαυτὴν ἐχρόνωσεν)."고 진술한다. 여기서 특별히 플로티노스가 활용한 동사형 '시간화하였다(ἐχρόνωσεν)'는 단순과거(미완료) 형태다. 이 동사시제에 대한 요나스의 설명은 의미심장하다:

---

15) 아우구스티누스 역시 "그때마다 무언가를 [다르게] 감지(感知)하는 사람들에 관해서 더 알려고 듣기보다는 그에 앞서 사물들(존재) 자체에 관해 반드시 정의해야 한다(Potius de rebus ipsis iudicare debemus quam pro magno de hominibus quid quisque senserit scire)."(*De civ. Dei* XIX 3,2)고 말하며, 토마스 아퀴나스 역시 "철학이란 학문은 사람들에게 감지되는 한에서 그 어떤 것을 알려는 것이 아니라, 사물의 참됨을 본질적으로 제시하는 데 있다(Studium philosophiae non est ad hoc quod sciatur quid homines senserint, sed qualiter se habeat veritas rerum)."(*In Aristotelis libros 'De caelo et mundo expositio'*, ed. R. Spiazzi, Taurini-Romae, 1952, p.109)고 말하듯 존재론적 고찰의 의미는 어렵지 않게 확인될 것이다.

"시간의 '결과적 드러남'은 비록 시간 안에서 현재를 전제함과 동시에 그 시간 안에서 스스로 과거가 되기는 하지만, 시간 안에 존재할 수도 없으며 또 시간 안에 어떤 확고부동한 자리를 고집할 수도 없다. (왜냐하면) '결과적으로 드러난다'는 것 자체는 곧 '언제나' 그렇듯 드러남을 가리키며, 그렇듯 '영원'에서 비롯되는 행위가 여전히 '영원' 안에 자리하는 것이 당연하기 때문이다. 여기서 '영원'은 분명 '비시간적인 차원의 자기초월성'과 관련되어 있으며, 그로써 시간적인 그 어떤 '지금'에 의하여 외형적으로 과거로 구분될 수 없다. … 이에 '옛날 옛적에'로 시작하여 하나의 역사적인 사실의 발생과 그 의미를 시간 안에서 보증하는 데는 신화주의적인 진술이 적절한 방식이요, 시간을 초월한 그 무엇을 '상징적으로' 묘사한 최선의 방식일 것이다."16)

그렇듯 한 동화작가가 '어느 날'이란 정해지지 않은 시점을 따라 우리의 시간문제를 알아듣기 쉽게 풀어 소개한 적이 있다.17) 한마디로 "누구나 관심을 갖는다면 그것을 위해 <시간>을 낼 수 있다."는 이야기다. 관심과 시간, 우리가 소위 마음(영혼)을 두는 곳에 의당 <시간>이 뒤따른다는 이 이야기는 하이데거의 '현존재의 염려(Sorge)' 못지않게 진지하게 들린다. '옛날 옛적에' 혹은 '어느 날'로 시작되는 이야기는 비록 일상적 논리가 생략되고 시간적 수순이 무시된다 하더라도, 우리에게 '언제든' 벌어질 수 있는 선-역사로서 아이에게 교훈을 심어 준다. 여기 영혼과 시간 사이의 관계를 해명하려는 플로티노스 역시 어쩌면 아이보다 조금은 더 성숙한 우리에게 경험적 현상으로 다 헤아릴 수 없는 우리의 삶을 그렇듯 선-역사를 통해 생각해

---

16) H. Jonas, "Plotin über Ewigkeit und Zeit. Interpretation von Enn. III 7", p.313.

17) Vladimír kutina, *Wo die Zeit wohnt?*, Zürich, 1985. 유혜자 옮김, 『시간은 어디에 살고 있을까?』, 분도, 2002.

보도록 제안한 것이 아닐까! 현대를 살아가는 우리에게 '시간'은 무척 소중하다고 여기면서 아직도 그 수수께끼를 풀지 못하는 무지의 정글 속에서 플로티노스의 시도는 분명 또 다른 돌파구를 제안한다. 더욱이 일상의 분주한 삶으로도 더 이상 자신을 만족시킬 수 없음을 점점 뼈저리게 체험할 때 말이다.

초고속 인터넷만큼이나 빠르고 또 그런 속도감에 경제논리까지 더해진 오늘날의 시간개념 앞에서 어느새 '낙오자'처럼 혹은 '이방인'처럼 상대적 박탈감에 시달리는 현대인에게 '자기 자신이 곧 시간의 주인'이라는 플로티노스의 해명은 분명 외적인 것이 아니라 우리 내면에서 회복해야 할 '존재원천'에 주목함으로써 더 이상 다른 것에 휘둘리지 않는 삶을 살라는 고마운 충고가 아닐까? 그것은 플로티노스 철학의 주제 — 본시 '관찰'이 '원의'를 함축하듯(Be-trachtung) "존재에는 (존재를 위한) 원의(願意)가 이미 함께한다(Dem Sein gelte das Trachten)."는 의미에서 — "존재를 원하라(ἐφετὸν τὸ εἶναι)." (*Enn.* VI 6, 8.15)는 권고와 일맥상통한다. 숨 가쁘게 스쳐 가는 시간 속에서 자신을 놓아 버리지 않겠다면, 이제 각자는 인생의 양적인 풍요보다 질적인 풍요로움에 대해 곱씹어 보아야 할 때를 맞은 것 같다.

참고문헌

Plotins Schriften, neuarb. mit griech. Lesetext u. Anm., Bde. I u. Vc [Porphyrios, Vita Plotini] von R. Harder; Bde. II, III, IV, Va-b von Rudolf Beutler u. Willy Theiler; Bd. VI [Indices] von W. Theiler u. G. O'Daly, Hamburg, 1956-71.

Platons Werke [gr.-dt.] Bde. I-VIII, hg. v. Gunther Eigler, bearb. v. Klaus Widdra u. übers. v. Hieronymus Müller u. Friedrich Schleiermacher, Darmstadt, 1990.

Aristoteles, Physik [gr.-dt.] Bde. I-II, übers. mit Einl. u. Anm. v. Hans
Günter Zekl(Philosoph. Bibl. 380/81), Hamburg, 1987/88.

Die Fragmente der Vorsokratiker [gr.-dt.] Bde. I-III, hgg. v. H. Diels
und W. Kranz, Berlin, 1960.

조규홍, 『시간과 영원 사이의 인간존재』, 성바오로, 2002.

소광희, 『시간의 철학적 성찰』, 문예출판사, 2003.

Levinas, E., *Le temps et l'autre*. 강영안 옮김, 『시간과 타자』, 문예출판
사, 1996.

Greene, Brian, *The Fabric of Cosmos*, 2004. 박병철 옮김, 『우주의 구조:
시간과 공간, 그 근원을 찾아서』, 승산, 2005.

kutina, Vladimír, *Wo die Zeit wohnt?*, Zürich, 1985. 유혜자 옮김, 『시
간은 어디에 살고 있을까?』, 분도, 2002.

아우구스티누스에 있어서 시간과 창조

김태규

1. 서론

우리는 아우구스티누스를 실존주의 문학의 선각자 또는 역사철학의 근대적 체계의 선구자로서 간주하는 사람들을 종종 만난다. 그러나 그는 실존주의자도 아니고 헤겔주의자도 아니다. 영혼의 회심이 실행되는 과정과 인간의 역사 문제가 다루어지는 과정에서 가장 괄목할 만한 위치를 차지하고 있는 것은 다름 아닌 시간에 대한 고찰이다. 아우구스티누스는 '주체로서의 전환'을 통하여 시간을 내면화함으로써 새로운 방향을 모색한다. 이런 입장은 20세기의 주목할 만한 철학자들에게 직접, 간접으로 그 철학적 흥미를 자아낸다. 후설의 '내면적 시간의식'의 토대가 되고 있을 뿐만 아니라, 베르그송, 하이데거, 메를로-퐁티의 시간론으로 발전하는 사색의 원천을 이룬다. 그러나 그것은 시간성과 역사의 의미에 대한 현대적 테마와는 아주 다른 의미와 가치를 가진다. 왜냐하면 시간에 대한 고찰은 아우구스티누스 안에서는 영원의 문제와 분리되지 않기 때문이다.

시간의 문제에 관한 한 플라톤의 『티마이오스』(37c6-38c3), 아리스토텔레스의『자연학』4권, 10-14장, 플로티노스의『엔네아데스』3권, 7장으로 이어지는 연속성 속에 있는 아우구스티누스는 선각자들을 비판적으로 수용하면서 시간의 의식 내재화라고 하는 새로운 지평을 연다.[1] 시간을 의식의 차원으로 환원함으로써 시간의식에 대한 분석에 이르나 여기에 머무르지 않고 '영원의 관상'으로 상승한다. 그에게 있어서 시간은 영원의 관상으로 고양되는 계기이기 때문이다. 이것은 지향적인 현재의 '정신의 분산'에 의해서 '영원한 현재'에 이르는 상승적인 길이다. 그러므로 아우구스티누스의 시간의 고찰은 영원의 문제와 전적으로 분리되지 않는다. 이러한 관점에서 전개되고 있는 아우구스티누스의 시간 사색을『고백록』XI권을 중심으로 탐색하고자 한다.

2. 신의 영원성

아우구스티누스는『고백록』XI권에서 지금까지 찾아볼 수 없는 시간의 개념에 대한 독창적인 분석을 하고 있다. 그렇다면 어떻게 그가 시간의 문제를 전문적으로 다루게 되는가? 그것은 "태초에 신이 하늘과 땅을 만들었다(In principio Deus fecit caelum et terram)."라는「창세기」1장 1절의 해석을 위해서이다.「창세기」의 첫 번째 구절은 세계는 시작을 가진다는 의미다.[2] 이것은 그리스 철학의 전통, 특별히 세계의 영원성을 고백하는 아리스토텔레스와는 반대되는 것처럼 보인다. 그런데 세계의 시작이 있다는 생각은 철학적 사유와 충돌하고

---

1) J. F. Callahan, "Basil of Caesarea: A new source for st. Augustin's theory of time", *Harvard Studies in Classical Philosophy* 63, 1958, pp.437-454.

2) Augustin, *Les confessions de saint Augustin*, ed. A. Solignac, *Biblilthèque Augustinienne*, vol. 13-14, Paris: Desclée de Brouwer, 1962.『고백록』, XIII, 33.48: de nihilo enim a te, non de te facta sunt, non de aliquae antea fuerit. 무로부터의 창조(creation ex nihilo)는 시간과 세계의 절대시작을 의미한다.

지적인 사람들의 웃음거리가 된다. 그 결과 그들은 "신이 하늘과 땅을 창조하기 이전에는 무엇을 하고 있었는가?"라고 묻는다. 이 질문에 대해서 아우구스티누스는 "신은 그 비밀을 꼬치꼬치 파헤치고자 하는 사람들을 위해서 지옥을 준비하셨다."라고 대답하나, 이 잔인한 빈정거림에 만족하지 않고, 그런 질문을 하는 사람들에게 시간과 영원의 관계를 정확하게 파악하고 있지 못하다는 것을 보여주고자 한다.[3]

신이 세계를 창조하기 전에 무엇을 하고 있었는가? 이 질문 안에 '전'이라는 용어는 아무 의미를 가지지 않는다. 세계가 존재하지 않았을 때 영원 속에 신만이 있었고, 영원 속에는 '전'과 '후'가 없기 때문이다.[4] 플라톤이 『티마이오스』에서 세계의 발생에 관해 말할 때 이미 관찰한 것처럼 시간은 세계와 함께 시작한다.[5] 마찬가지로 세계가 창조되었다고 말하는 것은 시간의 시작을 뜻한다. 이것은 자신 안에 자신의 원리를 가지고 있지 않다는 것이다. 달리 말하면 시간적인 존재는 절대적이고 영원하고 필연적인 원리에 의존하고 있다는 것이고, 이러한 의존성은 창조사유의 핵심이다.[6] 그러므로 이 세계의 모든 것은 신에 의해서만 존재한다. 이런 의미로 우주는 창조되었다고 말하는 것이다. 그러나 창조물들이 존재하지 않을 때 시간은 존재하

---

3) 『고백록』, XI, 10.12-12.14.

4) 『고백록』, XI, 13.15.

5) 플라톤, 『티마이오스』, 38b, "시간은 천구와 더불어 생겨났는데 … 그것은 영원한 본성을 지닌 그 본에 따라 생겨났는데 이는 그것이 그 본을 가능한 한 최대한 닮도록 하기 위한 것입니다."

6) 『고백록』, X, 6.9: Et quid est hoc? interrogaui terram, et dixit: <non sum>; et quaecumque in eadem sunt, idem confessasunt. interrogaui mare et abyssos et reptilia amimarum uiuarum,et responderunt: <non sumus deus tuus; quaere super nos>. interrogaui auras flabiles, et inquit uniuersus aer cum incolis suis: <fallitur Anaximenes; non sum deus> … et dixi pmnivus his, quae circumstant fores carnis meae: dicite mihi de deo meo, quod uos non estis, dicite mihi de illo aliquid. et exclamauerunt uoce magna: ipse fecit nos.

지 않았다. 신은 창조물들 전에 존재하고 시기적으로가 아니라 존재론적으로 우선한다. 신은 창조와 시간을 앞서 존재한다. 즉 모든 시간 전에 있는 것으로 시간 안에 존재하지 않는다.[7] 이것이 바로 아우구스티누스가 명료하게 규명하고자 하는 것이다.

또한 플라톤 이후 아우구스티누스가 이해를 도모하고자 하는 것은 영원이 시간의 무한성과 혼동되지 말아야 한다는 것이다. 우리는 영원을 시작과 끝이 없는 무한한 시간으로서 상상한다. 이런 상상력으로 인하여 우리는 신이 세계를 창조하기 전에는 무엇을 했느냐 하고 질문을 던지게 된다. 그러나 영원은 시간에 반대되는 것으로 파악되어야 한다. 그것은 과거 속으로의 무한한 후퇴 또는 미래 속으로 무한한 연장되는 시간적인 존재가 아니라, 시간의 밖에 있는 절대적인 존재다.

3. 시간의 본질

영원이 정확하게 시간에 반대되는 것으로 파악된다면, 그리고 우리가 영원에 대한 관상으로 고양되기를 원한다면 시간에 대한 고찰로부터 출발해야 한다. 그런데 시간 자체는 우리 존재가 전개되는 장소로서 그것에 대한 경험이 우리에게 친숙하지만 파악할 수 없는 것으로 드러난다. 아우구스티누스는 말하기를 "시간이란 도대체 무엇인가(Quid est ergo tempus)? 만일 아무도 나에게 묻지 않는다면 나는 알고 있다. 그러나 묻는 자에게 내가 시간을 설명하려고 하면 나는 모른다."[8] 그러나 우리는 시간이 더 이상 우리에게 친숙하지 않거나,

---

7) 『고백록』, XI, 13.16: Nec to tempore tempora praecedis : alioquin non omnia tempora praecederes ··· omnia tempora tu fecisti et ante ominia tempora tu es, nec aliquo tempore non erat tempus.

8) 『고백록』, XI, 14.17: Si nemo ex me quaerat, scio; si quaerenti explicare velim, nescio.

이해할 수 없는 것은 아니라고 말할 수 있다. 우리는 적어도 이 주제에 대해 하나의 확실성을 가진다. 그것은 "아무것도 흘러가는 것이 없다면 과거의 시간은 없을 것이고, 만일 아무것도 흘러오는 것이 없다면 미래의 시간이 없을 것이며, 만일 아무것도 현존하지 않는다면 현재라는 시간이 없을 것이다."[9]라는 것이다. 이런 관찰의 결과는 아마도 우리로 하여금 어려움을 모면하게 하고 시간을 더 잘 통찰하도록 할 것이다.[10]

만약 우리가 보통의 삶에서처럼 달력으로 시간을 표상한다면, 시간은 우리에게 부분들로 구분할 수 있는 연장 또는 측정 가능한 양으로서 나타날 것이다. 이렇게 표상된 시간은 우선 과거, 현재, 미래, 세 부분으로 나누어진다. 그런데 이 세 부분 가운데 과거는 더 이상 존재하지 않고(jam non esse), 미래는 아직 존재하지 않는다(nondum esse).[11] 따라서 어느 것도 존재하지 않는다. 그러므로 어떻게 존재하지 않는 것을 측정 가능한 것으로 간주할 수 있겠는가? 그렇다면 남아 있는 현재는 어떠한가? 양, 즉 하루, 한 시간, 일분으로 취급되는 현재는 그 자체가 과거와 미래로 분산된다. 그것은 과거와 미래로 종극적으로 사라져 버리게 된다. 그런데 그것이 측정 가능한 연장이 되기 위해서는 일련의 크기(spatium)[12]가 있다거나, 현재를 순간의 점으로까지 환원하여 그것을 고정할 수 있어야 한다. 그러나 그것은 불가능하다. 만약 우리가 그것을 고정할 수 있어서, 과거로 흘러가지

---

9) 『고백록』, XI, 14.17: fidenter tamen dico scire me quod, si nihil praeteriret, non esset praeteritum tempus, et si nihil adveniret, non esset futurum tempus, et si ni nihil esset, non esset praesens tempus.

10) J. Moreau, "Le temps et la creation selon saint Augustin", *Gionale do Metafiscica* 20, 1965, p.280.

11) 『고백록』, XI, 14.17: Duo ergo illa tempora, praeteritum et futurum,quomodo sunt, quando et praeteritum jam non est et futurum nondum est.

12) 『고백록』, XI, 15.20: … praesens autem non habet spatium.

않는 현재라고 한다면 그것은 더 이상 시간일 수 없고, 영원이다. 그러므로 아우구스티누스가 결론하기를 "만약 현재가 시간이 되기 위해서 과거 속으로 사라져 버려야 하는 것이라면 어떻게 현재에 대해서 그것이 존재한다고 말할 수 있는가? 만약 현재가 존재하는 조건이 더 이상 있지 않을 것이라면 그것은 비존재로 흘러 지나가는 것이지 않는가?"[13]라고 반문한다.

따라서 이와 같이 일상적으로 표상되는 시간은 패러독스한 존재다. 이것은 아리스토텔레스가 『자연학』 4권, 10장의 시간에 대한 자신의 논의의 서두에서 시간에 대한 아포리아를 전개시키면서 확실히 한 것이다. 아리스토텔레스는 미해결된 문제를 아포리아로 이해한다. 만약 아우구스티누스가 영원에 대한 일상적인 표상, 즉 무한 시간과 무시간적이고 부동한 영원의 개념을 반대되는 것으로 생각하는 데는 플라톤에 의존하고 있다면,[14] 그가 시간의 표상에 대한 패러독스한 성격을 보여줄 때는 아리스토텔레스를 따르고 있다. 그러나 플로티노스의 포괄적인 영향을 받은 아우구스티누스의 독창성은 표상된 시간, 즉 달력과 시계의 시간, 다시 말해서 패러독스한 시간은 심리적인 경험 안에 그 원천을 가진다는 성찰의 결과에서 온다. 만약 시간이 아무것도 흘러가는 것이 없고 다가올 것이 없다면, 모든 것이 동시에 현존하고 계승적인 부분들이 전체적인 동시로 주어진다면 시간의 문제는 색다른 방향을 만난다. 따라서 아우구스티누스는 경험적 시간, 즉 심리적인 경험으로부터 출발하여 일상적으로 표상된 시간과 그것

---

13) 『고백록』, XI, 14.17: si ergo praesens, ut temous sit ideo fit, quia in praeteritum transit, quomodo et hoc esse dicimus, cui causa, ut sit, illa est,quia non erit, ut scilicet non vere dicamus tempus esse, nisi quia tendit ad non esse.

14) 플라톤, 『티마이오스』, 37d. "그는 움직이는 어떤 영원(aion)의 모상(eikon)을 만들 생각을 하고서 천구에 질서를 잡아 줌과 동시에 단일성(hen) 속에 머물러 있는 영원의 수에 따라 진행되는 영구적인 모상(aionion eikon)을 만들게 되는데 이것이 바로 우리가 시간(chronos)이라고 이름 지은 것입니다."

의 패러독스한 본질을 이해하고자 한다.

　결과적으로 객관적인 우주, 즉 공통적인 지각과 과학적인 표상의 세계에서 과거는 더 이상 존재하지 않고 미래는 아직 존재하지 않는다. 하지만 개인적이고 주체적인 경험 속에서는 다르게 전개된다. 나의 어린 시절은 더 이상 존재하지 않는다. 그것은 더 이상 존재하지 않는 과거 속에 있다. 그러나 객관적인 표상으로는 그것은 무로 떨어져 버리나, 그 어린 시절은 아직 나의 기억 속에 현존한다. 또한 내가 그것에 대해서 이야기를 할 때, 그것은 아직 나의 현재에 속한다.[15] 과거는 과거사실 자체가 아니라 과거사실의 영상으로서 내 기억 속에 현재로서 있는 것이다. 따라서 아우구스티누스는 존재하는 어떤 것이 과거인 것으로 나타나더라도 현재이고, 존재하는 것은 과거사건 자체가 아니라, 그것의 영상이고, 영상이 존재하는 장소는 영혼의 기억이라는 것을 보여주고 있다. 그렇다면 비슷한 원리를 미래의 경우까지 확장할 수 있는가? 우리는 먼동을 보고 태양이 떠오르리라고 예상한다. 태양은 의심 없이 이미 존재한다. 내가 먼동을 보고 태양이 뜨는 것을 예상할 때 그것은 아직 떠오르지 않는 상태다. 그러나 내가 먼동을 볼 때, 객관적으로 아직 나타나지 않는 태양의 떠오름이 이미 나의 사고에 현전한다. 다시 말해서 떠오름이 이미 나의 사고에 현존하지 않거나, 내가 그것을 생각하지 않는다면 나는 태양이 떠오르리라고 예상할 수 없을 것이다.[16] 따라서 지난 것과 다가올 것, 다시 말해서 객관적인 우주 안에서 더 이상 존재하지 않는 것과 아직 존재하지 않은 것은 나의 기억과 예언적인 상상력의 이미지로서 나의 사고에 현존한다. 따라서 시간에 대한 객관적인 표상이 의미를 가지는 것은 이러한 주관적인 경험으로부터이다. 객관적인 표상 안에서 시간은 그 어느 것도 존재한다고 말할 수 없는 과거, 현재, 미래, 세

---

15) 『고백록』, XI, 18.23.

16) 『고백록』, XI, 18.24.

가지 부분으로 분리된다. 그러나 주간적인 경험 안에서는 과거, 현재, 미래는 동시적으로 현존한다. 외적으로 표상되는 과거, 현재, 미래는 의식의 현재 속에 파악된다. 만약 객관적인 표상 안에서 과거, 현재, 미래가 하나의 양으로 간주되는 시간의 세 가지 부분들이라면, 주관적인 경험 또는 의식, 아우구스티누스의 말투에 의하면 영혼(anima) 안에 그것들은 세 가지 지향적인 양상들이 된다. 자신의 대상에 따른 의식의 세 가지 관계 또는 의식에 현존하는 존재의 대상에 대한 세 가지 방식이다. 즉 과거 일의 현재는 기억이고, 현재 일의 현재는 직관이며 미래 일의 현재는 기대다.17) 그러므로 과거, 현재, 미래라는 세 가지 시간이 있는 것이 아니라, 세 가지 현재가 있다. 즉 그것은 ‘과거 사건의 현재(parsentia de paeteritis)’, ‘현재 사건의 현재(praesentia de praesentibus)’, ‘미래 사건의 현재(praesentia de futuris)’다. 이 세 가지는 영혼 안에만 있는 것으로 과거 사건의 기억(memoria), 현재 사건의 직관(contuitus), 미래 사건의 기대(expectatio)로서 존재한다.

4. 시간의 영혼

과학은 우주에 대한 객관적인 표상과 우주에서 지속되는 사건들의 표상들을 얻고자 한다. 이것은 시간의 흐름을 지각하는 주관적인 경험과는 독립적으로 시간의 측정을 시도하는 것이다. 이러한 시간의 측정은 지속에 대한 주관적인 판단과 구별된다. 시간의 측정은 시계, 말하자면 일정하고 끊임없는 운동의 체계를 전제하고 있다. 천체의

---

17) 『고백록』, XI, 20.26: nec futura sunt nec praeteria, nec proprie dicitur: tempora sunt tria, praeteritum, praesens et futurum,sed fortasse proprie diceretur: tempora sunt tria ⋯ Sunt enim haec in anima tria quaedam, praesens de praeteritis, praesens de praesentibus contuitus, praesens de futuria expectatio.

운동, 즉 태양과 달과 별들의 주기들이 시간의 측정에 소용되는 원초적인 척도라는 것이다. 이런 이유에서 천상의 움직임들이 시간의 도구라고 불린다.[18] 천상의 움직임들의 주기에 상응하는 날, 달, 년이 시간, 말하자면 시간의 주기라고 불린다.[19] 주기라는 그리스말은 원래 회전을 의미한다. 또한 이 회전을 일으키는 데 필요한 시간을 가리킨다. 따라서 날, 달, 년은 회전, 다르게. 말해서 주기에 의해서 결정되는 시간이다. 이러한 입장에서 아리스토텔레스는 시간을 천체의 주기 또는 회전의 총체로서 정의한다.[20]

아우구스티누스는 이러한 개념을 인지하고, 그것을 단호하게 거절한다.[21] 그에 의하면 우리는 항성의 운동과 그것을 측정하는 데 소용되는 주기들과 시간을 혼동하지 말아야 한다. 또한 시간을 주기의 수로 보는 것도 삼가야 한다. 따라서 아리스토텔레스가 시간을 운동의 수[22]라고 보는 관점에 대해 반대하는 입장이다. 이런 관점은 나중에 베르그송에 의해 수학적 시간으로 전개된다.[23] 아우구스티누스가 시간을 항성의 주기로 환원하는 논리에 대해서 비판적 입장을 취하고 있는 것은 플로티노스가 아리스토텔레스의 시간을 비판하고 있는 것의 재현이라고 할 수 있다.[24] 시간에 대한 표상은 지속에 대한 심리적 경험으로부터 완전하게 분리될 수 없다. 왜냐하면 심리적 경험 없이는 시간의 차원이 의미가 없기 때문이다. 또한 시간을 항성의 시계

---

18) 플라톤, 『티마이오스』, 42d. "일부는 시간의 도구들인 그 밖의 다른 모든 별에 (씨로서) 뿌렸습니다."
19) 플라톤, 『티마이오스』, 39cd.
20) 아리스토텔레스, 『자연학』, IV, 11, 218a 33-34.
21) 『고백록』, XI, 23.29: Audivi a quodam homine docto, quod solis et lunae et siderum motus ipsa sint tempora, et non adnui.
22) 아리스토텔레스, 『자연학』, IV, 11, 219b 1-2.
23) H. Bergson, *Essai sur les donnnés immédiates de la conscience*, Paris: Presses Universitaires de France, 1970, p.79.
24) 『엔네아데스』, III, 7.8-9.

와 동일시하는 것은 시간을 토기장이의 물레와 동일시하는 것과 마찬가지로 어리석은 것이다. 각 물레의 회전이 주기를 정하고, 시간의 측정에 소용될 수 있을 것이다.25) 그러나 시간은 회전의 시간을 측정하는 운동과 연관되는 것이 아니다.

아우구스티누스는 다시금 시간이 시간을 측정하는 주기들로 환원될 수 없다는 것을 보여주기 위해서 다음과 같이 질문을 던진다. (1) 하루란 무엇인가? 태양의 운동 즉 주기인가 혹은 주기의 지속인가? 만약 태양이 24배 더 빠르게 회전한다면 시간의 흐름은 더 가속되는가? 그 결과로 하루의 길이가 한 시간으로 줄어드는 것인가?26) 태양이 정상적으로는 24시간이 걸리는 한 회전을 한 시간에 완성한다면, 하루는 단 한 시간이 되어 버릴 것이다. (2) 또한 여호수아의 기도에 따라 태양이 가바온 위에 멈추었을지라도 시간은 여전히 흘러 지나 갔다.27) 태양이 멈추었다 하더라도 전쟁은 그것에 필요한 시간의 '동안' 안에 끝난 것이다. 그러므로 시간에 대한 우리의 감각은 우리 주위의 물리적인 세계와 독립되어 있는 것이다, 왜냐하면 태양이 자기 주기를 아주 빠르게 24번 돌았다고 해도 그것이 하루가 될 수 없고, 태양이 24시간 동안 정지했다 해도 하루가 지날 것이기 때문이다. 또한 태양이 멈추어도 시간은 어김없이 지나가기 때문이다. 오히려 운동에 의해서 측정되는 것이 시간이 아니라 시간에 의해서 측정되는 것이 운동이고, 이 시간은 정지하는 것까지도 측정한다. 따라서 우리는 "시간은 물체의 운동이 아니다(non est ergo tempus corporis motus)."28)라고 말해야 한다.

---

25) 『고백록』, XI, 23.29.

26) 『고백록』, XI, 23.29: quaero utrum motus ipse sit diesan mora ipsa, quanta peragitur, an utrumque. Si enim primum esset,dies ergo esset, etiamsi tanto spatio temporis sol cursum illum peregisset, quantum est horae unius ….

27) 『고백록』, XI, 23.30.

28) 『고백록』, XI, 24.31.

따라서 과학의 객관적인 시간의 표상 안에서가 아니라 지속에 대한 심리적인 경험 안에서 우리는 경험적 시간을 수학적 시간으로 환원할 수 없다는 것을 확실시할 수 있다.[29] 경험적 시간은 기다림의 대상으로부터 분리되는 지속, 간격(diastema)의 흐름이다. 수학적인 시간은 규칙적이고 일정한 운동에 의한 한정한 간격(주기)들의 셈 위에 근거한다. 반면에 경험적 시간은 간격 자체에 대한 의식의 파지다. 의식만이 이런 시간적인 거리를 파악할 수 있다. 왜냐하면 영혼의 삶은 항구적으로 자신 속에 펼쳐진 간격(diastasis)[30]이기 때문이다. 이러한 것이 아우구스티누스가 경험적인 시간이 심리적인 간격, 즉 "영혼의 연장(distentio animi)"[31]이라고 말한 이유다. 이것은 영혼의 존재가 순간에 진중하지 못하고 기다림과 기억으로 분산되기 때문이고, 영혼이 시간을 경험하기 때문이다. 따라서 아우구스티누스에게 경험적인 지속은 이미 하나의 연장이다. 왜냐하면 의식은 순간을 벗어나서, 그 본성상 지향적이기 때문이다.

의식이 지향적이라고 말하는 것은 그것이 자신을 대상 없이 파악할 수 없다는 것을 말한다. 그것은 본질적으로 어떤 것에 대한 의식이다. 또한 주체는 자신이 대상을 지각하는 한 자신에 대한 의식을 가진다. 그러나 의식의 행위는 자신의 대상들의 다양성을 지배하고, 지각의 단일성 안에서 다양한 것을 종합한다. 의식의 단일성 안에서 공간의 부분들이 함께 존재하고, 시간의 계승적인 순간들이 함께 존재한다. 표상된 시간의 부분들, 즉 과거, 현재, 미래들은 공간의 부분들로서 상호간에 상반되고, 그 가운데 어느 하나도 존재하지 않는다. 그럼에도 불구하고 우리는 지나가는 시간의 실재를 느끼고 있다. 만

---

29) H. Bergson, *Essai sur les donnnés immédiates de la conscience*, p.88.

30) 『엔네아데스』, III, 7.11

31) 『고백록』, XI, 26.33: inde mihi visum est nihil esse aliud quam distentionem: sed cuius rei nescio, et mirum si non ipsius animi.

약 의식이 계승을 지배하는 것이 아니라면 어떻게 시간의 흐름이 가능하겠는가? 의식의 연장(distentio) 안에서 시간의 흐름, 즉 과거에서 현재로 미래의 흐름이 이행된다. 여기서 아우구스티누스는 시간에 대한 자신의 연구를 결론짓는 감탄할 만한 분석을 다음과 같이 제시한다.

"그러나 아직 있지 않는 미래가 어떻게 감소되며 없어진다는 말인가? 또는 이미 있지 않은 과거가 어떻게 증가한다는 말인가? 그것은 우리 영혼에 이러한 일을 하는 세 가지의 기능(세 가지 지향적인 양상)이 있기 때문이 아닌가? 우리 영혼은 '기대'하고 '직관'하고 '기억'한다. 그래서 우리 마음이 기대하는 것은 직관하는 것을 통하여 기억하는 것으로 흘러 지나간다. 미래가 아직 있지 않음을 누가 부인하겠는가? 그러나 우리 영혼에는 아직 오지 않은 미래(의 일)에 대한 기대가 이미 존재해 있다. 과거의 일은 이미 지나가 현재에 있지 않음을 누가 부인하겠는가? 그러나 우리 영혼에는 과거(의 일)에 대한 기억이 아직도 존재해 있다. 현재라는 시간은 순간적으로 지나가기 때문에 아무 연장(길이)도 없음을 누가 부인하겠는가? 그러나 영혼의 직관은 지속이 되고 그것을 통해 '있을 것'(미래)은 '없어질 것'(과거)으로 이행하여 지나간다."[32] 표상된 현재는 하나의 순간의 점일 뿐이다. 그러나 경험적 현재는 지향적인 현재다. 이것은 과거와 미래가 이행해 가는 통로다. 그것에 의해서 우리는 시간의 지속 또는 흐름을 인식한다.

또한 아우구스티누스는 자신의 분석의 결론으로 다음과 같은 사례를 제시한다. "내가 알고 있는 시 한 편을 지금 읊으려 한다고 생각해 보자. 내가 그 시를 읊기 전에는 나의 기대가 그 시 전체에 펼쳐 있다. 그러나 내가 그 시를 읊기 시작하자마자 읊은 그 부분은 기대

---

32) 『고백록』, XI, 28.37: ⋯ Sed tamen perdurat attentio, per quam pergat abesse quod aderit. 선한용 옮김 참조.

의 영역에서 떨어져 나와 과거로 옮아가면 기억의 영역으로 들어가게 된다. 이리하여 내 (의식의 지향적) 기능은 기억과 기대, 즉 내가 이미 읊은 부분과 내가 읊으려고 하는 부분으로 분산하게 된다. 그러나 그런 중에도 나의 직관은 현재로 지속이 되어 나가며 그것을 통해 미래의 것은 과거로 지나가게 된다. 이러한 과정이 계속하는 동안 기대의 영역을 점점 짧아지고 기억의 영역은 점점 길어져 마침내는 그 기대의 전부가 없어지게 된다. 그때 나의 시를 읊는 활동은 모두 끝나 기억으로 옮겨지게 된다."[33]

지금까지 아우구스티누스는 어느 한 부분도 존재하지 않는다는 패러독스한 존재, 즉 시간의 아포리아를 해결하기 위하여 객관적으로 표상된 시간에 기억과 예언의 심리적인 경험을 대비시켰다. 이 경험 속에서 이미지의 형태로 미래가 예견되고 과거가 지속된다. 그렇다면 예언의 기적과 기억의 신비를 설명할 수 있는 경험의 원천은 무엇인가? 그 원천은 다름 아닌 의식의 지향적 성격이다. 이 지향성은 우리에게 절박한 미래와 직접적인 과거가 어떻게 실제적인 현재 안에 포함되어 있는가를 보여주고 있는 앞의 인용에서 잘 밝혀지고 있다. 이러한 친숙한 경험 안에서 우리는 시간의 흐름이 무엇으로 구성되어 있는가를 파악할 수 있고, 그리고 이러한 경험으로부터 기억의 신비가 명료하게 된다. 따라서 기억 안에 과거를 보존하는 것은 신비적이지 않아 보인다. 왜냐하면 기억은 영혼의 연장, 즉 의식의 지향성의 팽창일 뿐이기 때문이다. 아우구스티누스는 이런 논의를 확대 적용하면서 자신의 분석을 결론짓는다. "이러한 현상은 그의 시의 구절이나 음절을 읊어 나갈 때도 마찬가지다. 이러한 현상은 이 시가 한 부분을 이루고 있는 더 긴 시편을 읊을 때도 마찬가지다. 또한 이러한 현상은 이런 활동이 한 부분을 이루고 있는 인간의 전 생애에서도 마찬

---

33) 『고백록』, XI, 28.38.

가지다. 그리고 이러한 현상은 모든 인간들의 생애가 그 일부분을 이루고 있는 전 인류의 역사에서도 마찬가지다."34)

5. 영원과 창조

시간의 의식에 대한 분석은 아우구스티누스가 영원의 관상으로 고양되는 묵상에 이르게 된다. 영원은 무한한 지속이 아니다, 그것은 시간과 반대되는 것으로만 파악되는 것이다. 시간의 흐름이 실행되는 '영혼의 연장'은 분산된 존재를 특징짓는다. 그는 영원한 존재에 다가가서만이 휴식을 발견할 수 있다.35) 다시 말해서 시간은 자아 자체의 연장이기 때문에 자아는 시간의 지향 안에서 분산된다(Ecce distentio vita mea). 그러나 아우구스티누스는 이런 분산으로부터 벗어나 집중을 통하여(extentio ad superiora) 영원의 관상으로 상승해야 한다. "나는 이제 지나간 과거를 잊어버리고, 지나가 없어지게 될 미래의 것에 마음을 향하지 않으며, 앞에 있는 것을 붙잡기 위하여 ─ 분산된 마음으로가 아니라 마음을 집중하여, 즉 마음의 헛갈림으로가 아니라, 마음의 지향으로써 ─ 하늘의 부르는 상을 얻기 위하여 좇아갑니다. 거기에서 나는 당신을 찬양하는 소리를 들을 것이요, 오지도 않고 가지도 않는 당신의 즐거움을 관상할 것이옵니다."36)

아우구스티누스의 삶 안에서 영원으로의 상승의 길, 즉 탈시간화의 행위를 직접적으로 보여주는 두 가지 사건이 있다. 그것은 386년에 일어난 그의 회심과 오스티아(Ostia) 근처에서의 어머니와의 대담이다.37) 그는 먼저 시간을 초월하는 회심의 순간을 『고백록』 VIII권

---

34) 『고백록』, XI, 28.38.

35) 『고백록』, I, 1.1: Fecisti nos ad te et inquietum est cor nostrum, donec requiescat in te.

36) 『고백록』, XI, 29.39. 선한용 옮김 참조.

11.25에서 우리에게 잘 묘사해 주고 있다.

"나는 다시 노력하여 그 결심에 도달하려고 거리를 좁혀 가까이 갔습니다. 나는 손을 내밀어 그것을 거의 붙잡을 뻔했습니다. 그러나 나는 아직 거기에 도달하거나, 손을 대거나 그것을 붙잡을 수는 없었습니다. 나는 아직도 죽음의 삶을 죽이고 참 삶을 살기를 망설였던 것입니다. 그것은 아직 경험해 보지 못한 선보다는 습관화된 악이 나를 더 강하게 지배하고 있었기 때문입니다. 그리하여 내가 새 존재가 되려는 순간(punctum ipsum tempora)이 가까이 올수록 더 큰 두려움이 나를 엄습했습니다. 그러나 이 모든 것이 나를 아주 뒤로 물러서게 하거나 고개를 돌리게 하지는 못했습니다. 나는 결정을 못한 채 머뭇거리고만 있었습니다."

이러한 시간에 대한 경험 속에서 인간은 순간(punctum ipsum tempora)에 이르게 되는데 이 순간에 인간은 시간 속에서 '존재하는 바의 것'이 된다. 회심은 이러한 순간을 가능하게 한다. 이 순간에서 인간에게 주어지는 것은 시간 속에서의 고유한 존재와의 일치(convenientia)다. 자신을 시간적으로 드러내는 존재자는 시간 안에서 '존재하는 바의 것'이 된다. 왜냐하면 'punctum ipsum tempora' 안에서 탈시간화하여 존재의 현존으로 들어가기 때문이다. 또 이 순간에 현존하는 존재는 자신과 존재자와의 일치를 명확하게 한다.[38]

이러한 초월적인 주체성에 의한 시간에 대한 경험은 크로노스(chronos)와는 반대되는 카이로스(kairos)로 변화한다. 또 그 경험은 인간의 하나밖에 없는 결정적인 시간이 된다. 그렇다면 누가 순간에(punctum ipsum tempora) 카이로스에 도달할 수 있는가? 이 대답은

37) C. Boyer, "La contemplation d'Ostie", *Les cahiers de la nouvelle Journée* 17, 1930, pp.137-140.

38) R. Berlinger, "Le temps et l'homme chez saint Augustin", *L'année theologique augustinienne* 13, 1953, pp.260-279.

오스티아 근처에서 아우구스티누스가 한 존재의 경험에 의해서 주어진다.

"우리 마음속에 이처럼 열정적으로 타오르는 사랑으로 인하여 '존재 자체(id ipsum)'[39]를 향하여 오를 때 점차적으로 여러 계층의 사물들을 통과하여 해와 달과 별들이 지상으로 빛을 보내는 저 하늘에까지 오르게 되었습니다. … 그곳에서는 생명이 곧 지혜입니다(vita sapientia est). 그 지혜에 의하여 모든 것, 즉 과거에 있었던 것이나 미래에 있을 모든 것이 다 창조됩니다. 그러나 그 지혜 자체는 창조된 것이 아니요, 과거에 있었던 그대로 그리고 미래에 있을 그대로 현재에도 존재하고 있습니다. 왜냐하면 그 지혜에는 '있었다'(과거)와 '있을 것이다'(미래)가 없고 '있음'(현재)만이 있기 때문입니다. 그러기에 지혜는 영원한(aeterna) 존재요, '있었다'와 '있을 것이다'의 존재는 영원한 것이 아닙니다. 우리가 이처럼 말하고 그 지혜를 향해 목말라 하며 전심전력을 집중하는 동안 순간적으로(ictus) 그 지혜와 약간 접촉을(attingimus) 하게 되었습니다."[40]

아우구스티누스와 그의 어머니 모니카는 물체적인 것에 대한 경탄으로부터 출발하여, 사고의 내재화(interius)를 통하여 정신(mentes)에 이르게 된다. 그리고 마지막으로 정신 자체를 초월함으로써 지혜, 즉 영원한 진리에 접목한다.[41] 카이로스가 영원하고 황홀한 지혜의 명석성이 드러나는 현재로 변화한다. 지혜 전에는 시간이 존재하지 않고

---

39) 아우구스티누스의 신비적인 체험의 많은 부분에서 플로티노스의 영향이 드러난다. 하지만 'id ipsum'은 'Ego sum qui sum'과 동일한 전문용어로서 영원한 존재, 즉 신을 정의하는 형이상학적 의미를 가진다. 따라서 아우구스티누스가 자기체험을 묘사하기 위해서 신플라톤주의적인 용어를 사용하고 있지만, 그것은 참으로 신비적인 그리스도적인 경험이다.

40) 『고백록』, IX, 10.24.

41) R. Sorabji, *Time, Creation and Continuum*, London: Duckworth, 1983, pp. 163-165.

창조주의 영원성만이 있다.

그러나 어떻게 이러한 영원이 나타나는가? 현재 안에서 예견된 미래와 재기억된 과거를 포함하고 있는 의식의 지향성이 신이 자신의 영원에 의해서 어떻게 모든 시간을 지배하는지를 파악하도록 우리를 도와주는 것처럼 보인다. "만일 어떤 영혼이 있어서 내가 어떤 시를 잘 알고 있듯이 모든 일의 과거와 미래를 환히 아는 지식과 선견을 가지고 있다면 그는 확실히 경이할 만한 존재일 것입니다. 마치 내가 잘 알고 있는 시를 읊어야 부분이 남아 있는가를 잘 알고 있는 것처럼, 그는 과거로 지나간 모든 일이나 미래에 있을 모든 일을 다 잘 알고 있을 것입니다."[42] 그러나 이렇게 인식된 영원은 무한한 크기에 대한 의식일 뿐이고, 진정한 영원이 아니다. 모든 것의 창조주는 위와 같은 방식으로 모든 과거와 모든 미래를 인식하지 않는다. 창조주의 인식은 놀랍고 신비적이어서, 그것은 기억과 기다림을 배제한다. 우리가 의식의 지향성에 의해서 지배하는 계승은 우리에게 영향을 주어, 과거는 우리를 후회로 가득 차게 하고, 미래는 희망 또는 두려움으로 가득 차게 만든다. 하지만 이와 비슷한 어떤 것도 신 안에서는 일어나지 않는다.[43]

우리는 운동을 지각하여 운동의 계승적인 다양성을 의식의 단일성 안에 순서적으로 내포하고 있지만, 운동은 우리를 끌고 간다. 그래서 우리는 그 운동의 흐름을 지배하려고 노력하고, 우리의 행동을 계획에 따라 실행하고자 하지만 어느 것도 결정적으로 채워지지 않는다. 반대로 신 안에는 어떤 변화나 계승도 존재하지 않는다. 신의 창조 의지는 그 실체로서 영원하다. 그것은 영원으로부터(ab aeterno) 자신을 인식한다. "당신이 태초에 천지를 아셨을 때 당신의 아심에 어떤

---

42) 『고백록』, XI, 31.41.

43) C. Boyer, "Eternité et création dans les derniers livres des Confessions", *Giornale de Metafisica*, 1954, pp.444-445.

변화가 있었던 것은 아닙니다. 또한 당신이 태초에 천지를 창조하셨을 때 당신의 행동에 어떤 변화가 있었던 것은 아닙니다."[44]

그렇다면 어떻게 신이 하늘과 땅을 만들었는가? 이것은 이상적인 질서, 즉 정신적인 모델의 이미지에 따라 질료를 질서 지우는 플라톤의 데미우르고스와 같이[45] 재료에게 형상을 부과하는 제작자의 방식이 아니다. 아우구스티누스는 창조 전에 신과 동일하게 영원한 질료가 있었다는 것을 인정하지 않고, 신으로부터 독립된 혹은 외부로부터 강제된 영원한 질서가 있다는 것을 받아들이지 않는다. 신은 건축가 또는 제작자의 방식으로 하늘과 땅을 만들지 않았다. 그는 단지 말하고, 그것들을 있게 하였다(dixit et facta sunt). 신이 그것들을 만든 것은 자신의 말씀에 의해서이다.[46]

6. 결론

『고백록』에서의 아우구스티누스의 시간 분석은 후설이 자신의 저서 『내적 시간의식의 현상학』 서문에서 "오늘날에 있어서도 시간의 문제에 관심을 가지고 있는 사람은 꼭 『고백록』 XI권 13-18장을 읽어 보아야 한다. 아무리 지식을 자랑하는 현대 사람이라 할지라도 시간이해에 있어서는 그 문제와 씨름을 했던 이 위대한 사상가보다 더 깊이 있고 의미심장한 발전을 하지 못했다."라고 지적하고 있는 것처럼 역사적으로 독창적인 위치를 가진다.

그것은 우리가 살펴본 것처럼 우선 많은 부분에 있어서 고대철학

---

44) 『고백록』, XI, 31.41: Sicut ergo nosti in principio caelum et terram sine vari-etate notitiae tuae, ita fecisti in principio cadlum et terram sine distinctione actionis tuae.

45) 플라톤, 『티마이오스』, 29a, 30a.

46) 『고백록』, XI, 5.7.

의 연속성 속에 있다는 것을 확인할 수 있다. 그러나 아우구스티누스는 시간에 대한 선각자들을 비판적으로 분석하고 수용함으로써 시간의 의식 내재화라고 하는 독창적인 시간 분석을 성취한다. 그는 우리를 패러독스에 빠뜨리게 하는 객관적으로 표상되는 시간을 거부하고 심리적 시간으로의 전환을 통하여 시간은 현재 영혼 속에 세 가지로 분산되어 존재하는 것(distentio animi)으로 이해한다. 따라서 인간의 삶은 시간 속에서 분산되어 있으므로 집중(extentio)을 통하여 무시간적인 영원(aeternitas)의 관상(contemplatio)으로 상승해야 한다. 이것이 아우구스티누스의 시간 분석의 본뜻이다. 따라서 시간성과 역사의 의미에 대한 고찰만을 아우구스티누스에게서 받아들이려고 하는 우리 시대의 사람들이 있다면 그것은 그의 그 사유를 손상하고 격하시키는 것이다. 만약 아우구스티누스 안에서 지평의 문제를 논하는 것이 가능하다고 한다면, 그는 시간의 지평에서 (aeternum et sapientia의 범위 내에서) '존재'를 탐색하고 있다고 볼 수 있을 것이다. 또한 그의 시간 분석은 영원의 관상으로 고양되는 계기라고 한다면, 여기서 영원은 끝없는 지속, 시간적 존재의 무한정한 연장이 아니다.[47] 이러한 관점에서 신 안에는 어떤 변화나 계승이 존재하지 않는다. 그렇다면 창조는 어떻게 이루어졌는가? 이곳에서 아우구스티누스는 플라톤의 데미우르고스적 세계 형성을 거부하고, 영원으로부터 자신을 인식하는 신이 자신의 말씀을 통해서 세계를 창조했다고 본다.[48]

---

47) 아우구스티누스의 무시간성으로서의 영원 개념은 보에티우스를 통해서 중세의 기본 틀이 된다.

48) E. Bailleux, "La création et le temps selon saint Augustin", *Mélanges de science religieuse*, 1969, pp.65-68.

참고문헌

Aristote, *Physique*, texte établi et traduit par H. Carteron, Paris: Les Belles Lettres, 1983/86.

Augustin, *Les confessions de saint Augustin*, ed. A. Solignac, Biblilthèque Augustinienne, vol. 13-14. Paris: Desclée de Brouwer, 1962. 선한용 옮김, 『성어거스틴의 고백록』, 대한기독교서회, 2006.

Bailleux, E., "La création et le temps selon saint Augustin", *Mélanges de science religieuse*, 1969, pp.65-94.

Bergson, H., *Essai sur les donnnés immédiates de la conscience*, Paris: Presses Universitaires de France, 1970.

Berlinger, R., "Le temps et l'homme chez saint Augustin", *L'année theologique augustinienne* 13, 1953, pp.260-279.

Boyer, C., "Eternité et création dans les derniers livres des "Confessions" ", *Giornale de Metafisica*, 1954, pp.441-448.

_____, "La contemplation d'Ostie", *Les cahiers de la nouvelle Journée* 17, 1930, pp.137-161.

Callahan, J. F., "Basil of Caesarea: A new source for St. Augustin's theory of time", *Harvard Studies in Classical Philosophy* 63, 1958, pp.437-454.

Moreau, J., "Le temps et la création selon saint Augustin", *Gionale do Metafiscica* 20, 1965, p.280.

Platon, *Timée*, texte établi et traduit par A. Rivaud, Paris: Les Belles Lettres, 1985. 박종현·김영균 옮김, 『티마이오스』, 서광사, 2000.

Plotin, *Ennéades*, texte établi et traduit par E. Brehier. Paris: Les Belles Lettres, 1989.

Sorabji, R., *Time, Creation and Continuum*, London: Duckworth, 1983.

토마스 아퀴나스 철학에서 '시간' 문제의 성격

이경재

1. 들어가는 말

교과서의 효용가치 가운데 하나는 해당 분야의 중요하고 기본적인 모든 항목들이 망라된다는 점에 있다. 심오하고 깊이 있는 내용이나 현재 진행 중인 최신의 논쟁은 발견할 수 없을지 모르지만, 적어도 집필자가 그 학문 영역에 '필수'라고 판단하는 기초적이고 기본적인 핵심 내용들은 반드시 포함되기 마련이다. 토마스 아퀴나스 스스로가 서문에서 밝히고 있듯이 그의 대표적 저서인 『신학대전』은 신학생들을 가르치기 위한 일종의 교과서로 집필되었다. 자연히 신학생들이 배워야 할 주요 내용들을 모두 망라했으리라고 기대해 볼 수 있다. 실제로 『신학대전』의 목차에 나타나는 주제의 방대함은 이와 무관하지 않을 것이다. 그런데 그 많은 주제들 가운데 '시간'은 포함되어 있지 않다.

시간에 대한 언급이나 논의가 전혀 없는 것은 아니다. 하지만 시간이 독립된 논의 주제로 다루어지지 않는다는 것은 분명한 사실이다. 우리 시대에 찾아볼 수 있는 대부분의 형이상학 개론서들에서 공간과 함께 시간의 문제가 목차의 한자리를 차지하고 있는 것과는[1] 사뭇 대조적이다. 이 점만을 놓고 단순 비교해 보자면 시간의 문제가 오늘날 주요 철학적 문제로 자리 잡은 것과는 달리 토마스 아퀴나스에게는 그 문제가 그다지 큰 비중을 차지하지 못했다고 할 수 있다. 물론 이것은 그의 개인적 성향이나 관심 때문만은 아닌 듯하다. 시간을 주제로 한 본격적인 국내 연구서의 저자인 소광희 교수는 아우구스티누스 이후 서양 중세에 괄목할 만한 시간론이 눈에 띄지 않는다고 평한다.[2] 그러면서 기독교를 배경으로 하는 서양 중세의 관심사는 '시간'이 아니라 '영원'과 '영생'이며, 그러한 영원의 상하에서 시간은 가변적이고 덧없고 유한하고 가치가 낮은 것으로 간주되었기 때문이라고 그 이유를 설명한다. 한마디로 당시의 시대가 그랬다는 것이다.

사실 토마스 아퀴나스의 저작에서 시간에 대한 논의는 다른 주제들을 다루는 가운데 부수적으로 다루어지며, 특히 '영원'을 이해하고 설명하기 위한 문맥 속에서 제시되고 있다.[3] 다시 말해 토마스 아퀴

---

1) 텍스트북 성격의 다음 책들이 그 구체적인 예다. 앙드레 베르제 외, 『인간학·철학·형이상학』, 남기영 옮김, 삼협종합출판부, 2001; 리차드 테일러, 『형이상학』, 엄정식 옮김, 서광사, 2006; 앙드레 베르제즈, 『새로운 철학강의 2: 형이상학 및 실천철학』, 이정우 옮김, 인간사랑, 1995; 미셸 그리나, 『철학의 단계적 이해』, 송영진 옮김, 서광사, 1997.

2) 소광희, 『시간의 철학적 성찰』, 문예출판사, 2003, p.310.

3) 시간에 대한 논의가 집중적으로 나타나는 부분은 바로 '신의 영원성'을 다루는 부분(*ST.*, I, q.10; *SCG.*, I, 15; *In I Sent.*, d.19, a.1)이며, 여기서 토마스 아퀴나스는 영원(aeternitas), 영속(aevus) 그리고 시간(tempus)의 차이 등에 대해서 논의하고 있다. 이 외에 시간을 다루는 대표적인 부분으로는 창조된 세상의 시간적 시작 문제를 다루는 *ST.*, I, q.46과 시간이 제1질료와 동시에 창조되었는지 여부를 다루는 *ST.*, I, q.66, a.4 등이 있다. *Quodl.*, II, q.2에서는 영적 실체들에 적용되는 시간과 물질적 실체들의 시간이 동일한 시간인가의 문제가 다루어지고 있다. 아리스토텔레스의 『자연학』에 대한 그의 주석(*In Phys.*, IV, lect. 17 이하)에도 자연스럽게 시간에 관한 논의가 개진되며 이 경우 논의의 주요 주제가 시간이기는 하지만, 이 텍스트는 기본적으로 주석이라는 형태를

나스가 분명하고 명료하게 밝히기를 원했던 것은 시간개념이 아니라 영원 개념이다. 영원을 설명하기 위해 시간과의 차이 및 관계를 거론할 필요가 있을 때 비로소 시간에 대한 언급이 나타나며, 이때 제시되는 시간개념도 이미 자신보다 앞선 사상가들에 의해 제시된 것들을 근간으로 한다. 그러므로 토마스 아퀴나스 고유의 시간이해를 찾아보려는 시도는 어쩌면 무의미할 수 있다. 하지만 잘 알려진 것처럼 이전 사상가들에게서 발견되는 불충분성에 대한 보충과 극복을 자신의 이름으로가 아니라 바로 그 사상가들의 의도와 진의를 추적하여 밝히는 형식으로 제출하곤 하는 그의 독특한 논의전개 방식을 염두에 둔다면, 시간의 문제에서도 역시 그가 이전 사상가들의 입장을 단순히 반복하고 있지만은 않으리라고 기대해 볼 수 있다. 실제로 토마스 아퀴나스는 『세상 영원성론(De aeternitate mundi)』[4]에서, 이 세상은 창조되었음에도 불구하고 창조된 이 세상에 시간적 시작이 있는지의 여부는 이성으로 증명할 수 없다는 매우 독특한 주장을 내세우고 있는데, 이러한 그의 주장은 그에게 전승되어 온 그 어떤 것으로도 환원될 수 없는 그만의 고유한 시간이해가 내포되어 있음을 암시해 준다.

이러한 전제 위에서 이 논문은 오늘날 철학의 가장 난해한 주제 가운데 하나로 간주되고 있는 시간이 토마스 아퀴나스에게서는 어떻게 이해되고 있으며 또 어떤 가치를 지닌 것으로 간주되었는지에 대한 기본적인 이해를 도모하고자 한다. 토마스 아퀴나스의 텍스트 내에서 이 주제에 대한 체계적인 논의를 찾을 수는 없기 때문에, 이 과제를 풀어 가기 위해 우선 시간개념의 이해와 관련된 일반적인 문제들을

띠고 있다는 점이 고려되어야 한다.

4) 짤막한 분량의 이 저작은 『세상 영원성론』으로 번역되어, 동일한 역자의 다음 번역서 뒤에 부록으로 수록되어 있다. 방 스텐베르겐, 『토마스 아퀴나스와 급진적 아리스토텔레스주의』, 이재룡 옮김, 성바오로출판사, 2000, pp.127-145.

정리하여 배경으로 삼고, 토마스 아퀴나스의 시간이해에 영향을 준 대표적인 두 사상가의 입장을 점검한 후, 그 위에서 그의 시간에 대한 논의가 어떤 성격을 지니는지를 살펴보도록 하자.

2. '시간' 개념에 대한 일반적인 문제

학문적 탐구와 논의의 대상이 되기 위해서는 탐구의 대상에 대한 최소한의 이해를 전제한다. 마치 신의 존재 여부에 대한 논쟁을 위해서는 그 논쟁 대상이 되는 '신'이라는 용어에 의해 무엇을 의미하거나 지시하는가에 대한 잠정적 동의를 전제하는 것과 마찬가지다. 그럴 경우에야 비로소 그에 관한 모든 진술들 — 그것이 구성적(constitutive)이든 기생적(parasitic)이든5) 간에 — 이 구심점을 지니기 때문이다.

'시간' 개념 역시 여기서 예외가 아니라면, 우리는 이 용어에 의해 일반적 혹은 공통적으로 의미하는 바를 확인할 필요가 있다. 사전적으로 시간은 흔히 일상적으로 "어떤 시각에서 어떤 시각까지의 사이"를, 좀 더 철학적으로는 "과거와 현재와 미래가 종으로 무한하게 유전하여 연속하는 것" 또는 "사물의 현상이나 운동 따위의 경과, 지속의 계기를 규정하는 형식"을, 그리고 물리학 등에서는 "현상의 변화과정, 또는 서로 관련을 가지는 여러 현상의 인과관계를 규명하는 데쓰이는 변량" 등으로 규정된다. 엄밀성도 부족하고 누구나 인정해야

---

5) 구성적 지시(constitutive reference)는 특정 진술이 사유대상에 실제로 적용된다고 생각하는 경우로서 그러한 대상이 실제로 존재한다는 것을 전제로 한다. 반면, 기생적 지시(parasitic reference)는 어떤 진술이 그 사유대상에 적용된다고 생각하기 때문은 아닌 다른 이유에 의해 그 사유대상을 지시하는 경우다. 이러한 구성적 지시와 기생적 지시 사이의 구별 및 그 전거에 대해서는 이경재, 「안셀무스 존재론적 신 존재 증명의 두 전제」, 『중세철학』 제11호, 한국중세철학회, pp.16-17 참조.

마땅한 것이라고 단정할 수도 없지만 그렇다고 해서 크게 잘못되었다고 할 수도 없는 이러한 일반적 규정들과 시간에 관한 역사적 진술 및 논의들로부터 시간에 대한 철학적 논의를 출범시키기 위한 시간의 일반적 표상을 이끌어 낼 수 있다. 그것은 바로 '시간'에 의해 서로 구별되는 다음 세 가지 관념들을 우리가 마음에 품게 된다는 것이다. 그것은 바로 잇달음(succession)과 연속성(continuity) 그리고 가분성(divisibility)이다.

사람들은 시간이 과거-현재-미래로 구별되는 것으로 인식하면서 시간의 세 측면은 본질적으로 동시적일 수 없고 순서가 바뀔 수도 없으며 필연적으로 차례대로 잇달아 실현되는 것으로 이해하는데, 이것이 바로 시간의 잇달음이다. 한편 시간의 흐름에는 어떤 식으로든 정지가 있을 수 없고, 그 어떤 빈틈이나 단절도 불가능하다고 이해되는데 이것이 연속성이며, 이처럼 연속적인 시간은 길게 연장된 하나의 불가분적 전체로 이해되기보다 꼬리에 꼬리를 물고 끊임없이 이어지는 부분들의 연속으로 이해되는 경향이 있는데 이것이 바로 가분성이다.

시간에 대한 사람들의 표상에 대체로 이 세 가지 요소들이 공통적으로 포함된다. 명제적으로는 이 성질들에 위배되는 사태나 상황을 진술할 수도 있지만, 현실적으로 그러한 사태를 표상하거나 인정하기는 어려워 보인다. 예를 들어, 성경의 내러티브에 등장하는 것처럼 태양이 멈추거나(여호수아서 10:12-13), 영화나 만화 속에 종종 등장하듯이 모든 움직임 — 시계장치의 운동마저 — 이 정지하는 사태는 마음속에 그려 볼 수 있지만, 운동이 정지한 그런 상황 속에서도 시간이 멈춘다는 것이 도대체 어떤 상황인지는 상상하기가 쉽지 않다. 그러므로 시간의 연속성을 부정하는 것은 명제적 진술로는 가능할지 몰라도 현실적으로는 그다지 가능해 보이지 않는다.

그런데 이처럼 시간의 연속성을 부정하기 어려운 이유로서 누군가가 "운동이 정지했다고 해서 시간이 정지했다고까지 하기는 어렵다."

고 말한다면, 이 진술은 단순히 시간에 대한 주관적 표상의 문제에 머무르는 것이 아니라 시간의 객관성 문제와 연관된다. '시간'의 의미에 관한 문제를 넘어서서 '시간'이라는 용어가 지시·지칭하는 것이 '운동'이라는 용어에 의해 통칭되는 자연세계의 실재와 어떤 관계에 있는가의 문제가 관련되기 때문이다. 다시 말해 시간이 무엇인가의 문제는 시간에 대한 주관적 측면에서의 일반적 표상을 넘어서, 그러한 표상에 대응하는 사유 외부의 객관적 실재가 무엇인가의 문제로 확장된다.

시간의 객관적 실재성 문제에 대한 견해는 저마다 조금씩의 편차는 있지만 크게 세 가지 입장으로 정리될 수 있다. 시간은 전적으로 인식주체의 창조물일 뿐이며 그 어떤 객관적 실재성과도 무관하다고 보는 입장, 이와는 정반대로 시간 그 자체가 하나의 독자적 존재성을 지닌다고 함으로써 객관적 실재성을 인정하는 입장, 그리고 이 양극단의 중간에서 시간은 부분적으로 주관적이고 부분적으로는 객관적이라고 하는 입장이다.

시간을 선험적 형식으로 이해하는 칸트는 이 가운데 첫째 입장의 대표적인 경우라고 할 수 있다. 칸트에게 시간은 공간과 함께 경험을 가능하게 하는 선험적 형식으로서 모든 인식에 앞서 전제되는 틀 혹은 무대와 같은 것이지만, 그렇다고 해서 그것이 객관적 실재의 존재론적 조건이나 틀은 아니다. 그에게 시간은 실재의 구성요소가 아니라 실재를 인식 가능하도록 만드는 인식의 구성요소인 것이다. 반면에 시간과 공간을 축으로 하는 좌표를 그릴 수 있도록 만들어 주는 뉴턴의 시간이해는 시간의 객관적 실재성을 인정하는 둘째 입장의 대표적인 사례라고 할 수 있다. 모든 종류의 운동을 포함하여 우리가 경험하는 자연세계나 우주가 더 이상 존재하지 않더라도, 그리고 시간을 인식하고 이해하면서 재고 측정하는 인간마저 더 이상 존재하지 않더라도 시간은 여전히 흐를 것이라고 막연하게나마 생각하는 모든 경우는 이 둘째 입장과 무관하지 않다.

토마스 아퀴나스의 입장은 이 두 양극단의 중간적 입장인 셋째 경우에 속한다고 할 수 있다. 20세기의 탁월한 토마스주의자 가운데 한 사람인 오웬스(Joseph Owens, 1908-2005)는 토마스 아퀴나스 사상에서의 시간에 대한 이해를 설명하면서 시간을 절대적인 어떤 것, 즉 그 자체가 객관적인 실재인 것처럼 생각해서도 안 되고, 단지 인간의 마음 안에만 존재하는 것으로 이해해서도 안 된다고 지적한다.[6] 첫째와 둘째 입장을 경계하면서 토마스 아퀴나스의 입장을 세 번째 중간적 입장으로 자리매김하는 것이다. 실제로 토마스 아퀴나스는 시간을 부분적으로는 주관적이고 부분적으로는 객관적인 것으로서 운동과 지성의 상호작용 속에서 성립하는 것으로 이해한다고 보인다.

모든 종류의 소위 '중간적' 입장이 그렇듯이 토마스 아퀴나스의 이러한 중간적 입장도 자칫 단순한 절충주의로 보일 수 있다.[7] 하지만 그의 입장은 원리와 원인에 의해 논증되고 설명되는 '이유 있는 중간'이지, 단순히 극단을 피하려는 욕구에 기인한 절충은 아닐 것이라고 기대해 볼 수 있다. 왜냐하면 토마스 아퀴나스에게는 얼핏 절충처럼 보일 수 있는 주장들이 사실은 엄밀한 논증의 결과로 제시되는 사례를 발견할 수 있기 때문이다. 그 대표적인 사례가 보편자의 존재론적 위상 ― 이것은 저 유명한 중세의 보편논쟁의 핵심문제이기도 하다 ― 에 대한 그의 견해다.

---

6) J. Owens, *An Elementary Christian Metaphysics*, Center for Thomistic Studies, 1963/1985, p.207.

7) 여기서 말하는 단순한 절충(주의)이란 양 극단 가운데 어느 한쪽만 취할 경우에 발생하는 문제로 인해, 혹은 둘 중 어느 하나도 전적으로 포기할 수는 없는 측면들 때문에 무작정 둘 모두를 취하고 보자는 식의 그런 절충주의를 말한다. 극단의 날카로움과 일면성을 직시하고 그것을 피하려는 욕구를 지니지만, 그 것이 어떤 사태인지에 대한 정확한 인식도 없고 또 그것을 피할 구체적 방법도 알지 못할 경우 이러한 절충적 태도를 취하기 쉽다.

그는 보편자 혹은 보편적 개념은 개체적 실재인 사물 안에 근거한 것이되 그러한 사물로부터 지성이 작용하여 이끌어 낸 것으로서 오직 사유 안에만 존재하는 그런 것으로 이해한다. 이것은 존재와 사유의 관계라는 문제에 대한 역사적 스펙트럼에서 단순히 절충적 입장을 취하는 것으로 이해될 수 있다. 하지만 그의 이러한 주장은 단지 하나의 '입장 취함'에 불과한 것이 아니다. 그것은 철학적 심리학이라고 불리는 영역에서 유사상(similitudo)으로서의 심상(phantasma)을 중심으로 하는 경험적 인식에 대한 분석과 지성의 추상작용을 둘러싼 치밀한 논의를 통해 논증되고 있다. 그 논증이나 그에 개입된 원리들의 옳고 그름에 대한 시비는 여전히 있을 수 있지만, 그의 입장을 단순한 절충이라고 할 수는 없다는 것은 분명하다.

시간에 대한 그의 이해는 보편자에 대한 그의 이해와 논리적으로 유사한 구조를 지닌다. 시간은 운동에 근거하는 한에서 실재에 근거를 두되 운동으로부터 지성이 포착하여 사유 안에만 존재하는 그런 것이며, 따라서 시간 자체는 실재가 아니지만 실재에 근거한 것이기에 결코 실재와 무관하거나 실재와 상관없이 성립할 수 있는 자의적인 것일 수는 없다는 것이 그의 견해인 한, 시간의 존재론적 위상과 보편자의 존재론적 위상을 연계시켜 생각하지 않을 수 없는 유사성이 발견되는 것이다.

3. 두 영향

그런데 토마스 아퀴나스의 입장을 이처럼 중간적인 것으로 확정지으려는 시도는 단지 철학사의 흐름 속에서 그가 차지하는 위치를 규정하는 정도의 의미만을 지니는 것은 아니다. '중간적'이라는 규정은 그에게 적지 않은 영향을 준 두 명의 대표적인 사상가, 즉 아리스토텔레스와 아우구스티누스의 상반되는 시간이해와 관련해서 이해될 수 있다. 다시 말해 그의 시간이해가 '중간적'이라는 규정은 그의 시간관에 영향을 준 두 사상가의 상반적 견해를 상보적인 것으로 이해하는 토마스의 태도에 기인한다고 볼 수 있다.

토마스의 이러한 입장을 이해하기 위해서라도 아리스토텔레스와 아우구스티누스의 시간이해가 어떤 점에서 상반되는지를 점검할 필요가 있다. 흔히 이들의 상반성은 시간의 객관성과 주관성의 차이, 즉 시간 자체가 객관적 실재인가 아니면 정신 안에만 있는 것인가의 문제에 있다고 회자되는 경향이 있는데, 이러한 대비는 자칫 오해를 불러일으킬 수 있다. 두 사상가 모두 시간 자체가 객관적으로 실재하는 어떤 것이라고 이해하지는 않는다. 또한 두 사상가 모두 시간이 정신 작용의 결과로서 정신 안에 존재한다는 것을 인정한다. 적어도 이러한 측면들에서 두 사상가의 시간이해는 공통점을 지닌다. 그럼에도 불구하고 이들이 상반된 시간관을 지닌 것으로 이해되게끔 하는 가장 근본적이면서도 커다란 차이는 정신 안에 있는 시간이 정신 외부의 실재에 어느 정도 의존하는가에 대한 견해의 차이에 있다.

1) 아리스토텔레스 : 시간의 실재성 강조

주지하다시피 아리스토텔레스는 시간이 운동과 변화로 점철된 실재세계에 속하는 그 무엇이자 실재세계의 운동과 변화에 전적으로 의존하는 어떤 것으로 이해한다. 시간에 대한 아리스토텔레스의 저 유명한 정의, 즉 "시간이란 이전과 이후의 관점에서 본 운동의 수"[8]라는 정의에서 잘 나타나듯이, 시간은 운동이나 변화와 관련되는 것으로 이해한다. 그는 시간 자체가 운동이나 변화는 아니라고 못 박고 있으면서도, 한편으로는 운동이나 변화 없이는 시간도 없다는 것을

---

8) 아리스토텔레스, 『자연학』, IV, 220a25.

분명히 밝힌다.[9] 다시 말해 실재의 객관적 운동이 없으면 시간도 없다는 것이 아리스토텔레스의 입장인 셈이다. 시간의 시간으로서의 존재 자체는 운동과 변화 안에서 시간을 인식하는 정신에 의존하지만, 정신이 시간을 인식하기 위해서는 그것에 의해 측량되는 대상인 실재세계에서의 운동이나 변화, 즉 무엇인가 이전과 이후를 가릴 수 있을 만큼의 변화가 있어야 하는 것이다.

이러한 아리스토텔레스의 시간이해에서 분명한 것 — 적어도 토마스 아퀴나스가 보기에 — 은 그가 시간의 존재를 운동과 변화의 존재에 종속시키고 있다는 점이다. 이 점은 시간에 대한 아리스토텔레스의 자연학에 대한 토마스 아퀴나스의 주석에서도 잘 나타난다. 토마스는 아리스토텔레스의 시간에 대한 진술을 주석하면서, 시간과 운동은 항상 동시에 그리고 함께 지각된다는 점을 적시한다. 운동의 지각에 의해 시간을 지각하고, 반대로 시간을 지각할 때 우리는 항상 운동도 지각한다는 것이다. 그런데 시간과 운동이 동일한 것은 아니며, 따라서 시간은 운동에 속하는 것이라고 토마스 아퀴나스는 논의를 이끌어 간다.[10]

이처럼 시간이 운동 자체는 아니지만 운동·변화에 속하는 어떤 것으로 이해할 경우, 시간에 대한 고려는 적어도 두 관점으로 나누어질 수 있다. 하나는 시간을 그 안에 담고 있는 것으로 고려되는 운동·변화의 주체에 대한 고려이고, 다른 하나는 그러한 운동·변화와 구별되는 것으로 고려되는 시간, 즉 운동·변화의 척도로서의 시간이다. 전자의 경우 시간은 존재하는 어떤 것이 계속해서 존재하는 한에서만 말할 수 있는 것이므로, 이 시간은 '지속(duration)'의 의미를 지니게 된다. 이러한 지속으로서의 시간은 반드시 '없지 않고 실

---

9) 아리스토텔레스, 『자연학』, IV, 218b18-219a2; 『생성과 소멸에 관하여』, II, 337a23-24.

10) *In Phys.*, IV, n.572.

제로 있음', 즉 실존(existence)과 '그치지 않고 계속 이어짐', 즉 연속(continuation)이라는 두 조건을 충족시켜야만 한다. 다시 말해 시간은 사물의 '연속적 실존'과 관련되어 사물에 속하는 것으로[11] 이해될 수 있는 것이다.

한편, 시간이라는 것이 이처럼 연속적으로 실존하는 운동·변화의 주체에 귀속되는 무엇으로 이해될 경우, 척도로서의 시간의 기준, 즉 시간의 앞과 뒤, 길고 짧음을 비교하는 기준과 관련된 문제가 제기된다. 앞서 소개된 아리스토텔레스의 시간에 대한 정의는 분명 운동의 척도로서의 시간에 대한 진술이다. 그런데 척도로서의 시간은 엄밀하게 말해서 척도를 척도이게 하는 척도, 즉 재는 자(measuring measure, mensura mensurans)가 아니라 그 자체가 이미 다른 무엇인가에 의해 재진 자(measured measure, mensura mensurata)다. 만약 시간이 재는 자라면, 시간은 모든 것의 척도이자 모든 척도의 척도일 것이기 때문이다. 그런데 시간이 재진 자라는 것은 곧 시간 자체가 어떤 기준에 의해 측량된 것임을 의미하며, 이는 척도로서의 시간의 흐름의 기준이 되는 운동, 즉 그 운동에 귀속된 시간을 다른 모든 운동을 측량하는 기준으로 삼게 되는 그러한 운동이 있어야 함을 의미한다.[12] 다시 말해 시간은 기본적으로 운동에 귀속된 무엇이지만, 서로 다른

---

11) 이러한 '연속적 실존'의 주체가 무엇인가에 따라 시간과 관련된 용어를 구분할 수 있다. 그 주체가 존재와 작용에 있어서 불변적인 것일 경우 그 사물의 지속은 영원(eternity)이며, 존재는 불변이되 작용은 가변적인 것일 경우는 영속(evitternity)이다. 이에 비해 엄밀한 의미에서 시간(time)을 말할 수 있는 것들은 그 존재와 작용 모두에 있어서 가변적인 것, 즉 없다가 존재하게 되고, 있다가 없어지며, 있는 동안에도 계속해서 운동과 변화를 겪는 것들의 경우다. 이들의 연속적 실존은 항상 시간과 관련되어 나타나는 것이다. 연속적 실존의 주체에 따라 시간 용어를 이렇게 구별하는 것에 대해서는 Henri Grenier, *Thomistic Philosophy*, vol. 1, St. Dunstan's University, 1948, pp.359-363 참조.

12) *In Phys.*, IV, n.574 참조.

모든 운동들 각각에 귀속된 것이기보다는, 기준이 되는 특정 운동에 속하는 것으로 이해되어야 하는 것이다. 그렇지 않을 경우 운동의 상이함에 따라 여러 시간이 있을 수 있기 때문이다.

그리고 이처럼 기준이 되는 운동 혹은 첫째 운동에 귀속되는 시간이 그와 구별되는 다른 모든 운동을 측량하는 척도로 적용되기 위해서는 그 운동으로부터 시간을 이끌어 내어 균질적인 것으로 단일화하고 그것을 다른 운동에 적용함으로써 측량하는 이성의 작용이 요구된다. 다시 말해 어떤 사물의 '연속적 실존'이 바탕이 되어 그 연속성의 부분들이 이성의 개입에 의해 균질적 부분들로 정립되고, 이를 기준으로 다른 모든 연속적 실존의 크기를 측량하게 될 때 비로소 척도로서의 시간이 기능을 하게 되는 것이다. 다시 말해 시간 자체는 운동에 의해 측정되는 측면을 지니는 것이다. 그러므로 운동과 시간은 서로에 대해 척도가 된다. 운동이 시간에 의해 측정될 뿐 아니라 시간 역시 운동에 의해 측정되는 것이다.[13]

결국 시간의 두 측면, 즉 지속으로서의 시간과 척도로서의 시간은 각각 시간의 실재성 여부 문제와 관련된 두 측면, 즉 시간 자체의 객관적 실재성과 시간의 정신 혹은 이성에의 의존성에 연관된다. 척도로서의 시간은 이성에 의존하지만, 그럼에도 불구하고 그에 의해 언급되고 표현되는 시간 혹은 시간적 차이는 단순히 관념적인 것이 아니라 실재를 반영하는 실제적인 것이다. 예를 들어 50년이라는 시간은 5년보다 실제로 긴 길이의 실재이며, 서기 2007년에 존재하는 것과 서기 1907년에 존재하는 것은 분명히 존재론적으로 그리고 객관적으로 다른 것이다. 그러한 한 '시간'이라는 개념에 의해 의미하는 바는 분명히 이성의 활동에 의존하여 존재하는 것이지만, 이처럼 이성에 의존하는 시간은 궁극적으로 시간의 객관적 실재성에 전적으로

---

13) 아리스토텔레스, 『자연학』, IV, 220b15-16.

의존한다고 말할 수 있다. 다시 말해 시간이 지시하거나 연관되는 실재가 존재하지 않을 경우, 이성에 의한 시간 자체도 존재하지 않게 될 것이다. 운동·변화가 없이는 시간도 없다는 아리스토텔레스의 입장은 전혀 흔들리지 않고 유지되는 것이다.

2) 아우구스티누스 : 시간의 주관성에 주목

운동과 변화가 연속적으로 일어나는 동안 시간이 줄곧 지속된다고 생각하는 것은 어쩌면 자연스럽고 또 익숙한 사고방식이다.[14) 하지만 아우구스티누스는 하나님에게 귀속되는 '영원'과는 달리 운동·변화와 연관되는 '시간' 속에서 그것의 실재성과 관련된 근본적인 질문을 제기한다. 질문 자체는 단순하다. 지나가 버린 과거는 더 이상 존재하지 않고, 미래는 아직 존재하는 것이 아니므로 존재하는 것이 아니라면, 마치 '과거-현재-미래'라는 부분으로 구별되는 연속으로서의 시간의 존재는 과연 어떻게 이해되어야 하는 것인가의 문제다.

더욱이 실제로 존재하는 것은 '현재'뿐이므로, 시간이 실제로 그리고 계속해서 존재한다고 말하기 위해서는, 그리고 그렇게 존재하는 것이 연속적 실존을 지니는 것이기 위해서는 '현재'가 지속되어야 한다. 그런데 시간의 구성요소 중 '존재'한다고 말할 수 있는 유일한 것인 '현재'가 여전히 존재로 남아 있기 위해 항상 현재로 남아 있을 뿐 과거로 넘어가지 않는다면, 그것은 이미 시간이 아니라 영원일 것이다.[15) 그것은 더 이상 '과거-현재-미래'의 흐름으로서의 시간은 아닌 것이다. 하지만 한편으로 아우구스티누스는 과거가 전혀 존재하지

---

14) 아우구스티누스 역시 처음에는 이렇게 아리스토텔레스 식으로 생각했다고 움베르토 에코는 지적한다. 이에 대해서는 움베르토 에코·에른스트 곰브리치·크리스틴 리핀콧 외, 『시간박물관』, 푸른숲, 2000, p.7 참조.
15) 아우구스티누스, 『고백록』, 김광채 옮김, CLC, 2004, XI, 14.

않는다면, 그것을 바라보는 것 또한 전혀 불가능할 것이라고 지적하면서, 우리가 과거를 되돌아보고 미래를 기대한다는 것이 가능한 한 과거나 미래는 어떤 식으로든 존재하는 것이 분명하다고 말한다.[16]

아우구스티누스는 이 문제를 해결하기 위해 시간의 객관적 실재성을 떠나 주관적 측면에 주목한다. 그는 과거와 미래는 존재하지 않는다는 것을 분명히 한다. 그리고 이에 따라 '과거-현재-미래'라는 세 가지 시제가 존재한다고 말하는 것 역시 불가능하다는 것을 분명히 하면서, 그 대신 "과거 일의 현재, 현재 일의 현재, 미래 일의 현재라는 세 가지 시제는 '존재'한다."고 말한다.[17] 다시 말해 과거와 미래 자체는 존재하지 않지만, 더 이상 존재하지 않는 과거를 기억하고 아직 존재하지 않는 미래를 예상하는 것은 가능하고 또 실제로 존재하는 현재의 사태라는 것이다. 이 세 시제는 객관적 실재성을 지니는 것이 아니라 영혼 속에 존재하는 것이며, 영혼 이외의 그 어느 곳— 특히 객관적인 실재의 세계 — 에서도 존재의 흔적을 찾아볼 수 없는 것이다.[18] 또한 아우구스티누스는 시간에 의해 측정되는 것은 사물이 아니라 그 사물에 대한 느낌이라고 함으로써 측정과 관련된 존재론적 의문점들의 해결을 시도한다.[19] 이렇게 하여 아우구스티누스는 시간을 객관적 실재세계의 운동·변화에 속하는 그 무엇으로 이해하는

---

16) 아우구스티누스, 『고백록』, XI, 17.

17) 아우구스티누스, 『고백록』, XI, 20.

18) 아우구스티누스, 『고백록』, XI, 20.

19) 아우구스티누스에 의하면 무엇인가가 어떤 식으로든 '측정'되기 위해서는 그것이 연장적이어야 하고 또 한계가 분명해야 한다. 그런데 시간에 의해 측정되는 대상인 과거나 미래 혹은 현재는 이러한 조건을 충족시키지 못한다. 과거나 미래는 존재하지 않으며, 현재는 아직 끝나지 않아서 한계가 불분명하기 때문이다. 이러한 것들에 대한 측정이 가능한가의 물음을 제시하면서 아우구스티누스는 시간의 측정 문제가 사물에 대한 것이 아니라 영혼 내부의 문제일 수 있다는 해석의 가능성을 열어 놓는다. 이에 대해서는 『고백록』, XI, 27 참조.

데서 떠나 시간이 일종의 연장, 특히 영혼의 연장이라는 이해를 제시한다.[20] 다시 말해 시간은 영혼의 문제이며, 그것은 객관적 실재세계의 운동이나 변화와 연관될 수는 있지만, 그런 것들에 의존하여 존재하지 않는 것으로 아우구스티누스는 이해한다.

3) 각축장: 여호수아의 기적을 바라보는 시각의 차이

아리스토텔레스와 아우구스티누스의 시간이해에 대한 이러한 차이는 성서에 나오는 여호수아의 기적에 대한 해석에서 첨예하게 드러난다. 이 사건은『구약성서』, 「여호수아서」 10장에 나오는 이스라엘 군대와 아모리 족속의 군대 사이의 전투를 배경으로 하는데, 여호수아가 "태양아 … 머무르라."고 기도하자 태양이 멈추어 낮이 계속되었고, 그 시간 동안 여호수아 군대가 아모리 군대를 무찔렀다는 내용이다.

태양이 멈추었다고 하는 이 여호수아의 기적 사건은 시간의 이해가 충돌하는 각축장이기도 하다. 아리스토텔레스가 곧 진리임을 주장하는 중세의 아베로에스주의자들은 아리스토텔레스의 시간이해에 입각하여 이 사건이 실제 일어난 일이 아니라고 주장한 반면, 아우구스티누스는 이 기적 이야기를 시간의 실재성을 부인하는 전거로 삼기 때문이다. 시간이 일주운동에 고유한 것으로 이해하는 아리스토텔레스주의 입장에서는 일주운동이 정지하면 시간도 정지할 것이며,[21] 따

---

20) 아우구스티누스, 『고백록』, XI, 23-27 참조.

21) 피에르 두엠에 의하면, 이 진영에 속한 앙글리쿠스(Robertus Anglicus) 같은 사람은 심지어 시간 측량의 기준이 되는 첫 하늘이 멈추면 떨어지던 돌도 떨어지기를 멈출 것이라고 주장했으며, 이러한 주장에 있어서는 당시의 아리스토텔레스주의자들도 동일한 입장을 취했다고 한다. 이에 대해서는 Pierre Duhem, *Medieval Cosmology: Theories of Infinity, Place, Time, Void, and the Plurality of Worlds*, University of Chicago Press, 1985, p.297 참조.

라서 태양이 멈추었는데도 싸움이 계속되는 것은 원칙적으로 불가능한 일이다. 그러므로 이들의 입장에서 이 기사는 은유이거나 허구적인 것에 불과한 것이다. 반면, 아우구스티누스는 이 기사가 실제 벌어진 일에 대한 기술이라는 전제에 따라 태양과 모든 별들이 운행을 멈추고 궤도에 섰지만 그래도 시간은 계속 지나간 것이라고 이해한다. 그러면서 그는 태양이 멈춘 뒤에도 '계속 지나간' 시간은 과연 무엇인가의 질문을 던진다. 만약 시간이 운동·변화에 귀속되는 무엇이라면 태양이 멈춘 뒤에도 시간이 계속 지나가는 것은 불가능하므로, 이때 지나간 시간이라는 것은 운동·변화에 속하는 것, 즉 객관적이거나 실체적인 시간일 수 없으며, 따라서 이 사건으로부터 아우구스티누스는 시간의 실재성 주장, 즉 시간이 정신 외부에 존재를 지닌다는 주장을 부인할 전거를 찾은 것이다.

아리스토텔레스와 아우구스티누스로 대표되는 이 두 입장은 결국 시간은 운동·변화에 속하는 것이므로 운동과 변화가 멈추면 자연히 시간도 멈출 수밖에 없다는 입장과, 시간은 영혼의 연장이므로 자연세계의 운동이나 변화와는 무관한 것이라는 것으로 정리될 수 있다. 그런데 토마스 아퀴나스는 『아리스토텔레스의 「자연학」 주석』에서 이 두 입장 모두가 각기 어려움을 포함하고 있다고 말한다. 만약 시간이 영혼 외부의 어떤 감각적 운동에 속하는 것이라면 그 운동을 지각하지 못하는 사람은 시간도 지각하지 못하게 될 것이지만, 실제는 그렇지 않다는 점을 지적한다. 반면에 시간이 영혼의 운동에 속하는 것이라면, 사물들은 오직 영혼의 중재에 의해서만 시간과 연관되게 될 것인데, 이럴 경우 시간 자체가 자연이나 실재에 속하는 것이 아니라 단지 영혼 속에 있는 형상(intention)에 불과한 것이 될 것이라고 지적한다.[22] 다시 말해 영혼이 없으면 시간도 없을 것이라는 극단

---

22) *In Phys.*, IV, lect. 17, n.573 참조.

적인 입장에 빠지게 된다는 것이다. 그렇다면 이런 어려움들을 토마스 아퀴나스는 어떻게 해결하는가?

4. 『명제집 주해』를 통해 본 토마스 아퀴나스의 시간 논의

이 질문에 대답하는 것이 바로 토마스 아퀴나스의 시간이해에 대한 본격적인 논의가 될 것이다. 하지만 기대와 달리 토마스 아퀴나스는 바로 이 질문에 대해 침묵한다. 시간 자체가 하나의 탐구의 대상이자 주제가 된 것은 둔스 스코투스가 가능적 시간(potential time)의 존재에 대한 가설을 세우기 시작하면서부터라고 보는 것이 타당할 것이다.[23] 다시 말해, 시간의 존재 자체가 운동·변화로부터 뿐 아니라 영혼의 존재로부터도 독립적인 그 무엇일 수 있다는 가설이 제기되면서부터 비로소 시간은 그 자체로서 하나의 독자적인 탐구대상이될 수 있었다. 오늘날처럼 시간의 문제가 독자적인 하나의 형이상학적 탐구의 주제로 설정되는 것 역시 은연중에 시간이 이처럼 독자적인 존재성을 지니는 것으로 상정되기 때문이라고 보인다. 시간이 운동이나 변화와 밀접한 관계에 있을지언정, 시간이 마치 균일한 어떤흐름이자 그 안에서 운동과 변화가 일어나는 하나의 장(field)인 것처럼 적어도 그 존재성이 운동과 변화에 앞서는 것으로 이해될 때, 비로소 시간 자체에 대한 탐구가 유효할 수 있을 것이기 때문이다. 하지만 토마스 아퀴나스에게 시간은 운동과 변화에 앞서는 것이 아니라 항상 그에 뒤따르는 그 무엇이며, 따라서 시간은 형이상학의 영역이라기보다는 자연학에서 다루어지는 주제로 이해되어야 마땅하다.

토마스 아퀴나스에게서 시간이 무엇인가의 물음은 항상 영원(eternity) 및 영속(eviternity)과의 차이에 대한 규명을 통해 드러난다. 이

---

23) Pierre Duhem, *Medieval Cosmology: Theories of Infinity, Place, Time, Void, and the Plurality of Worlds*, pp.295-299 참조.

러한 비교에서 토마스의 주된 관심은 시간에 대한 이해보다 오히려 영원에 대한 이해에 집중된다고 보인다.24) 게다가 토마스가 이처럼 영원과 영속 그리고 시간을 구별하기 위해 제시하는 논증들은 이들의 구별을 통해 이들 자체를 이해하기 위한 것이라기보다, 오히려 존재론적인 구별에 초점이 있다고 보이기까지 한다. 다시 말해 토마스 아퀴나스에게서 시간에 대한 논의는 '영원-영속-시간'의 구별이라는 관점에서 접근되는 존재론적 구별의 문제라고 할 수 있는 것이다. 신의 영원성을 다루면서 시간의 문제를 다루는 대표적인 텍스트 가운데 하나인『페트루스 롬바르두스의「명제집」주해』에 제시되어 있는 토마스의 논의를 통해 이 점을 좀 더 구체적으로 확인해 보자.25)

영원(eternity)과 영속(eviternity) 그리고 시간(time) 사이의 구별은 어쩌면 시간을 공간화하여 마치 시간의 크기 혹은 길이의 차이로 이해하는 것이 쉬울 수 있다.『명제집 주해』에서 토마스는 바로 이런 식의 견해를 소개하면서 시간에 대한 논의를 시작한다. '시간'은 시작과 끝이 있는 것이고, 영속은 시작은 있으되 끝이 없는 것이며, 영원은 시작도 끝도 없는 것을 의미한다는 것이다.

하지만 곧이어 그는 이런 식의 구별은 본질적인 구별일 수 없다고 말한다. 만약 '시간'에 속하는 어떤 것이 시작도 없고 끝도 없는 방식으로 영속하는 것이 된다 하더라도 바로 그 이유 때문에 그것이 '시간'에 속하는 것이기를 그치고 '영원'이 되는 것은 아니며, 마찬가지로 영속적인 어떤 것, 예를 들어 천사 같은 것이 영원 전부터 존재해 왔다 하더라도, 그 이유 때문에 영원에 속하는 존재가 되는 것은 아니기 때문이다. 그러므로 그는 단순히 시작과 끝의 유무에 의해서가 아니라 더 근본적이고 본질적인 차원에서 '영원-영속-시간'의 차이를 설명할 원리를 찾는다. 그러면서 그는 이 용어들이 모종의 '지속'과 관련된 용어들이며, 어떤 것이 '지속'하기 위해서는 그것이 가능적인 것이 아니라 현실적인 것이어

---

24) 이 점은 그나마 시간의 문제가 집중적으로 다루어지는『신학대전』1부 제10문 전체의 주제가 시간이 아니라 신의 영원성이라는 데서도 확인할 수 있다.

25) *In I Sent.*, d.19, q.2, a.1.

야 한다는 점에 주목한다. 그리고는 어떤 것이 현실태에 있을 수 있는 방식들을 구별한다.

현실태에 있다(esse in actu)는 것은 크게 두 가지 방식으로 나눌 수 있다. 하나는 완결되지 않은 현실태, 즉 앞으로 실현되어야 할 가능태와 섞여 있는 방식으로 현실태에 있는 것이다. 이 현실화가 바로 운동(motion)이다. 철학자가 말한 것처럼 운동이란 바로 이런 식[즉 가능성이 현실화되는 방식]으로 가능태 안에 있는 것이기 때문이다. 다른 하나는 가능태와 섞이지 않은 방식으로, 그러므로 그 어떤 완전성이 더해지는 것도 수용하지 않는 그런 방식으로 현실태에 있는 것이다. 이것은 변함없이 지속하는 현실성이다. 이런 현실태에 있게 되는 것은 다시금 두 가지 방식으로 일어난다. 하나는 그 '현실태에 있음(esse actu)' 자체가 다른 어떤 것에 의해서 주어지는 경우인데, 이런 식으로 존재하는 것은 그 현실태에 대해서 가능태에 있으며 그 완전성을 수용해야만 한다. 다른 하나는 그 '현실태에 있음'이 자기 자신에게서 비롯되는 것, 즉 그러한 현실화가 곧 자신의 본질인 것인데, 이러한 방식으로 존재하는 것은 바로 신의 존재방식, 즉 그 안에 그 어떤 현실태에 대한 가능태도 없는 그런 것이다.26)

이 인용문에서의 구별은 시간성의 구별이기보다는 존재의 구별, 특히 토마스 아퀴나스 존재이해의 근본원리인 가능태-현실태 원리에 의한 존재의 구별이다. 토마스 아퀴나스의 존재 형이상학의 가장 근본적인 특징이자 이해의 출발점은 그가 기존에 전승되어 오던 질료-형상의 복합구조를 이중 복합구조로 발전시킨다는 사실이다. 다시 말해 가능태-현실태의 관계에 있는 질료(materia)와 형상(forma)의 복합은 존재를 구성하는 복합이 아니라 본질 질서에서의 복합이며, 본질은 그 자체로서가 아니라 다시금 그에 대해 현실태에 있는 실존(esse)과 함께 존재를 구성하는 두 원리를 이룬다는 것이 토마스 아퀴나스 존재이해의 가장 기본적인 골격이다. 위 인용문에서 토마스 아퀴나스가 구별하고 있는 것이 바로 이 원리들에 따르는 존재의 구별인 것이다.

---

26) *In I Sent.*, d.19, q.2, a.1, c. [ ] 안의 구절은 필자가 추가한 것임.

인용문에서 처음 구별되는 것은 본질이 가능태-현실태의 복합으로 이루어진 것, 즉 물질적 실체들과, 본질이 그러한 복합으로 이루어지지 않은 것이다. 그리고 후자는 다시금 실존이 본질 외부에서 주어지는 것, 즉 천사와 같은 비물질적 실체들과, 실존이 곧 본질인 것, 즉 신으로 구별된다. 이런 용어로 정리하자면, 토마스는 위 인용문에서 본질이 복합으로 이루어진 물질적 실체에게 해당하는 존재의 현실태, 본질이 복합으로 이루어지지 않았으나 자신의 존재를 외부에 의존하는 비물질적 실체에 해당하는 존재의 현실태, 그리고 본질이 복합이 아닐 뿐 아니라 본질이 곧 실존이므로 본질-실존의 복합마저 말할 수 없는 신에게 해당하는 존재의 현실태를 구별하고 있는 것이다. 그러고 나서 토마스는 다음과 같이 덧붙인다.

> 그러므로 현실태는 세 가지다. 우선 아무런 가능태도 포함하지 않은 그런 종류의 것이 있는데, 그것은 신의 존재와 작용이다. 여기에는 영원이라는 척도가 적용된다. 다른 현실태는 가능태를 바탕으로 하지만, 그 가능태로부터 취할 수 있는 현실화가 모두 성취된 현실태인데, 여기에는 영속이 상응한다. 그리고 가능태를 바탕으로 하되 그것의 현실화는 순차적으로 완전성의 부가를 수용함으로써 성취되는 또 다른 현실태가 있다. 여기에는 시간이 상응한다.[27]

여기서 분명히 알 수 있는 것은 토마스가 존재와 작용 방식의 차이에 따라, 즉 지속의 주체가 지니는 현실성이 어떤 것인가에 따라 영원과 영속 그리고 시간을 구별한다는 점이다.[28] 그리고 '영원-영속-시간'의 차이는 '시간' 혹은 '지속'이라는 동일한 척도에 의해 측정된 서로 다른 측정 결과물이라기보다는 오히려 측정되는 것으로서의 '지

---

27) *In I Sent.*, d.19, q.2, a.1, c.

28) 지속의 주체의 차이의 관점에서 시간성을 구별하는 것에 대해서는 Henry J. Koren, *An Introduction to the Philosophy of Nature*, Duquesne University Press, 1962, p.120 참조.

속' 혹은 '지속되는 현실태'가 어떤 성질의 것이냐에 따라 구별되는 서로 다른 척도로 이해될 수 있다.

이 가운데 '시간'이라고 하는 척도는 자신의 존재에 있어서 의존적일 뿐 아니라, 일단 존재하게 된 이후에도 계속해서 자신 안에 있는 가능성을 현실화해 나아가야 하는 존재자들의 지속과 관련하여, 그들의 지속에 적용되는 척도를 의미한다. 다시 말해 시간이란 물질적 존재(material beings) — 그 본질이 가능태-현실태 관계에 있는 질료와 형상의 복합으로 이루어진 존재 — 들의 지속과 관련된다. 이러한 존재자들의 지속은 가능태에서 현실태로의 이행 혹은 가능성의 실현이라는 용어로 표현될 수 있는 완전성의 순차적 실현이라는 방식으로 이어진다. 이러한 가능성의 현실화 자체는 시간이 아니다. 그것은 운동 혹은 변화라고 하는, 존재세계에서 일어나는 존재론적 사태일 뿐이다. 하지만 그러한 변화 안에서 아직 나타나지 않았던 혹은 가능태에 있던 완전성이 새로이 실현되어 나타나고 등장하는 것을 바라보면서, 지속의 주체가 겪는 그러한 변화의 '이전과 이후'를 셈하고 헤아리는 것, 그리고 여러 '이전과 이후'들의 크기를 비교함으로써 길고 짧음을 생각하는 것에서 우리가 말하는 운동의 척도로서의 '시간'이라는 것이 성립한다.

그러므로 시간은 실재세계에 실제로 존재하는 어떤 사건 혹은 사태와 그것을 관찰하는 인간의 정신이 상호 연관됨으로써 성립한다. 토마스 아퀴나스는 시간의 이러한 이중적 성격을 염두에 두면서 다음과 같이 말한다.

마치 질료인이라도 되는 것처럼 시간을 구성하는 것은 운동 안에서 발견된다. 그것은 바로 이전과 이후다. 하지만 시간을 형상적으로 구성하는 것은 그것[즉 이전과 이후]를 헤아리는 영혼의 작용 안에서 완결된다.[29]

다시 말해 실재세계의 운동과 변화에서 발견되는 이전과 이후는 시간을 구성하는 질료와 같은 것으로서 시간의 필요조건인 반면, 그 질료적 조건이 갖추어진다는 것을 전제로 시간을 시간이게 하는 시간의 형상성은 그것을 인식하는 영혼에서 비롯된다는 것이다. 마치 육체가 없으면 인간이 아예 존재할 수 없지만, 존재하는 육체가 인간인 이유는 그것이 육체이기 때문이 아니라 다른 어떤 이유에서인 것처럼, 실재세계의 운동과 변화가 없으면 시간도 없지만, 그러한 운동과 변화가 있을 때 그것에서 '시간'을 말하게 하는 것은 그 변화에 담겨 있는 이전과 이후 자체가 아니라 그것을 셈하고 헤아리는 인간의 영혼이라는 것이다. 그러므로 운동과 변화가 없이는 시간이 있을 수 없고, 나아가 영혼이 없어도 시간은 있을 수 없다. 시간의 질료적 측면인 실재의 운동과 변화 및 그것의 실질적이고 연속적인 지속은 시간이 단순히 관념적인 것에 불과한 것이 아니라 실재성을 지니도록 하는 근거가 된다. 반면에 시간의 형상적 측면인 영혼 안의 척도로서의 시간은 오직 영혼 안에만 존재하는 논리적 존재에 불과하지만, 일상에서 막연하게 기대하는 것처럼 그 안에서 실재의 모든 운동과 변화를 측정할 수 있는 가상적이면서도 절대적인 장으로서의 시간 혹은 시간의 흐름으로 나타난다.[30]

이처럼 시간의 질료적 측면과 형상적 측면의 구별 및 통합을 통해 토마스 아퀴나스는 시간의 객관적 실재성과 주관적 관념성 사이의

---

29) *In I Sent.*, d.19, q.2, a.1. c: illud quod est de tempore quasi materiale, funda-
tur in motu, scilicet prius et posterius; quod autem est formale, completur in operatione animae numerantis.

30) 시간의 이 두 측면을 코렌은 각각 실재하는 시간(real time)과 절대적 혹은 가상적 시간(absolute or imaginary time)으로 구별한다. 이에 대해서는 Henry J. Koren, *An Introduction to the Philosophy of Nature*, pp.121-123 참조. 이 구별은 본문 3절 1)에서 논의된 지속으로서의 시간과 척도로서의 시간의 구별에도 상응한다.

갈등을 해소하고 화해를 시도한다. 시간의 존재는 실재세계의 운동·변화나 시간을 인식하는 정신과 영혼 가운데 어느 한쪽에만 의존하는 것이 아니라, 둘 중 어느 하나라도 결여되면 온전한 의미에서의 시간은 성립하지 않는다는 것을 원리적 측면에서 설명함으로써, 토마스 아퀴나스는 시간이해의 문제에서 대립적 입장들 사이의 심정적으로 유도된 절충을 도모하는 것이 아니라 원리적인 화해를 도모하는 것이다.

5. 토마스 아퀴나스에게 '시간'의 문제는 어떤 문제인가?

이러한 그의 시간이해를 그가 일반적으로 제기하고 탐구하는 대표적인 두 질문 유형, 즉 "그것은 무엇인가(quid et)?"의 본질 질문과 "그것은 존재하는가(an est)?"의 실존물음을 중심으로 정리해 보자.[31] 우선 시간이 무엇인가의 질문, 즉 시간의 본질에 대한 질문은 무엇이 시간을 시간이게 하는가의 질문이기도 하다. 이에 대해 토마스 아퀴나스는 적어도 두 관점에서 시간의 본질을 구성하는 원리들을 말하는 셈이다. 질료적으로 시간을 구성하는 것은 이전과 이후의 연속적 지속을 포함하는 실재세계의 운동·변화이고, 형상적으로 시간을 구성하는 것은 그 지속을 이전과 이후의 관점에서 인식하고 비교하는 영혼의 인식작용이다.

한편, 토마스 아퀴나스에게 "그것은 존재하는가?"의 질문은 그의 형이상학적 원리로 표현하자면 그것이 지닌 실존(esse)의 성격과 관련된 문제다. 즉 그것이 그 자체로서 자기 자신의 실존(suum esse)을 지님으로써 그 자체가 곧 존재와 활동의 주체인 것인지, 아니면 그

---

31) 질문의 유형에 대해서는 *In VII Meta.*, lect. 17, n.1651 참조. 그리고 사물이 이 두 유형의 질문을 통해 알려진다는 토마스의 논의에 대해서는 *In III Sent.*, d.23, q.1, a.2, c 참조.

자체만으로는 자신의 실존을 지닐 수 있는 것이 아니되 자신의 실존을 지니는 주체 전체의 부분인지, 아니면 그것이 지니는 실존이 자기 자신에게 고유한 실존이 아니라 다른 어떤 것에게 주체적이고 고유하게 속하는 실존을 의존적으로 분유하는 것인지 등의 문제인 것이다. 그러므로 시간이 존재하는가의 물음은 곧 시간이 그 자신의 고유한 실존의 소유자인가의 물음이며, 이에 대해 토마스 아퀴나스는 '그렇지 않다'고 대답하는 것이다. 즉 시간은 그 자체로서 실재세계를 구성하는 온전한 존재(ens completum), 즉 존재의 주체이거나 존재론적 단위체가 아니다. 시간 그 자체는 오직 정신 안에서만 존재하는 마음 안의 존재(ens rationis)이며, 그것이 지니는 정신적 실존(esse intentionale)은 사실상 그것을 자신의 정신 안에 지니는 인간 개개인의 실존에 대한 참여이자 분유일 뿐이다. 그럼에도 불구하고 시간은 단순히 실재와 무관한 상상적 관념에 불과한 것은 아니다. 시간의 이러한 존재성은 단순히 상상에 의하기 때문에 실재와 무관한 상상적 관념들의 존재성과는 달리 실재에 근거 ― 언급한 것처럼 이전과 이후를 포함하는 실재의 실제적인 연속적 지속이 바로 그 근거다 ― 한 것이자 실재에서 유래된 것이므로 실재와 연관된 것이다.

이런 식으로 "시간이 무엇인가?"를 모색하는 과정은 "시간이 아닌 것은 무엇인가?"의 질문과 연동되어 있다. 시간이 무엇인지를 말하기 위해 시간 아닌 것이 무엇인지를 밝히고 그와의 비교를 통해 시간에 대한 이해를 추구하는 것이다. 이 과정에서 시간은 영원 및 영속과의 비교를 통해 논의된다. 그리고 『명제집 주해』의 텍스트에서 확인할 수 있듯이 토마스 아퀴나스는 이들의 구별과 관계를 존재론적인 차원에서, 다시 말해 각각의 경우에 지속되는 주체의 존재방식이 다르다는 것을 지적함으로써 규명한다. 시간이 무엇인지를 확인하기 위한 과정에서 거쳐야 하는 '영원-영속-시간'의 구별과 이해는 결국 토마스 아퀴나스 형이상학의 핵심원리이기도 한 실존(esse)과의 관계를 통해서 해명되는 것이다.

그에게 시간의 문제는 단순히 시간이 무엇인지를 이해하는 문제가 아니라 존재의 문제다. 만약 우리가 '시간관'이라는 용어에 의해 묻고자 하는 것이 바로 '운동과 변화가 그 안에서 일어나는, 그렇기 때문에 운동과 변화를 측정하는 척도가 되는 어떤 균질적이고 지속적인 흐름'에 관한 것이라면, 이러한 시간은 토마스 아퀴나스에게는 '시간'이라는 용어가 적용되는 여러 외연들 가운데 하나인 절대적 시간 혹은 가상적 시간에 불과하며, 그것은 토마스 아퀴나스가 '시간'이라는 용어와 관련하여 주목되고 해명되어야 한다고 생각했던 주된 문제는 아니었다고 할 수 있다.

토마스 아퀴나스는 시간이 운동의 척도(mensura motus)라고 분명하게 그리고 반복적으로 말한다.[32] 하지만 이러한 규정은 시간이 '무엇인가'를 나타내는 것에 불과한 것이 아니라 시간이 적용되는 영역에 대한 한정이기도 하다는 점이 주목되어야 한다. 다시 말해 시간이 운동의 척도라는 것은 시간이 운동(motion)하는 것들에게만 적용되는 척도일 뿐, 운동이 없는 존재들에는 적용되지 않는다는 점이 부각되어야 하는 것이다. 실제로 토마스 아퀴나스 자신이 관심을 가졌던 것은 운동에 적용되는 척도인 시간이 아니라 운동이 없는 존재에 적용되는 척도인 영원이었다. 가변적인 물질적 존재들의 세계보다 그것의 창조자인 신에게 더 관심을 보였던 그에게는 어쩌면 당연한 것이다.

시간에 관한 토마스 아퀴나스의 언급들 가운데 시간 자체에 주목하게 하는 것처럼 보이는 문제이자 철학사에서 많이 회자된 문제가 바로 세상의 영원성에 대한 토마스 아퀴나스의 논증일 것이다. 하지만 이 문제를 통해 토마스 아퀴나스가 말하고자 하는 근본 가르침은 '창조되었다'는 것과 '시간적 시작이 있다'는 것은 이성적 관점에서

---

32) *ST*., I, q.10, a.4, c; ad 3.

볼 때는 서로 별개의 문제라는 것이다. '창조'는 존재론적 의존성을 내포할 뿐 시간적 시작까지도 내포하는 것은 아니라는 것이다. 존재가 의존적이라고 해서, 그러한 의존적 존재가 영원히 존재하는 것이 아니라는 것까지 이성적으로 정당화되는 것은 아니다. 창조를 인정한다 하더라도, 그로부터 이 세상의 시간적 시작 여부가 이성적으로 논증되는 것은 아니라는 다소 난해한 입장을 토마스 아퀴나스는 취하는 것이다. 이를 정당화하기 위해 토마스 아퀴나스는 '신에 의해 창조되었다(esse creatum a Deo)'는 것과 '시간적 시작을 갖지 않는다(non habere durationis principium)' 혹은 '영원히 있어 왔다(semper fuerit)'는 것이 서로 모순이 아님을 보여주려 한다.[33] 창조된 세상에 시간적 시작이 있다는 것, 즉 창조된 이 세상은 존재하지 않았던 때가 있었다는 것은 게시된 믿음을 통해 마땅히 수용되어야 하는 신앙의 진리이지만, 그렇다고 해서 그것이 이성적으로 논증되는 것은 아니라는 것이 그의 입장이다. 그러므로 이 문제를 다루기 위해 쓰인 그의 저작 『세상 영원성론(De aeternitate mundi)』은 '시간'을 소재로 할망정 시간에 대한 해명을 목적으로 하는 저작이라고는 할 수 없으며, 이 역시 시간과 영원에 얽힌 존재론적 문제를 다루는 저작이라고 할 수 있다.

정리해 보자. 토마스는 '시간'에 관한 새로운 이해를 제시하지는 않는다. 그렇다고 이전 사상가들의 시간이해를 차용하거나 절충하는 데 머무른다고 보기도 어렵다. 여느 경우에서와 마찬가지로 시간이해에 있어서도 토마스 아퀴나스의 독특성 혹은 고유성은 전승에 대한 부정과 폐기를 발판으로 하기보다는 오히려 전승된 것들을 존중하되 그들 사이의 가시적 및 잠재적 부조화를 직시하고 그것을 질서와 조화로 통합시키는 과정에서 발휘된다. 이 과정에서 그는 이전에 없던

---

33) 이 문제제기에 대해서는 *De aeternitate mundi, #3* 참조. 이 문제에 대한 논증은 *#6* 이하 참조.

새로움이 아니라 이전에 있어야만 했으나 있지 않았던 것을 있게 함으로써 나타나는 새로움, 다시 말해 전승으로부터 이탈하는 새로움이 아니라 전승이 요구하는 새로움이며 전승을 좀 더 온전하게 하는 새로움을 창출해 내고 있다. 그것이 현대사회의 시간에 관한 궁금증을 해소시켜 주기에 충분하지 않을 수 있다. 그리고 그 이유는 그의 견해 자체에 내재된 불충분성 때문일 수도 있다. 하지만 우리의 문제의식과 그의 문제의식이 일치하지 않기 때문에 일어나는 소통의 부재 때문일 수도 있다. 우리의 질문에 대한 그의 대답은 무엇인지도 들어 보아야 하겠지만, 그의 질문 자체가 무엇이었는지에 대해서도 열린 마음으로 귀 기울일 필요가 있다.

참고문헌

Aristotle, *The Complete Works of Aristotle*, 2 vols., J. Barnes ed., Princeton University Press, 1984.

Shanley, Brian J., "Eternity and Duration in Aquinas", *The Thomist* 61, 1997, pp.525-548.

Koren, Henry J., *An Introduction to the Philosophy of Nature*, Duquesne University Press, 1962.

Owens, Joseph, *An Elementary Christian Metaphysics*, Center for Thomistic Studies, 1963/1985.

Duhem, Pierre, *Medieval Cosmology: Theories of Infinity, Place, Time, Void, and the Plurality of Worlds*, University of Chicago Press, 1985.

Sorabji, Richard, *Time, Creation and the Continuum*, Cornell University Press, 1983.

Thomas Aquinas, *In Quattuor Libros Sententiarum*, Frommmann-Holzboog, 1980.

_____, *Summa Theologiae*, BAC. Madrid, 1947-1994.

_____, *Summa Contra Gentiles*, Marietti, 1934.

_____, *On the Eternity of the World*, trans. C. Vollert, L. Kenzierski, and P. M. Byrne, Milwaukee: Marquette University Press, 1964.

_____, *Quodlibetal Questions 1 and 2*, trans. Sandra Edwards, Pontifical Institute of Medieval Studies, 1983.

아우구스티누스, 『고백록』, 김광채 옮김, CLC, 2004.

소광희, 『시간의 철학적 성찰』, 문예출판사, 2001/2003.

움베르토 에코 · 에른스트 곰브리치 · 크리스틴 리핀콧 외, 『시간박물관』, 푸른숲, 2000.

스피노자의 시간관과 윤리학

이근세

1. 서론

스피노자의 철학은 죽음으로부터의 해방이 아니라 죽음의 불안으로부터의 해방을 제시하는 철학이다. 죽음의 불안에서 해방된다는 것은 죽음보다 근원적인 삶의 원리를 향유함으로써 죽음의 사유를 의미 없는 것으로 본다는 뜻이다. 삶의 궁극적 원리는 영원이다. 그러나 영원의 의미는 무엇인가? 영원의 향유는 사후의 지속을 의미하는가? 혹은 현재하는 지속 속의 경험을 말하는 것인가? 스피노자의 윤리학의 중심에는 시간성의 문제가 있다. 시간성은 스피노자가 코나투스(conatus)라고 명명하는 욕망주체의 윤리적 여정에서 다양한 의미를 가지고 나타난다. 이 논문은 스피노자의 윤리학을 시간성과 관련하여 고찰하고자 한다. 이를 위해 시간성과 윤리의 관계를 크게 세 부분으로 나누어 해명할 것이다. 첫 부분에서는 욕망주체가 시간적 이미지로부터 실재적 시간을 거쳐 영원의 단계로 이행하는 과정을 설명할 것이다. 두 번째 부분에서는 존재론적으로 획득된 영원의 관점에서 시간성이 지닌 윤리적 함의를 밝힐 것이다. 마지막 부분에서는 영원의 시각에서(sub specie aeternitatis) 윤리주체가 펼치는 행동 방식을 살펴봄으로써 스피노자 철학의 최종적 의미를 드러낼 것이다.

2. 영원

인간의 본질은 자신의 존재를 보존하려는 욕망이다. 이러한 존재보존 노력은 무한정한 지속을 지향한다. 그러나 현존 속의 욕망주체는 자신을 둘러싼 수많은 현존자들과의 다양한 관계 속에서 자신의 존재양상들을 이미지화함으로써 정념과 지속의 단절성을 경험하게 된다. 지속의 단절은 삶을 죽음의 불안으로 대체할 수 있으며 존재보존 노력은 불확실한 표지(標識)들을 이정표로 삼게 된다. 지속과 이미지의 관계는 무엇이며 지속의 단절은 어떤 방식으로 극복될 수 있는가? 그리고 지속의 복원을 토대로 욕망이 추구하는 시간성, 즉 영원의 의미는 무엇인가? 이 문제들을 차례로 고찰해 보자.

1) 지속과 시간

존재를 보존하고, 자신의 존재에 계속 머물러 완전한 자기 자신이 되는 것이 현존자의 유일한 규범이고 목표다. 현존자의 현재적 본질은 존재를 유지하려는 근원적인 노력 혹은 성향이다. 원초적 힘과 욕망이 개체의 행위들의 근본을 이룬다. 인간의 정신과 육체에 모두 적용되는 근원적 존재보존 노력이 스피노자가 코나투스(conatus)라 명명하는 인간의 본질이다.

각 개체는 자신의 현존의 끝을 표상하지 않으므로 무한정한 지속만을 자신의 시간성으로 인정한다.[1] 자신의 모든 부분들이 조화를 이

---

1) "지속은 현존의 무한정한 연속이다." 『에티카』, 2부, 정리 5, 3부, 정리 8과 9. 『에티카』를 인용할 경우 강영계의 번역과 Robert Misrahi의 불역 *Ethique*

루어 존재의 보존을 표현해 주는 듯한 상태가 지속에 대한 각 개체의 내적 경험을 구성한다.[2] 무한정하게 존재하기를 원하는 존재가 어떻게 어느 순간 존재하지 않기를 원하겠는가? 존재하지 않기를 원하는 것은 무분별하고 미치기를 원하는 것과 다름이 없는 일이다.[3] 일상의 부분적 혼란들은 내 존재의 가장 깊은 곳에 살아 있고 매순간 나를 재가동하며 더욱 큰 유용성으로 향하게 하는 근원적 욕망에 비추어 볼 때는 무에 불과한 것이다. 삶의 근원적 욕망은 현존의 무한정한 연속 혹은 영원이나 불멸을 희망하게 해준다.[4] 각 코나투스는 무엇에 의해서도 그 근저가 변질되거나 측정되거나 분할될 수 없는 힘으로서 현존을 지원하고 있다. 즉, 시간성을 비롯한 모든 윤리적 의미의 기준은 욕망주체의 자기보존 노력이다.

욕망 활동은 본질적으로 힘의 증진 혹은 더 큰 완전성의 획득, 즉 기쁨으로 향한다. 긍정적 감정만이 윤리 활동의 진전을 증거해 준다. 긍정적 감정에 기여하는 것은 기쁨의 원인, 선, 즉 사랑과 환대의 대

(Paris: PUF, 1990), Ch. Appuhn의 라틴어-불역 *Ethique*(Paris: Garnier, 1906) 를 기초로 필자의 번역을 사용했다. 스피노자의 다른 저작들을 참조할 경우는 R. Caillois, *Spinoza OEuvres complètes*(Paris: Gallimard, La Pléiade, 1954)를 이용했다. 『지성개선론』은 TRE, 『형이상학적 사유』는 CM, 『단논문』은 CT, 서한집은 '편지'라는 약어로 표기한다.

2) 쾌활(hilaritas)의 개념에 대해서는 『에티카』, 3부, 정리 11 주석, 4부 정리 42 와 44 주석. 이 개념의 세밀한 분석에 대해서는 Laurent Bove의 *La stratégie du conatus*, Paris: Vrin, 1996, pp.107-125.

3) 『에티카』, 4부, 정리 20 주석. "인간이 자신의 본성의 필연성을 통해 현존하지 않거나 형태를 바꾸려 노력한다는 것은 어떤 것이 무로부터 생겨난다고 하는 것과 마찬가지로 불가능한 일이다." "스피노자가 … 이성 자체를 의문시한 적은 결코 없었다. 그는 인간이 미치기를 원할 수는 없다는 것을 확실하게 경험했다." R. Caillois, *Spinoza OEuvres complètes*, Introduction, p.44.

4) 상상의 영역에서 영원성은 무한정한 지속이나 불멸과 혼동될 수 있다. 『에티카』, 5부, 정리 34 주석. "불멸성은 일종의 무한정한 지속과 동일시된 영원성의 부적합한 표상일 뿐이다." M. Bertrand, *Spinoza et l'imaginaire*, Paris: PUF, 1983, p.93.

상이며, 긍정적 감정에 장애가 되는 것은 슬픔의 원인, 악, 즉 증오와 배척의 대상이다.5) 달리 말하면, 엄격한 힘의 논리가 감정들, 그리고 감정상태와 관련된 대상들의 유일한 평가기준을 구성한다.

그러나 외부의 필요와 이로부터 오는 관념은 세계와 현존자 자신에 대한 확실성이 결여된 채 힘의 논리가 진행된다는 사실을 은폐하지 못한다. 각 개체는 세계를 마음대로 사용하기를 욕망하지만, 세계의 산출과 배치의 원인이 자신이 아니라는 사실을 부정할 수는 없으며, 세계의 정확한 의미에 대한 무지를 동반한 채 욕망을 전개하게 되는 것이다.6) 이러한 "운명의 두 얼굴"7)의 의미를 헤아려 보지 않고 욕망이 전개될 때 세계는 가능의 장이 된다. 윤리적 목적의 확실성은 수단으로서의 세계와 목적으로서의 자아가 최적의 관계를 가져야 한다는 희망이라는 시간적 감정으로 고착된다.

따라서 욕망은 외관과 암묵적 타협의 영역으로 선회하게 되며 다양한 표상들의 출현과 함께 욕망대상과의 등식을 매순간 경험하려는 충동에 휩싸이게 된다. 그러나 이러한 재촉의 공모자인 세계는 막대한 재료들을 전시하며, 이로부터 사물들과 사건들의 질서와 판단은 대부분의 경우 주관적 감정상태와 관련하여 임의적으로 이루어지게 된다. 물론, 주관적 감정상태가 최초의 지각들의 규칙성을 토대로 조직된다면 욕망주체의 삶은 혼란을 피할 수 있을 것이다.8) 그러나 욕망은 최대한의 실현을 위해 최대한의 다양성을 가진 최대한의 대상들과 관계를 맺으려 하기 마련이며, 임의적인 것일지라도, 선별이 없는 감정의 평가는 불가능하게 된다. 수많은 소여들 간의 우연적 결합과 다양한 이미지들의 체계 속에서 현존자는 즉각적이고 이질적인

---

5) 『에티카』, 3부, 정리 11-12, 정리 13 주석, 4부, 정리 19.
6) 『에티카』, 1부 부록.
7) 『에티카』, 2부, 정리 49 주석.
8) 『에티카』, 2부, 정리 44 주석.

지각들과 기계적인 연상에 따라 무한정하게 변화하며 확장되는 막대한 실재와 타협할 수밖에 없는 것이다. 이러한 상황에서, 감정적 안정성의 요청에 따라 현존의 통일성으로 간주되었던 지속은 이미지들의 우발적인 개입과 고착화된 규정들로 인해 분할을 겪게 된다. 이는 마치 아이가 어제 보았던 지각 순서로 오늘도 같은 순서의 지각들을 기대하다가 혼란을 겪는 것과 같다.[9] "경험이 많은 사람들은 사물을 미래나 과거의 것으로 고찰하는 동안에는 흔히 동요하며 그 사물의 결과에 대하여 빈번히 의심하기 때문에 그러한 이미지들로부터 생긴 감정들은 안정적이지 않으며, 사람들이 그 사물의 결과에 관하여 확실히 알 때까지는 보통 다른 이미지들에 의하여 혼란을 겪게 된다."[10]

달리 말하면, 지속의 규정은 주관적 필연성이 본래적 실재성을 대체하면서 각자에게 고유한 감정상태에 의존된다. 외부대상들과의 우발적 만남은 욕망주체와 욕망대상의 관계를 온전하게 알려 주지 못하기 때문이다. 따라서 욕망주체는 사물들의 질서에 대한 의혹과 함께 자신의 현존뿐 아니라 세계의 안정성과 연속성에 대해서 확실성을 가지지 못하게 되어 자신과 세계의 지속은 이해할 수 없는 것이 된다.[11] 즉, 현존자의 감정상태는 우연적이고 소멸 가능한 것으로 상상된 것과 관계하게 된다.[12] 이렇게 대상의 유한성이 주체를 짓누르는 상황에서는 개별적인 선들에 대한 성급하고 소유적이고 배타적인 욕망이 현존을 지배하기 마련이며, 개별적인 선들은 영원한 소유의 희망 대상이 되거나 영원한 상실의 불안 대상이 된다. 이러한 상상과 착란은 상대 속에서 절대를 보려는 모순된 욕망으로 귀결되며, 역시 성급하고 소유적이고 배타적인 주체들과의 끊임없는 분쟁으로 다양

---

9) 『에티카』, 2부, 정리 44 주석.
10) 『에티카』, 3부, 정리 18 주석 1.
11) 『에티카』, 2부, 정리 30-31.
12) 『에티카』, 2부, 정리 31 보충.

한 고통을 낳게 된다.13) 즉, 희망과 불안이라는 시간적 감정상태로부터 수많은 이미지들과 감정들의 우발적이고 기계적인 연결이 이루어지는 것이다.

　욕망의 우회로 인해 지속의 통일성이 고착화된 시간적 이미지들의 지평으로 분산되고 나면, 이러한 이미지들은 그 우발성을 통해 때로는 한꺼번에 나타나고, 때로는 계속된 욕망 활동을 타고 부분적으로, 그러나 이미 촉발된 감정 체계에 연결되어 더 확장된 무질서와 함께 나타난다. 물론, 기쁨의 원인을 획득하려는 성향은 언제나 작동하고 있기 때문에 욕망주체는 많은 기호들을 자신의 목적을 위한 전조로서 상상할 것이며, 불안의 요소 없이 목적에 도달할 희망을 품게 된다.14) 그러나 이러한 충동적인 평가로 인해 세계의 의미와 욕망 활동 사이의 간극은 심화될 뿐이다. 그리고 근거 없이 배제된 불안은 다시 나타나기 마련이다. 대부분의 경우, 희망은 불안에 섞여 실망이 되거나 불안은 희망에 섞여 절망이 되곤 한다. 사실, 시간적 이미지와 관련된 이 두 감정은 본성적으로 영혼의 동요(fluctuatio animi)인 것이다. "불안 없는 희망도, 희망 없는 불안도 없다."15) 이렇게 불확실한 감정들로 인해 각 욕망주체는 갈피를 잡지 못하는 상황에 처하는 경우가 빈번한 것이다. "각각의 인간은 자신의 감정상태를 근거로 모든 것을 조절하며, 갈등적 감정상태에 사로잡힌 사람은 자신이 무엇을 욕구하는지를 알지 못하며, 아무런 감정상태에도 매여 있지 않은 사람은 하찮은 것에 의해서도 쉽사리 이리저리 흔들린다."16)

---

13) TRE, 9절. "우리는 사랑하지 않는 대상 때문에 다투는 일은 결코 없다. 그것이 소멸해도 전혀 슬픔이 없으며, 다른 이가 그것을 소유해도 질투, 불안, 증오, 한마디로 아무런 동요도 없다." 당연히 정념의 영역에서는 정반대의 상황이 벌어진다.

14) 『에티카』, 2부, 정리 25, 3부, 정리 50 주석.

15) 『에티카』, 3부, 정리 18 주석 2.

16) 『에티카』, 3부, 정리 2 주석.

감각적 쾌락, 그리고 부와 명예의 과도한 추구 등 가장 자극적인 이미지들을 통해 수동적 감정상태를 탈피하려고 시도할 경우 결국 찾아오는 것은 심화된 영혼의 동요다. 감각적 쾌락은 무한정하게 지속되기는커녕 본성적으로 간헐적인 것이다. 따라서 감각적 쾌락에서 절대를 찾으려는 시도는 후회, 싫증, 불쾌감, 육체적 마모 등을 가져올 뿐이다. 마찬가지로, 부와 명예의 지나친 추구는 수동적 욕망을 개인적 차원을 넘어서 사회적 차원으로 이끌고 간다. 술책, 과소평가, 과대평가, 거짓 겸손, 오만, 질투, 불안, 업신여김, 조롱 등 수많은 감정들이 서로 연결됨으로써 모호하고 불가해한 사슬을 형성하게 된다. 여기에 인간이 자신의 행위들이 자유롭다고 여기는 데서 오는 후회와 같은 폭력적인 감정도 덧붙여야 할 것이다.17) 또한 불행한 자들을 찾아다니며 충고함으로써 자신의 불행을 위로하려는 거짓 겸손과 오만으로 점철된 감정들의 연쇄를 겪는 경우도 있겠다. 이 모든 경우는 일종의 "정신착란"18) 상태로서 "극도의 위험" 혹은 "죽음의 병"이라고 할 수 있을 것이다.19) 유한한 개별적 선들의 정념적 추구로 목숨을 잃은 사람들의 예는 수없이 많지 않은가?20) 결국, 삶의 표지였던 지속은 다양한 이미지들로 분할되고 고착화되어 "마모와 죽음의 원리"21)로 나타날 수 있다. 즉, 무한정한 지속이 유한한 시간성으로 대체되어 죽음의 불안이 정념의 삶을 지배한다.

---

17) 『에티카』, 3부, 정리 51 주석.

18) 『에티카』, 4부, 정리 44 주석.

19) TRE, 7절. 스피노자는 『에티카』에서 감각적 쾌락, 부, 명예와 관련된 감정들을 "향락욕, 음주욕, 정욕, 탐욕, 명예욕"으로 보고, 그것들을 "향락, 음주, 부와 명예에 대한 지나친 사랑이나 욕망"으로 이해한다. 3부, 정리 56 주석.

20) TRE, 8절.

21) S. Zac, *Durée et histoire in Philosophie, théologie, politique dans l'oeuvre de Spinoza*, Paris: Vrin, 1979, p.181.

2) 영원성의 노출

그러나 코나투스는 자신을 구성하고 재작동하며 일말의 기쁨이라
도 포착하려는 근원적 힘을 포기하기보다는 지속으로의 회귀를 실현
할 수 있다.[22] 일종의 "장례 절차"[23]를 행함으로써 시각의 전환을 실
행할 수 있는 것이다. 달리 말하면, 여러 사건들에서 비이성적 욕망
을 통해서는 볼 수 없었던 자연적이고 필연적인 성격을 인정함으로
써 정념과 주관적 체제의 수동적 충동을 제어해야 한다.[24] 이러한 완
화의 시도로 코나투스는 균열된 이미지들을 다시 접합시켜 감으로써
현존을 쇄신할 수 있다. 이러한 해방과 통일의 절차는 이성의 개화로
귀결된다. 다양한 사건들의 우발적 영향 아래 나타나는 규정들과 거
리를 두면서 그것들을 이성적 반성의 재료로서 동화할 수 있는 것이
다.[25]

---

22) 스피노자의 철학에서 경험의 중요성을 읽을 수 있는 부분이다. 빅토르 델보스
(Victor Delbos)는 이미 존재보존 노력이 경험 속에서 스스로 자신을 되찾아
나가는 측면을 "내재성의 이론이 엄격하게 적용된 것"이라고 지적했다. *Le
problème moral dans la philosophie de Spinoza et dans l'histoire du spino-
zisme*, Paris: F. Alcan, 1893(réimpression avec une introduction d'A.
Matheron, PUPS, 1990), pp.134-135, p.209. 질 들뢰즈(Gilles Deleuze) 역시
같은 차원에서 "기쁜 정념들 속의 유효한 유도 원리" 등을 말하며 경험의 중
요성을 강조한다. *Spinoza et le problème de l'expression*, Paris: Les Editions
de Minuit, 1968, p.267. 알렉상드르 마테롱(Alexandre Matheron)도 '새로운
질서'로 들어가기 위한 '경험적 조건들'을 말하며 유사한 논의를 펼친다.
Individu et communauté chez Spinoza, Paris: Les Editions de Minuit, 1969,
pp.224-225, p.253. 최근에 이르러 피에르 마슈레(Pierre Macherey)도 '지각 활
동들'의 역할을 강조하면서 상상과 이성의 연속성을 말한다. *Introduction à
l'Ethique de Spinoza - La deuxième partie - La réalité mentale*, Paris: PUF,
1997, p.293.
23) Jean-Marie Vaysse, *L'inconscient des modernes, Essai sur l'origine méta-
physique de la psychanalyse*, Paris: Editions Gallimard, 1999, p.67.
24) 『에티카』, 5부, 정리 6 주석.
25) 『에티카』, 2부, 정리 29 주석.

이러한 치료 작업 동안 이미지들은 상대화되어 반성의 제어 아래 놓이게 된다. 감정의 차원에서 볼 때, 이러한 중화 작업은 응고되어 배타적으로 높은 강도를 보였던 수동적 감정들을 완화하는 단계다. 정념의 영역에서는 몇몇 개별적 대상들에 의해 강한 강도를 지녔던 감정의 수동적 요소가 부분적으로 감소되거나 혹은 전적으로 사라지는 것이다.26) 즉, 정념적 사건의 필연적이고 자연적인 성격이 반성의 재료가 되면서 그 유해성은 줄어들기 시작하는 것이다. 이제 현존자는 정념적 사건을 여러 원인들의 체계와 관계시킴으로써 적합해져 가는 사유들의 망과 자연적 점착성으로 자신을 농축하는 동시에 확장하게 된다. 간단히 말하면, 불변적이고 공통적인 특성들, 즉 자연적 필연성에 따른 사물들의 논리적 연쇄는 정신의 명석판명한 영역을 확장시키며 동시에 정신으로 하여금 감정의 수동성을 덜 겪게 해주는 이중의 역할을 수행한다. "정신은 모든 것이 필연적이라는 것을 이해한다. 따라서 모든 것이 원인의 무한한 연쇄에 의하여 현존하고 작용하도록 규정되어 있음을 이해함으로써, 이러한 필연적인 것들에서 생기는 감정들 앞에서 덜 수동적이 되며 그것들에 의해 덜 영향을 받는 것이다."27)

감정상태의 격정적인 흐름이 일관성과 통일성으로 수렴되어 가는 이유들을 통해 조절됨에 따라 정신은 이러한 이유들을 감정의 새로운 원인들로 발전시킴으로써 정념(patio)을 능동적 행동(actio)으로 변형시킬 수 있다. 해방과 변화의 운동은 감정과 인식의 차원에서 동시에 그리고 시너지 효과를 발휘하면서 진행되는 것이다. "우리가 핵심적으로 해야 할 일은 각 감정을 가능한 한 명석판명하게 인식함으로써, 정신이 감정 안에서 지각하는 것을 바로 그 감정에 의해서 명석판명하게 사유하고 이로부터 전폭적인 만족을 찾도록 하는 것이다."28)

---

26) 『에티카』, 3부, 정리 48 증명, 5부, 정리 6.
27) 『에티카』, 5부, 정리 6 증명.

이제 힘의 논리는 정념의 역학과 반대 방향으로 나아간다. 정념의 영역에서는 감정의 강도가 개별적 대상들의 우연적이고 배타적인 특성에 따라 규정되어 그 대상들의 우발적 출현에 정신상태가 동요되었던 반면, 이성의 영역에서는 우발적 이미지들에 안정적 이미지들을 대립시키고 점차적으로 동화시킴으로써[29] 이해 가능하고 실재적인 다수의 원인들의 수렴을 통해 감정상태를 규정할 수 있다. 정념의 영역에서 감정의 원인은 대상의 불안정적인 측면, 즉 그 우연성에 따라 규정되었던 반면, 이성의 영역에서는 다수의 안정적인 원인들의 체계를 통해 감정의 강도가 강화되는 것이다.[30] "정신이 동시에 여러 대상들을 생각할 수 있도록 하는 감정은 다른 대상을 전혀 생각할 수 없을 정도로 단지 하나 또는 소수의 대상만을 생각하도록 구속하는 똑같이 강한 감정보다 해가 적다."[31]

시간적 이미지들의 임의적 질서로 분산된 지속은 필연적이고 불변적이어서 감정의 안정성을 산출하는 원인들의 현전을 통해 실재성을 되찾게 된다. 안정적인 감정은 지속의 실재적 표현으로서 이제부터 기쁨의 역학이 전개될 새로운 출발점을 제공하는 것이다. "이성에서 생긴 감정은 필연적으로 사물의 공통된 성질에 관계되며, 우리는 이 공통된 성질을 항상 현존하는 것으로 생각하고(왜냐하면 그러한 것의 현재적 현존을 배제하는 것은 아무것도 있을 수 없기 때문에), 또한 우리는 이것을 언제나 똑같은 방식으로 상상한다. 그러므로 이러한

---

28) 『에티카』, 5부, 정리 4 주석.

29) 『에티카』, 5부, 정리 7 증명.

30) 『에티카』, 5부, 정리 8-9.

31) 『에티카』, 5부, 정리 9 증명. 쾌활(hilaritas)의 감정과 간지러움(titillatio)의 감정 간의 대립이 드러나는 부분이다. "우리들이 날마다 사로잡히는 감정은 신체의 어떤 부분이 나머지 부분보다 많이 자극받는 데 관계하며, 따라서 그러한 감정은 지나치게 되면 정신으로 하여금 오직 한 대상의 고찰에만 머물게 함으로써 정신이 다른 것을 사고할 수 없게 한다." 4부, 정리 44 주석. TRE, 3-5절도 볼 것.

감정은 언제나 동일한 것으로 남는다. 따라서 이러한 감정에 대립되고 자신의 외적 원인으로 지탱하지 못하는 감정은 점차로 그러한 감정에 일치하여 결국 그것과 더 이상 대립되지 않는 데까지 가지 않을 수 없으며, 또한 그러한 한에서 이성에서 생기는 감정이 한층 더 강하다."[32]

이렇게 감정상태의 안정성, 즉 지속에 의해 지원된 코나투스는 단절되고 혼란한 이미지들을 자기화할 시간을 얻게 되며, 이로부터 반성된 이미지들을 원인으로 하는 긍정적 감정들의 견고한 체계를 형성하게 된다.[33] "왜냐하면 지성의 참된 질서에 따라서 정돈되고 연결된 감정들을 억제하는 데는 불확실하고 희미한 감정들을 억제할 때보다 더 큰 힘이 요구되기 때문이다."[34] 모호하고 단절된 원인들은 판명하고 전체적인 원인들에게 자리를 내줄 수밖에 없으며, 이로부터 감정상태는 판명하고 전체적인 원인들을 동화함으로써 점차적으로 명확해진다. 결국, 코나투스의 정신-생리적 체계는 점점 더 명확해지며 지속은 감정상태를 구성하는 요소들의 안정성으로 인해 견고하게 되는 것이다.

이제 코나투스는 간지러움(titillatio)의 논리에 다시 빠져서 정념적이고 축소적인 감정으로 사유력을 잃지도 않는다. 오히려 코나투스의 정신은 끊임없이 늘어가는 불변적 이미지들이 서로 결합하여 하나로 통일되어 가는 것을 경험한다.[35] 결국, 코나투스는 "육체의 모든 변용들 즉 대상들의 모든 이미지들"을 모든 존재들에 공통적인 유일한 관념, 즉 그것 없이는 아무것도 존재할 수 없고 생각할 수도 없는 신의 관념에 관계시킬 수 있다.[36] 이로부터 "영원하고 불변적인 대상을

---

32) 『에티카』, 5부, 정리 7 증명.
33) 『에티카』, 5부, 정리 10과 증명.
34) 『에티카』, 5부, 정리 10 주석.
35) 『에티카』, 5부, 정리 11-13.

향한 사랑(amor erga rem immutabilem et aeternam)"37)이 생겨난다. 이러한 대상은 자신의 완전성을 줄이지도 늘리지도 않으며 감각적 변덕들을 떠올리는 모든 특성과 전적으로 분리된 존재다.38) "신은 정념과 아무런 관련이 없다(Deus expers est passionum)."39) 신은 원초적 감정들(기쁨과 슬픔)에 의한 그 어떠한 변용의 대상도 아니기 때문에 당연히 파생적 감정들(사랑과 증오)이나 혼합적 감정들을 겪지 않는다. 그리고 코나투스는 신의 속성을 자신의 근원적 원인으로 갖는 개별적 현존인바, 자신의 관념을 신의 영원하고 무한한 관념과 점점 더 내밀한 관계를 맺는 것으로 간주할 수 있다.40) 그러나 신은 정념과 무관하므로 신에 대한 인간의 사랑은 상호적인 것이 아니며 갈등적인 감정도 함축하지 않는다. "명석판명한 인식은 불변하며 영원한 것에 대한, 우리가 진실로 소유할 수 있는 것에 대한 사랑을 생기게 한다. 그러므로 이 사랑은 보통 사랑 안에 존재하는 결점에 의해서 더럽혀지지 않고 언제나 점점 더 커질 수 있으며, 정신의 가장 큰 부분을 점유하여 깊이 감화시킬 수 있다."41)

이렇게 코나투스는 가변적이고 시간적인 대상들에 대한 정념적 사랑에서 해방되면서 해방 절차의 결정적 단계인 "불변하며 영원한 것에 대한 사랑"을 경험하는 것이다. 그리고 이러한 사랑의 대상이 지닌 변질 불가능한 특성으로 인해 이에 대한 사랑 역시 같은 특성을 가지게 된다. 이로부터 지속은 회복될 뿐 아니라 "필연적 현존을 포

---

36) 『에티카』, 5부, 정리 14.

37) 『에티카』, 5부, 정리 20 주석, 정리 15 증명.

38) 『에티카』, 5부, 정리 17, 20.

39) 『에티카』, 5부, 정리 17. 비인격신을 원리로 하는 스피노자의 존재론은 별도로 논의해야 할 핵심적 주제이다. 필자의 졸고 「스피노자 철학의 존재론 기초」를 볼 것. 『대동철학』 제27집, 대동철학회, pp.141-166.

40) 『에티카』, 2부, 정리 45.

41) 『에티카』, 5부, 정리 20 주석.

함하고 있는 한에 있어서 신의 본질 자체"[42]인 영원성을 향한 발판
이 되는 것이다. 모든 것이 본래적으로 보편적 필연성에 의해 규정되
었고 이러한 세계관을 정념의 설명에 적용하여 코나투스는 노출된
영원성을 접하게 되었다. 과연 코나투스는 영원하고 불변하는 대상과
더욱 내밀한 관계에 들어감으로써 자신의 존재의 기지 자체를 발견
하고 자신의 영원성을 획득할 것인가?

3) 코나투스의 영원성

  그러나 영원성은 존재론이 의거하고 있는 원리, 그 본질이 현존을
포함하는 원리, 즉 자기원인, 실체, 간단히 말해, 신에게만 속해 있는
것 같다. 스피노자의 존재론은 절대적으로 무한한 실체인 신의 개념
을 토대로 구축된다. 이러한 절대적인 무한성은 신의 본질이 무한히
많은 무한한 속성들에 의해 표현된다는 것을 의미한다. 절대적 긍정
인 신은 자기원인으로서 그 본질이 현존을 포함하는 자기 동일적 존
재다. 현존과 본질이 동일한 존재는 신뿐이며 이러한 동일성이 영원
성의 표식이다. 영원성이란 "현존 자체가 단지 영원한 것의 정의로부
터 필연적으로 도출된다고 생각하는 한에 있어서 그 현존 자체"[43]인
바, 신의 본성, 즉 신의 정의 자체로부터 신은 현존한다는 사실이 도
출된다.[44] 신 안에서의 본질과 현존의 절대적 동일성을 표현하는 것
이 바로 영원성이며,[45] 신의 본질과 현존은 영원한 진리다.[46] "실제
로 이러한 현존은 현존하는 것의 본질과 마찬가지로 영원한 진리로

---

42) 『에티카』, 5부, 정리 30 증명.
43) 『에티카』, 1부, 정의 8.
44) 『에티카』, 1부, 정리 19 증명.
45) 『에티카』, 1부, 정리 20 증명.
46) 『에티카』, 1부, 정리 19의 주석, 정리 20, 보충 1.

서 생각되기 때문에, 시작과 끝이 없는 지속을 생각한다고 할지라도 지속이나 시간을 통해서는 설명될 수 없는 것이다."47)

이렇게 본질과 현존의 동일성인 영원성은 인간에게 속하지 않은 것으로 보인다. 인간의 현존은 외적 필연성 혹은 현존의 인과성에 의해서만 현재화될 수 있기 때문이다. 실제로, 현존의 인과성에 따르면, 본질의 현존으로의 현재화는 "이미 현재화된 다른 유한 양태들에 의해 생겨난 맥락"48) 속에서만 실현된다. 물론, 이러한 점이 개별적 현존 혹은 현존하는 유한 양태가 신의 인과성의 관계에서 단절되었다는 의미는 아니다. "존재하는 모든 것은 신 안에 존재하며 신에 의존되어 있어서 신 없이는 존재할 수도 없고 생각할 수도 없기 때문이다."49) 그러나 지속 속에 현존하고 있는 한, 각 개체는 모든 현존들이 따르는 무한정한 인과성을 따를 수밖에 없다. "모든 개물 또는 유한하고 일정한 현존을 소유하는 각각의 사물은, 마찬가지로 유한하고 특정한 현존을 소유하는 다른 원인에 의하여 현존과 작용으로 결정되지 않는다면 현존할 수도 작용하도록 결정될 수도 없다. 이 원인도 또한 마찬가지로 유한하며 특정한 현존을 소유하는 다른 원인에 의하여 현존과 작용으로 결정되지 않으면 현존할 수도 작용하도록 결정될 수도 없다. 이처럼 무한하게 진행된다."50)

무한한, 혹은 좀 더 정확히 말하자면, 무한정한 연쇄에서는 각 현존자는 인간을 비롯하여 다른 모든 현존자들과의 끝없는 관계 속에 있다. 이러한 무한정한 연쇄에서는 삶과 죽음을 보장해 주는 것은 아무것도 없다. 유용한 만남들이 있을 수 있는 것처럼 지극히 유해한

---

47) 『에티카』, 1부, 정의 8 해명.
48) Alexandre Matheron, *Remarques sur l'immortalité de l'âme chez Spinoza*, in *Etudes philosophiques*, 1972, n.3, pp.369-378, p.370; repris dans *Anthropologie et politique au XVIIe siècle*.
49) 『에티카』, 1부, 정리 28 주석.
50) 『에티카』, 1부, 정리 28.

만남들이 있을 수도 있다. 여기서는 개체를 좌지우지하는 것은 즉각적이고 외적인 필연성이다. 각 존재의 지속은 수많은 관계 속에 있는 그의 부분들의 조합과 해체에 의존되어 있다. 그리고 일반적으로 이러한 조합과 해체가 삶과 죽음으로 여겨진다. 현존자로서의 인간은 결국에는 죽음을 맞이하지 않겠는가?

지속에 의해 육체의 부분들이 손상과 파괴를 겪게 됨에 따라 그들 간의 운동과 정지의 균형이 깨진다는 것, 육체가 해체되어서 식별할 수도 없는 가루들로 분산된다는 것, 한마디로 말해서, 죽음이 어느 날 우리를 방문한다는 것, 이것은 받아들이자. 이는 논쟁의 대상이 아니다. 그러나 죽음은 육체뿐 아니라 정신에도 찾아오는 것이다. 정신은 육체의 관념인바, 육체와 함께, 그리고 모든 기억들, 육체의 현존과 육체적 변용과 관련된 모든 역사들과 함께 사라질 것이다. 달리 말하면, "정신은 육체가 지속하는 동안 외에는 어떤 것도 상상할 수 없으며, 과거의 그 어떤 것도 기억할 수 없다."[51]

그러나 죽음의 의미를 이해하려면 변용(affectio)의 학을 형이상학과 관련시켜 고찰해야 한다. 실제로, 한 개별적 존재가 현존한다는 것 혹은 지속한다는 것은 그 존재에게 영향을 주고 또한 영향을 받는 외부원인들과 끊임없는 관계를 가진다는 것을 의미한다. 이러한 존재 양태는 정신이 육체의 현존을 표상하는 방식, 즉 정신이 다른 물체들이나 육체들과의 변용 관계들 속에 자신의 육체의 현존을 함축적으로 포함하는 관념들로 구성되는 방식으로 나타난다. 이는 육체의 현존 자체, 즉 "현존의 본성 자체"[52]에 따라 육체를 인식하는 것이 아니다. 실제로, 개별적 정신은 육체의 관념이고 육체는 외부와 무한정한 관계를 맺고 있기 때문에, 정신이 육체를 현재 현존하는 것으로 생각하는 것은 상상을 통해서이다. 즉, 정신은 우연적이고 기계적인

---

51) 『에티카』, 5부, 정리 21.
52) 『에티카』, 2부, 정리 45 주석.

지각과 기억의 연쇄가 이루어지는 외부와의 무한정한 관계들에 육체의 이미지들을 연관시키게 된다.[53] 그런데 한 개인의 변용 관계들은 그 어떤 개별적 존재의 지속도 정확히 규정될 수 없는 현존의 인과성에 의해 지배받는 것이다. 따라서 우리 자신의 육체도, 외부 대상들도 정확히 규정된 지속을 통해 측정될 수 없다.[54] 달리 말하면, 일정한 한도 내에서 개인의 현존은 필연적이지 않고 우연적이며, 그의 현존의 지속은 "자연의 일반 질서와 존재들의 구조"[55]에 의존한다. 상상, 연상, 환각 작용들이 일어날 수 있는 곳이 바로 무한정한 지속에 다름 아닌 우연적 질서인 것이다. 그리고 인간 정신이 어떤 종류의 것이 되었든 간에 무엇을 상상하거나, 그의 현존을 시간으로 규정하거나, 즉 자신에게 "시간에 의해 규정될 수 있는 지속"[56]을 귀속시킬 힘이 있다면, 이는 정신이 "육체의 현재적 현존을 함축적으로 포함하고 있을 때"[57]뿐이다. 달리 말하면, 육체가 파괴될 경우, 육체의 관념인 정신도 역시 파괴되는 것이다. 이는 결국 인간은 죽음과 지속에 대해 부적합한 인식만을 가지고 있음에도 불구하고 죽음을 선고받았다는 것을 인정하는 것이 아닌가? 인간은 인식하지 못하는 것에 대한 불안의 포로가 된단 말인가?

그러나 이미 살펴본 것처럼, 욕망주체는 우발적인 이미지들에 의한 지속의 분할로부터 벗어나서 가지적인 법칙들의 질서 속에 자신의 현존을 확립함으로써 분할 가능한 지속을 감정적 안정성으로부터 오

---

53) 기억은 다음과 같이 정의된다: "실제로 기억은 인간의 육체의 외부에 있는 대상들의 본성을 함축적으로 포함하는 관념들의 일정한 연쇄일 뿐이며, 이러한 연쇄는 인간의 육체의 변용들의 질서와 연쇄에 따라 정신 속에서 이루어진다." 『에티카』, 2부, 정리 18 주석.

54) 『에티카』, 2부, 정리 30-31.

55) 『에티카』, 2부, 정리 30 증명.

56) 『에티카』, 5부, 정리 23 증명.

57) 『에티카』, 5부, 정리 23 주석, 정리 21 증명, 정리 23 증명.

는 통일적 지속으로 변형시킬 수 있다. 감정적 안정성이 실재성의 기준인바, 현존에 대한 반성은 지속의 감정에 의거하여 정념의 완화와 이성적 치료를 가능케 한다. 더 나아가, 현존이 실재적 감정상태를 낳게 하는 항구적 법칙들을 통해 조직됨에 따라, 인간은 현존의 궁극적 진리를 탐구하여 죽음의 불안에 맞서 존재론적으로 자신을 정립할 수 있다. 이를 위해서는 현존을 "일정한 양의 형태로"[58] 추상적으로 생각하지 않고 그 본성 자체를 찾음으로써 현존의 최종적 이유를 제시해야 한다. 그렇다고 해서 마치 육체가 끝없이 현존할 수 있는 듯이 육체의 무한한 지속을 희망하자는 것은 아니다. 그보다는 육체를 존재론적 원리에 비추어 보아야 한다. 물론, 그 출현부터 소멸까지 육체의 현존은 외부와의 관계에 의해 조건지어져 있으며, 이러한 관계는 극도의 다양성과 유동성을 가지고 있는 무한정한 연쇄여서 그 끝을 생각할 수 없는 것이다. 그러나 이러한 무한정한 현존의 소용돌이를 구성하는 요소들이 존재론적 원리와 거리를 두고 있는 것처럼 보이는 것은 사실이지만, 결국, 근원적 진리를 통해 이 요소들을 인식하기 위해서는 그것들을 개별적인 양태들로서 가능하게 한 원리와의 관계를 생각해야 한다. 모든 존재자들은 그들 안에서 개별적으로 표현되고 있는 그들의 전체 속에서만 존재한다. "개물(res particulares)은 단지 신의 속성의 변용 혹은 신의 속성을 특정한 방식으로 표현하는 양태에 지나지 않는다."[59]

달리 말하면, 각 개별적 존재는 그 의미를 결정적으로 파악할 수 없는 수많은 방식으로 다른 현존자들에 의해 현존하고 작용하도록 결정되어 있다고 하더라도, 존재론적 관점에서 자신을 무한한 전체에 속한 한 부분으로 파악할 수 있다. 즉, 절대적 산출 행위에 의해 신으로부터 유래하는 무한히 많은 양태들 중 한 양태로서 자신을 생각할

---

58) 『에티카』, 2부, 정리 45 주석.
59) 『에티카』, 1부 정리 25 보충.

수 있는 것이다.[60] 각 존재는 신의 절대적 산출물인 한, 신 안에 존재하는 본질을 가지고 있으며, 이러한 본질은 어떤 한정된 시간 동안이나 심지어는 무한정한 지속 속에 존재하는 것이 아니라, 영원을 통해 신 안에 필연적으로 포함되어 있는 것이다. 이러한 이유로 또한 현재 현존하지 않는 것의 진리도 생각할 수가 있는 것이다. 양태의 본질은 그것이 현존으로 현재화되건 그렇지 않건 간에 그 산출 원인 속에 포함된 것으로서 선험적으로 생각될 수 있기 때문이다.[61]

그렇지만 이미 지적한 것처럼, 파괴되지 않는 육체의 존속을 꿈꿔서는 안 된다. 육체의 삶을 유지해 주는 운동의 전달 관계는 어느 날 와해될 것이며 따라서 외부와 관련된 개체로서의 육체도 사라질 것이다. 그러나 동일한 육체를 다른 시각에서 보아야 한다. 즉, 정신은 육체를 연장(res extensa)[62]과 관련한 본질로 고찰함으로써 자기 자신을 육체의 본질의 관념으로서 고찰하는 것이다. 실제로, 연장의 개별적 변용으로서의 육체의 존재에 대한 관념, 즉 존재의 생성 원인의 결과에 대한 관념은 신의 본질뿐 아니라 신의 본질에서 유래하는 만물을 표현하는 무한한 관념의 한 부분으로서 신 안에 존재해야 한

---

60) 『에티카』, 1부, 정리 16. 양태들에 대한 전체적 산출과 관련된 이 정리로부터 스피노자는 개물들이 본질뿐 아니라 현존의 차원에서도 절대적으로 신에게 의존되어 있다는 것을 연역한다. "개물들의 본질과 현존은 신의 본성으로부터 나오는 것이다. 한마디로 말하자면, 신이 자기원인이라고 말하는 것은 신이 만물의 원인이라고 말하는 의미와 같은 것이다." 1부, 정리 25 주석.

61) 『에티카』, 1부, 정리 8 주석 2, 2부, 정리 8 보충. 이러한 관점에서 스피노자의 존재론 체계에서 개체의 윤회 가능성을 볼 수 있다.

62) 사실, '연장(延長)'이라는 번역어는 스피노자 철학에서 나타나는 'res extensa' 개념과 일치하지 않는다. 특히, 데카르트적인 연장의 의미, 즉 크기, 모양, 운동의 개념을 스피노자는 속성이 아니라 신의 결과인 양태의 차원에서 보기 때문이다. 그러나 일반적 용례를 따라서 '연장'이라는 용어를 택했다. 다만, 각 철학에서 다르게 사용되는 용어는 그 의미에 맞게 번역되어야 할 것이다. 스피노자가 말하는 'res extensa'는 만물의 원리를 이루는 신의 속성이며, 크기, 길이, 넓이 등 양(量)을 함축하는 용어인 연장과 부합하지 않는 질(質)이기 때문에 '물질(物質)'이라는 번역어가 사실 적합하다고 필자는 생각한다.

다.63) 기본적으로 명백한 사실은 자연에는 실체와 실체의 속성들, 그리고 속성들의 변용들만이 존재한다는 것이다. 따라서 속성들은 존재론적 인식의 유일한 대상들이다. 모든 것이 속성들 안에 있기 때문에 모든 것을 속성들을 통해서 인식하는 것은 "신의 속성들과 그 변용들만을 이해하는"64) 유한지성이나 무한지성에게 속한 활동이다.

이러한 존재-윤리학적 맥락에서 코나투스는 현존의 인과성보다는 현존의 인과성의 본질적 함의에 천착해야 한다. 즉, 우연적 성격의 영향 요소인 외부 사물들, 혹은 시간적 이미지에 의해 분할될 수 있는 지속과의 관계가 아니라, 존재의 원리와의 직접적인 관계 속에서 자기 자신을 파악해야 한다. 그런데 개념을 형성하는 것은 사유 행위다. 즉, 정신은 육체의 본질적 진리를 외적으로 보지 않고 육체의 진리와 자신을 동일시함으로써 정신 자신의 존재를 규정해야 한다.

실제로, 육체의 본질적 존재를 파악한다는 것은 자연의 절대적 원리와의 내밀한 관계 속에서 육체를 보는 것이다. 달리 말하면, 지속이나 시간에 의해 한정되지 않는 생산성으로서의 신 안에서 육체를 보는 것이다. 본질의 관점에서 볼 때, 신은 모든 개물들을 한 번에 모두 산출한다. 물론, 만물이 현재화되기 위해서는 일정한 현존 조건들이 자연의 일반적 질서와 일치해야 하며, 이렇게 개별적 존재들이 현존에 이르렀을 경우 그것들의 관념은 신의 속성에 포함되어 있는 본질과 "그것을 통해 개물들이 지속한다."65)고 말할 수 있는 현존을 내포한다. 따라서 육체의 현존에 대한 사유는 그 현존의 조건들에 대한 사유들과 분리될 수 없는바, 육체의 본질 자체에 속하는 것을 구별하여 육체의 본질의 관념, 즉 "신의 무한한 관념이 존재하는 한에서"66)

---

63) 『에티카』, 5부, 정리 22 증명, 2부 정리 3.
64) 『에티카』, 2부, 정리 4 증명, 1부 정리 30.
65) 『에티카』, 2부, 정리 8 보충.
66) 『에티카』, 2부, 정리 8 보충.

존재하는 관념을 식별해 내야 한다. 육체가 신 안에 포함되어 있는 모습 그대로, 즉 "영원의 시각 아래서"[67] 육체의 본질을 표현하는 관념은 육체의 현존과 함께 소멸할 수가 없는 것이다. 이러한 관념은 육체를 현존하게 하는 조건들과 함께 육체를 표현하는 것이 아니라, "일정한 영원의 필연성"[68]을 통해 신에 의해 신 안에 산출된 개별적 존재로 육체를 표현하기 때문이다. 그리고 이러한 필연성의 인식은 신의 인식에 의존하는 것이다.[69] 따라서 육체의 본질에 대한 관념은 무한지성의 영원한 한 부분으로 존재하는 어떤 것으로서, 이를 통해 정신은 육체의 본질을 영원의 관점 아래 파악함으로써 자기 자신을 파악할 수 있는 것이다. 그러나 정신의 영원한 관념이 정신의 모든 본질을 구성하는 것은 아니다. 현존하는 육체와 마찬가지로 정신도 파괴될 수밖에 없기 때문이다. 달리 말하면, 육체의 현존을 표현하는 관념은 현존적 조건들이 멈추자마자 소멸할 것이다. 정신의 본질에 속하는 것으로서 육체의 본질을 표현하는 관념은 정신이 지닌 독특한 활동이며, 이를 통해 정신은 자신을 영원의 시각으로 표현한다: "영원의 시각에서 육체의 본질을 표현하는 이 관념은 정신의 본질에 속하면서(pertinet) 필연적으로 영원한 특수한 사유 양태다."[70]

---

67) 샹탈 자케(Chantal Jaquet)는 'sub specie aeternitatis'를 '영원의 시각 아래서 (sous un regard d'éternité)'로 번역하자고 제안한다. *Sub specie aeternitatis*, Paris: Editions Kimé, 1997, p.115.

68) 『에티카』, 5부, 정리 22 증명.

69) 『에티카』, 5부, 정리 22 증명, 1부 공리 4.

70) 『에티카』, 5부 정리 23 주석. 이 정리의 증명에서 스피노자는 이 관념을 "정신의 본질에 속하는 영원한 어떤 것"으로 또한 지시하고 있다. 베르나르 루세 (Bernard Rousset)는 영원한 것으로 제시된 것은 육체의 본질에 대한 관념이라는 점을 강조한다: "영원성은 육체의 본질의 관념에 주어진 것이지, 육체의 관념이나 본질에 주어진 것이 아니다. 따라서 영원한 것으로 정립된 것은 육체의 본질도, 정신의 본질도 아니며, 더구나 육체의 본질로서의 정신도 아니다." *La perspective finale de l'Ethique et le problème de la cohérence du spinozisme*, Paris: Vrin, 1968, p.32.

정신의 본질에 속하는 영원한 관념의 정확한 본성은 무엇인가? 물론, 정신은 육체의 관념이기 때문에[71] 정신의 본질은 인식에 있다. 그러나 이 영원한 관념은 유한한 정신에게는 필연적으로 단절되고 부적합한 인식일 수밖에 없는 육체의 현존에 관한 인식이 아니다. 이러한 인식은 육체와 다른 물체들의 모든 함의를 정확히 드러낼 수 없는 인식이기 때문이다. 여기서 말하는 인식은 육체의 본질 자체에 대한 인식으로서, 신이 다른 관념들과 무관하게 인간 정신에 대해 가지고 있는 관념인 한에 있어서[72] 필연적으로 적합한 인식이다. 달리 말하면, 육체의 본질을 표현하는 영원한 관념은 신의 무한지성의 한 부분, 즉 유한지성이다. 유한지성의 기능은 모든 것을 "일정한 시간과 장소"와 관련시켜서, 혹은 지속의 시각이 아니라, 영원의 시각 아래서, 즉 사물들을 신 안에서 참되고 실재적인 것으로 사유함으로써 "그들의 관념들이 신의 영원하고 무한한 본질을 포함하는"[73] 방식으로 이해하는 데에 있다. 육체와 정신 자신을 영원의 시각에서(sub specie aeternitatis) 본래적으로 이해하는 것이 바로 지성(intellectus)의 행위 자체다.

이런 식으로 인간은 정신의 존재를 영원 속에서 획득하는 것이다. 그 어떠한 부정도 그 어떠한 정념도 이 영원한 부분을 침해할 수 없다. 영원은 지속에 의해서도 시간에 의해서도 헤아릴 수 있는 것이 아니기 때문이다. 영원은 죽음을 모르며 삶만을 아는 것이다. 영원에 진입한 인간은 상상과 정념과 죽음의 불안의 주체에게 죽는 것은 '나'가 아니라 '너'라고 선언할 수 있다. 영원한 존재로서의 지성은 그 양이 얼마이든 간에, 인식하지 못하는 대상에 대한 희망과 불안의 기제인 상상보다 완전한 것이기 때문이다. 지성은 "우리 자신의 최상

---

71) 『에티카』, 5부, 정리 38 증명.
72) 『에티카』, 2부, 정리 11 보충.
73) 『에티카』, 5부, 정리 29 주석.

의 부분"74)이며 혹은 "우리가 능동적일 수 있는 유일한 부분"75)이다. 지성은 삶만을 인정하는 것으로서 지성이 삶과 갖는 관계는 지성이 자기 자신과 갖는 관계와 동일한 본성의 것이다. 삶, 능동적 행동, 존재는 이해하는 것이다(intelligegre).

3. 지성적 코나투스

코나투스의 여정 끝에 변질 불가능한 정체성으로서 영원한 지성이 발견되었다. 이러한 발생학적 맥락에서 지성적 존재는 영원한 존재의 다른 말이라고 하겠다. 즉, 인간은 지성적 코나투스로 드러나는 것이다. 그런데 영원성은 실체 없이는 생각할 수 없는 것이므로, 사물들을 실체적 근원과 관계시킴으로써 존재론적 진리로 파악하는 것은 지성에 고유하게 속한 것이다. 달리 말하면, 코나투스의 수동적인 활동뿐 아니라 능동적인 모든 활동의 의미가 실재적으로 조명될 수 있는 것은 지성의 빛을 통해서이다. 즉, 시간과 지속의 의미 또한 영원성을 통해 존재론적으로 정확하게 밝혀질 수 있는 것이다. 이제 우리는 영원성의 발견과 함께 준비된 발생학적 관점에서 코나투스의 활동을 세 유형으로 분류하고 그 의미를 살펴볼 수 있다.

1) 은폐된 지성

현존의 순수 연속성으로서의 지속의 관념이 정념 속에서 시간적 이미지들의 고착화로 인해 분할되었다면, 이는 지성적 코나투스가 이러한 이미지들에 의해 자신의 지성이 가려져 정신의 존재로 밝혀지지 않았으며 따라서 그 구성요소들의 분할과 외적 특징들에 의해 자

---

74) 『에티카』, 4부, 부록 32장.
75) 『에티카』, 5부, 정리 40 보충.

아가 은폐되었기 때문이라는 것을 알 수 있다. 성급하고 게으른 추상활동으로 인해 마치 시간이 실재의 척도인 것처럼 지속을 대체하게 된 것이다. 사실, 지속 자체가 영원에 의해 우선적으로 설명되어야 함에도 말이다. 지속을 양화하기 위한 보조물인 시간(tempus)이 실재로 옹립되어 실재의 척도인 영원성과 지속의 존재론적 관계의 진리가 은폐되었던 것이다. 시간과 지속의 혼동, 그리고 지속과 영원의 혼동, 양태와 실체의 혼동이 코나투스를 정념으로 이끄는 것이다. "실체, 영원성 등 오로지 지성을 통해서만 파악할 수 있고 그 어떤 방식으로도 상상을 통해서는 파악할 수 없는 것들이 많이 있는바, 이러한 개념들을 상상의 보조물들에 불과한 시간, 측정단위 등의 개념들로 설명하려는 것은 그야말로 상상을 통해 당찮은 소리를 하는 것이다. 심지어 실체의 양태들도 이성의 존재들이나 상상의 보조물들과 혼동할 경우 올바르게 인식될 수 없다. 실제로 이러한 혼동을 하게 되면, 우리는 양태들을 실체와 분리시키며 또한 그것들이 영원으로부터 산출되는 방식과 분리시킴으로써 양태들을 제대로 인식할 수 있도록 해주는 것을 무시하게 된다."[76]

사물들의 존재론적 이해를 통해 이러한 혼동을 치료할 수 있는 것은 지성뿐이므로, 상상에 이끌린 코나투스는 은폐된 지성이라고 특징지을 수 있겠다.[77] 실제로, 코나투스는 지속에 대한 무한정한 느낌을 가지자마자 지속이 마치 파편적인 시간적 이미지들로 구성된 것처럼 지속을 이러한 이미지들로 분할했다.[78] 인간의 정신상태는 삶의 희망

---

76) 편지 12. 편지에 대한 체계적 설명에 대해서는 M. Gueroult, *Spinoza, Dieu* (*Ethique 1*), Paris: Aubier-Montaigne, 1968, pp.500-528.

77) 기쁜 감정의 궁극적 기초인 지성이 이렇게 은폐되었다는 사실은 지성이 정념에서도 완전히 부재한 것은 아니라는 사실을 말해 준다. 알렉상드르 마테롱 (*Individu et communauté chez Spinoza*, p.590)과 후에 피에르 프랑수아 모로 (P.-F. Moreau, "Métaphysique de la gloire", in *Revue philosophique*, n.1, 1994, pp.55-64)도 이러한 점을 강조한다.

과 죽음의 불안으로 얽히고설킨 이미지 체계에 종속됨으로써 끊임없이 영혼의 동요를 겪게 된 것이다.

그러나 육체의 본질에 대해 신이 갖는 관념 혹은 관념적 코나투스의 영원한 존재로서 존재론적으로 밝혀진 지성은 지속의 이러한 현상화의 이유를 설명할 수 있다. 지속의 현상화라는 덫을 피할 수 있는 유일한 길은 영원성을 통해 지속을 설명하고 지속의 불가분성을 드러내고 시간적 이미지를 비실재로 혹은 이성의 존재[79]로 규정하는 것이다. 이를 위해서는 실체 개념의 진리, 즉 본질과 현존의 동일성으로서의 영원성을 잊어서는 안 된다. "실체의 본질에는 현존이 속한다. 즉 오로지 실체의 본질 혹은 정의로부터 실체의 현존이 도출된다."[80] 영원성은 "우리로 하여금 신의 무한한 현존을 생각하게 하는 속성"[81]이다. 따라서 실체를 양태들과 혼동하는 것은 지성에게 금지된 일이므로 실체에 지속을 귀속시켜서는 안 된다. 만일 신 안에 먼저와 나중이 있거나, 하루가 지날 때마다 신의 현존에 지속이 더해진다거나, 간단히 말해 신 안에 채워 넣어야 할 간극이 있다고 생각하는 것[82]은 곧바로 신의 참된 개념을 파괴하는 것이며,[83] 지성이 지성이 아니라고 하는 것이다. 신에게 지속을 귀속시킬 경우 우리는 신

---

78) 편지 12. 지속의 개념이 지닌 의미와 진화에 대해서는 샹탈 자케의 명료한 저작을 볼 것(Chantal Jaquet, *Sub specie aeternitatis*, Paris: Editions Kimé, 1997). 저자는 편지 12가 지속이 부분들로 구성되어 있다고 보는 『형이상학적 사유』를 넘어서 『에티카』로 가는 징검다리 역할을 한다고 본다(pp.145-165). 같은 문제를 다루고 있는 저작으로는 Yannis Prelorentzos, *Temps, durée et éternité dans les Principes de la philosophie de Descartes de Spinoza*, Paris: Presses de l'Université de Paris-Sorbonne, 1996.

79) 실재에 대상을 갖지 않는 관념을 말한다.

80) 편지 12. 이러한 긍정은 스피노자의 전 저작에서 나타나는 것이다.

81) CM, I, chap.4.

82) 편지 12.

83) CM, II, chap.1.

안에서의 본질과 현존의 동일성을 망각하는 선결명제의 오류를 범하는 것일 뿐이다.84)

달리 말하면, 지속은 양태들에게만, 즉 그 본질이 "현존을 결코 포함할 수 없는" 혹은 "가능성으로서의 현존만을 포함하는"85) 존재들에게만 속할 수 있는 것이다. 좀 더 정확히 말하자면, 지속은 양태들의 현존에만 속할 수 있으며 본질에는 속할 수 없는 것이다. 양태들의 본질은 신의 본질에 즉각적으로 포함되고 산출된 것으로 지속하는 것이 아니기 때문이다. 지속은 "창조된 사물들이 그들이 현재 가지고 있는 현존을 보존하는 한에 있어서 우리로 하여금 창조된 사물들의 현존을 생각하게 하는 속성이다."86) 그러나 이러한 점이 함축하는 사실은 지속 혹은 현존87)은 신에 의해서만 부여될 수 있다는 것이다. "신은 사물이 존재하기 시작하는 것에 대한 원인일 뿐만 아니라 사물이 존재에 머무는 것에 대한 원인이기도 하다. 또는 (스콜라 철학의 용어를 사용한다면) 신은 사물의 존재 원인(causa essendi rerum)이다. 왜냐하면 사물이 현존하든 현존하지 않든 간에 우리는 사물의 본질에 주목하는 순간 그것이 현존도 지속도 포함하지 않는다는 것을 발견하기 때문이다. 그러므로 사물의 본질은 사물의 현존의 원인도, 지속의 원인도 될 수 없고, 오직 현존하는 것이 그 본성에 속하는 신만이 그것의 원인이 될 수 있다."88)

이제는 어떤 방식으로 지속이 "영원한 것들로부터 유래"89)하는지

---

84) CM, II, chap.1.
85) CM, I, chap.4. 『에티카』, 1부, 정리 24: "신에 의해 산출된 것들의 본질은 현존을 포함하지 않는다."
86) CM, I, chap.4.
87) 스피노자는 지속과 현존을 동일시하고 있다. "어떤 사물의 지속과 전체적 현존 사이에는 이성의 구분밖에 없다. 한 사물의 지속에서 무엇인가를 삭제한다면 그것은 이 사물의 현존에서도 필연적으로 삭제된다." CM, I, chap.4, II, chap.1.
88) 『에티카』, 1부, 정리 24 보충.

가 문제다. 지속이 양태들의 현존과 동일시된바 어떻게 양태가 현존 속에 현재화되는지를 알아보아야 한다. 코나투스의 영원성을 말하면서 우리는 답을 암시했다. 물론 유한 양태의 본질은 신 안에 영원성으로서 존재하지만, 유한 양태의 현존은 이미 현재화된 다른 현존자들, 즉 다른 유한 양태들을 요청한다. 그리고 이 모든 유한 양태들이 무한정하게 서로가 서로에게 영향을 주고 관계를 맺으면서 현존의 인과체계를 형성하는 것이다.[90] 실제로, 유한하고 일정한 현존은 신의 절대적 본성에 의해 산출될 수 없다. 이 경우 유한한 현존도 역시 무한하고 영원해야 할 것이기 때문이다. 또한 유한한 현존은 무한하고 영원한 신적 변용에 의해 산출될 수도 없다. 이 경우도 역시 유한한 현존은 무한하고 영원해야 할 것이기 때문이다. 유한한 현존은 따라서 "일정한 현존을 소유하는 유한한 양태적 변용"에 의해 산출될 수밖에 없다. "다음으로 이 원인이나 이 양태도 마찬가지로 유한하며 일정한 현존을 소유하는 다른 원인으로 결정되지 않으면 안 된다. 그리고 후자도 다시금 다른 원인으로 결정되며, 이처럼 언제나 무한하게 진행한다."[91] 인간의 현존은 모든 것이 원인이고 동시에 결과인 시작도 끝도 없는 무한정한 인과성에서 나타나는 신적 유한화의 결과인 것이다.[92] 그리고 이러한 현존의 인과성이 바로 순수 연속성 혹은 "현존의 무한정한 연속",[93] 즉 지속의 기지인 것이다. 결국, 지속

---

89) 편지 12. 자케가 지적하는 것처럼, 편지 12는 지속의 산출과 관련된 인과성의 문제에 답을 주지 않는다. Chantal Jaquet, *Sub specie aeternitatis*, p.165.

90) 『에티카』, 1부, 정리 28.

91) 『에티카』, 1부, 정리 28 증명.

92) 이 점에 대해 피에르 마슈레는 다음과 같이 지적한다: "어떤 것이 되었든지 간에 한 사물이나 사건에 대해 끝을 통한 설명이라는 엄격한 의미의 설명을 하려는 것은 전적으로 헛된 일이다. 이러한 설명은 그 사물이나 사건을 따로 떼어놓거나, 그것들의 정해진 자리가 있는 필연적 질서로부터 그것들을 뽑아내는 것이기 때문이다." Pierre Macherey *Introduction à l'Ethique de Spinoza. La première partie: la nature des choses*, p.181.

과 영원의 관계는 유한 양태와 실체의 관계와 같은 본성의 것이다. 유한 양태가 근원적으로 실체에 의해 현존을 획득하는 것처럼, 지속은 영원에 의해 삶을 유지할 수 있는 것이다. 영원성은 신의 영원성이며, 신의 영원성은 "삶의 영원성"[94]인 것이다. 그리고 신은 지속에 항구적인 지원을 하고 있기 때문에[95], 신과 관련한 지속은 단절이 없는 실재적 질서에 속해 있는 것이다.

그러나 지속이 역설적인 특성을 가지고 있다는 것은 인정해야 한다. 코나투스를 "운명의 두 얼굴"[96]에 직면하게 하는 것이 바로 지속인 것이다. 존재론적 원리와의 관계 속에서 사물들을 파악하는 이에게는 지속이 그 어떠한 단절도, 즉 시작도 끝도 없는 순수 연속성이라는 것이 사실이다. 그러나 다양한 관계들, 연상들이 이미지들과 함께 쇄도하는 이 유한자들의 무한한 연쇄에서는 각자의 필요에 따라 상황적 판단들이 쉽사리 형성된다. 예를 들어, 단지 창문을 연 행위가 방 안에 들어온 빛의 산출 원인이라고 쉽게 생각할 수 있다.[97] 바로 이러한 세계의 얼굴 속에서 코나투스는 주관적인 표지들을 만들어 내고 자기만의 세계를 형성한 것이다. 지속과 영원의 의미를 모르고서 이들의 본성과 관계에 대해 깊은 성찰을 하기보다는 시간적 이미지들로 그것들을 대체함으로써 불가해한 정념의 세계에 빠져드는 것이다. 이는 은폐된 지성의 코나투스에게는 피할 수 없는 운명이다.

이제 영원과 지속, 그리고 양자의 관계가 지성을 통해 명확해진바,

---

93) 『에티카』, 2부, 정의 5.

94) S. Zac, *L'idée de vie dans la philosophie de Spinoza*, Paris: PUF, 1963, p. 160. 이 저작에 의거하며 그리말디는 다음과 같이 말한다: "스피노자에 따르면, 삶은 사물들에게 지속을 부여하는 것이지, 지속하는 것이 아니다. 삶은 신이다. 삶은 영원성 자체다. 따라서 영원성은 지속의 삶이다. 지속은 영원성으로 인해 삶을 갖는다." N. Grimaldi, *Le désir et le temps*, Paris: PUF, p.301.

95) CM, II, chap.11.

96) 『에티카』, 2부, 정리 49 주석.

97) CT, 두 번째 대화, 12절.

시간의 의미도 정확히 파악할 수 있다. "지속을 규정하기 위해 우리는 변화 없는 일정한 운동을 하는 것들의 지속과 비교를 한다. 이러한 비교가 시간이라 불린다. 따라서 시간은 사물들의 변용이 아니라, 단순한 사유 양태이거나 혹은 이성의 존재다. 시간은 지속을 설명하는 데 쓰이는 사유 양태다."[98] 이러한 인식은 경험적 유용성을 근거로 형성되는 다양한 기호들에 의거하는 데에 문제가 있다. 이러한 기호들을 존재의 척도로 간주하는 것은 일종의 지성적 금욕을 하는 것보다 쉬운 일이기 때문에 대부분의 사람들은 기호들을 실재로 생각하는 것이다. 그리고 자기 자신을 자신의 모든 행위들의 자유로운 원인으로 간주함으로써 과거가 현재의 원인이고 현재가 미래의 원인이라고 생각하게 되는 것이다.[99] 이러한 추상적이고 피상적인 절차는 유한과 무한의 혼동과 심지어는 무한의 부정을 낳음으로써[100] 코나투스를 모든 존재의 근원인 실체와 실체를 파악할 수 있는 유일한 부분인 지성과 분리시키게 된다. 특히, 구체적 윤리를 구성하는 감정상태와 관련하여 지속의 본성에 대한 무지는 유해한 결과들을 첨예하게 드러낸다. 심지어 지성도 사물들의 지속에 대해 결정적인 인식을 갖지 못하고[101] 전체적 테두리만을 인식한다는 것을 모르는 상상의 주체는 시간적 가치들의 불확실성의 포로가 되는 것이다. 선과 악의 참된 인식에서 온 긍정적 감정상태도 마치 현재 눈앞에서 더 상위의 가치를 표현하는 듯한 우발적 이미지들의 고착화로 인해 약화되곤

---

98) CM, I, chap.4. "우리들이 시간을 상상한다는 것은 아무도 의심하지 않는다. 즉 우리는 어떤 물체가 다른 물체에 비하여 더 느리게 또는 더 빠르게 또는 같은 속도로 운동한다고 상상함으로써 시간을 상상한다." 2부, 정리 44 주석. 편지 12에서부터 『에티카』까지 지속의 가분성이 명백하게 상상과 관계된다.

99) 편지 12.

100) 편지 12.

101) 『에티카』, 2부, 정리 30-31. "만일 사람들이 자연 질서 전체를 명확하게 인식한다면 만물을 수학에서 다루는 것들처럼 필연적인 것으로 생각할 것이다." CM, II, chap.9.

한다.102) "나는 최상의 것을 보고 그것에 동의한다. 그리고 최악을 행한다."103)

수많은 동요가 끊임없이 깊은 상흔을 남기는 이러한 상황이 지성을 적절하게 적용하지 못하는 코나투스의 현존을 특징짓는다. 실체와 양태의 관계, 영원과 지속의 관계에 대한 인식을 결여하고, "감각"과 "지성이 인정할 수 있는 질서를 결여한 단절되고 혼란한" 표상들, 실재에 대상을 갖지 않는 (시간, 수, 측정단위, 말 등의) "기호들", 그리고 기억과 연상의 기계적 연결에 천착하는 것, 즉 상상하는 것이 바로 정념의 현존을 지배하는 "제1종지"의 삶이다.104)

2) 함축적 지성

지성적 활동(intellectio)을 통해 윤리주체는 영원성과 지속의 관계, 그리고 지속과 시간의 관계를 규명할 수 있다는 사실이 제시되었다. 지속의 이미지화로 인한 지성의 은폐가 코나투스를 삶의 희망과 죽음의 불안 사이의 동요에 빠지게 함으로써 정념의 혼란 상태로 이끈 것이라고 말할 수 있다. 그러나 이제 우리는 지속으로의 회귀와 현존의 존재론적 규정의 의미를 알고 있다. 그리고 이로부터 나타나는 감정상태의 정점은 신을 향한 사랑(amor erga Deum)이다. 하지만 감정적 안정성을 경험하는 것과, 감정적 안정성의 존재론적 원인이 무엇인지 아는 것은 다른 문제다. 달리 말하면, 내가 지성적 행위를 하고 있다는 것과 내가 지성적 행위의 존재론적 주체라는 것을 아는 것은 다른 문제인 것이다.105) 존재론적 주체가 무한하고 영원한 지성의 영

---

102) 『에티카』, 4부, 정리 16-17, 정리 62 주석.
103) 『에티카』, 4부, 정리 17 주석.
104) 『에티카』, 2부, 정리 40, 주석 2.
105) 『에티카』, 5부, 정리 41 증명.

원한 한 부분으로서 발생학적으로 밝혀진바, 이제 코나투스의 이성적 활동들이 영원한 지성과 갖는 관계, 그리고 이성적 활동들의 시간성을 규정해야 한다.

실제로, 지속으로의 회귀는 갈등적 사건들 속에서도 드러나는 필연성에 대한 의식을 기초로 이루어진다. 코나투스는 자연의 규칙성에 동의함으로써 현존의 의미를 확립하기 위한 새로운 출발점을 지정할 수 있다.[106] 외부성에 대한 지나친 집착에서 내적 삶으로 이행하게 되는 것이다. 실제로, 우리는 다양한 소여들을 반성적으로 고찰함으로써 그들의 "유사성, 차이 그리고 대립"[107]을 생각할 수 있다. 즉, 주관적 경향성의 압력하에 기계적 평가들을 내리기보다는 사물들의 흐름을 다양한 원인체계에 관계시킬 시간을 가짐으로써 감정상태의 원인들을 상대화하고 그 유해성을 약화시킬 수 있는 것이다.[108] 그리고 이로부터 바로 이성적 도구들이 의식의 표면에 드러나게 되는 것이다. 그런데 엄밀한 의미에서의 존재론적 혹은 발생학적 관점에서 볼 때, 모든 슬픔의 약화, 심지어 우연적인 것일지라도 모든 기쁨, 간단히 말해 모든 능동적 행동은 지성 고유의 행위인 적합성 혹은 이해라는 유일한 구심점에서 유래하는 것[109]이기 때문에 우리는 영원성은 지속 안에서 개화된 것이라고 말할 수 있다.

그러나 이러한 영원성이 영원성의 모든 것인가? 지속이 역설적인 성격을 보였던 것처럼(상상에게는 가분적이고 지성에게는 불가분적

---

106) 『에티카』, 5부, 정리 6 주석. "선의 상실로 인해 나타난 슬픔은 그것을 보존할 아무런 수단도 없었다는 사실을 생각할 때 경감된다."

107) 『에티카』, 2부, 정리 29 주석.

108) 『에티카』, 3부, 정리 48, 5부, 정리 9. TRE, 11절에서 스피노자는 유사한 상황에 대해 다음과 같이 말한다: "이러한 사유들을 하는 동안 나의 정신은 거짓 선들로부터 거리를 두고 새로운 계획에 대해 진지하게 생각을 하게 되었다. 이는 나에게 커다란 위안이었다."

109) 『에티카』, 3부, 정리 3. 이 정리에 의거하면서 스피노자는 5부 정리 40 보충에서 지성은 "우리가 능동적일 수 있는 유일한 부분"이라고 말한다.

이라는 것) 지성도 이중적 고찰의 대상이 된다. 그러나 지성이 가분적이라거나 이미지나 "액자 속의 그림"[110]처럼 공간화될 수 있다고 말하자는 것은 아니다. 육체의 본질에 대한 관념, 즉 신의 무한하고 영원한 지성과 분리될 수 없는 부분인 유한지성은 영원하고 불가분적이며 자신과 동질적인 행위다. 지성은 "사유방식 혹은 지성행위 자체"이며, 존재론적 진리로서 "자기 자신의 규범"[111]이다. 이러한 점이 지성의 첫 번째 근원적 특성이다. 지성은 아무 제한 없는 영원성이다. 지성은 자신의 행위 자체다.

그러나 실재와 참의 영역으로 진입하기 시작한 것은 지성에 대한 발생학적 규정이 아니라 지성의 빛이 드러나는 사건적 확인에 의해서이다. 따라서 주관적 필연성은 객관적 필연성으로, 그리고 축소적 우연성은 확장적 필연성으로 점차적으로 대체된 것이다. 그런데 적합성에 관한 일말의 느낌도 지성적 근저를 함축하는바, 코나투스는 지성과 전면적으로 동일시되지 않은 가운데 지성의 영역을 점차적으로 확장하게 된 것이다. 지성의 이러한 두 번째 측면이 지성적 행위의 역설을 표현한다. 즉, 코나투스의 이성적 삶 속에서 지성은 함축적인 동시에 확정적인 것이다. 달리 말하면, 개별적 육체의 본질에 대한 표현으로 드러나지는 않았기 때문에 함축적이며, 지성은 불가분적인 것으로 이성적 절차 속에서 발견되는 모든 진리는 지성과 동질적인 것이므로 확정적이다. 따라서 지성이 사건들의 다양성 속에서 드러날 때에도, 이러한 발현은 실재적으로는 영원성의 결과들처럼 지성의 특성들이 드러난 것이다. 이러한 의미에서, 전면적인 영원성 속에서 그 정체성이 드러나지는 않은 지성을 통해 해방을 경험한 코나투스의 이성적 행위는 함축적 지성으로 특징지어질 수 있는 것이다.

이제 이성적 삶에서 나타나는 영원성의 의미도 명확해진다. 합리성

110) 『에티카』, 2부, 정리 43 주석.
111) 『에티카』, 2부, 정리 43 주석.

의 영역은 여러 요소들 간의 공통적 근저 속에서 통일성을 형성하면서 전개되고 확장된다.112) 그리고 이러한 측면은 불가변성, 자연적 점착성, 그리고 이해를 통해 논리적인 동시에 감정적인 안정성을 산출한다.113) 그리고 공통개념들은 이미 영원성과 접촉해 있다고 말할 수 있다. 이성적 능력을 갖춘 코나투스는 사물들을 주어진 시간과 관련하여 고찰함으로써 우연적인 것으로 보지 않고, "신의 영원한 본성의 필연성 자체"114)를 통해 생각하기 때문이다. 따라서 인식과 감정은 "영원불변의 대상"115)과 관련하게 되며, 이로부터 안정성이 무한정하게 확장됨으로써 자연법칙들이 보편적 체계 속에 굳건하게 결합하게 된다.

그러나 공통개념들을 근거로 사물들을 파악하는 방식, 즉 "이성과 제2종지"116)의 고유한 특성과 그것이 함축하고 있는 한계를 정확히 해야 한다. 물론 이러한 이성적 인식은 육체들을 비롯한 물체들의 공통적 특성들을 통해 형성되는 것으로 참과 실재의 필수불가결한 조건을 표현한다. 사물들의 공통적 특성을 기초로 형성된 개념들은 "추론의 기초"117)다. 그러나 공통개념들은 사물들이 지닌 특성들에 의거하기 때문에 사물들의 본질을 포착하지 못한다. "모든 것에 공통되며 부분과 전체에 동일하게 발견되는 것은 어떤 개물의 본질도 구성하지 못한다."118) 즉, 공통개념들은 개물들과 관계를 맺고 있지만, 개물들은 그들의 연결 법칙의 재료들로서 나타날 뿐이다. 물론, 공통개념

---

112) 『에티카』, 2부, 정리 38-39.
113) 『에티카』, 5부, 정리 7-9.
114) 『에티카』, 2부, 정리 44 보충 2.
115) 『에티카』, 5부, 정리 20 주석. "신을 향한 사랑(amor erga Deum)"은 5부의 첫 부분(정리 1-20)의 정점을 이룬다.
116) 『에티카』, 2부, 정리 40 주석 2.
117) 『에티카』, 2부, 정리 40 주석 1.
118) 『에티카』, 2부, 정리 37.

들은 신의 영원하고 무한한 본질, 즉 연장속성에 의거하기 때문에 당연히 영원한 것이다. 그러나 공통개념의 영원성은 종속적(種屬的) 영원성 혹은 자연법칙들의 필연성으로서의 영원성이다. 이러한 보편적 개념들을 통해 우리는 세계의 체계를 형성하고 만물이 절대존재에 의존한다고 주장할 수 있지만, 이로부터 우리가 갖는 것은 우리 자신, 사물들, 그리고 신에 대한 추상적이고 일반적인 통일성일 뿐이다. 스피노자는 이러한 인식이 우리에게 주는 영향에 대해 다음과 같이 명시한다. "실제로 나는 제1부에서 모든 것이 (따라서 인간의 정신도 역시) 본질과 현존에 관해서 신에게 의존한다는 것을 일반적인 방식으로 제시했지만, 그 증명이 비록 정당하고 아무런 의심의 여지가 없다고 할지라도, 그 증명은 우리들이 신에게 의존한다고 말한 각 개물의 본질 자체에서 이러한 것이 결론 내려질 때처럼 우리의 정신에 영향을 주지는 않는다."[119]

결국 코나투스와 즉자적 지성의 동일화를 통해 우리 자신이 신의 영원하고 불가분적인 부분으로서 신 안에 개별적으로 정립되는 것이다. 나의 행위들이 안정적으로 보이기 때문에 내가 영원하다고 말하는 것과, 이러한 안정성이 내 정신의 존재로부터 오는 것이라고 말하는 것은 다른 것이다. 또한, 제2종지의 영역에서 코나투스의 본질적 활동은 공통개념들을 통해 정념을 치료하는 데에 있다는 것에 주목해야 한다. 달리 말하면, 공통개념은 다양한 이미지들, 부적합 관념들, 그리고 수동적 감정들에서 벗어날 수 없는 현존에 적용되는 것이다. 우선적으로 변용의 학을 통해 모든 이미지들을 자연적 힘들로 간주하고 서로 연결시켜 그 체계를 구체적 감정상태에 구현함으로써 끊임없이 힘을 정비해야 정념에서 벗어날 수 있는 것이다. 간단히 말해, 우선 살아야 하는 것이다.[120] 그러나 이미지들 일반이 육체와 함

---

119) 『에티카』, 5부, 정리 36 주석.
120) TRE, 17절. "사람이 만일 음식과 음료가 그에게 유익한 것인지 완전히 증명

께 소멸한다는 것을 모르기 때문에 코나투스의 정신은 이미지들의 폐해를 상기하면서 계속적인 투쟁을 해야 했다.[121] 제2종지의 영역은 함축적 지성과 상상, 열린 영원과 지속의 조화로운 관리가 필요한 체제인 것이다.[122] 심지어 모든 이미지들을 신의 관념과 관련시키면서도[123] 코나투스의 주요 관심은 육체의 현존이었다. 따라서 신을 향한 사랑이 비록 모든 감정들 중 가장 안정적인 감정이기는 하지만, 육체적 변용들, 대상들의 이미지들과 관계하는 한에 있어서는 육체와 함께 소멸할 수밖에 없는 것이다.[124] 이러한 사랑은 이미지들의 고찰로부터 온 것인바, 이미지들 혹은 육체적 현존과 운명을 같이할 수밖에 없기 때문이다.

물론 제2종지에서 나타나는 영원성이 부분적이거나 추상적이라고 말하기는 힘들다. 존재론적으로 볼 때, 영원성은 분할 가능한 것이 아니기 때문이다. 그러나 개물의 영원성으로서 영원한 지성이 명백하게 드러나지 않은 채 발견된 것이므로 함축적 영원성인 것이 사실이다. 제2종지의 영원성도 존재론적으로 영원성의 불가분적인 부분이기 때문에 영원성으로 규정해야 한다면, 우리는 "영원성의 어떤 일종(quadam aeternitatis specie)"[125]이라고 특징지을 수 있을 것이다. 그렇다면 일종의 영원성이 아니라 영원성 자체를 구비한 코나투스의 활동은 무엇인가?

을 한 후에야 먹고 마신다면 배고픔과 갈증으로 죽고 말 것이다." 편지 56.
121) 『에티카』, 5부, 정리 10 주석.
122) 물론, 이러한 관리체제는 본격적인 영원의 영역에서도 그 가치를 잃지는 않지만, 관점의 차이는 존재한다.
123) 『에티카』, 5부, 정리 14-15.
124) 『에티카』, 5부, 정리 20 주석.
125) 『에티카』, 2부, 정리 44 보충 2.

3) 지성의 행동

방금까지 우리는 제2종지의 영역이 지닌 특성과 한계를 살펴보았다. 제2종지에 의해 파악된 진리는 적합하고 영원한 것이지만, 이러한 진리는 개물의 본질에 적용되는 것이 아니며 따라서 개물의 개별적 영원성에 적용되는 것이 아니다. 이러한 한계는 지성이 코나투스가 정념으로부터 해방되기 위해 사용한 이성적 행위들의 원인으로서 명백하게 드러나지 않았다는 사실에서 오는 것이다. 이제는 본질적으로 영원한 코나투스의 활동과 제3종지의 의미에 대해 알아보아야 한다. 제3종지의 본성에 대해서는 본래적 지성과의 관계 속에서 제2종지의 한계를 설명하면서 이미 해답의 실마리를 찾았다. 제2종지의 한계는 개물들의 본질을 포착하지 못한다는 것이다. 제3종지는 개물들의 본질을 인식하는 상위의 인식이다. 실제로, 지성의 영원성에 대한 인식이야말로 지성이 신이 개별적 육체의 본질에 대해 갖는 영원한 관념이라는 사실을 합법적으로 확립해 주는 것이다. 즉, 지성은 신의 본질과의 직접적인 관계 속에서 자신을 파악함으로써 사물들의 본질을 신의 본질로부터 파악한다. 이것이 제3종지의 정의 자체다: 제3종지는 "신의 몇몇 속성의 실재적 본질에 대한 적합 관념에서 사물들의 본질의 적합한 인식으로 나아간다."[126] 따라서, 제3종지는 현존의 여러 국면에서 나타나는 진리를 파악하는 것이 아니라, 신의 본질로부터 개별적 존재의 본질을 단일체로서 파악하는 것이다.

물론 제3종지는 영원성의 행위 자체이기 때문에 생성을 겪을 수 없으며 제2종지의 근거이기도 하다. 그러나 제3종지가 의식의 표면에 떠오르게 하기 위해서는 상상의 다양한 메커니즘들, 즉 즉각적으로 맺어지는 우발적 관계들의 침입으로부터 정신을 보호해야 한다. 달리

---

126)『에티카』, 2부, 정리 40 주석 2.

말하면, 지속의 차원에서 제3종지는 제2종지로부터 유래하는 것이다. "세 번째 종류의 인식에 따라서 사물을 인식하려는 노력이나 욕망은 첫 번째 종류의 인식에서는 생길 수 없으며, 두 번째 종류의 인식에서만 생겨날 수 있다."[127]

달리 말하면, 본래적으로 파악된 참의 영역은 일말의 거짓 가능성과도 섞일 수 없다. 존재론적인 참의 영역은 지각양태들이 다양한 표상들과 뒤엉켜 있는 현상의 영역이 아니라, 사물들을 그들의 본질의 영원한 인식 속에서 설명하는 발생학적 체계로부터 모든 것이 개념화되는 존재의 영역인 것이다.

따라서 모든 문제는 실체와 양태가 가진 본질적 관계로 단순화된다. 그리고 발생학적으로 이 관계를 해명하는 것은 동시에 지성을 명백히 밝히는 것이다. 실제로, 실체와 양태의 관계는 존재론적인 동시에 논리적인 의존관계다. 실체가 자신 안에 존재하며 자신에 의해 생각되는 것이라면, 양태는 다른 것 안에 존재하며 다른 것에 의해 생각되는 것이다. 즉, 양태는 실체 안에 존재하고 실체에 의해 생각되는 것이다.[128] 양태, 혹은 개별적 존재를 실체에 의해 절대적으로 규정된 것으로 파악하는 것이 바로 제3종지의 역할이다. 여기서 인식의 운동은 이성적 추론을 통해 존재의 근원으로 상승하는 것이 아니라, 존재의 근원으로부터 자신의 규정으로 하강하는 것이다. 지성은 상상과 달리 사물들을 존재의 근본원리와 분리시켜 보지 않는다.[129] 지성은 신에 의해 신 안에 정립된 각 양태는 신으로부터 분리될 수 없고, 신의 존재론적 부분을 구성하며, 이로부터 "정확하고 규정된 방식으로"[130] 신 혹은 신의 속성들을 표현한다는 것을 직접적으로 긍정할

---

127) 『에티카』, 5부, 정리 28.
128) 『에티카』, 1부, 정의 3, 5.
129) 편지 12, 『에티카』, 1부, 정리 15 주석.
130) 『에티카』, 1부, 정리 25 보충.

수 있고 긍정해야 한다. 이러한 정확하고 규정된 방식이 양태의 본질이며 실체의 변용인 것이다. 간단히 말하면, "개별적 사물들은 신의 속성들의 변용들일 뿐이다."[131]

이렇게 제3종지는 신의 본질의 인식을 통해 사물들의 본질을 파악하는 것이기 때문에, 지성 속에 신의 산출 방식이 재현되며, 지성의 운동은 신의 운동과 동일시된다고 할 수 있다. 그리고 이러한 동일성의 영역은 더 많은 개별적 사물들을 이해할수록 확장된다.[132] 이렇게 본질들이 신 안에서 펼쳐지는 것을 참관하는 지성적 절차에 의해 코나투스는 인식의 힘에 있어 신과 필적함으로써 최상의 정신적 덕을 실현한다.[133] 코나투스가 확정적으로 지성 자체와 동일시되고 영원성을 획득하여 본질들을 인식하는 것이 "직관학"[134]의 내용이다.

그런데 영원성은 육체의 현존이 아니라 본질에 관한 고찰을 통해 드러났다는 것을 잊지 말아야 한다. 따라서 시간도 지속도 제3종지에 개입되지 않는다. 오로지 지성만이 직관학의 근본적 역할을 담당한다. 코나투스가 능동적일 수 있고, 자신의 행동의 적합 원인일 수 있으며, 진정으로 자기 자신일 수 있는 것은 오로지 지성이 정신의 영원한 존재의 기지로 명백하게 드러났을 때뿐이다. "제3종지는 정신이 영원한 한에 있어서 그 형상적 원인에 의존되는 것처럼 정신에 의존된다."[135]

이렇게 코나투스는 제3종지의 영원한 주체로서 지성을 내세우며 자신의 정신 속에 참되고 실재적인 질서를 구축하고 세계의 구조를

---

131) 『에티카』, 1부, 정리 25 보충.

132) 『에티카』, 5부, 정리 24. "우리는 개별적 사물들을 더 많이 이해할수록 신을 더 많이 이해한다."

133) 『에티카』, 5부, 정리 25와 증명. 이 증명에서 스피노자는 덕(virtus), 힘(potentia), 본성(matura), 노력(conatus)에 같은 의미를 부여한다.

134) 『에티카』, 2부, 정리 40 주석 2.

135) 『에티카』, 5부, 정리 3.

표현할 수 있는 것이다. 이제 운명의 두 얼굴이 지닌 결정적인 의미가 드러난다. "우리들이 사물을 현실적인 것으로 파악하는 데는 두 가지 방식이 있다. 즉 사물을 특정한 시간과 장소에 연관시켜 현존하는 것으로 파악하든지, 아니면 사물은 신 안에 포함되어 있으며 신적 본성의 필연성에서 생기는 것으로 파악하는 방식이다. 그러나 이 두 번째 방식에 따라서 참되거나 현실적이라고 파악되는 것을 우리들은 영원한 시각 아래서 파악하며, 그러한 것의 관념에는 신의 영원하고도 무한한 본질이 포함되어 있다."[136] 이제 코나투스는 운명의 한 방향은 점점 자기 자신이 아닌 것이 되어 가는 영역이고, 다른 방향은 지성의 빛으로 영원히 빛나는 영역이라는 사실을 확고부동한 확실성과 함께 인식함으로써 존재의 길로 들어가는 것이다. 존재의 길에는 관념적 변용들이 정신의 존재 자체로부터 유래하는 자율의 장(場)이 펼쳐진다. 그 근원에서부터 영원한 자신의 행위들을 통해 코나투스는 "가장 높은 인간의 완전성"으로 이행하여 "가장 높은 기쁨", 그리고 이로부터 "주어질 수 있는 가장 높은 만족"[137]을 누리게 된다.

영원의 단계에서 코나투스는 더 이상 실재와 분리 가능한 상상 덩어리가 아니며 전체 안의 추상적 부분도 아니다. 이제 코나투스는 체계, 자연의 기하학의 작자인 것이다.[138] 코나투스는 자신의 의식 속에 개인적인 동시에 보편적인 종합을 실현한다. 직관학을 실천하고, 자신과 각 사물을 신이 인식하는 방식 그대로 인식함으로써 자신과 신에 대해 의식하고 동시에 더욱 완전하고 행복해지는 것이다. 영원

---

136) 『에티카』, 5부, 정리 29 주석.

136) 『에티카』, 5부, 정리 29 주석.

137) 『에티카』, 5부, 정리 27 증명.

138) 빅토르 델보스, 『스피노자와 도덕의 문제』, 이근세 옮김, 선학사, 2003. "미나 질서의 규칙성에 자신을 맡기거나, 자신에 의해 혼란에 빠질 수 있을지도 모를 체계의 외부에 머물러 있는 대신에, 개체는 자기 자신을 포함하지 않는 질서는 견고하지 못한 것이라고 선언하면서 그가 자기 자신으로부터 전개해 나가는 체계의 중심에서 힘차게 자신을 확립하게 되는 것이다." pp.91-92.

은 생성을 모르는 것이지만, 코나투스의 현존적 여정을 고려할 때, 우리는 코나투스가 이제 영원에 존재하기 시작했다고 말할 수 있다. 이러한 부활의 의미는 무엇인가?

4. 구원

영원한 지성, 즉 정신의 존재에 의거하여 시간, 지속, 그리고 영원의 관계를 밝혔고, 이에 대한 윤리적 함의를 살펴보았다. 그리고 결국 윤리주체의 지성적 능력은 신의 그것과 동일하다는 것이 드러났다. 이러한 동일성의 귀결은 감정의 차원에서 어떻게 나타나는가? 물론, 우리는 최상의 기쁨과 최상의 자기만족이 직관학의 실천을 통해 나타난다는 것을 확인했다. 그러나 이러한 감정들을 궁극적 원인과 관계시켜야 하며, 이 감정들이 함축하고 있는 모든 것을 펼쳐 내야 한다. 제2종지가 '신에 대한 사랑'이라는 감정을 낳게 했다면, 이제 제3종지는 고유한 특징을 가진 새로운 형태의 사랑을 낳게 할 것이다. 제3종지를 통한 '신의 지성적 사랑'의 의미가 완전히 밝혀질 때 비로소 인식과 감정의 종합이 존재론적 통일성 속에서 실현될 수 있으며, 스피노자 철학의 최종적 의미가 드러난다.

1) 신의 지성적 사랑

코나투스는 지성의 충만한 활동과 함께 진정한 영원성을 획득한다. 지성적인 코나투스가 신 안에서 사유하는 것은 신이 그 안에서 사유하는 것과 동일하기 때문이다. 그리고 제3종지가 제공하는 행동력을 통해 자기 자신을 생각함으로써 최상의 자기만족이라는 감정이 생겨난다. 그런데 이러한 자기만족은 자신의 행위가 자유롭다고 상상하는 데서 오는 폭력적인 후회감을 내포할 수 있는 감정이 아니다. 제3종지에서 유래하는 기쁨의 원인이 자기 자신의 관념이라고 할 때, 여기서의 자기 자신의 관념은 육체의 본질에 대한 영원한 관념, 즉 무한지성의 한 부분인 유한지성이기 때문이다. 즉, 제3종지로부터 유래하는 자기만족은 정신 자신과 신의 동일성에서 오는 기쁨이기 때문에[139] 영속적인 것이다. 그리고 이러한 자기만족은 신의 관념을 원인으로 갖기 때문에 신에 대한 사랑이지만, 여기서의 신의 관념은 육체의 현존 혹은 지속을 통해 갖게 되는 관념이 아니다.[140] 즉, 제3종지로부터 유래하는 신에 대한 사랑은 현존의 변용들로부터 형성되는 신의 관념을 원인으로 하는 사랑이 아니라, 신의 본질을 영원으로서 이해하는 지성에게 고유한 지성적 사랑(amor intellectualis Dei)이다.[141] 그리고 지성적 사랑은 육체의 현존과 상상, 한마디로 말해 지속과 아무 관련이 없고 오로지 정신의 영원성인 지성과 관계하는 것이기 때문에 영원한 사랑이다.[142]

이렇게 윤리주체는 신에 대한 지성적 사랑 속에서 인식과 감정의 통일을 이룬다. 그리고 정념적 삶의 여정은 이러한 존재론적 사랑에서 마감된다. 하지만 지성적 사랑은 영원하기 때문에 윤리주체의 모든 활동들에, 즉 정념적 삶(제1종지)이나 이성적 삶(제2종지)에 이미 존재했다고 말해야 한다. 윤리적 활동은 욕망 혹은 노력(코나투스)을 토대로 시작된다. 정념도 마찬가지로 이러한 근원적 활력에 근거하여 이루어지는 것이다. 외부성을 고려하지 않고 코나투스가 그 자체로 자율적이고 파괴 불가능한 것으로 정의되었다면,[143] 그것은 신의 지

---

139) 『에티카』, 5부, 정리 32, 증명. 이 증명은 정리 30에 의거한다: "우리의 정신은 자기 자신을 인식하고 자신의 육체를 영원의 시각에서 인식하는 한에 있어서 필연적으로 신을 인식하며, 자신이 신 안에 존재하며 신에 의해 생각된다는 것을 안다."

140) 『에티카』, 5부, 정리 32, 보충.

141) 『에티카』, 5부, 정리 32, 보충.

142) 『에티카』, 5부, 정리 33.

성적 사랑을 구성하는 직관학의 싹이 코나투스 안에 이미 존재했기 때문이다. 그러나 삶의 다급함과 불행하게도 실재가 아닌 것, 즉 상상적 시간에 쫓겨 유한하고 사멸하는 대상들에 집착함으로써 직관학, 즉 자기 자신의 전체적 회복을 가능케 해주는 지성을 알아보지 못한 것이다.144) 즉, 윤리주체는 그가 진리 속에 존재한다는 사실에 대해 정념의 영역에서는 거의 의식하지 못했던 것이다. 혹은, 언제나 영원한 기쁨을 추구했으므로, 그는 영원이 마치 무한정한 존속인 것처럼 생각하고 영원을 상상이나 기억에 속한 것으로 봄으로써 영원성과 지속을 혼동했던 것이다.145)

그러나 윤리주체는 공통개념들을 발견하고 그것들을 삶에 적용함으로써 자기 자신 속에 존재하는 실재성을 점점 더 의식하게 된다. 그는 지속 속에서 적어도 함축적으로 영원을 접촉한다. 실제로, 이성적 삶의 정점이라 할 수 있는 '신에 대한 사랑(amor erga Deum)'은 거의 절대적인 안정성과 함께 표현되기 때문에, 윤리주체는 이미 일종의 영원성을 느낀 것이다. 그러나 외부와 끊임없이 관계를 맺고 육체의 변용들에 대한 생각들을 동화해야 하기 때문에, 이정표는 결국 육체의 현존이었던 것이다. 따라서 육체의 파괴와 함께 신에 대한 사랑도 파괴될 수밖에 없다는 것을 받아들여야 하는 것이다. 즉, '신에 대한 사랑'을 절대적으로 내면화하지 못한 단계였던 것이다. 이러한

---

143) 『에티카』, 3부, 정리 4-8.

144) "행복한 것이 존재하는 것이다. 정념적 기쁨들이나 이성적 기쁨들이나 모두 이러한 영원한 행복에 대한 점진적 발견일 뿐이다. 구원받기 위해서는 이것을 아는 것으로 충분하다." Alexandre Matheron, *Individu et communauté chez Spinoza*, p.590. "지성적 사랑은 유한한 대상의 사랑 속에 이미 존재했지만, 우리는 그것을 몰랐던 것이다. 그리고 그것을 몰랐던 것은 필연적인 일이었다. 왜냐하면 지성적 사랑의 출현은 지속의 여파로 장애를 받았고 은폐되었기 때문이다." P.-F. Moreau, "Métaphysique de la gloire", in *Revue philosophique*, n.1, 1994, pp.55-64.

145) 『에티카』, 5부, 정리 34, 주석.

내면화는 '신의 지성적 사랑(amor intellectualis Dei)'에 의해 실현되므로, '신의 지성적 사랑'은 '신에 대한 사랑' 속에 이미 내포되어 있었으며, '신에 대한 사랑'은 '신의 지성적 사랑'의 현상적 형태를 취한 것이라고 말할 수 있다.[146] '신의 지성적 사랑'은 "오로지 정신에만 그것을 관계시키는 한에서"[147] '신에 대한 사랑'에 다름 아니다. '신에 대한 사랑'이 정념의 이해라면, '신의 지성적 사랑'은 능동적 행동의 의식이다.

이러한 관점에서는, 비록 윤리주체의 여정을 고려하면 지성적 사랑의 완전성이 그에게 지금 생겨난 것이라고 인정하지 않기는 힘들다고 해도, 실제로 그가 완전성을 영원으로부터 소유하고 있었다고 말해야 한다. 신의 지성적 사랑을 통해 윤리주체는 완전성의 증대가 아니라 완전성 자체를 향유하는 것이며,[148] 인식과 감정의 완전한 종합을 실현한다. 지성적 사랑에는 어떠한 간극도 외부성도 존재하지 않으므로 지성적 사랑의 주체는 영원하고 자율적인 주체다.

그러나 영원한 인식과 사랑은 신 안에서만 가능하다는 것을 잊어서는 안 된다. 달리 말하면, 신이 제3종지와 지성적 사랑의 주체이기 때문에 인간도 제3종지와 지성적 사랑의 주체일 수 있는 것이다. 달리 말하면, '신의 지성적 사랑'이라는 표현에서 '신의'는 이중적 의미를 가지고 있다. 영원한 인식과 사랑의 두 주체가 갖는 완전한 관계를 규명할 때 비로소 우리는 스피노자가 제시하는 지복(beatitudo)을 이해할 수 있다.

---

146) '현상적'이란 표현은 마테롱의 것이다. Alexandre Matheron, *Individu et communauté chez Spinoza*, p.587.

147) 『에티카』, 5부, 정리 20, 주석.

148) 『에티카』, 5부, 정리 33, 주석.

2) 지복

앞에서 살펴본 것처럼, 직관학은 개물들의 본질에 대한 인식으로서 유한한 인간의 지성이 모든 개물들의 본질을 이해할 수는 없다는 것을 제외하고는 신의 학과 다를 바 없다. 인간의 학은 양적인 한계를 가진 반면, 절대적으로 무한한 존재인 신은 "자신의 본질과 그로부터 필연적으로 생겨나는 모든 것의 관념"[149]을 형성하기 때문에 신의 학은 만물에 적용되는 것이다. 따라서 신은 자신의 혹은 "자기 고유의 원인", 즉 자신의 절대적 내부성과 함께 "무한한 완전성을 향유한다." 달리 말하면, "신은 무한한 지성적 사랑으로 자기 자신을 사랑한다."[150] 신은 반성을 통해 자신과 만물 속에서 자기 자신을 영원히 사유한다. 이러한 절대적 자기의식이 바로 신이 자기 본성의 무한한 완전성에 대해 갖는 지성적 사랑이다.

그렇다면 신의 지성적 사랑과 인간의 지성적 사랑의 관계는 무엇인가? 두 사랑은 모두 지성적인 것이므로 그 관계는 단순히 동일성의 관계다. 즉, 신에 대한 인간의 지성적 사랑이 인간이 자신을 신의 관념과 함께 고찰하는 것이라면, 이는 또한 신이 다른 정신들과 관계없이 그러한 인간의 정신 속에서 자기 자신을 표현하고 설명한다는 것을 의미한다. 간단히 말해, "신에 대한 정신의 지성적 사랑은 신이 자신을 사랑하는 무한한 사랑의 한 부분이다."[151] 또는 "신은 자기 자신을 사랑하는 한에서 인간을 사랑하며, 따라서 인간에게 대한 신의 사랑과 신에 대한 정신의 지성적 사랑은 똑같다."[152]

이러한 동일한 사랑 안에서 주체와 객체의 구분은 의미가 없다. 인

---

149) 『에티카』, 2부, 정리 3, 증명.
150) 『에티카』, 5부, 정리 35와 증명.
151) 『에티카』, 5부, 정리 36.
152) 『에티카』, 5부, 정리 36.

간은 신-객체를 사랑하는 주체인 동시에 신-주체에게 사랑받는 객체다. 동일한 사랑 속에서 신이 신 안에서 나를 사랑하는 것처럼 나는 내 안에서 신을 사랑하는 것이며, 신이 내 안에서 신 자신을 사랑하는 것처럼 나는 신 안에서 나 자신을 사랑하는 것이다. 서로를 사랑하는 신과 인간은 완전한 통일을 이룬다. 사랑은 하나이자 전부인 것이다. 인간은 지성적 사랑의 존재론적 통일 속에서 비로소 존재의 근원과 교류한다. 정념의 영역에서는 타자들의 작용을 통해 자신을 완성하고자 하고, 자신의 정념적 사랑을 만족시키기 위해, 그러한 만족을 줄 수 없는 이들에게 사랑을 돌려받기를 원함으로써 수많은 영혼의 동요를 겪었고, 이성의 영역에서는 자신의 사랑에 대한 신의 응답을 원하지 않음으로써 어느 정도 신과 자기 자신으로부터 멀어짐을 느꼈지만, 인간은 진정한 영원의 삶에서는 존재론적으로 동일한 사랑 속에서 신과 절대적으로 결합하게 된다. 이제 인간은 능동적 행동 주체일 뿐 더 이상 수동적 행동의 주체가 아니다. 인간은 신과 점점 더 하나가 되어 감으로써 점점 더 자기 자신이 된다. 그의 실재는 자신의 완전성이 강화됨과 동시에 강화된다.[153] 인간의 의식은 신의 사유와 사랑이 끊이지 않는다. 신이 인간인 것처럼 인간도 신이다. 인간은 그가 생각하는 모든 것을 신 안에서 그리고 신에 의해서 생각한다. 신이 인간 안에서 그리고 인간에 의해서 생각하기 때문이며 인간은 영원한 전체의 영원한 부분이기 때문이다. 인간은 신적인 학의 인과율 한 가운데 존재하는 것이다. "우리의 정신은 이해하는 한에서 사유의 영원한 양태이고, 이것은 사유의 또 다른 영원한 양태에 의해서 결정되며 그것은 다시금 다른 것에 의해서 결정되고, 이처럼 무한히 계속되어 모든 양태는 동시에 신의 영원하고 무한한 지성을 이룬다."[154]

인간의 존재론적 완성, 즉 지복은 무한과 유한의 완전한 종합 속에

---

153) 『에티카』, 5부, 정리 40.
154) 『에티카』, 5부, 정리 40, 주석.

서 실현되는 것이다. 지복의 단계에서 인간은 자신의 본성의 필연성에 의해, 즉 자기 자신만의 법칙들에 의해 존재하고 행동하기 때문에 자유롭다. 그러나 지복의 자유는 자유의지가 아니라 자유로운 필연성이다. 지복의 인간은 "일종의 영원한 필연성"155) 속에서 자신과 신과 사물들을 의식하는 자유로운 필연성의 인간이다. 절대존재와 존재자들의 결합 속에, "신에 대한 계속적이고 영원한 사랑, 즉 인간들에 대한 신의 사랑 속에 우리의 구원, 달리 말하면 우리의 지복 혹은 우리의 자유가 있는 것이다."156) 신과 인간의 근원적 통일이 영혼의 진정한 만족을 주며, 이러한 만족은 영광(gloria)이다. 그러나 신과 인간의 통일에서 오는 영광은 아첨을 통해 얻는 헛된 영광이 아니라 우리의 진정한 힘, 즉 지성적인 행동을 생각함으로써 생겨나는 영광이다.157)

　그러나 지복의 기쁨이 감각의 금욕에서 오는 것처럼 생각하여 지복이 덕행의 보상이라고 말해서는 안 된다. 지복은 덕 자체다. 그리고 감각적인 욕망들을 제어할 수 있는 것은 기쁨이 있기 때문이다. "지복은 덕의 보상이 아니라 덕 자체. 우리들은 쾌락을 억제하기 때문에 지복을 누리는 것이 아니라, 반대로 지복을 누리기 때문에 쾌락을 억제할 수 있다."158) 이러한 점을 파악하려면, 코나투스가 지성과 동일시될 때 직관학, 신의 지성적 사랑, 즉 지복을 누린다는 것을 잊어서는 안 된다. 능동적 행동, 덕, 힘은 오로지 지성과의 관계에서만 그 자체로 가치를 지닌다.159) 기쁨은 정상적인 이해 기능에 다름

---

155) 『에티카』, 5부, 정리 42, 주석.

156) 『에티카』, 5부, 정리 36, 주석.

157) 『에티카』, 4부, 정리 52. "자기만족은 이성에서 생길 수 있으며, 이성에서 생기는 이 만족만이 존재할 수 있는 최고의 것이다." "영광은 이성과 모순되지 않고 오히려 이성에서 생길 수 있다." 4부, 정리 58.

158) 『에티카』, 5부, 정리 42.

159) "덕과 힘을 나는 동일한 것으로 이해한다. 즉 인간과 관계되는 경우 덕은 인간이 자신의 본성의 법칙에 의해서만 이해되는 어떤 것을 행하는 능력을 가진 한에서 본성 자체." 『에티카』, 4부, 정의 8. 이 정의를 뒷받침하기 위해

아니며, 슬픔은 이해 기능의 변질에 다름 아니다.160) 달리 말하면, 능동적 행동과 덕의 기준이 지복인 것처럼, 악을 치유할 수 있는 것도 지복뿐이다. "정신은 이 신적 사랑 또는 지복을 누림으로써 쾌락을 억제하는 힘을 소유한다. 그리고 감정을 억제하는 인간의 힘은 오직 지성에만 있기 때문에, 어떤 사람이든 감정을 억제했기 때문에 지복을 누리는 것이 아니라, 오히려 그와는 반대로 쾌락을 억제하는 힘이 지복 자체에서 생기는 것이다."161)

결국 윤리주체는 지성과 자신을 동일시할 때 적합한 존재로 거듭날 수 있다. 구원은 내부에 있는 것이다. 오로지 지성을 통해 자신과 신을 인식할 수 있으며, 신이 자신을 인식한다는 것을 알 수 있다. 오로지 지성을 통해 신을 사랑할 수 있으며, 신이 자신을 사랑한다는 것을 알 수 있다. 오로지 지성을 통해 자신이 진정한 자기 자신이며, 신으로부터 분리될 수 없는 부분이라는 것을 알 수 있다. 지성이 없이는 윤리학도 형이상학도 없다. 지성과 함께 윤리학과 형이상학은 융합한다.

3) 죽음과 지혜

인간은 지성적 사랑으로 신과 결합할 때 지복을 획득한다. 이러한 존재론적 사랑에는 정념이 섞여 들어갈 어떠한 침전 요소도 없으며 대립적인 요소도 없다.162) 지성적 사랑은 인식과 감정의 종합으로서 끊임없이 영원한 삶을 표현한다. 그러나 영원한 삶은 다른 세계나 피안의 세계에 놓인다는 것을 의미하지 않는다. 영원의 체험은 현세,

---

스피노자는 코나투스 개념을 정의하는 3부의 정리 7에 의거한다.
160) 『에티카』, 3부, 정리 59, 증명.
161) 『에티카』, 5부, 정리 42, 증명.
162) 『에티카』, 5부, 정리 37.

현재, 현존, 즉 지속 속에서 이루어진다. 따라서 윤리주체는 지속을 최대한으로 영원화함으로써 영원의 영역을 확장할 필요가 있다. 물론, 이것이 의미하는 바는 영원이 변화에 종속된다는 것은 아니다. 영원을 확장한다는 것은 영원의 주변에 있는 먼지들을 털어 냄으로써 영원을 부각시키고 빛나게 한다는 의미다. 영원과 지속, 본질과 현존을 최적의 관계 속에 결합하는 것이 바로 철학자의 지혜다.

실제로 신의 지성적 사랑을 통해 존재의 통일성이 확보된다고 할지라도, 어떤 방식으로든 응답을 요구하는 외부의 즉각적 소여들의 현존을 부정할 수는 없다. 게다가 외부요소들은 육체의 정상적 기능을 위해 필요한 것이다. 그렇다면 영원한 내부성을 명목으로 육체의 변덕들에 자신을 맡김으로써 정신과 육체를 대립되는 방향으로 끌고 가는 것은 무분별한 짓일 것이다.

특히 여기서 정신과 육체에 대한 인식을 올바로 사용해야 한다. 어떤 방식으로 육체의 정상적 유지는 영원의 확장에 유용한가? 그리고 유용하다면 그러한 유용성을 보존하고 확대하기 위해 필요한 것은 무엇인가? 우선, 육체의 삶을 유지해 주는 것은 육체의 부분들이 서로 간에 운동을 전달할 수 있도록 해주는 관계의 안정성, 즉 육체의 "형상"163)이라는 사실에 주목해야 한다. 육체의 형상이 보존될 때 비로소 육체는 "여러 방식으로"164) 외부 물체들로부터 영향을 받을 수도 있고 외부 물체들에 영향을 줄 수도 있다. 달리 말하면, 육체가 더 많은 영향 관계들 속에 있을수록 정신도 그만큼 많은 것들을 이해할

---

163) 『에티카』, 4부, 정리 39 증명.
164) 『에티카』, 4부, 정리 39 증명. 스피노자는 2부에서 전개한 물리학에 의거한다. 스피노자의 물리학의 훌륭한 종합에 대해서는 Albert Rivaud, "La physique de Spinoza", in *Chronicon Spinozanum* 4, 1924/26, pp.24-57, 그리고 David R. Lachterman, "The Physics of Spinoza's Ethics", in R. W. Shahan and J. I. Biro(eds.), *Spinoza: New Perspectives*, Norman(Okla.), 1978, pp. 71-111.

수 있다.165) 바로 여기에 정신의 영원성의 확장을 위한 육체 보존의 유용성이 있는 것이다. 최대한의 육체적 변용들을 신의 관념과 관계시킴으로써 정신은 최대한으로 신의 사랑에 머물 수 있으며 이로부터 제3종지의 인식에 최대한의 재료들을 제공함으로써 자신의 지성, 즉 자신의 영원성의 가장 많은 부분을 자기화할 수 있기 때문이다.166) 따라서 우리는 육체를 위하고, "삶의 모든 시간을 건강한 육체 속의 건강한 정신을 가지고 보낼"167) 필요가 있는 것이다. 즉, 육체의 지배와 정신의 지배는 평행적으로 이루어져야 하는 것이다.168) 지혜는 심신평행론의 구현이다.

이제 깊은 통찰력과 함께 죽음에 대한 태도를 조명할 수 있다. 실제로, 육체의 삶이 형상의 유지라면, 죽음은 형상의 파괴와 다름 아니다. 그러나 이러한 파괴를 단지 생물학적 죽음, 예를 들어 피의 순환의 멈춤, 혹은 송장으로의 변형으로 이해해서는 안 된다. 육체의 부분들의 관계가 다른 관계로 변형되는 것, 예를 들어 전적인 기억상실이나 아이가 어른으로 변하는 것도 죽음으로 간주될 수 있다. "육체의 부분들이 서로 운동과 정지의 상이한 비율을 취할 때"169) 육체는 죽은 것이라 할 수 있다. 따라서 죽음이 어떤 방식이건 간에 육체의 형상의 변화를 의미한다면, 이러한 변화를 최상의 방향으로 이끄는 것이 무엇보다도 중요하다. 즉 육체의 형상의 변화는 외부원인들의 우발적 영향 아래 이루어져 지성을 은폐함으로써 정신을 상상에

---

165) 『에티카』, 4부, 정리 38 증명.

166) 『에티카』, 5부, 정리 39와 증명. 정리 33도 볼 것.

167) 『에티카』, 5부, 정리 39 주석.

168) 이 점에 대해 마테롱은 요가의 실천을 말한다. Alexandre Matheron, *Individu et communauté chez Spinoza*, pp.585-587; "La vie éternelle et le coprs selon Spinoza", in *Revue philosophique*, 1994, pp.27-40.

169) 『에티카』, 4부, 정리 39 주석. 스피노자는 이러한 변화를 본성의 변화로 본다. 달리 말하면, 개체의 정체성은 언제든지 변할 수 있는 것이기 때문에, 엄밀한 의미에서 보면 '정체성'이라는 것은 무의미한 것이라 하겠다.

빠뜨려서는 안 되며, 그 반대로 지성의 지도 아래 이루어져 정신을 최대한의 직관학의 재료들로 채워야 한다. 달리 말하면, 육체의 건강을 정상적으로 그리고 최대한으로 발전시킴으로써, 정신의 부분들 중 육체와 함께 소멸하는 부분인 상상이 정신의 영원한 부분, 즉 지성에 비해 무의미하고 무시해도 좋은 것이 될 수 있는 상황을 연출해야 하는 것이다. "우리들은 삶에서, 그 본성이 허락하는 한 그리고 본성에 도움이 되는 한, 무엇보다도 어린아이의 육체를 다른 것으로 변화시키려고 애쓴다. 즉 많은 것을 할 수 있는 육체, 그리고 자신과 신과 사물에 대해서 가장 많이 의식하는 정신에 관계되는 육체로 변화시키려고 애쓴다. 또한 그렇게 변화하면, 정신의 기억이나 상상에 속하는 모든 것은 지성과 비교해 볼 때 거의 의미가 없을 것이다."[170] 즉, 지극히 상상적인 관념인 죽음의 사유는 정신의 삶 자체를 표현하는 지성과 비교해 볼 때 무의미한 것이 된다. 따라서 죽음이 아니라 죽음의 불안이 추방되는 것이다. 이렇게 정신과 육체를 존재론적으로 이해할 때, 죽음이 개념적으로 규정되고 더 이상 불안의 대상이 되지 않는 것이다.

그렇지만 지성에 의해 정의된 이론적 삶에 천착하는 것이 구체적 삶을 무시하는 것은 아니다. 지성이 영원하다는 것을 알지 못한다고 가정하더라도 영혼의 힘, 즉 영혼의 굳건함과 관용에 관계되는 모든 것을 우선적인 것으로 간주해야 한다.[171] 존재보존의 유용성에 대한 직접적인 추구를 요청하는 이러한 덕들은 비록 그 안에서 정신의 영원성이 충만하게 드러나지는 않는다고 해도 확실한 추론과 신의 관념에 의해 규정되기 때문이다. 그러나 특히 이러한 덕들의 부정이나 왜곡으로 인해 생겨날 수 있는 지극히 불합리한 태도들과 비교할 때 이러한 덕들의 유용성은 자명하게 드러난다. 정념에 빠진 무지인들은 영혼의 굳건함과 관용에 속한 모든 덕들을 죽음 후에 던져 버리거나,

---

170) 『에티카』, 5부, 정리 39 주석.
171) 『에티카』, 5부, 정리 41.

죽음 후에 찾아올 잔혹한 형벌의 불안으로 힘겹게 지고 있는 짐으로 간주하며 그들의 예속, 즉 경건함과 종교심에 대한 보상을 받기를 희망한다. 희망과 불안의 정념적 연쇄에 빠진 무지인의 모순적 태도는 그 자체로 드러나는 것이다. "만일 이러한 희망과 공포가 인간에게 없었더라면 그리고 반대로 만일 정신은 육체와 함께 소멸하고 경건함의 부담에 사로잡힌 불행한 사람들이 미래의 삶이 있지 않다고 믿게 되었다면, 그들은 자연적 성향(ingenium)으로 되돌아가 모든 것을 감각적 욕망에 따라 처리하고 자기 자신보다 오히려 요행을 따르려고 할 것이다. 이러한 것은, 사람들이 훌륭한 식품으로 육체를 영원히 보존해 간다고는 믿지 않으므로 오히려 독이나 치명적인 음식을 마음껏 먹기를 바라거나, 또는 정신을 영원하다거나 죽지 않는다고 보기 때문에 혼란한 마음으로 이성 없이 살아가기를 바라는 것과 똑같이 내게는 부당한 것으로 보인다."[172]

스피노자가 제시하는 지혜는 무지인의 삶과는 진정으로 다른 것이다. 물론, 현인은 그의 힘이 극도로 제한된 것이며 외부원인들에 의해 무한히 압도된다는 것을 알고 있다. 그러나 현인은 부적합한 관념에 다름 아닌 죽음의 불안으로 삶을 낭비하기보다는 삶의 원리를 통해 삶을 향유한다. 현인은 지성의 계속적이고 진지한 주의력을 통해 외부원인들을 구체적 삶의 유용성을 위해 사용할 줄 알 뿐 아니라, 외부원인들에서 영원한 이해의 재료들을 도출해 내어 신과 결합할 줄 안다. 현인은 외부로부터 극미하게 영향을 받을 뿐이며 지성적 사랑을 통해 끊임없는 기쁨을 향유한다. 현인은 진정한 자기만족과 영원한 사랑을 영위한다. 존재의 표식은 슬픔이 아니라 기쁨인 것이다. 현인은 존재하기를 멈추지 않는다. 물론 이러한 구원의 길은 가파르고 험하다. "그러나 고귀한 모든 것은 드문 만큼 어려운 것이다."[173]

---

172) 『에티카』, 5부, 정리 41 주석.
173) 『에티카』, 5부, 정리 42 주석.

참고문헌

Caillois, R., *Spinoza OEuvres complètes*, Paris: Gallimard, La Pléiade, 1954.

Matheron, Alexandre, *Individu et communauté chez Spinoza*, Paris: Les Editions de Minuit, 1969.

Rousset, Bernard, *La perspective finale de l'*Ethique *et le problème de la cohérence du spinozisme*, Paris: Vrin, 1968.

Jaquet, Chantal, *Sub specie aeternitatis*, Paris: Editions Kimé, 1997.

Deleuze, Gilles, *Spinoza et le problème de l'expression*, Paris: Les Editions de Minuit, 1968.

Vaysse, Jean-Marie, *L'inconscient des modernes, Essai sur l'origine métaphysique de la psychanalyse*, Paris: Editions Gallimard, 1999.

Bove, Laurent, *La stratégie du conatus*, Paris: Vrin, 1996.

Bertrand, M., *Spinoza et l'imaginaire*, Paris: PUF, 1983.

Gueroult, M., *Spinoza, Dieu(Ethique 1)*, Paris: Aubier-Montaigne, 1968.

Macherey, Pierre, *Introduction à l'*Ethique *de Spinoza - La deuxième partie - La réalité mentale*, Paris: PUF, 1997.

Zac, S., *L'idée de vie dans la philosophie de Spinoza*, Paris: PUF, 1963

____, *Durée et histoire in Philosophie, théologie, politique dans l'oeuvre de Spinoza*, Paris: Vrin, 1979.

Delbos, Victor, *Le problème moral dans la philosophie de Spinoza et dans l'histoire du spinozisme*, Paris: F. Alcan, 1893(réimpression avec une introduction d'A. Matheron, PUPS, 1990).

Prelorentzos, Yannis, *Temps, durée et éternité dans les Principes de la philosophie de Descartes de Spinoza*, Paris: Presses de l'Université de Paris-Sorbonne, 1996.

Moreau, P.-F., "Métaphysique de la gloire", in *Revue philosophique*, n.1, 1994.

Rivaud, Albert, "La physique de Spinoza", in *Chronicon Spinozanum* 4, 1924/26, pp.24-57.

Lachterman, David R., "The Physics of Spinoza's Ethics", in R. W. Shahan and J. I. Biro(eds.) *Spinoza: New Perspectives*, Norman(Okla.), 1978, pp.71-111.

흄의 시간론

이태하

1. 상상의 허구인 지속기간으로서의 시간

17세기 합리론자들의 경우 시간을 다룰 때 그들은 일반적으로 공간과 연장, 시간과 지속기간(duration)을 구분하였으며 연장과 지속기간을 사물의 속성이나 양태로 본 것에 반해 시간과 공간은 사물 밖에 존재하는 것으로 이해하였다. 데카르트는 "각 사물의 지속기간은 양태(그는 결과적으로 그것을 속성이라 부른다)로서 그 양태 하에서 우리는 그 사물이 존재를 지속하는 것으로 생각하게 된다."[1]고 말한다. 스피노자 역시 "지속기간은 속성으로서 그것으로 인해 피조물이 자신의 현실태를 유지하기에 우리는 그것의 존재를 인식하게 된다."[2]고 말한다. 한편 라이프니츠는 "어떤 면에서 지속기간이 시간에 대응하듯 연장은 공간에 대응하며, 지속기간과 연장은 사물의 속성

---

1) R. Descartes, *The Principles of Philosophy*, translated by Blair Reynolds, E. Mellen Press, 1988, p.55.

2) Spinoza, *The Principles of Descartes' Philosophy*, vol. I, translated by H. H. Britan, Open Court, 1974, p.4.

(attribute)이나 시간과 공간은 사물 밖에 있는 어떤 것으로 사물을 측정하는 데 도움이 된다."[3]고 말한다. 이처럼 합리론자들은 사물이나 실체의 속성으로 간주되는 지속기간이 실체의 영속성, 보존성, 존속성을 함의한다고 보았다.

그러나 흄[4]은 합리론자들이 실체의 존재를 담보한다고 생각한 지속기간의 개념을 대중은 물론 철학자들의 근거 없는 상식적인 견해라고 말한다. 왜냐하면 모든 관념은 인상에서 비롯된다는 인식의 원리에 비추어 볼 때 불변적 대상인 실체로부터는 시간에서의 지속(continuance in time)을 의미하는 지속기간의 관념이 나올 수 없기 때문이다.

시간 또는 지속기간이 서로 다른 부분으로 이루어진다는 것은 자명하다. 이 부분들이 공존하지 않는 것 또한 분명하다. 부분들의 공존성은 연장에 속하며 그것은 연장을 지속기간과 구분하는 것이다. 시간은 공존하지 않는 부분들로 이루어져 있지만 오직 공존하는 인상만 산출할 수 있는 불변적 대상은 우리에게 시간의 관념을 줄 수 있는 그 어떤 것도 산출하지 못한다. 결과적으로 그 관념은 변화하는 대상의 계기로부터 나오는 것이 분명하며 시간은 그 최초의 출현에서부터 그러한 계기와 결코 분리될 수 없는 것이다.[5]

흄에게 있어 시간이란 변화하는 대상의 계기(succession)로부터 생겨나는 것이다. 흄은 여기서 한 걸음 더 나아가 지속기간이 시간이나 계기와 동의어가 아님을 공간과의 유비를 통해 설명하고 있다.

---

3) Leibniz, "Conversation of Philarite and Ariste", *Leibniz: Philosophical Papers and Letters*, edited by L. E. Loemker, Dordrecht, 1969, pp.621-622.

4) 흄의 시간관은 『인성론(*A Treatise of Human Nature*)』, I권 II부 1-4절과 II권 III부 7-8절에서 논의되고 있다.

5) D. Hume, *A Treatise of Human Nature*, edited, by L. A. Selby-Bigge, 2nd edition, with text revised and notes by P. H. Nidditch, Oxford: The Clarendon Press, 1978, pp.35-36.

기하학적으로 점이란 아무런 연장도 갖지 않는 불가분적인 것이다. 그렇다면 순간 역시 아무런 지속기간도 갖고 있지 않기에 불가분적인 것일까? 그러나 그렇지가 않다. 순간이 불가분적인 것은 그 안에 아무런 계기성(successiveness)도 갖고 있지 않기 때문이다. 흄에게 있어 연장과 유비가 이루어지는 것은 계기(succession)이지 철학자와 대중들이 생각하는 지속기간(duration)이 아니다. 이처럼 공간과 유비가 이루어지는 시간은 **지속기간으로서의 시간**이 아니라 **계기로서의 시간**이라는 점 때문에 연속체의 구성 문제와 관련해서는 역으로 공간과의 유비가 이루어지지 않는다.

흄에게 있어 연장은 연속체, 즉 색이나 촉감의 연속체다. 그러나 시간은 그렇지 않다. 그것은 불연속이다. 시간의 부분들은 플루트로 연주되는 다섯 개의 음처럼 측정할 수 없으며 단지 셀 수 있을 뿐이다. 다섯 개 음의 음표가 두 개의 이분음표, 한 개의 사분음표, 두 개의 팔분음표의 순이라고 가정해 보자. 앞서 언급하였듯이, 다섯 개의 음들 각각은 그 안에 어떠한 계기성도 지니고 있지 않은 완벽하게 불가분적인 순간들이다. 계기성은 음들 전체에만 적용된다. 따라서 우리가 처음 두 개의 음이 세 번째 음보다 두 배 길게, 그리고 네 번째, 다섯 번째 음보다 네 배 길게 지속(sustain)된다고 말하는 것은 허구이거나 거짓이다. 연장을 지닌 측정 가능한 연속체(continuum)는 흄에게 실재적인 것이지만 지속기간을 지닌 측정 가능한 연속체란 실재적인 것이 아니라 허구(fiction)다.

내가 알기로는, 지속기간의 관념이 완벽하게 불변하는 대상에 적절한 의미로 적용될 수 있다고 주장하는 사람들이 있다. 나는 이 같은 견해가 일반인과 철학자들의 공통된 견해라 생각한다. 그러나 이 견해가 잘못되었다는 것을 확인하기 위해서는 지속기간의 관념이 항상 변화하는 대상의 계기에서 기인하며 안정적이고 변화하지 않는 어떤 것에 의해서는 결코 정신에 전달될 수 없다는 앞에서 내린 결론을 상기하는 것 외에 다른 방도가 없다. 여기서 필연적으로 도달하게 되는 결론은 지속기간의 관념은 불변하는 대상으로부터 기인될 수 없기에 그러한 대상에 적절하고 엄밀하게 적용될 수 없을 뿐 아니라 그러한 어떠한 대상도 지속기간을 갖는다고 말할 수 없다는 사실이다. 관념은 항상 그들이 기인되는 대상이나 인상을 표상하며 허구 없이는 결코 어떤 다른 대상을 표상하거나 그것에 적용될 수 없다.6)

2. 세속적 신념을 위한 존재론적 구조로서의 허구적 시간개념

흄은 상상력이 빚어내는 허구를 두 가지 유형으로 구분하고 있다.

(1) 첫 번째 허구는 원초적인 인상에서 기인된 관념을 적절한 대상이 아닌 다른 어떤 것에 잘못 적용함으로써 생겨나는 '실수', '혼동', '기만', 또는 '환상'으로서의 허구다. 다시 말해, 이것은 하나의 관념을 다른 관념과 혼동하여 어떤 대상에 잘못 적용할 때 생겨나는 허구다.

(2) 두 번째 허구는 첫 번째 종류의 허구가 가져온 모순을 해결하기 위해 고안된 순수한 상상의 창작물로서의 허구다. 이 창작된 허구는 다시금 실수나 잘못 적용된 개념으로 이루어진 새로운 허구를 만들어 낸다. 이 같은 새로운 허구로부터 또 다른 허구의 창작을 통해 해결을 요하는 모순이 발생하며 계속해서 하나의 허구로부터 또 다른 허구로의 연쇄가 일어난다.

1) 동일성의 허구

지속기간이라는 시간개념이 허구인 것은 우리가 지속기간을 귀속시키는 단일한 불변적 대상을 가정하는 사고 자체가 모순되기 때문이다. 좀 더 구체적으로 말하자면, 지속기간의 두 순간을 생각하고

---

6) Hume(1978), p.37.

각각의 순간에 존재하는 대상을 생각할 때 우리에게는 다수의 관념이 생겨난다. 그러나 또 다른 한편에서는 대상들의 계기를 따라 시간의 계기를 쫓게 되는데 우리는 동일한 대상이 변화를 지속하는 것으로서 상상함으로써 단일성(unity)의 관념을 갖게 된다. 그 결과 단일성과 다수성을 조화시키기 위해 우리는 단일성과 다수성의 중간쯤에 해당되는 관념을 형성하게 되는데 이 관념이 바로 동일성의 관념이다.7)

홈에 따르면, 동일성의 관념은 어떤 인상이나 대상으로부터 기인된 관념을 잘못 적용한 것이 아니라는 점에서 지속기간의 관념과는 다르다. 동일성의 관념은 단일성과 수를 중재하기 위해 고안된 순수한 상상력의 산물이다.

2) 실체의 허구

동일성의 허구를 만든 정신은 자신이 또 다른 허구에 의해 해결해야 할 모순에 직면해 있음을 알게 된다. 왜냐하면 변화가 느린 곳에서는 동일성이 있어 보이지만 계기가 끊어지고 변화가 큰 곳에서는 동일성이 깨어진 것으로 보이기 때문이다. 단일성과 다양성 사이의 모순을 해결하기 위해 상상력은 모든 변화 가운데서도 동일성을 유지한다고 가정하는 미지의 비가시적인 어떤 것을 만들어 내게 되며 이 '알 수 없는 어떤 것'을 우리는 실체라 부른다.8) 요컨대, 흄은 그것이 지니고 있는 다양성에도 불구하고 하나의 사물로 불리는 실체의 단순성을 설명하기 위해 정신적 활동의 유사성을 사용하고 있다.

정신은 이들 속성들의 다양성과 가분성을 생각할 때 자신이 모순에

---

7) Hume(1978), p.201.
8) Hume(1978), p.220.

직면해 있음을 알게 된다. 단일성과 다양성을 조화시키기 위해, 상상력
은 이들 속성들의 합성의 원리 또는 응집의 원리로서 혼합적인 대상을
하나의 사물로 부를 수 있도록 해주는 미지의 어떤 것 또는 실체를 만
들어 낸다.9)

우리가 모든 허구의 세계를 발가벗겼을 때 우리에게는 지각만이
남는다. 정신에 현존할 수 있는 것들은 무엇이나 지각이다.10) 그들은
모든 점에서 존재하는 대로 나타나야 하며 나타나는 대로 존재해야
한다.11) 그것들은 자존적인 것이기에 그 자체로 존재한다는 실체의
고전적 정의에 부합하는 대상들이다.12) 그러나 그것들은 속성들의 담
지자가 아니기에 어떤 속성의 변화를 수행할 수 없다. 물론 이들 대
상들의 세계에는 항구적인 변화가 있다. 왜냐하면 지각들의 경우처럼
대상들의 경우에도 상상할 수 없을 만큼 빠른 계승이 이루어지고 그
들 역시 영원한 유전과 운동 속에 있기 때문이다.13) 그러나 변화란
결코 대상의 변화가 아니라 연속되는 대상들의 변화일 뿐이다. 세계
의 밖에는 정신적 활동이 있으며 그 활동 덕분에 허구적인 지속기간
이 대상에 돌려지고 이를 근거로 우리 모두가 공유하는 세속적 믿음
을 위한 존재론적인 구조가 세워지는 것이다.14)

---

9) Hume(1978), p.221.

10) Hume(1978), p.647.

11) "For since all actions and sensations of the mind are known to us by con-
sciousness, they must necessarily appear in every particular that they are, and
be what they appear."(Hume(1978), p.190)

12) Hume(1978), p.244.

13) Hume(1978), p.252.

14) R. McRae, "The Import of Hume's Theory of Time", *David Hume: Critical
Assessments*, vol. III, edited by Stanly Tweyman, Routledge, 1995, p.34.

3. 무시제적 시간관념과 시제적 시간개념

주지하다시피, 모든 관념은 원초적인 인상에 기인한다는 것이 흄의 경험론의 기본 원리다. 그러나 시간관념의 경우에는 이 원리가 적용되지 않는다. 다시 말해, 시간관념은 다른 인상들과 분명히 구별될 수 있는 원초적인 개별적 인상이 아닌 숱한 인상들이 정신에 현상하는 방식인 계기에서 생겨나는 것이다.

　관념들과 인상들의 계기에서 시간관념을 형성한다. 시간이 홀로 현상할 수 없고, 정신이 시간만 알 수도 없다. 깊은 잠에 빠지거나 어떤 생각에 몰두한 사람은 시간을 감지할 수 없으며, 그의 지각들이 서로 빠르거나 느린 속도로 계기함에 따라 바로 그 계기와 동일한 지속기간이 그의 상상력에 길게 또는 짧게 나타난다. … 우리가 계기적으로 지각할 수 없는 모든 경우에 대상의 계기가 실재하더라도 우리는 시간을 짐작조차 할 수 없다. 다른 모든 현상에서와 마찬가지로 이 현상에서 우리가 내릴 수 있는 결론은, 시간이 홀로 또는 고정불변의 대상에 수반되어 정신에 나타날 수 없지만 시간은 언제나 변화할 수 있는 대상들의 지각 가능한 계기에 의해 발견된다는 것이다.[15]

이처럼 시간관념이 개별적인 인상이 아닌 계기하는 인상들로부터 유래된다는 사실[16]은 음의 계기를 통해 설명될 수 있다. 플루트로 연주한 다섯 개의 음은 우리에게 시간의 인상과 관념을 주지만, 시간은 청각이나 다른 감관에 나타나는 여섯 번째 인상이 아니다. 또한 정신이 반성을 통해 그 자신 안에서 발견하는 여섯 번째 인상도 아니다.[17] 정신이 할 수 있는 일은 오직 상이한 음들이 나타나는 방식, 즉

---

15) Hume(1978), p.35.
16) 결과적으로 관념은 변화하는 대상의 계기로부터 나오는 것이 분명하며 시간은 그 최초의 출현에서부터 그러한 계기와 결코 분리될 수 없는 것이다(Hume, 1978, pp.35-36).

음의 계기를 주목하는 것뿐이다.[18] 흄에게 시간은 인상이 정신에 나타나는 방식, 즉 하나의 인상이 다른 인상으로 이어지는 방식인 것이다. 흄은 어떠한 대상도 지속기간을 갖고 있지 않으며 따라서 우리가 갖고 있는 지속기간의 관념은 상상력이 빚어낸 허구일 뿐이라고 생각하지만 순간의 계기로 적절히 이해되는 시간은 분명히 존재하며, 허구가 아니다. 게다가 우리는 비록 앞선 인상으로부터 끌어낸 것은 아니지만 시간에 대한 관념을 갖는다. 또한 어떠한 대상도 시간을 갖고 있다고 말할 수는 없지만 그럼에도 불구하고 대상이 어떤 특정한 시간에 존재한다거나 또는 일정 시간 동안 존재한다는 사실을 인정한다.

그러나 가변적 존재 없이는 시간관념이 유래하는 인상을 보여주는 것은 불가능할지라도, 아직 우리는 우리가 시간관념을 갖는다는 환상을 품도록 하는 그 현상들을 쉽게 지적할 수 있다. 우리 정신에 지각들의 지속적 계기가 있으며, 그러므로 시간의 관념이 우리에게 영원히 현전한다는 것을 우리는 쉽게 살펴볼 수 있다. 5시에 내가 확고부동한 대상을 응시하고 6시에 동일한 대상을 보았을 때, 마치 각 순간들이 그 대상의 상이한 위치나 변화에 의해 구별되는 것과 같은 방식으로 우리는 그 대상에 시간관념을 적용시키기 쉽다.[19]

그러나 이처럼 우리에게 현전하는 계기로서의 시간관념을 인정한다 해도 그러한 시간관념은 무시제적인 관념(a tenseless idea)일 뿐이다. 계기 속에 있는 대상들은 단지 그들 사이에 전(前)과 후(後)가 있을 뿐이며 과거, 현재, 미래와는 무관하다. 다시 말해, 무시제적인 시간관념에는 우리가 일상적으로 이야기하는 현재, 과거, 미래라는 시

17) Hume(1978), p.36.
18) Hume(1978), p.37.
19) Hume(1978), p.65.

제적 시간관념이 함의되어 있지 않다.[20] 과거, 현재, 미래를 구분하는 시제적 시간관념에서 가장 중요한 관념은 바로 자아의 관념과 밀접한 연관을 맺고 있는 '현재'다.

　　분명 상상력은 우리가 존재하는 공간 및 시간상의 위치를 결코 깡그리 잊을 수 없으며, 또한 낯설고 막연한 대상에 관심을 가질 때도 매순간마다 현재를 되새겨 볼 수밖에 없을 정도로 정념과 감관 등을 통해 공간 및 시간상의 위치에 대한 정보를 수용한다.[21]

　　흄에게 있어 자아란 단순히 일련의 사적이며 정신적인 상들의 다발이 아니다. 자아란 본질적으로 공적인 세계와 연관이 되어 있으며, 자아의 관념은 공적인 세계에 대한 언급을 함의한다. 모든 다른 대상들에 대한 지각으로부터 독립되어 있는 자아란 사실상 무(無)이며 바로 그러한 까닭에 우리는 외적인 대상에 눈을 돌려야만 한다.[22] 우리의 정신에는 지각들의 지속적인 계기가 존재하기에 우리는 대상들을 항상 시간적 질서(무시제적인 시간) 속에서 파악한다. 따라서 시간의 관념은 영원히 우리에게 현전한다. 다시 말해, 자의식이 무시제적인 시간에 의해 순서 잡혀진 공적인 대상세계와 내재적으로 연관을 맺음으로써 과거, 현재, 미래의 시제화된 순서로 배열된 대상에 대한 관념을 갖게 되는 것이다.

　　이처럼 자아란 그것 없이는 시간적으로 배치된 대상들에 대한 지각이 불가능하게 되는 이른바 준거점이다. 따라서 시제화된 시간관념은 자아에 대한 본질적 언급을 함의하며 따라서 아무런 자아도 없다면 시제화된 시간도 없을 것이다.[23] 그러나 무시제적인 시간에 대한

---

20) D. W. Livingston, *Hume's Philosophy of Common Life*, The University of Chicago Press, 1984, p.115.

21) Hume(1978), pp.427-428.

22) Livingston(1984), p.117.

관념은 시제화된 시간이 마음에 의존적인 것과는 달리 자아에 독립적이다. 그러므로 로크 식의 일차적 성질과 이차적 성질의 구분을 굳이 흄의 시간개념에 적용하여 말한다면 무시제적 시간은 대상의 일차적 성질로, 시제적 시간은 이차적 성질로 이해할 수 있을 것이다.

요컨대, 시제적 시간이란 정신과 독립하여 계기 가운데 존재하는 대상들의 순서인 무시제적 시간과 더불어 자아를 전제로 하고 있는 것이다. 따라서 어떤 것이 현재 일어나고 있다고 말하는 것은 그 발생과 더불어 그 발생에 대한 우리의 의식이 공존하고 있음을 말하는 것이다. 그러므로 무시제적인 시간관념의 도움을 받아 자의식을 지닌 우리는 어떤 대상이 지금보다 앞서서 일어나면 과거에 일어났다고 말하며 지금보다 나중에 일어나면 미래에 일어났다고 말한다. 이처럼 자아를 준거점으로 하는 시제화된 시간은 시간의 본질이 역사성에 있음을 보여주는 한편 인간존재의 역사의 불가피성을 보여준다.

4. 시제적 시간관과 역사관

흄에 따르면, 인간들의 삶과 행위가 이루어지는 장(場)인 도덕적 세계에서 우리가 경험하는 시간이란 자연철학의 무시제적인 시간이 아니라 바로 자아에 기초한 시제적 시간이다.24) 흄이 자연세계의 물리적인 시간개념과 다른 도덕적 세계의 역사적 시간개념을 분리시켰다는 사실은 역사철학적으로 아주 중요한 사실인데 그 까닭은 흄의 역사관이 바로 이 역사적 시간개념에 기초하고 있기 때문이다.

흄에 따르면, 시간의 관념과 자아의 관념은 항상 상상력에 현존하는 것으로서 자아는 늘 시간 안에서 자신의 위치를 의식하는데 이때 자신의 위치에 대한 자아의 의식이 바로 과거와 미래를 나누는 준거

---

23) Livingston(1984), p.118.

24) Livingston(1984), p.129.

점이 된다.25) 따라서 과거를 다루는 역사 속에서 화자(話者)로서의 역사가 역시 늘 현재를 중심으로 과거를 돌아보기에 역사가는 자신의 현재 위치를 고수하면서 일련의 과거 사건들을 자연적인 계기의 과정에 역행하는 방식으로 즉 사건의 선행 원인을 쫓아가는 방식으로 기술한다. 그러나 우리의 상상력은 미래지향적인 성향을 지니고 있어 미래를 향해 사건을 순서화하는 것이 바로 우리의 자연적인 성향이다.

우리는 시간의 자연적 계기라고 여겨지는 것에 따라서 과거에서 현재로 그리고 현재에서 미래로 나아간다. 이와 같이 우리는 미래를 매순간이 우리에게 더욱 가까이 밀려오는 것으로 표상하며, 과거는 매순간이 우리에게 멀어지는 것으로 표상한다. 그러므로 과거와 미래의 (시간) 거리가 대등하다고 해서 상상력에게 같은 결과를 낳는 것은 아니다. 우리는 과거의 거리가 지속적으로 증대되며, 미래의 거리가 지속적으로 감소되는 것으로 생각하기 때문이다. 공상은 사물의 추이를 내다보며, 현재 조건이라고 간주되는 것과 아울러 그 대상이 향하는 (미래의) 조건 안에서 그 대상을 조망한다.26)

그러나 이처럼 역사가가 우리 상상력이 지닌 자연적 성향에 따라 역사를 서술할 경우 미지의 가능성으로 가득 찬 미래를 끌어들이게 되어 상상의 지나친 작용을 억제하기 어렵게 된다.

사람의 현재 상황은 늘 상상력이 지배하고, 우리는 현재 상황에서 늘 거리가 먼 대상에 대한 생각으로 나아간다. 이 대상이 과거의 대상인 경우에 현재로부터 과거로 옮겨 가는 사유의 진행은 자연에 역행한다. 특정 시점에서 선행 시점으로 나아가고, 또 이 선행 시점에서 다시 이보다 더 선행 시점으로 나아가는 것은 자연의 흐름에 역행하는 것이기 때문

---

25) Livingston(1984), p.130.
26) Hume(1978), p.432.

이다. 반면에 우리의 사유를 미래 대상으로 전환시키면, 우리의 공상은 시간의 흐름을 따라 흐르며 늘 특정 시점에서 그 다음 시점으로 옮겨 가는 매우 자연스러운 순서에 의해 그 대상에 도달하게 된다. 관념들의 이처럼 수월한 진행은 우리가 자연에 역행하는 사고를 할 때보다 더 상상을 부추겨 더욱 강하고 완전한 상상을 하게 만들며 따라서 우리는 공상의 자연적 성향에서 발생하는 난점을 극복해야만 한다.[27]

따라서 변경할 수 없는 과거의 사실을 서술하는 역사가는 미래를 향한 시간의 자연적 순서를 따라가는 서술 방식보다는 과거로 거슬러 올라가는 방식을 선택해야 하는 것이다.

우리는 관념을 배열할 때, 늘 시간의 계기를 따르며, 어떤 대상에서 그 대상 바로 뒤에 나타났던 대상으로 생각을 옮겨 가는 것이 그 대상 앞에 나타났던 대상으로 생각을 옮겨 가는 것보다 더 쉽다. 다른 무엇보다도 역사적 서술에서 우리가 늘 관찰할 수 있는 (시간) 순서를 통해 이런 사실을 알 수 있을 것이다. 오직 절대적 필연성만이 역사가가 반드시 시간 순서를 파괴하도록 할 수 있으며, 역사가의 해설에서 실재로는 다른 사건의 뒤인 사건이 앞서도록 할 수 있다.[28]

이러한 맥락에서 흄은 1754년에 1권이 출판되기 시작해 1762년 6권으로 끝을 낸 『영국사』[29]를 근대에서 과거로 거슬러 가는 방식으로 집필하였다. 특히 흄이 이러한 역사 서술 방식을 선택한 까닭은 역사란 변경할 수 없는 과거의 사실을 다룬다는 점 외에도 시간의 인

---

27) Hume(1978), pp.430-431.

28) Hume(1978), p.430.

29) D. Hume, *The History of England from the Invasion of Julius Caesar to the revolution 1688*, 6 vols., Indianapolis: Liberty Classics Pub., 1985. 1754년에 제임스 1세의 등극으로부터 찰스 1세의 통치시기를 다룬 1권을 출판했으며, 1756년에 제임스 2세의 멸망까지를 다룬 2권을 출간하였고, 1759년에는 튜더 가문에 관한 내용을 집필한 3권과 4권이 출간되었다. 그리고 1762년 카이사르의 침입과 헨리 7세의 등극까지를 다룬 5권과 6권이 출간되었다.

접성이 우리의 상상력에 훨씬 강력하게 영향력을 행사한다고 생각했기 때문이다.

　우리는 공간적으로나 시간적으로 우리와 인접한 만물을 특히 강하고 생생하게 표상하며, 그런 대상이 그 밖의 대상보다 상상력에 월등한 영향력을 미치는데, 그 이유는 간단하다. 우리 자아는 우리에게 직접적으로 현전하며, 자아와 관련된 것은 무엇이나 이런 성질을 공유해야 한다. 그렇지만 어떤 대상이 이런 관계의 장점을 상실할 정도로 (우리와) 멀리 떨어져 있는 경우에, 그 대상이 멀수록 그 대상의 관념도 더욱 희미하고 모호해진다.[30]

　흄은 상상력을 모든 역사적 고찰의 근본 힘으로 간주하며, 우리가 역사적 변천 과정에 관심을 갖는 것은 단순히 합리적인 관심 때문이 아니라 심리적이고 미적인 관심 때문이라고 말한다.[31] 따라서 그는 「역사의 연구에 대하여」라는 글에서 다음과 같이 말하고 있다.

　우리의 상상력이 태고의 시대로 돌아가, 사람들이 더불어 사는 여러 모습을 그려 보고, 학문과 예술의 희미한 싹들을 찾아보고, 정부의 형태나 정책 그리고 우리의 취미와 표현어법이 꾸준히 세련되어 가는 모습을 그려 보고 인간의 삶을 아름답게 꾸미고 장식하는 요소들이 하나하나 완성되어 가는 모양을 볼 때 이보다 더 큰 매력과 즐거움이 어디 있겠는가? 위대한 국가의 탄생, 발전, 쇠퇴, 멸망의 흔적을 추적해 보고, 또 어떤 덕목들이 국가를 융성하게 하였고 어떤 악덕들이 국가를 몰락에 이르게 하였는가를 알아보는 것처럼 즐거운 일이 또 어디 있겠는가? 모든 인류의 삶의 과정을 그 시초로부터 우리 눈앞에 재연시켜 보는 일, 당대의 구경꾼들의 판단을 혼란시켰던 모든 가식들을 제거해 버리고 삶의 진정한 색깔과 모습을 생각해 보는 일, 이보다 더 흥미 있고, 더 다양하고, 더 장대한 일이 또 있겠는가? 우리의 감각기관이나 상상력을 즐

---

30) Hume(1978), p.427.
31) Cassirer, 『계몽주의 철학』, 박완규 옮김, 1985, p.301.

겁게 해주는 데 이보다 더한 것이 어디 있겠는가?[32]

카시러의 설명에 따르면, 흄에게 있어서 역사는 그저 하나의 장관으로서 끝이 난다. 왜냐하면 흄은 더 이상 역사의 깊은 의미와 그 바탕 구조를 밝혀 낼 수 있다고 생각하지 않기 때문이다. 그는 "역사 세계의 사건들을 가장 깊숙한 내면에서 연관시켜 주는 것이 무엇인가?"라는 물음을 포기한다. 역사가로서[33] 그는 자신 앞에 펼쳐 보이는 끊임없는 변화상들을 고정된 '이념'의 틀에 짜 맞추려고 하지 않고, 그저 구체적이고 풍부한 사실 내용을 탐닉하는 것으로 만족해 할 뿐이다.[34]

우리는 있는 그대로의 시간, 즉 무시제적 시간에는 별반 관심이 없다. 우리가 관심을 갖는 도덕적 세계의 범주에 속하는 시간은 자연 안에 존재하는 계기적 대상들의 무시제적인 순서로서의 시간이 아닌 바로 그 시간 안에서 자신의 위치에 대한 느낌과 생각 속에서 반성된 시간, 즉 서사적으로 순서화된 시제화된 시간이다.[35] 바로 이것이 역사가가 관심을 갖는 대상으로서의 시간이다. 흄에게 있어, 과거 사건을 바라보는 역사가의 올바른 관점이란 바로 역사가의 현재이며, 따

---

32) D. Hume, "Of the Study of History", *Essays Moral, Political and Literary*, edited, with foreword & notes by E. F. Miller, Indianapolis: Liberty Classics Pub., 1985, pp.565-566.

33) 흄은 대영백과사전에 철학자가 아닌 역사가로 소개될 정도로 그의 『영국사』의 집필로 영국을 벗어나 전 유럽에서 명성을 얻었다. 『영국사』는 그의 사후 백 년이 넘는 기간 동안 약 50판이 출간되었다.

34) Cassirer(1985), p.302. 흄은 "완전한 역사란 인류의 역사를 구성하고 있는 사건들의 거대한 인과적 사슬들이 가져올 결과를 알고 그것에 비추어 과거와 현재의 사건을 조망하는 숙명적 역사일 것이다."(D. Hume, *An Inquiry Concerning Human Understanding*, Indianapolis: Boobs-Merrill, 1955, p. 34)라고 말한다. 그러나 흄은 이러한 미래에 대한 지식을 얻을 수 없기에 이러한 완벽한 역사를 기대할 수 없다고 말한다.

35) Livingston(1984), p.147.

라서 역사적 객관성이란 자아의 위치에 상대적인 것이 되고 만다. 역사가의 서술적 관점인 현재란 유동적인 흐름이기에 우리가 물리적 대상을 지각할 때 갖는 관점처럼 고정되고 절대적일 수 없으며 결국 역사적 상대주의는 불가피한 것이다.[36)

참고문헌

Hume, D., *A Treatise of Human Nature*, edited, by L. A. Selby-Bigge, 2nd edition , with text revised and notes by P. H. Nidditch, Oxford: The Clarendon Press, 1978.

____, *An Inquiry Concerning Human Understanding*, Indianapolis: Boobs-Merrill, 1955.

____, *The History of England from the Invasion of Julius Caesar to the revolution 1688*, 6 vols., Indianapolis: Liberty Classics Pub., 1985.

____, "Of the Study of History", *Essays Moral, Political and Literary*, edited, with foreword & notes, by E. F. Miller, Indianapolis: Liberty Classics Pub., 1985.

Livingston, D. W., *Hume's Philosophy of Common Life*, The University of Chicago Press, 1984.

McRae, R., "The Import of Hume's Theory of Time", *David Hume: Critical Assessments*, vol. III, edited by Stanly Tweyman, Routledge, 1995.

Leibniz, "Conversation of Philarite and Ariste", *Leibniz: Philosophical Papers and Letters*, edited by L. E. Loemker, Dordrecht, 1969.

---

36) Livingston(1984), pp.140-141.

유한한 인간의 조건으로서의 시간

칸트와 독일이상주의, 하이데거에서 상상력과 시간의 문제

박 진

1. 들어가는 말

시간의 문제는 철학에서 가장 난해한 문제의 하나지만, 유한한 인간에게 있어 "시간의 중요성을 자각하는 것은 또한 지혜의 관문"[1]이기도 하다. 시간은 흔히 수학이나 물리학에서는 양화 계측의 전제가 되는 하나의 독립적 변수로 생각되기도 했다. 그러나 시간은 주관 밖에 독립적으로 존재하는 '무한한 실체'(I. Newton) 내지 그 속성이 아니며, 형이상학적 실체인 '모나드들의 관계질서'(G. Leibniz)도 아니다.[2] 우주에 관한 제1이율배반이 보여주듯이 시간을 주관 독립적인 세계 자체의 성질로 이해할 경우, 세계가 시초를 갖는 유한한 것으로 보든 시초가 없이 무한히 진행하는 것으로 보든, 대립적인 두 주장은 모두 증명 불가능하다. 만일 세계가 시초가 있고 유한하다면 세계 밖에 텅 빈 공허한 시간 내지 무시간적 영원(eternity)을 상정해야 하는

---

1) S. Alexander, *Space, Time and Deity*, vol. I, London, 1927, p.36

2) "Tempus et Spatium non est objectum aliquid et reale, nec substantia, nec accidens, nec relatio", *De mundi*, A 17/A 20.

데, 이는 과학적 관점에서는 독단적 전제일 뿐 아니라 시간과 영원의 관계도 결코 합리적으로 설명될 수 없다. 또 세계가 시초가 없이 무한하다면 세계 자체를 무한한 시간계열의 진행으로 영속(forever)하는 것으로 열어 놓는 것인데, 이런 무한소급은 우주의 나이를 인식할 수 없는 것으로 아예 설명을 포기하는 것이나 다름없다. 그러나 칸트에게 있어 세계 자체는 이념이며, 이는 모든 이론적 탐구가 지향하는 목표점으로 생각될 수밖에 없는 한 포기될 수 없는 것이지만 결코 대상으로서 인식될 수 없는 한계 개념이기도 하다. 따라서 이를 경험의 대상처럼 인식하고자 하는 시도는 불가피하게 가상에 직면하게 된다. 그럼에도 사람들은 마치 진상을 인식한 듯한 착각에 빠져 서로 소모적인 이율배반적 논쟁에 휘말린다. 때문에 형이상학은 아직도 "끝없는 논쟁의 싸움터(der Kampfplatz der endlosen Streitigkeiten)"(A XIII)로 남아 있는 것이다.

칸트에 의하면 시간은 결코 인간의 주관과 무관한 객관적 실체나 현상과 독립된 우주 자체의 질서로서 인식될 수 없다. 오히려 시간은 유한한 인간의 주관에 내재된 감성적 의식의 형식이요 주관이 세계를 만나는 근원적 질서이자 조건이다. 서로 잇달아(nacheinander) 진행하는 지금의 연속인 시간은 세계를 보고, 듣고, 체험하는 인간 주관이 경험의 내용들을 감각적으로 받아들이고 질서 지우는 근본적인 방식이다. 시간은 세계를 바라보는 인간의 경험 속에서 감각적 내용들을 모두 제거하고라도 남는 순수한 봄(순수 직관)이며, 이렇듯 시간의 질서는 유한한 인간의 보편적 조건이기도 하다. 시간이 주관적 의식 안에 내재화된 근본 형식(감성의 순수 형식)으로 이해되는 한, 주관 관련성, 즉 관념성을 지닌다. 이러한 "시간의 관념성의 원리는 초월철학의 열쇠다."[3]

---

3) I. Kant, *Opus postumum*, hrgs. von E. Adickes, Berlin, 1920, S.639.

따라서 시간이 감성적 주관의 의식 형식으로 이해되는 한, 감각 독립적인 사물 자체의 형식으로 간주될 수는 없다. 그러나 감성의 조건인 시간은 바로 그런 이유에서 또한 감성적으로 경험 가능한 현상세계의 기본적 질서이기도 하며, 시간은 나타나 보이는 대상의 대상성을 규정하는 조건이기도 하다. 따라서 시간은 객관적 실재성을 지닌다. 나아가 이런 현상세계의 기본 형식인 시간을 '양'의 범주에 의해 선험적으로 규정하고 한정한 것(양의 범주의 도식)이 바로 '수'다. 따라서 순수 직관인 시간은 시간의 양적 계측을 통해 성립하는 수학의 가능근거가 된다. 이렇게 시간의 객관적 실재성과 선험적 시간 규정으로서 수의 본질을 이해하는 것은, 왜 오늘날에 이르기까지 수학이 인간이 경험하는 모든 현상에 타당하게 적용될 수 있는가라는 물음에 대한 설득력 있는 대답을 제시할 수 있게 만든다.

그러나 오늘날 학문세계는 물론 일상적 삶의 영역에까지 철저하게 침투하여 사용되는 컴퓨터와 계산적 사고의 맹목적 지배는 경계되어야 한다. 왜냐하면 수학은 단지 현상의 보편적 조건인 시간을 오직 양적으로 규정하는 데 기초하고 있는 것이며, 따라서 사물 자체나 예지적 인격에까지 적용될 수 있는 절대적 진리가 아니기 때문이다. 이제 철학적 사유가 부딪치는 근본적인 난제는 '시간'의 근원과 자아와의 관계 문제다. 시간이 주관 독립적인 형식이 아니라 주관의 질서 형식으로 이해된다면, 자유로운 인격인 자아 자체 그리고 자의식과는 어떤 관계에 있는가? 즉 동일한 나의 내부에서 의식되는 감성적 수용의 형식인 시간의식과 자아의식의 관계는 무엇인가? 도대체 시간의식과 자의식의 근원은 무엇이며 양자의 관계는 어떻게 이해되어야 하는가? 이 물음은 시간과 영원의 관계와 마찬가지로 이론적인 탐구를 통해서 결코 완전한 답을 제공할 수 없는 형이상학의 근본적인 난제다.

따라서 궁극적인 질문인 시간과 자아의 문제를 이 글의 마지막 절에서 알아보기로 하고, 여기서는 먼저 유한한 감성의 조건인 시간의 성격에 대해 살펴보기로 하자.

2. 감성의 조건으로서의 시간

1) 촉발과 직관

유한한 인간에게 있어서, "모든 인식은 경험과 더불어(mit der Erfahrung) 출발한다."(B 1)는 것은 의심할 수 없는 사실이다. 왜냐하면, 대상과 만나 그것과 합치됨으로써 성립하는 인간적인 인식은 감각적인 경험을 통해서만 대상과 직접(unmittelbar) 관계 맺을 수 있기 때문이다. 그런데 이러한 대상과의 직접적인 관계 맺음의 방식은 우리 스스로가 대상을 산출(hervorbringen)해 냄에 기인하는 것이 아니라, 대상이 우리에게 주어짐(gegeben werden)에 의존한다. 따라서 우리가 경험의 가능성을 문제 삼을 때 가장 먼저 주목해야 할 것은 우리에게 '대상의 주어짐'이다. 우리에 대한 '대상의 소여성'의 구조에는 두 계기가 필수적이다. 즉, 첫째, 우리를 자극하고(rühren), 촉발하는(affizieren) 어떤 것(etwas)과 둘째, 자극되고 촉발됨으로써 인상(Eindrücke)을 받아들이는 우리의 인식 능력이 그것이다. 우리의 일상적인 경험에 있어서는 항상 우리의 관심이 전자, 즉 우리를 자극하는 어떤 것으로 향하기 마련(intentio recta)이고, 그것을 있는 그대로 받아들이는 것처럼 여긴다. 그러나 이제 그런 경험의 가능성을 우리가 반성해 볼 때(intentio obliqua) 우리의 관심은 오히려 후자로 향하게 된다. 왜냐하면 어떤 것의 주어짐은 이미 우리의 수용하는 능력에 제약됨을 깨닫게 되기 때문이다. 따라서 칸트가 '감성론(transzendentale Ästhetik)'에서 문제 삼고 있는 것은 인간의 유한한 수용 능력(感性)과 고유한 작용 방식(直觀)이며, 사물 자체가 아니라 우리의 수용

196

방식에 의해 제약되어 주어지는 사물(現象)이다.

이렇듯 "대상이 주어짐은 적어도 우리 인간에게 있어서는(uns Menschen wenigstens) 대상이 어떤 방식으로든 마음(Gemüt)을 촉발함으로써만 가능하다. 대상에 의해 촉발되는 방식으로 표상을 얻는 능력, 즉 수용성(Rezeptivität)을 감성(Sinnlichkeit)이라고 부른다. 따라서 감성을 매개로 대상(현상)이 우리에게 주어지며, 감성만이 우리에게 직관을 준다."(B 33)

이때, '표상' 또는 '직관'이란 말은 두 의미4)를 지닐 수 있다. 즉, 그 작용(intendere)의 측면과 작용된 결과(intentum)의 측면이 그것이다. 그렇다면 이제 감성적 직관 작용(das Anschauen)에 의해 직관된 것(das Angeschaute)은, 우리 인식을 이루는 또 하나의 요소인 지성의 사고 작용(das Denken; das Begreifen)에 의해 사고된 것(das Gedachte)과는 어떻게 구별되는가?

"모든 인식은 직관(intuitio)이거나 개념(conceptus)이다. 이때, 직관은 단일한 표상(repraesentatio singularis)이며, 개념은 일반적인 표상(repraesentatio per notas communes) 내지 반성된 표상이다."5) 즉, 직관은 대상의 촉발에 기인하는 한, 대상과 직접 관계하는 개별적이고 단일한 표상인 데 반해, 개념은 간접적으로(mittelbar) 여러 대상들에 공통적인 징표를 매개로 우회적으로(im Umschweife)만 대상과 관계 맺는 일반적 표상이다. 따라서 "인식이 어떤 방식으로, 또 어떤 수단을 통해 대상과 관계 맺는다고 할지라도, 그것을 통해서 인식이 대상과 직접 관계 맺고 수단으로서의 모든 사고가 목표 삼는(abzweckt) 것은 직관이다." 그러나 직관은 적어도 유한한 인간에게 있어서는 대상의 촉발에 의존하는 감성적 직관일 수밖에 없다. 따라서 "모든 사

---

4) M. Heidegger, *Phänomenologische Interpretation von Kants Kritik der reinen Vernunft*, Frankfurt a. M., 1977, S.84.

5) I. Kant, *Logik*, §1.

고는 … 직관에 관계하며, 결국 우리 인간에게 있어서는 감성과 관계한다."(B 33)

칸트는 대상과 직접 대면할 수 있는 유일한 통로로서의 직관에 대한 강조와 함께 인간적인 직관의 수용적 대상 의존성을 부각시키고 있다. 즉, 칸트의 반성 속에서, 인식이란 대상과의 필연적인 연관으로 규정되는 한에서6) 직관은 모든 인식에 필수적인 요소를 이루며, 사고에 앞서는 무게를 지닌다. 또한 인간의 유한한 직관의 성격을 규정함에 있어, 칸트는 전혀 다른 종류의 직관 방식을 염두에 두고 있다. 그것은 전통적으로 무한한 신적 인식의 이념과 결부된 "근원적인 직관(intuitus originarius)"(B 72)이다. 그러므로 직관과 사고, 감성과 지성의 이원성에 의해 특징지어진 인간적 인식의 본질 규정은 지적 직관인 신적 인식과의 단적인 구별을 통해 성취된다.

이때, 근원적 직관이란 직관 작용 속에서 직관된 것을 현존상 산출해 내는 창조적 활동을 말한다. 이는 직관을 통해 "직관 대상의 현존(das Dasein des Objekts der Anschauung)을 주는", 다시 말해 자신의 "표상 작용에 의해 동시에 표상의 대상이 실존했을"(B 39) 근원적 존재자의 직관 방식을 말한다. 이에 반해 유한한 존재자의 파생적 직관(intuitus derivativus)(B 72)은 "대상의 현존에 의존하며, 따라서 주관의 표상 능력이 대상에 의해 촉발됨으로써만 가능한" 직관이다. 즉 이는 이미 있는 존재자로부터의 영향(Wirkung)을 받아들이는 수용적 감성적 직관 작용이다. 그리고 이때 직관되는 직접적이고 단일한 표상들은 그때그때 존재자로부터 파생되어 주어지는 감각된 내용을 포함한다. 이렇듯 "감각을 통해 대상에 관계하는 직관"을 경험적(B 34)이라고 한다면, 우리의 경험적 직관에 마주치는 그때그때의 대상들은

---

6) 칸트는 연역론에서, 인식을 "주어진 표상들의 한 대상에 대한 일정한 관계"로서 정의한다(B 137). 또, *Logik* §1에서는, 인식이란 "의식적으로 한 대상에 관련된 표상들"로서 규정된다.

있는 그대로의 사물이 아니라, 우리에게 나타난 바의 현상일 뿐이다. 그러나 이렇듯 우리의 직관이 대상의 주어짐에 의존하는 수용적 직관이며, 또 직관되는 내용이 출처상 우리 밖의 현존하는 사물로부터 파생된 것이라 할지라도 그것의 주어짐이 적어도 소여들을 일정한 관계 속에 정돈하는 우리의 직관 방식에 제약되는 한에서 일종의 아 프리오리(a priori)한 요소를 간취해 낼 수 있지 않을까?

"모든 현상의 질료는 오직 후험적으로 주어지지만 그러나 그 형식은 모든 질료에 대해 선험적으로 마음속에 이미 놓여 있음에 틀림없고, 따라서 모든 감각으로부터 분리시켜 고찰될 수 있다."(B 34) 그런데 주의해야 할 것은 이런 '질료와 형식'의 분리는 스콜라 철학자들이 말하는바, 한갓 개념적으로 생각해 볼 수만 있는 '논리적 구별(distinctio rationis)'이 아님은 물론, 공간적으로 분리된 독립적인 두 사물들 사이에 성립하는 것과 같은 '실재적인 분리(distinctio realis)'를 의미하는 것으로 오해되어서도 안 된다는 점이다. '감성과 지성', '직관과 사고'의 구별은 유기체적인 본성을 지닌 이성의 인식활동의 구조에 대한 반성에 기초한 구분이며, 필자는 이런 구별은 둔스 스코투스(Duns Scotus)의 '양태적 내지 형상적 구별(distinctio formalis a parte rei)'과 연관지어 해석될 때 의미가 좀 더 올바로 드러날 수 있다고 본다.7)

---

7) 필자가 쓴 「칸트에 전해진 중세 스콜라철학의 유산」, 『칸트연구』 4, 한국칸트학회, 1998, pp.13-83 참조. 흔히 발견되는 개론서나 철학사 저술들 속에서 칸트의 인식 형식들은 색깔 있는 '안경'에 비유되곤 하는데, 이는 질료와의 실재적인 분리를 연상시키기 때문에 오해의 소지가 있는 부적절한 비유(Analogie)라고 생각된다. 오히려 필자가 보기에는, 헤겔이 철학사 속에서 칸트의 시간과 공간을 '입'과 '이(齒)'에 비유하고 인식의 질료를 음식물에 비유한 것이 인식의 유기적인 성격을 말해 주는 한 더 적절한 비유라고 본다(G. W. F. Hegel, *Vorlesungen über die Geschichte der Philosophie* III, S.563 참조). 즉 칸트에 있어 인식의 형식들은 비유컨대 유기체인 이성의 본성으로부터 형성되고 산출된 것이다. 따라서 결코 사실적으로 이해되어서는 안 되겠지만 여기서 인식

그런데 칸트는 '감성론'에서, 감각 내용을 전혀 포함하지 않는 순수한 표상들인 "감성적 직관 일반의 순수 형식은 마음속에서 선험적으로 만나지게 될 것이다."(B 34)라고 서술하고 있다. 그러나 이렇듯 모든 현상의 질료적인 내용이 도외시되더라도 남을 수 있는 순수 형식적 요소들이란 무엇을 말하는가? 도대체, 감각 내용을 전혀 포함하지 않은 순수 형식이 어떻게 마음속에서 선험적으로 만나질 수 있는가?

2) 시간의 초월적 관념성

칸트는 '감성론'에서 시간과 공간이 경험적 직관으로부터 추상된 일반 개념이 아니라, 그 자체 순수한 직관임을 해명한다. 그런데 경험적 직관과는 달리 순수 직관은 현존하는 대상의 촉발 없이도, "마음속에서 선험적으로 생겨나(a priori im Gemüt stattfindet)"(B 35), "모든 현실적 지각에 앞서 우리 안에서 만나져야만 한다."(B 41) 그러나 이렇듯 그 원천상 경험으로부터 유래되지 않은 직접적이고도 단일한 표상이 어떻게 우리 안에서 생겨나, 선험적으로 마주쳐질 수 있는 것일까? 도대체, 유한한 인간의 마음속에 순수 직관과 같은 것

활동을 소화 작용에 비유한다면, '음식물'은 감성적 직관의 재료인 '감각'에 해당하며, 음식물을 최초로 흡수하는 '입'은 수용성인 '감성 능력'에, 입에 들어온 음식물을 맛보고 씹는 '혀'와 '이'의 기능 방식이 직관의 형식인 '시간', '공간'에 해당되겠고, 이렇게 '맛보고 씹힌 음식물'이 아직 완전히 소화[규정]되지 않은 <일차적 의미의 현상>에 해당한다. 소화기관인 '위'는 '지성 능력'에 해당하고, 위산과 위액을 분비하며 일차적으로 다져진 음식물을 완전히 분해하여 영양소별로 분류 흡수하는 '위의 작용 방식'이 사고의 형식인 '범주'에 해당하겠고, 이렇게 소화되어 영양분으로 몸에 '흡수 동화된 음식물'이 범주에 의해 완전히 규정된 <엄밀한 의미의 현상>이라고 할 수 있다. 나아가 유기체인 인간의 모든 기관들에 영양분과 산소가 담긴 피를 공급해 줌으로써 활력을 불어넣어 주는 중심기관인 '심장'은 종합 일반의 능력인 '상상력'에 비유될 수 있다.

이 발견될 수 있는가?

칸트는 이 문제를 자기촉발(Selbstaffektion)에 의해 해명한다.[8] 칸트는 이런 자기촉발의 실례로 마음의 '주목' 작용을 들고 있다. 즉 "내감이 우리 자신에 의해 촉발된다는 견해를 사람들이 어째서 그토록 어렵다고 하는지 나는 알지 못하겠다. 모든 주목 작용(Aktus der Aufmerksamkeit)이 이에 대한 실례를 우리에게 제공해 줄 수 있다." (B 157 Anm.)

그러나 '감성론'의 주석(§6)과 『유고』에서와 달리 재판의 연역론 (§24, 25)에서 칸트는 자기촉발의 주도적인 능력을 상상력이 아닌 지성에게 귀속시키려는 듯한 마음의 동요를 보여주고 있다. 즉 "지성은 상상력의 종합이라는 이름하에 수동적인 주관[감성]에 영향을 미친다."(B 154)거나 "지성이 내감을 촉발함으로써 다양의 결합을 산출한다."(B 155)고도 하고 "지성은 주목 작용에 있어 지성이 생각하는 결합에 따라 항상 내감을 규정하여 내적 직관에 이르게 하며, 이런 내

---

8) 자기촉발과 시간, 그리고 상상력의 종합작용과의 관계에 대해서는 필자의 다음 글 참조(박진, 「선험적 구상력과 시간」, 『철학논구』14집, 1986, pp.125-146). 칸트가 제시하고 있는바, 시간형성적인 상상력에 의한 모상(Abbildung) 내지 포착(Apprehension), 재상(Nachbildung) 내지 재생(Reproduktion), 예상(Vor-bildung) 내지 인지(Rekognition)의 3중의 종합은 후설이 현상학적인 반성을 통해 제시하고 있는바, 의식의 현재 지향(intentio), 과거 파지(retentio), 미래 예지(protentio) 작용과의 유사성이 발견된다(E. Husserl, *Zur Phänomenologie des inneren Zeitbewußtsein*(1893-1917), Husserliana Bd. X, 1966, S.64f.). 이렇듯 시간의 근원적 형성을 주관의 의식 내부에서 근거 지우려는 '시간의 의식 내재화'의 시도는 이미 아우구스티누스가 『고백록』11권에서 영혼의 3방향으로의 분산지향(distentio), 즉 직관(contuitus), 기억(memoria), 기대(expectatio) 작용에 의해 현재, 과거, 미래의 시간의 3양상이 근원적으로 생겨난다는 반성적인 통찰 속에서 그 철학사적 연원을 살펴볼 수 있다(이에 대한 상세한 해명은 소광희, 『시간의 철학적 성찰』, 문예출판사, 2001, pp.271-308). 상상력의 3중의 종합과 현재, 과거, 미래의 시간지평의 산출과의 연관성에 대해서는 하이데거의 해석을 참조할 것(M. Heidegger, *Kant und das Problem der Meta-physik*, Frankfurt a. M., 1977, §33, S.165-181; *Phänomenologische Interpretation von Kants Kritik der reinen Vernunft*, §24, S.326-385).

적 직관은 지성의 종합 활동 속에서 다양에 대응하는 것이다. 일반적으로 마음이 주목 작용에 의해 얼마나 잘 촉발되는지는 각자가 자기 안에서 지각할 수 있을 것이다."(157 Anm.)라고 하는 등, 상상력의 독자성을 부인하고 오히려 지성의 자발성을 강조하려는 듯한 애매한 표명을 하고 있는 것이다. 이런 흔들리는 입장의 표명은 칸트가 초기 사고 속에서 모순율을 제1원리로 하는 전통 논리학의 입장에 대해 비판적인 태도를 표명하고 동일률을 모순율에 앞세워, 동일률과 자의식의 종합 통일과의 연관된 해석의 여지를 남겨 놓았던 것과 달리 『순수이성비판』에서는 다시 모순율과 동일률을 동일시하는 전통 논리학의 입장을 수용하는 듯한 흔들림 속에서도 나타난다. 그러나 이와 달리 『유고』에서 칸트는 좀 더 적극적으로 자기촉발이 상상력의 작용임을 밝히고 있다.

"공간과 시간은 … 그것을 통해 주관이 스스로를 현상으로서 촉발하고, 따라서 자신의 대상을 무한한 것으로 표상하는, 직접적, 무매개적, 원초적 직관들이다."9) 즉, "주관은 스스로를 순수 직관 속에서 정립하고 자신을 대상으로 만든다."10) 따라서 공간과 시간의 표상은 "주관 자체의 작용(ein Akt des Subjekts selbst)으로 상상력의 산물(Produkt der Einbildungskraft)이다."11) 그것은 "주관이 스스로를 촉발함으로써 스스로 만든 직관"12)이며, 파생적인 표상이 아니라 "근원적 표상들(repraesentatio originaria)"이다. 즉 "시간과 공간은 우리의 고유한 상상력의 원초적 산물들(primitive Produkte unserer eigenen Einbildungskraft)이며 따라서 스스로 창조된 직관들(selbst geschaffene Anschauungen)이다."13)

---

9) *Opus postumum*, S.618.
10) Ibid., S.636.
11) Ibid., S.639.
12) Ibid., S.654.

202

하나의 전체로서, 무한히 주어지는 "근원적 시간 표상"(B 48)은 외적 사물의 촉발 없이도, 마음 스스로의 촉발에 의해 내적으로 생겨날 수 있다. 이는 "대상의 현재 없이도 직관할 수 있는 능력"(B 151)인 상상력의 근원적인 제시(exhibitio originaria)의 기능[14])이 감각소여에 의존함이 없이 자발적으로 직관 가능한 것을 줌에 기인한다. 이렇듯 "표상들을 정립하는 자신의 활동성에 의해(durch eigene Tätigkeit)" (B 68) 마음이 모든 감각적으로 주어지는 표상들의 정립(定立)에 앞서, 스스로에게 미리 주는 이 어떤 것은 "그 속에서만 다양한 인상들이 정돈되고, 일정한 관계 속에서, 정립될 수 있는"(B 34) 직관의 순수 형식이다. 이는 엄밀한 의미의 대상이나 사물이 아닌 한 넓은 의미의 무(無)요, 말하자면, "상상물(ens imaginarium)"(B 348)이다. 이렇듯 상상력의 생산적 활동에 의해 선험적으로 주어지는 다양이 서로서로 잇달아(Nacheinander)와 서로서로 곁에(Nebeneinander)의 관계 표상으로서, 우리의 직관 방식인 시간과 공간의 순수 직관이다.

이러한 순수 직관으로서의 "시간과 공간은 어떤 실체도 아니며, 사물 자체의 속성이나 관계도 아니다. 그것은 도대체 사물 자체에 속하는 객관적 규정이 아니다(Tempus et Spatium non est objectum aliquid et reale, nec substantia, nec accidens, nec relatio)."[15]) 즉, 시간과 공간이라는 순수한 표상은 그 원천을 주관 속에 지니는 것인 한,

---

13) Ibid.. S.654.

14) *Anthropologie*, §28. 칸트는 「인간학」 강의에서 '형성능력'으로서의 '상상력'을 '대상의 현재 없이도 직관하는 능력'으로 규정하고(§15), 수용성과 자발성을 공유하는 '직관적 제시의 능력'으로서, 두 측면을 지니는 것으로 설명한다. (1) 앞선 경험적 직관을 현전화(Vergegenwärtigung)하는 작용으로 이를 재생적 상상력의 파생적 제시기능(exhibitio derivativa)이라고 하고, (2) 생산적 상상력에 의한 상(像)을 자유롭게 제시하는 근원적 제시기능(exhibitio originaria)과 구별한다(H. Mörchen, *Die Einbildungskraft bei Kant*, Tübingen, 1970, S.17f. 참조).

15) *De mundi*, A 17/A 20.

"인간적인 인식 능력의 본성으로부터 필연적인 주관적 조건일 뿐이다(subjectiva conditio per naturam mentis humanae necessaria)."[16] 이런 순수 직관은 현상들의 다양을 규정하는 자신의 활동에 주목함으로써 "근원적으로 획득된다(acquisitio originaria)."[17] 즉, 시간·공간의 표상은 경험적 직관이나 일반 개념처럼 대상에 대한 경험으로부터 파생적으로 획득된(acquisitio derivativa) 것이 아니라 "나 자신으로부터 성립시킨 것"[18]인 한에서 "내 안에서" 스스로 발견할 수 있는 "근원적으로 획득된 표상"이다.

이렇듯 순수 직관으로서의 시간·공간은 그 근거를 주관 속에 지니는 한, 관념성을 지닌다. "시간과 공간의 관념성의 원리는 초월철학의 열쇠다."[19] "직관의 관념성의 원리는 우리 밖의 사물들에 대한 모든 우리의 의식의 근저에 놓여 있다. 즉, 우리는 대상들을 있는 그대로 주어지는 것으로 지각(apprehensio simplex)하지 않으며, 오히려 그 형식에 관한 한, 주관이 감관의 대상의 다양을 스스로 창조해 준다."[20] 따라서 시간과 공간이 감성의 주관적 조건으로서, 단지 우리에게 주어지는 현상의 다양을 질서 지우는 형식적 원리임을 도외시한 채, 이를 사물 자체의 조건으로서 주관과 독립적으로 실재하는 것으로 간주한다면, 그것은 무(無)요, 아무런 실질적 의미를 지닐 수 없는 한, 한갓된 주관의 상념물로서 "초월적 관념성"(B 43)을 지닐 뿐이다. 다시 말해 공간·시간은 감각적으로 주어져 우리에게 나타나는 대상을 초월해 사용할 때는 아무것도 아니다.

이로써 뉴턴(I. Newton)이 주장했던바, 그 자체로서 존립하는 무한

---

16) Ibid.

17) *Über eine Entdeckung*, A 70.

18) *Rechtslehre*, §10 참조. Vaihinger, *Kommentar zu Kants Kritik der reinen Vernunft* II, S.92.

19) *Opus postumum*, S.639.

20) Ibid., S.645.

실체로서의 절대적 시공간(tempus et spatium, verum et mathemati-cum)²¹⁾은 거부되며 시공의 초월적 실재성은 부정된다. 즉 "절대적 시간 또는 절대적 공간이란 없다. 여기서 순수 직관이란 어떤 [감각적으로] 직관되는 것을 의미하는 것이 아니라, 현상에 선행하는 순수 형식적 조건을 뜻한다. 절대적 시간이란 공허한 직관일 뿐이다."²²⁾ 칸트는 비록 뉴턴 물리학의 가능한 경험과 밀접하게 연관된 실험적 방법을 상상력에 의한 능동적 활동을 강조하는 코페르니쿠스적 전회 속에 사고실험[가능한 경험의 조건에 관한 초월적 반성]의 방법으로 변형시켜 수용하고 있지만, 공간과 시간을 궁극적으로는 "신의 감각 기관(sensorium Dei)"으로 간주하는 뉴턴의 독단적인 철학적 전제를 거부한다. 만일 "공간을 그 자체 실재하는 것(ein Wesen an sich)으로 간주한다면 스피노자주의(Spinozismus)가 불가피하다."²³⁾ 스피노자에 의하면 세계의 부분들은 신의 부분들이다. "공간은 신이요 유일하게 모든 곳에 현재적이다(Der Raum ist die Gottheit; er ist einzig, allgegenwärtig)." "공간 밖에는 아무것도 생각될 수 없고 모든 것은 공간 속에 있다." 칸트는 이렇듯 스피노자의 사변적 공간관 내지 세계관을 개념의 '분배적 보편성'을 직관의 '종합적 보편성'으로 바꿔치는 사기에 의해 생겨난 기만적인 가상이라고 비판한다.

그러나 "직관의 한갓된 형식은 그 자체 아무런 대상도 아니며, 단지 순수 공간이나 순수 시간처럼 (현상으로서의) 대상의 한갓 형식적 조건일 뿐이다. 이것들은, 물론 직관하는 형식으로는 어떤 것(etwas)이기는 하지만, 그 자체가 [감각적으로] 직관되는 대상은 아니다."(B 347) 이렇듯, "대상이 없는 공허한 직관"을 칸트는 넓은 의미의 무

---

21) I. Newton, *Philosophia naturalis principia Mathematica*, Def. VIII, Scholium I.

22) R. 5377 XVIII, 166(cf. Erdmann, *Reflexionen* II, 413).

23) I. Kant, *Metaphysik*, 전집 XXVIII. 2. 1, S.567.

(無) 가운데 하나로서 분류하고,24) 이를 '상상물'로서 간주한다. 즉, "시간과 공간은 우리 자신의 상상력의 원초적인 산물들이며, 주관이 자기 스스로를 촉발함으로써 그 자체 창조된 직관들이다."25) 이로써, 우리의 직관 형식인 시간과 공간의 근원적 주관성이 노정된다. 그렇다면, 우리는 이제 이런 감성적 직관의 형식인 시간과 공간이 어떻게 선험적 종합 인식의 토대가 될 수 있는지, 즉, 시간과 공간을 "종합적이면서도 선험적으로 규정함"(B 40)으로써 성립하는 순수 수학의 가능성에 대한 고찰로 나아가기로 하자. 또한 한갓 주관의 규정일 뿐인 순수 직관이 어떻게 현상의 규정으로서 객관적 실재성을 지닐 수 있는지를 살펴보아야만 한다.

3. 현상의 조건으로서의 시간

1) 연속량과 분할량

우리의 직관 형식인 시간과 공간은 "무한히 주어지는 크기"(B 39)로 표상된다. 이때, '무한한 크기'란 일정한 크기를 단위로 하여, 이런 부분들을 계속적으로 부가함으로써 산출되는 수(數) 계열의 끝없

---

24) 칸트는 '반성 개념' 장의 주석 말미에서, 무(無, nihil) 일반을 네 가지로 분류한다.
   (1) 대상이 없는 공허한 개념(ens rationis)
       무모순적이지만 대응하는 직관 없이 사고된 개념 ex) 근원력
   (2) 개념의 공허한 대상(nihil privativum)
       대상이 결핍(부족)된 개념 ex) 그림자, 추위
   (3) 대상이 없는 공허한 직관(ens imaginarium)
       한갓된 직관의 형식 ex) 시간, 공간
   (4) 개념이 없는 공허한 대상(nihil negativum)
       자기모순적인 개념의 대상 ex) 둥근 사각형
25) *Opus postumum*, XXII, S.37.

는 진행을 의미하는 것이 아니다. 오히려, 무한한 크기란 모든 부분적인 제한이나 양적 규정에 앞서, 선행적으로 주어지는 순수 다양의 "유일한 전 포괄적"(A 25) 지평을 말한다. 즉, "무한한 크기"로서의 순수 직관은 모든 제한된 부분들에 앞서, 이미 "그 근저에 놓여 있는 유일한 전체"로서 표상된다. 따라서 모든 일정한 시간 양[예를 들어 1시간, 하루, 1년]이나 공간 양[예를 들어 1km, 3ℓ, 5m³]은 유일한 전체 시간과 공간의 제한에 의해서만 성립할 수 있다. 이렇듯 하나의 전체로서 무한히 주어지는 순수 직관은 개별 표상(경험적 직관)들로부터 추상된 개념의 보편성처럼 상이한 개별자들을 자기 아래(unter sich) 포섭하는 것이 아니라, 오히려 모든 시간과 공간의 동종적인 부분들을 자기 안에(in sich) 지닌다.26) 즉, "그 속에서 모든 양이 비로소 규정될 수 있는 크기는 여러 부분들에 관해 무규정적이고 연속적이다(unbestimmt und continuum). 즉, 그것은 시간과 공간이다."27) 그러므로, 우리의 직관 방식인 순수 직관 속에서 보이는 것은 연속량(quantum continuum)으로서의 시간과 공간이다. 이러한 연속량으로서의 순수 직관은 현실적인 지각의 대상처럼 주제화되어 파악되는 것은 아니지만, 그렇다고 단적인 무(無)도 아니다. 그것은 대상에 대한 우리의 현실적인 지각과 함께 기능하며, 감각소여들이 그 속에서 질서 지어지는 가능한 관계들의 무한한 지평이다. 즉, 시간과 공간은 우리의 경험적 직관을 구조적으로 가능케 하는 직관의 순수 형식으로서, 그 자체 비대상적, 비주제적으로 보이는 위, 아래, 옆(neben)과 방금 전(soeben), 지금(jetzt), 다음(nach) 등의 순수 다양의 연속적 관계 전체다.

---

26) I. Kant, *De mundi*, §14, §15 "Idea temporis est singularis, non generalis." "conceptus spatii est singularis repraesentatio omnia in se comprehendens, non sub se continens notio abstracta et communis."

27) R. 5846 XVIII, 369(cf. Erdmann, *Reflexionen* II, 1038).

그런데 우리는 이렇듯 비대상적, 비주제적인 직관의 형식을 마치 대상인 듯이 주제화하여 규정할 수 있다. 칸트는 이런 규정 활동을 그 자체 무규정적으로 주어지는 순수 다양인 직관의 형식과 구별하여, 형식적 직관(formale Anschauung)이라 부른다. 즉, "대상으로서 표상된 공간은 (기하학에서는 이를 현실적으로 필요로 하는바) 직관의 한갓된 형식 이상의 것을 포함하고 있다. 말하자면, 감성의 형식에 따라 주어지는 다양을 하나의 직관적 표상으로 총괄함(Zusammenfassung der Mannigfaltigen)을 포함하고 있다. 따라서 직관의 형식은 한갓 다양만을 주지만, 형식적 직관은 표상의 통일을 준다."(B 161 Anm.) 직관의 형식은 무한한 크기인 연속량으로 우리에게 주어지며, 순수 다양의 전 포괄적 지평으로 그 자체로서는 무제한적이며 무규정적이다. 이로써, 선험적 종합의 토대가 마련된다. 즉 순수 수학의 가능성은 모든 양적 계측의 토대로서, 무한히 주어지는 연속량인 순수 직관을 전제한다. 왜냐하면, 모든 일정량이란 이런 연속량의 제한에 의한 분할과 합성에 의해 동종적인 단위들의 통일로써 성립하기 때문이다. 이렇듯 전체에 선행하는 부분들의 추후적인 결합에 의해 성립하는 일정량을 우리는 합성량 또는 분할량(quantum discretum)이라고 부를 수 있다. 이는 모든 크기적인 것 일반의 지평으로 미리 주어지는 직관 형식을 토대로, 그 속에서 이루어지는 가능한 분할과 결합으로서의 "형식적 직관" 작용에 의해 산출된다. 칸트는 이런 형식적 직관 작용을 상상력의 "계기적 종합(sukzessive Synthesis)"(B 204)이라고도 부르며, 이렇게 산출된 양은 "연장량(extensive Größe)"이라고 부른다.

"공간과 시간은 연속량이다. 왜냐하면, 그것의 어떤 부분도 한계(점과 순간) 내에 둘러싸임이 없이는 주어질 수 없고, 따라서 이런 부분 자체가 다시 한 공간이거나 시간이기 때문이다. 따라서 점과 순간은 공간과 시간을 제한하는 위치일 뿐이며, 이런 위치는 자신이 제한하고 규정해야 할 직관(전체 시간·공간)을 전제한다.”(B 211) 이렇듯, 연속량으로서의 전체 공간을 제한함으로써, 얻어진 위치(점)를 단위로 삼아, “부분의 표상이 전체의 표상을 가능케 하는 (따라서, 필연적으로 부분이 전체에 선행하는) 양을 나는 연장량이라 부른다. 예컨대 아무리 작은 선(Linie)이라고 할지라도, 내가 그것을 생각 속에서 그어 보지 않고서는 다시 말해 한 점으로부터 모든 부분들을 차례대로 산출해 내고, 그리하여 선의 직관을 그려 봄이 없이는 어떠한 선도 나는 표상할 수 없다.[28] 이런 사정은 아무리 짧은 시간(kleinste Zeit)에 있어서도 마찬가지다. 즉, 나는 이 경우에도 단지 한 순간으로부터 다른 순간으로의 계기적인 진행을 생각한다. 이를 통해 모든 시간의 부분들이 부가됨으로써, 일정한 시간량이 산출되는 것이다.” (B 203) 따라서, 연장적인 크기로서 일정한 양을 인식하기 위해서는, 내가 연속량의 제한에 의해 얻어진 동종적인 단위를 “부분에서 부분으로 계기적으로 종합(sukzessive Synthesis)”함이 필요하다. 칸트는 이런 종합을 상상력의 “형상적 종합(figürliche Synthesis; synthesis speciosa)”(B 151)이라고 부른다. “연장성의 수학”인 기하학의 가능성은 “형태들의 산출에 있어”(B 204), 이런 상상력의 형상적 종합, 즉 도식화에 근거하고 있는 것이다. 나아가 모든 수학적 인식의 가능성이 이러한 형식적 직관 작용에 기초한다. 왜냐하면, 수학의 고유한 대상은 양의 범주가 도식화된 수이며 수(Zahl)란, “하나(동종적인 단위)에다 하나를 계기적으로 더해 가는 작용을 총괄하는 표상”(B 182)일 따름이며, 따라서 수란 “동종적인 직관 일반의 다양의 종합적 통일(Einheit der Synthesis des Mannigfaltigen einer gleichartigen An-

---

28) 칸트는 이렇듯 “개념에 상응하는 대상을 직관 속에서 그려 보는 활동”을 “개념의 구성(Konstruktion)” 작용이라고 부른다(*Logik*, A 23). 따라서 수학적 인식은 이런 개념의 구성에 기초한 종합적 인식이며, 개념에 상응하는 대상의 구성이 감각적 직관이 아닌 순수 직관 속에서 이루어지는 한 “선험적 종합인식”이다.

schauung überhaupt)"(B 182) 이외 다름 아니기 때문이다. 이렇듯 "직관 일반에 있어 다양한 동종적인 것들의 종합적 통일의 의식이 하나의 대상의 표상을 가능케 하는 것인 한에서 양의 개념이다."(B 303)

즉 상상력은 결합의 주도 표상인[29] 양의 범주에 따라, 크기적인 것 일반의 지평인 순수 직관을 종합적이고도 선험적으로 규정함으로써 일정한 양을 산출해 낸다. 따라서 "수학적 인식은 양에만 관계할 수 있고 양의 개념만이 구성(Konstruktion)될 수 있다."(B 742) 이로써, 우리의 직관 형식인 시간과 공간을 양의 범주에 따라 "종합적이고도 선험적으로 규정함"으로써, 다시 말해 양의 범주를 도식화함으로써 성립하는 순수 수학의 가능성이 해명된다. 그러나 수학적 인식이 이렇듯 우리 감성의 주관적 조건에 기초하고 있다면, 그 객관적 타당성은 어떻게 확보될 수 있는가?

"우리가 공간 일반에 관하여, 또는 생산적 상상력이 공간 속에서 그리는 형태에 관해 현실적으로 아무런 경험도 필요로 함이 없이 종합판단에 있어 선험적으로 매우 많은 것을 인식한다고 하더라도 만일 공간이 외적 경험의 재료인 현상들의 조건으로 간주될 수 없다면, 이런 인식은 무의미하며, 단지 두뇌의 허구와 놀고 있는 것일 뿐이다."(B 196) 따라서, 수학적 명제들의 현상 적용의 가능성은 모든 수학적 인식이 그에 기초하는바, 우리의 직관 형식들(시간과 공간)의 객관적 실재성이 입증될 수 있음을 근거로 해서만 가능한 것이다. 그렇다면 우리의 감성 형식인 시간과 공간이 어떻게 "현상 일반의 가능조건"으로서 객관적 실재성을 지닐 수 있는가 ?

2) 시간의 객관적 실재성

우리 감성의 주관적 조건인 공간과 시간은 각각 외감의 형식과 내

---

29) M. Heidegger, *Die Frage nach dem Ding*, Frankfurt a. M., 1962, S.158.

감의 형식으로서 기능한다. 즉, 외감의 형식으로서의 공간은 형태(Gestalt), 위치(Lage), 색(Farbe), 딱딱함(Härte)과 같은 외감의 소여가 그 속에서 정돈되는 위, 아래, 옆 등의 관계들(nebeneinander)의 전체를 선행적으로 준다. 따라서 나는 예컨대, 내 앞의 둥근 탁자 위에 놓인 한 송이 붉은 장미꽃을 공간적인 질서 지움 속에서 지각할 수 있다. 그러나 우리는 전혀 공간적인 형태나 크기를 지니지 않은 대상들도 내적으로 지각할 수 있다. 그것은 욕구나 기대, 기쁨과 슬픔과 같은 '우리 마음의 내적 상태들'이다. 예컨대, 나는 방금 전에 들려온 경적 소리에 깜짝 놀라 잠에서 깼지만, 지금 듣고 있는 바흐의 푸가 선율에 마음의 안정을 되찾아 이 글을 쓰면서, 앞으로 서술해야 할 이 장의 마지막 부분에 대한 구상을 가다듬고 있다. 이런 현상들의 경험 속에서 선행적으로 비주제적으로 보이는 것은 방금 전(soeben), 지금, 곧이어와 같은 서로서로 잇달아(nacheinander)의 관계 표상들이다. 따라서 시간은 내감의 형식으로 "우리 자신과 우리의 내적 상태를 직관하는 형식"(B 49)이며, "우리의 내적 상태에 있어 표상들의 관계를 규정하는 내적 직관의 형식"(A 37)이다. 이로써, 우리의 직관 방식인 공간과 시간이 각각 '외적 현상의 형식'과 '내적 현상의 형식'으로 할당된다. 그러나 칸트는 이렇듯 현상의 두 영역에, 우리의 두 직관 형식을 병렬적으로 대응시킴에 머물지 않고, "시간이 모든 현상 일반의 선험적 형식적인 조건"(B 50)이라는 테제를 주장한다. 그렇다면, 이런 주장의 근거는 무엇인가?

공간은 외적 직관의 형식으로서, 우리의 외감에 주어지는 외적 현상에만 그 타당성이 제한된다. 그러나 우리에게 나타나는 모든 현상은 단지 표상으로서 우리에게 주어지는 것이며, 또한 모든 표상들은 마음의 변양(Modifikation des Gemütes)으로서 주관의 심적 상태인 내감에 속하는 것인 한에서는, 표상으로서의 모든 현상은 내감의 형식인 시간에 필연적으로 종속할 수밖에 없다. 따라서 "시간은 모든 현상 일반의 선험적인 조건이다." 즉 "시간은 내적 현상의 직접적 조건인 동시에, 바로 그런 이유로 해서 또한, 간접적으로는 외적 현상의 조건이 된다."(B 50)

여기서 그 구체적인 예를 들어 보기로 하자. 내가 도로 옆의 가로수들을 따라 걸을 때, 연이어 나타나는 가로수들에 특별히 주목하지 않고 이런저런 상념에 젖어 그저 스쳐 지나칠 경우, 이렇게 가로수 길을 따라 걷는 동안 물론 가로수에 관한 일련의 인상들을 순차적(nacheinander)으로 얻겠지만, 이때 직관적으로 보인 내용이란 가로수들의 형태, 위치, 색 등의 연속적인 다양의 전체에 관한 표상으로 경험적 직관의 '무규정적인 대상'[일차적 의미의 현상]의 지각일 뿐, 아직 몇 그루의 나무였는지, 무슨 종류의 나무였는지 등이 범주적으로 규정된 엄밀한 의미의 대상 인식이라고 보일 수 없는 것이다. 즉 이런 무규정적인 다양의 연속을 일정한 양으로 규정하기 위해서는, 길을 따라 걸으면서 우리에게 보이는 가로수들에 주목하여(intentio) 지금 주어지는 나무의 모습을 포착(apprehensio)하고, 방금 전에 주어진 나무의 인상을 다시 떠올려(reproductio) 간직하고(retentio) 지금의 것과 비교하여 앞으로 만날(protentio) 인상이 동일한 것인지를 확인(recognitio)하는 방식으로, 우리가 의식적으로 한 그루의 나무를 단위로 도로변의 나무들을 통일하는 의식(apperceptio) 속에서 차례차례 모두 몇 그루인지 세어 보아야 한다. 이렇게 얻은 표상이 "이 도로변의 가로수는 포플러 나무이고, 모두 50그루다."와 같은 경험 판단으로 표현될 수 있는바, 범주적으로 규정된 대상[엄밀한 의미의 현상] 인식이다. 이는 앞에서 살펴보았듯이 상상력의 '계기적인 종합'을 매개로 하는 나의 의식의 통일 활동에 의해 이루어진다. 그런데 이렇듯 외감에 주어지는 현상들을 단순히 지각함에 있어서나 범주적으로 규정하여 인식함에 있어서 시간의 형식은 필수적으로 전제되는 것이다. 왜냐하면 외감에 주어지는 가로수들의 형태, 위치, 색 등의 인상들이

위, 아래, 옆의 공간적인 위치지음(Nebeneinander) 속에 지각되기 위해서도 그때그때 주어지는 표상들이 이미 내 마음속에 순차적으로 (Nacheinander) 시간질서 속에 정리됨을 필요로 하기 때문이며, 또 이런 무규정적 다양들을 양의 범주에 의해 규정하기 위해서도 연속적인 시간의 분할을 통해 어느 한 시점(Zeitpunkt)에서 지각된 대상을 계측의 출발점, 즉 단위로 삼아 계속 부가함으로써 마지막 시점에 지각된 대상에까지 마음속에서 더해 나가야 할 것이기 때문이다.[30]

따라서 감성적 직관의 한갓 주관적 조건일 뿐인 외감의 형식(공간)과 내감의 형식(시간)은 바로 그런 질서(Nebeneinander와 Nacheinander) 속에서만 사물이 우리에게 나타나는 한, 모든 현상의 가능 제약으로서 객관적 실재성을 지닌다. 즉, 시간과 공간은 한갓 마음의 규정일 뿐 아니라, 우리에게 나타나고 우리가 경험하는 모든 사물의 규정인 한에서, 그것은 현상세계를 가능케 하는 제1의 내적 근거다.

4. 시간과 자아 : 피히테, 셸링, 하이데거에서 상상력 문제

내적 직관의 형식인 "시간을 [외적 직관의 형식인 공간 속에서] 우리가 선을 그어 보는 한에서, 직선의 형태 하에서만 표상할 수 있다." (B 156)는 사실이, 공간에 대한 시간의 내면성과 근원성을 부인하는 것은 아니다. 왜냐하면, 여기서 칸트의 의도는 시간이 곧 직선의 표상과 동일하다는 것을 의미하는 것이라기보다는, 오히려 우리가 마음속에서 선을 긋는 활동을 주목해 볼 때, 이런 공간적인 형태[직선]의 구성 활동에 필수적으로 전제되는 시간의 선험적 형식이 비로소 명시적으로 이해될 수 있음을 의미하는 것이기 때문이다. 따라서 베르그송(H. Bergson)의 오해와는 달리 칸트의 시간론이 일면적으로 '분

---

30) G. Böhme, *Philosophieren mit Kant*, Frankfurt a. M., 1986, S.65 참조.

량시간(temps quantité)', '공간화된 시간'만을 유일한 시간이라고 주장하는 것으로 오해되어서는 안 된다. 왜냐하면 이런 양화된 수학적 계측의 토대로서 주어지는 '근원적 시간 표상'은 자기촉발에 의해 모든 양적인 규정에 앞서 내감의 형식으로서 자아 자체로부터 산출되어 주어지는 것인 한, 공간보다 더 주관적이요 내면적인 것으로서 공간에 대한 우위가 뚜렷이 드러나기 때문이다.

이렇듯 시간이 양화 계측에 의한 객관적 규정에 앞서 인간 주관의 내면적 형식이라는 것이 드러난다면, 이제 시간의 근원은 무엇이며, 시간을 그 형식으로 갖는 감성은 도대체 어디에서 발원한 것인가라는 근본적인 물음에 직면한다. 이러한 물음은 궁극적으로 자아의 근원적 원천과 주관의 주관성의 본질에 대한 회피할 수 없는 관심에서 유래하는 것이다. 자아의 내면적 능력인 감성과 지성이 유래한 공통된 근원은 무엇인가? 시간의식과 자의식의 관련성은 어떻게 이해되어야 하는가?

칸트는 우리 인식 능력이 이질적인 감성과 지성, 수용성과 자발성으로서 구별되지만 양자는 "알려지지 않은 공통된 뿌리"(B 29, B 863)로부터 유래했을 것이라고 암시적인 언급을 하고 있다. 그러나 이는 단지 개연적인 추측일 뿐 우리는 "사물의 내면을 결코 통찰하지 못한다."(B 333) 이론 인식의 관점에서 예지력이 허용되어 있지 않은 유한한 인간의 인식 능력은 자아 자체의 궁극적 근거를 또한 통찰할 수 없다. 칸트는 이 문제에 대해 다음과 같이 단호하게 말한다.

"이러한 초월적 문제는 자연을 초월해 있기 때문에 비록 전 자연이 우리에게 노정되었다고 하더라도 저 초월적인 문제에 대한 답을 우리는 도저히 할 수 없을 것이다. 우리는 우리 자신의 마음까지도 이것을 우리 내감의 직관에 의하는 이외의 직관에서 관찰하는 일이 허용되어 있지 않기 때문이다. 실로 우리 마음속에 인간 **감성의 근원의 비밀**(das Geheimnis des Ursprungs)이 있다. 감성의 객관에 대한 관계와 이 양자를 통일하는 **초월적 근거**(der transzendentale Grund dieser Einheit)는 의심할 여지없이 매우 깊은 곳에 숨겨져 있기 때문에 우리 자신도 내감에 의해서만, 따라서 현상으로서만 아는 우리는 비록 현상의 비감성적 원인을 탐구하고 싶어 하지만 우리의 탐구에 대한 매우 졸렬한 도구를 항상 현상 이외의 것을 발견하기 위해서 사용할 수는 없는 것이다."(B 334)

그런데 칸트가 인식의 영역에서 제한하고자 했던 가능한 경험의 한계를 넘어 자아에 절대성을 부여함으로써 자연의 산출을 설명하고자 한 피히테에게서는 자아와 대립하는 '비아'로서의 자연, 즉 사물의 "실재성의 산출"은 그 자체 능동적인 반성 이전의 무의식적인 "**상상력의 활동**"이라고 설명되고 있다.[31] 피히테는 그의 주저 『모든 학문론의 기초』(1794/95)에서 자아(Ich)와 비아(Nicht-Ich)의 절대적 대립으로부터 출발한다. 그는 양자의 관계를 "종합적 절차(das synthetische Verfahren)"를 통해 규정하고자 시도한다. 여기서 그는 자아와 비아, 무한성과 유한성, 활동성과 반성, 규정성과 피규정성을 매개하는 "중간항(Mittelglieder)"[32]을 도입한다. 이것이 바로 상상력이다.

"우리는 두 측면 중 어느 한 측면만을 반성해서는 안 되며 오히려 두 측면을 동시에 반성해야 하며, 이념의 대립된 두 규정들 사이의 한가운데서 유동해야 한다. 이는 바로 창조하는 상상력이 하는 일이며, 이 상상력은 확실히 모든 인간의 부분이다. 왜냐하면 상상력 없이는 우리는 단 하나의 표상도 갖지 못할 것이기 때문이다. 그러나 모든 인간이 … 상상력을 자신의 자유로운 사용 능력 안에 가지고 있는 것은 아니다. 우리가 정신을 가지고 철학하는가, 아니면 정신이 없이 철학하는가는 이

---

31) J. G. Fichte, *Grundlage der gesammten Wissenschaftslehre*(1794), in: I. H. Fichte(hg.), *Fichtes Werke*, Bd. I, Berlin, 1971, 228f.

32) *J. G. Fichte-Gesamtausgabe der Bayerischen Akademie der Wissenschaften*, hg. von R. Lauth und H. Jacob, Stuttgart-Bad Cannstatt 1962, Abt. I, 1. Bd., 51.

상상력의 능력에 달려 있다. 학문론은 결코 단지 문자만으로 전달될 수 없으며 오직 정신에 의해서만 전달될 수 있는 그런 종류의 것이다. 왜냐 하면 학문론의 근본이념은 그것을 연구하는 각자에게 창조적인 상상력 자체에서 산출되어야 하는 것이기 때문이다. 인간 정신의 모든 과업은 상상력에서 출발하지만 상상력은 상상력에 의하지 않고는 달리 이해될 수 없는 것이므로 인간 인식의 최후 근거에까지 들어가는 인식을 다루 는 학문론은 그럴 수밖에 없는 것이다."[33]

"생산적 상상력의 놀라운 능력(das wunderbare Vermögen der produktive Einbildungskraft)"[34]은 양자의 한계선상에서 서로 절대적으로 배타적인 두 대립자들을 비교하기 위해 양자를 동시에 "확보(festhalten)"하고, 두 대립자들 사이에서 "유동하며(schweben)", 양자를 "자극하고(berühren)", 또 양자에 의해 "영향 받는다." 상상력은 양자와의 관계 속에서 일정한 내용과 일정한 연장(延長), 즉 시간과 공간을 산출한다. 그것이 "직관(Anschauen)"[35] 즉 활동적 의미에서 "바라봄(ein Hinschauen)"[36]이다. 여기서 "표상의 연역"이 이론철학의 핵심 문제가 된다. 표상의 실재성은 생산적 상상력으로부터 성립하며, 지성 속에 자리 잡는다. "상상력을 통해서가 아니라면 어떤 것도 지성 속으로 들어올 수 없다."[37] 그럼에도 우리들은 상상력을 종종 무시하곤 한다.

---

33) J. G. Fichte, *Grundlage der gesammten Wissenschaftslehre*(1794), in: I. H. Fichte(hg.), *Fichtes Werke*, Bd. I, Berlin, 1971, 284.
34) *J. G. Fichte-Gesamtausgabe der Bayerischen Akademie der Wissenschaften*, hg. von R. Lauth und H. Jacob, Stuttgart-Bad Cannstatt 1962, Abt. I, 2. Bd., 353.
35) Ibid., 2. Bd., 367.
36) Ibid., 2. Bd., 371 Anm.
37) Ibid., 3. Bd., 188. 이 명제는 전통적으로 유명한 명제 "감성 속에 미리 있지 않았던 어떤 것도 지성 속에는 없다(nihil est in intellectu, quod non antea fuerit in sensu)."에 대한 초월철학적 해석으로 보인다.

"항상 거의 무시되는 이런 능력이 바로 끊임없는 반대 명제로부터 하나의 통일성을 엮어 내는 능력 — 즉 서로 지양하는 두 계기 사이에 개입하여 그 둘을 보존하는 능력 — 이다. 이것이 곧 생과 의식, 특히 계속되는 시간계열로서의 의식을 가능하게 해주는 것이다."[38]

상상력은 인간 의식의 통일의 조건이다. 상상력으로부터 "인간 의식의 모든 메커니즘(der ganze Mechanismus des menschlichen Bewußtsein)"[39]이 설명될 수 있는 가능성이 열린다. 따라서 상상력은 인간에게 있어 "우리 의식의, 우리 삶의, 우리 존재의 가능성(die Möglichkeit unseres Bewußtseins, unseres Lebens, unseres Seyns)"[40]으로 특징지어질 수 있다. 피히테에 있어 상상력은 실천철학 속에서도 핵심적 기능을 수행하며, 필연성과 자유, 이론철학과 실천철학을 매개하는 중요한 기능을 수행한다. 인간의 무한한 욕구와 의지는 상상력에 의해 형상화된 세계(die eingebildete Welt), 즉 이념적 세계로 향해 있다. 행위는 규정 가능한 것으로부터 규정된 것으로 나아감이며,[41] 이때 규정 가능한 것의 능력이 바로 "자아의 행위 가능성"[42]을 의미하는 상상력이다. 피히테는 그가 정신(Geist)과도 동일시했던 생산적 상상력(produktive Einbildungskraft)의 능력을 인간에게서 가장 중요한 능력으로 간주했다. 이런 피히테의 생각은 궁극적으로 자연을 자아의 산물로 간주하는 한, 자발성이나 자유를 자연으로부터 박탈했

---

38) J. G. Fichte, *Grundlage der gesammten Wissenschaftslehre*(1794), in: I. H. Fichte(hg.), *Fichtes Werke*, Bd. I, Berlin, 1971, 205.

39) *J. G. Fichte-Gesamtausgabe der Bayerischen Akademie der Wissenschaften*, hg. von R. Lauth und H. Jacob, Stuttgart-Bad Cannstatt 1962, Abt. I, 2. Bd., 353.

40) Ibid., 2. Bd., 369.

41) J. G. Fichte, *Nachgelassene Schriften*, 2. Bd., hg. von Hans Jacob, Berlin 1937, 555. cf. D. Schärfer, *Die Rolle der Einbildungskraft in Fichtes Wissenschaftslehre 1794-95*, Phil. Diss. Köln, 1967.

42) Ibid., 565f.

다는 점에서 셸링에 의해 비판되고 있지만, 초기 사유 속에서 셸링이 자연을 무의식적인 정신으로 이해하는 것과 연속성을 발견할 수도 있을 것이다.

셸링의 초월적 관념론의 체계 속에서 정신과 자연, 자유와 필연은 동일한 실재의 상이한 굴절 작용이다. **정신과 자연**은 발전 과정 속에서 서로 연결되며 하나의 **유기체적인 통일**을 이룬다. 그의 체계 속에서 세계의 발전 과정은 최초에 예술가의 창작 과정과 유사하게 **무의식적 필연성과 의식적 자유가, 재료와 형식이, 물질과 정신이 함께 유기적으로 조화롭게 창조되는** 것으로 그려지기 때문이다. 예술은 자유와 필연의 완전한 조화이며, 미는 유한자 속에서 무한자를 반영한다. 셸링의 주저 『초월적 관념론의 체계』(1800) 속에서 **상상력은 자아와 비아, 이념과 실재, 이론과 실천을 매개하며 이념을 산출하여 현실화**하는 그의 철학 체계 내에서 중요한 기능을 수행한다. 따라서 자유를 행사함에 있어 **이성은 상상력으로서 규정된다.**[43] 즉 상상력은 자유와 필연, 무한 및 유한의 의식 사이에 존재하는 욕구 속에서 "유동하는 활동성"이다.[44]

"이런 모순들과 더불어 그 중심에 무한성과 유한성 사이에서 유동하는 **활동성**이 성립해야 한다. 우리는 이 능력을 상상력(Einbildungskraft)이라고 부른다. ⋯ 상상력은 무한성과 유한성 사이에서 유동하며, 이론적인 것과 실천적인 것을 매개하는 활동성이다. ⋯ 예술의 산물들(Produkte der Art)은 개념들에 대립시켜 사람들이 이념들(Ideen)이라 부르는 것이며, ⋯ 이념들은 무한성과 유한성 사이에서 유동하는 단지 상상

---

43) 비슷한 생각이 1797년경의 글 속에서도 발견된다. *F. W. J. Schellings sämtliche Werke*, 14 Bde. in 2 Abteilungen, hg. von K. F. A. Schelling, Stuttgart 1856-1861, 1. Abtlg., 3. Bd., 559.

44) F. W. J. Schelling, *Briefe und Dokumente*, Bd. I, 1775-1809, hg. von Horst Fuhrmans, Bonn, 1962, S.70. 1796년 셸링의 '체계' 기획 안에서도 상상력은 중요한 능력으로 등장하고 있다.

력의 대상들이다. … 따라서 이러한 이념들은 오직 **상상력의 산물들**이며, 이는 유한한 것도 무한한 것도 산출하지 않는 [오히려 양자를 매개하고 조화롭게 일치시켜 동일성을 산출하는] 그런 활동성의 산물이다."45)

철학은 예술과 마찬가지로 '**생산적 능력**'에 기초하며 양자의 차이는 단지 생산적 힘의 '상이한 방향'에 근거한다. 철학에 있어서 생산력은 '안으로' 향한다면, 예술에 있어 생산은 '밖으로' 향한다. **상상력은 동일성을 포착하는** '**지적 직관**(intellektuelle Anschauung)' 속에서 작용하며, 또한 **시적인 창작 능력**(Dichtungsvermögen) 속에서도 **활동적**이다.46) 살아 있는 자연은 신의 아름다움의 모상(Abbild)이요, 우주 안에 우주를 기초하고 있는 원리가 **신의 창조 활동**이다. 이와 유비적으로 예술은 상상력에 의해 무한한 이념을 실재로 객관화하여 실현하는 형상화에 기초한다. 이런 사태에 가장 적절히 들어맞는 독일어 단어 '**상상력**(Einbildungskraft)'은 실제로 모든 창조가 그에 기초하는바, **내적으로 통일시켜 형성**(Ineinsbildung)하는 힘을 의미한다. 셸링의 예술철학은 인간의 **예술창작의 과정을 신의 관점, 창조의 관점**과 유비적으로 이해하고 있으며, 때문에 그에게는 상상력이나 천재의 개념이 중요한 것으로 등장한다.

칸트에서 **상상력**은 주로 직관과 사유, 감성과 지성을 인식론적으로, 심미적으로 매개하고 조화시키는 역할에 무게가 주어지지만, 셸링에 있어 상상력은 **자연**(Natur)**과 정신**(Geist)**의 '근원적 활동성'**으

---

45) F. W. J. Schelling, *System des transzendentalen Idealismus*(1800), Hamburg: Felix Meiner, 1992, S.229

46) Ibid., S.20. 우리는 여기서 정신의 활동성과 관련된 서구 형이상학의 오랜 전통과 조우한다. 즉 플라톤에 있어 최고의 인식작용인 직관적 관조(noesis), 아리스토텔레스에서 순수 현실성인 신의 자기사유(noesis noeseos), 칸트가 유한한 인간 이성에게 허용하지 않았지만 이성적 존재 일반에게 그 가능성을 부정하지 않은 근원적 직관(intuitio originaria), 피히테가 신의 자기인식과 유비시킨 인간의 자의식의 활동성이 그것이다.

로서 존재론적으로 변형되게 되며, 형이상학적 의미에서 자연과 이성, 객체와 주체, 인식과 행위, 필연과 자유, 실재와 이념, 무의식과 의식 등 모든 대립 항들을 생동하는 전체에 대한 직관 속에서 통일하는 힘으로 이해된다. 그런데 이런 상상력의 확대된 기능에 대한 통찰은 이미 칸트의 『형이상학 강의』의 영혼론 속에 나타난 투영(Gegen-bildung) 능력과 이념을 산출하는 완성(Ausbildung)의 능력 속에 그 싹을 지니고 있는 것이다.47) 이런 상상력의 형이상학적 의미는 노발리스 등 낭만주의자들에게 계승되며 이제 상상력은 자연과 정신, 이론과 실천, 이를 매개하는 인간의 예술 안에서 스스로 현시하는 창조적이고 생산적인 힘 자체와 동일시된다. 따라서 "자연, 예술 그리고 인간의 인식"은 모두 "창조성의 형식들"로 현시된다.48) 상상력은 유한자가 무한자의 '상징(Symbol)'이 되는 방식으로 무한자를 유한자 속에서 표현하는 능력이다. 셸링의 예술철학은 낭만주의적 세계관 속에서 예술과 철학이 공통적으로 상상력을 핵심으로 공유하고 있고, 상상력을 매개로 예술과 철학이 합일될 수 있음을 보여준다.

오늘날 하이데거는 이러한 독일 이상주의의 전통에 대한 구체적인 언급이나 연관을 표명하고 있지 않음에도 불구하고, 피히테와 셸링의 견해와 유사하게 감성(시간)과 지성(자의식)의 "알려지지 않은 공통적인 뿌리"(B 29)를 유한한 인간의 '초월(Transzendenz)'을 형성하는 (bilden) '초월적 상상력(transzendentale Einbildungskraft)'으로 해석한다. 즉 시간의식과 자의식은 동일한 근원(상상력)에서 발원하는 '자발적 수용성'(순수 직관)이자 '수용적 자발성'(순수 사유)이며, 유한한 인간의 '순수 감성적 이성'의 통일적 본질을 형성한다. 인간은 세계

---

47) I. Kant, *Vorlesungen über die Metaphysik*, Darmstadt, 1975, S.141ff.

48) A. Braeckman, "From the work of art to absolute reason: Schelling's journey toward absolute Idealism," in: *The Review of Metaphysics*, Vol. 57, Issue 3, 551ff., March 1, 2004.

를 바라보고 수용하는 감성적 존재이자 자발적으로 생각하는 지성적 존재이며, 과거, 현재, 미래의 시간의 흐름 속에서 살아가는 존재이자 예지적, 인격적 존재이기도 하다. 그러나 감성과 지성, 현상의 형식인 시간과 예지계의 형식인 자유가 어떻게 관계 맺는가?

실존의 관점에서 볼 때 세계의 근본 형식이자 인간 실존의 근본적 조건인 시간과 자유는 결코 별개의 사물처럼 분리될 수 없다. 왜냐하면 양자는 비록 이론적 관점에서 구별되며 근원을 명확히 인식할 수 없음에도 불구하고, 감성적 존재이자 예지적 존재인 인간 실존의 방식 속에서 양자는 서로 공속해야 할 것이기 때문이다. 마치 바다(현상계)와 하늘(예지계)이 구별됨에도 서로 맞닿아 있고, 끊임없이 흘러가는 바다의 물결(시간)과 항상 동일한 수평선(자의식)이 서로 연결되어 있듯이 양자는 인식의 관점에서 구별되지만(不相雜), 존재의 차원에서 분리될 수 없다(不相離). 만일 양자가 단절된 두 세계로 전혀 관계 맺지 않는다면 시간의 흐름 속에서 경험하는 예지적 인격의 나타남이란 불가능할 것이며, 현상적 세계 속에서 체험하는 인간의 성격들은 인격의 자유로운 표현으로 간주될 수 없을 것이기 때문이다.

그렇다면 시간과 자유의 매개는 어떻게 가능한가? 하이데거는 시간의식과 자기의식을 분리된 두 형식으로 남겨 두지 않고 창조적인 상상력의 종합작용을 매개로 양자를 동일시하는 해석의 모험을 감행한다. 하이데거는 인간 이성의 두 줄기인 감성과 지성의 뿌리를 상상력으로 해석하며, 초월적 상상력을 또한 근원적 시간으로 해석한다. 따라서 그는 전통적으로 인간의 본질로 여겨져 온 '이성'을 무시간적인 개념적 사유의 능력이 아니라 지금 여기 실존하는 '현존재'로 대체하고, 탈자성에 초점을 맞춰 자기성의 본질인 '자유'를 '시간성'으로 해체하는 실존론적 해석의 모험을 감행한다. 그러나 이런 해석은 인간의 유한성과 그 조건인 시간성을 명료히 드러내 주는 반면, 인간의 또 다른 측면인 무한성과 영원성의 측면, 즉 예지적 인격의 측면을 상대적으로 소홀히 하는 문제점을 지닌다. 그러나 인간 '이성'의 뿌리로서 상상력(imaginatio)의 초월적 도식(σχῆμα) 작용을 부각시키는 그의 해석은 유한한 감성적 존재임과 더불어 신의 형상(imago Dei)을 닮은 인간의 창조성을 드러내 준다는 점에서 그의 사유 안에 그리스도교의 오랜 전통과의 깊은 유대가 여전히 남아 있음을 보여준다.49)

---

49) 칸트에서 사고와 직관이라는 이질적인 양자를 매개하여 "개념을 감성화(개념에 상응하는 대상을 부여하는 활동)"하고, "직관을 지성화(직관을 개념하에 가져가는 작용)"하는 이중운동 속에서 유동하는 상상력의 도식작용은 개념적으로 그 구조를 명확히 파악할 수 없는 것이다. 즉 도식작용 속에서 드러나는 <초월적 진리>는 스스로를 완전히 드러내지 않고 다른 한편 스스로를 은폐한다. 때문에 칸트는 "현상들과 그 형식에 관한 우리 지성의 도식작용은 인간 영혼의 깊이에 숨겨진 기술이다. 우리가 이 기술의 참된 기량의 본성을 측량하여 그것을 숨김없이 눈앞에 드러내 보여주는 일은 어려울 것이다."(B 181)라고 말하고 있다. 이렇듯 질료를 규정하는 활동 속에서 형식과 질료를 동화시키고 적응시키는 상상력의 도식작용은 개념에 의미를 부여하는 의식의 지향활동(intentio)으로 해석될 수도 있다. 도식작용은 말하자면 초월적인 주관의 "초월적인 손[상상력]이 대상의 구조를 선험적으로 기술하는 활동이다."(F. Kaulbach, "Schema, Bild und Modell nach den Voraussetzungen des Kantischen Denkens", in: *Kant Zur Deutung seiner Theorie von Erkennen und Handeln*, hrsg. von G. Prauss, S.108) 주목할 것은 칸트가 『형이상학 강의』에서 설교의 예를 들고 있다는 점이다. 즉 성직자가 설교를 할 때 인용하는 "성경 구절(der Text der Predigt)"은 "외부로부터 주어진 재료(materia ex qua)가 아니다." "외부로부터 주어진 재료"는 아마도 일상적인 사례나 생활 속의 체험 내용이 될 것이고, 성직자가 설교 시 선택한 성경 말씀은 설교를 함에 있어 "규정 활동 자체 속에 있는 질료(materia circa quam)"요, "그것을 통해 하나의 사물[사례]에 형식이 부여되는 생각(die Gedanken, wodurch einer Sache die Form gegeben wird)"이다. 즉 성경 말씀은 설교 활동을 구조 지우는 '도식(Schema)'으로 기능한다. 진정 감동을 주는 설교였다면 형식은 아마도 '성령'이 될 것이고 '규정된 질료(materia in qua)'는 성령에 의해 감화되어 성경 말씀과 사례가 잘 어우러진 감동적인 설교 내용이 될 것이다. 『형이상학 강의』속에서 칸트가 형식에 의한 질료(質料)의 규정 활동, 즉 도식작용을 설명하기 위해 들고 있는 '설교'의 예를 통해 칸트의 반성 속에 기독교 신앙의 전통이 깊이 자리하고 있음을 보게 된다. 헤겔은 칸트의 '도식론'에서 이질적인 두 요소인 감성과 지성의 대립의 변증법적 '지양'과 통일의 계기를 간취하고 "이 결

하이데거에 의하면 참된 실존은 탈존(Ek-sistenz)이다. 탈존이란 존재의 빛 안에서 현존재인 인간이 자기를 열고 유한한 자기 밖으로 나아가는 자유로운 초월의 존재방식이며, 존재의 소리에 응답하여 세계를 형성하는 창조적 존재방식을 뜻한다. 신이 세계 자체를 무로부터 창조하듯이, 신의 형상(imago Dei)을 닮은 인간의 초월적 상상력은 우리에게 나타나는 현상세계의 형식인 시간지평을 자발적으로 형성(자기촉발)하고 질서 지우는(도식화) 힘을 갖는다. 시간은 감성적 인간이 존재의 빛 안에서 예지적인 자아 자체로부터 촉발되며 규정되는 형식이다. 따라서 자유로운 자아의 의식이 곧 세계의 형식인 시간을 창조하는 자발성의 의식인 한, 유한한 인간에게 자의식과 시간의식은 등근원적이라고 볼 수 있다. 이는 이론적 태도 속에서 대상화된 자아인식이 아니라, 실존적 차원에서 양심의 소리에 따른 자유로운 결단 속에서 밝혀지는 시간과 자유의 매개다.

하이데거에 의하면 현존재인 인간은 존재의 빛 안에서 자유롭게 결단(Entschloßenheit)하며 미래를 앞당겨 기투(Entwurf)하는 지금 이 순간 과거의 부채를 떠맡고 자기를 초월해 나간다. 따라서 미래, 현재, 과거의 시간지평을 형성하는 인간의 시간성은 인간 실존의 근원적 본질인 '자유(Freiheit)'와 일치한다. 자유롭게 "~을 향해 밖으로 나가는"[50] '탈자적' 성격(ἔκστασις)이 또한 유한한 인간의 지향성(in-

---

합이야말로 칸트 철학에서 가장 아름다운 일면"(G. W. F. Hegel, *Vorlesungen über die Geschichte der Philosophie*, Teil 3, Absch. 3. 참조)이라고 높이 평가했다. 하이데거가 도식론에 주목하고 있는 점도 서구의 오랜 그리스도교적 전통과 무관하다고 볼 수 없다. 도식작용과 관련해서 성서 속에서는 사도 바울의 표현 중에 예수 그리스도(χριστος)가 "사람의 모양으로(σχήματι) 나타나셨으며"(빌립보서 2:8)라는 구절이 발견된다. 박진, 「칸트의 '도식론'에 대한 고찰: 칸트에 있어 '도식' 개념의 역사적 원천과 의미」, 『대동철학』 24, 대동철학회, 2004, pp.163-187.

50) M. Heidegger, *Kant und das Problem der Metphysik*, Frankfurt a. M., 1991, S.114.

tentio)의 근거인 '초월(Transzendenz)'을 형성한다. '실존(existentia)' 이란 말의 어원적 의미는 신에 의해 피조물(ens creatum)이 "그것을 현실화하는 원인(Ur-Sache)과 무(Nichts) 밖에 세워져(extra causas et nihilum sistentia)"[51] 정립됨, 즉 창조됨을 뜻했다.[52] 따라서 인간의 본래적인 실존(Existenz)은 곧 무로부터의 창조, 즉 무 밖에 서는 탈 존(Ek-sistenz)이다. '탈존(Ek-sistenz)'은 또한 '자기촉발'에 의해 '자 기로부터' 대상이 마주쳐질 수 있는 대립화의 지평을 미리 형성함으 로써 '～을 향해' 나가는 자발적 수용성인 시간의 근본적 성격을 드 러낸다.[53] 그런데 자유롭게 '～을 향해 밖으로 나아가' 시간지평을 형성하는 탈존은 유한한 인간이 양심(con + scio)의 소리를 깨닫고(ad + perceptio) 그 근원을 향해 자기를 열고 결단하며(entschließen) 자 기를 초월해 나아가는 사건이자 세계의 근원 형식인 시간지평을 형 성하여 세계를 여는 사건이기도 하다. 따라서 세계와의 만남의 형식 인 시간지평을 자유롭게 창조하는 '자기촉발'은 자아의 자의적 활동 이거나 자기 폐쇄적 동일성이 아니라 근원적으로 존재의 열림(빛의 비춤)에 기초해 존재 자체를 향해 유한한 자기 밖으로 나아가는 탈존

---

51) M. Heidegger, *Die Grundprobleme der Phämomenologie*, Frankfurt a. M., 1975, S.123.

52) 이런 해석의 뿌리는 토마스 아퀴나스의 *De ente et essentia*, V장에서 찾아진 다. 즉, 피조된 "사물의 존재 자체는 자신의 형상과 본질로 인한 것이 아니다. 즉, 그 존재가 자기 본성과는 다른 모든 사물은 다른 것으로부터 자신의 존재 를 부여받은 것이다. 다른 것으로부터(ab alio) 유래한 모든 것은 궁극적으로 자기 자신으로부터(per se) 존재하는 자, 즉, 제1원인(causa prima)으로 소급된 다." 이런 실체는 "질료 없이 형상만으로 독자적으로 존재하는 제1의 순수현 실태(actus prima et purus)" 즉, 신(Deus)이다.

53) 시간을 '탈자성'으로 이해하는 것은 하이데거만이 아니다. 헤겔도 시간을 "탈 자존재[자기 밖에 있음]의 부정적 통일(die negative Einheit des Außersich-seins)", "있음으로써 없고 없음으로써 있는 존재"로 규정한다(G. W. F. Hegel, *Enzyklopädie*, §258). 헤겔은 정신의 본질을 부정성으로 이해하는 한, 정신과 시간을 탈자적 부정성이란 점에서 동일시했다. 하이데거도 탈자성이란 점에서 실존과 시간을 동일시한다.

이며, 존재와 인간과 세계의 공속함의 일어남이라는 점에서 차이성을 배제하지 않는 공속성이다. 여기서 우리는 더 이상 인식할 수 없는 마지막 근거(Urgrund)인 무근거(Ab-Grund)에 도달하며 주관의 주관성의 심연이자 자아의 근원의 신비에 직면한다. 세계를 형성하는 현존재의 시간성(Zeitlichkeit)의 근원은 이론적 인식의 태도 속에서는 더 이상 규명할 수 없는 한계에 도달하지만 실존적 태도 속에서 바라볼 때 존재 자체의 말건넴(an-sprechen)에 대한 응답(ent-sprechen)의 사건이요, 근원적으로 존재의 시간 규정(Temporalität), 즉 도식화(σχήματι)(빌립보서 2:8)에 기초한다.

5. 맺는 말

이론적인 태도로 자아의 본질 구조를 남김없이 규정하여 인식할 수는 없다. 그러나 실존적 관점에서 반성해 볼 때 다음과 같은 비유가 가능하리라고 본다. 우리가 하늘을 예지계(Noumena)에, 바다를 현상계(Phaenomena)에 비유한다면, 궁극적으로 하늘과 바다에 펼쳐진 모든 것은 태양의 힘과 비춤이 없이는 존재할 수 없고 어둠(무) 속에 묻힐 뿐이며, 태양계 내에서 만유인력의 중심인 **태양**(존재 자체)은 하늘과 바다의 모든 움직임과 드러남의 궁극적 근원이다. 자아는 소우주라고 일컬어지듯이 **하늘**(예지계)과 **바다**(현상계) 두 영역 모두와 관계한다. 이때 바다의 파도침의 형식인 '**물결**'(시간)은 하늘의 '**달**'(자유인 인격)이 지닌 '**중력**'(창조적 상상력)에 의해 유발(자기촉발)되고 규정(도식화)되며 바다의 **물고기**(대상)와 만날 수 있는 표면적 조건(현상세계의 일차적 조건)을 형성한다. 이때 하늘(예지계)과 바다(현상계)를 가르는 접점에서 양자와 맞닿은 **수평선**(자의식)은 바다(현상계)와 **고기잡이**(인식)의 한계다. 물론 먼 바다로 나아감으로써 더 많은 물고기를 낚아 올릴 수 있겠지만 우리가 수평선과 하늘을 향해 아무리 멀리 나아간다고 해도 바다의 물고기를 잡는 그물(범주)로 수평선과 그 위에 펼쳐진 하늘의 태양(신)과 달(자아 자체)과 수많은 별(사물 자체)들이 가득한 하늘(세계 자체: 영원, 무한, 절대)을 낚을 (인식할) 수는 없다.

인식의 관점에서 시간은 감각적 수용의 조건이며 경험적 현상세계의 일차적 조건인 한, 자발적 자의식과는 구별된다. 그러나 태양 빛 아래 펼쳐지는 바다의 물결은 수평선 너머로부터 다가오듯이, 탈자적인 시간의식은 이를 산출해 준 자아 자체의 자발성과 자유로부터 유래한 것이다. 따라서 실존적 차원에서 시간의식은 자의식과 분리되어 있지 않으며 공속한다는 점이 밝혀진다. 그러나 이렇듯 존재의 빛 안에서 시간의식과 자의식의 공속함은 이론적 태도 속에서 결코 인식되지 않는다. 왜냐하면 그것은 오직 탈존으로서의 본래적 실존의 차원에서 창조적 상상력의 자유로운 기투에 의한 탈자적 시간지평의 산출을 뜻하기 때문이다. "자발성 자체 속에 수용성의 가능성이 놓여 있다."54)는 칸트의 자기촉발의 이념은 그 가능근거를 궁극적으로는 인식 불가능한 자아 자체에 두는 한, 이론적 관점에서는 단지 규제적인 원리에 지나지 않지만, 실천의 관점에서는 실재성을 지니는 것으로 간주되어야 한다. 자기촉발이란 존재의 빛 아래 있는 "주관이 시간의 상 속에서 자기 자신과 마주치게 됨(das Subjekt begegnet gleichsam sich selbst im Bilde der Zeit)"을 의미하는 것이며, 자발적 수용성이자 수용적 자발성인 유한한 자아의 본질 구조를 드러내는 것이기 때문이다55)

---

54) H. Mörchen, *Die Einbildungskraft bei Kant*, Tübingen, 1970, S.53.
55) 자아 자체의 창조적 상상력에 의한 자의식과 시간의식의 공속함(자기촉발)은 마치 영원이 임재(parousia)하는 새로운 창조의 순간으로서 질적인 시간(Καιρός)에 비견될 수 있다. 이는 양적으로 측정 가능한 지금의 연속인 무의미한 시간 (Χρόνος)과 구별되며, 이에 앞서 전제되어야 한다.

참고문헌

Kant, I., *Opus postumum*, hrgs. von E. Adickes, Berlin, 1920.

____, *Vorlesungen über die Metaphysik*, Darmstadt, 1975.

Böhme, G., *Philosophieren mit Kant*, Frankfurt a. M., 1986,

Fichte, J. G., *Grundlage der gesammten Wissenschaftslehre*(1794), in: I. H. Fichte(hg.), *Fichtes Werke*, Bd. I, Berlin, 1971.

Heidegger, M., *Phänomenologische Interpretation von Kants Kritik der reinen Vernunft*, Frankfurt a. M., 1977.

____, *Die Frage nach dem Ding*, Frankfurt a. M., 1962.

____, *Kant und das Problem der Metphysik*, Frankfurt a. M., 1991.

____, *Die Grundprobleme der Phämomenologie*, Frankfurt a. M., 1975.

Mörchen, H., *Die Einbildungskraft bei Kant*, Tübingen, 1970.

Braeckman, A., "From the work of art to absolute reason: Schelling's journey toward absolute Idealism", in: *The Review of Metaphysics*, Vol. 57, Issue 3, 551ff, March 1, 2004.

소광희, 『시간의 철학적 성찰』, 문예출판사, 2001.

박진, 「선험적 구상력과 시간」, 『철학논구』 14집, 1986.

____, 「칸트에 전해진 중세 스콜라철학의 유산」, 『칸트연구』 4, 한국칸트학회, 1998.

____, 「칸트의 '도식론'에 대한 고찰: 칸트에 있어 '도식' 개념의 역사적 원천과 의미」, 『대동철학』 24, 대동철학회, 2004.

헤겔 철학의 이념과 시간의 관계

이정은

1. 서론

헤겔 철학과 다른 철학은 차이점이 다양하다. 그러나 철학의 이념 안에 시간을 적용하는 것은 분명한 차이 중의 하나다. 헤겔 철학의 이념은 시간과의 관련 없이는 파악 불가능하며, 진리는 무시간성과 시간성의 중첩 속에서 정립된다. 한국 철학계에서 헤겔 시간관을 집중적으로 조명하지는 않았지만, 1980년대 한국의 정치적 상황과 맞물려서 번역되어 나온 코제브의 책1)은 시간관에 대한 관심을 불러일으킨다. 헤겔 시간관을 조명하는 유헌식, 이상철, 이정은의 논문은 코제브에 대한 비판을 담고 있다.2) 코제브의 헤겔 해석은 헤겔 시간관

---

1) A. Kojève, *Hegel, eine Vergegenwaertigung seines Denkens*, Stuttgart: Suhr-kamp taschenbuch wissenschaft, 1958. 인용 쪽수는 『역사와 현실변증법』(설헌영 옮김, 도서출판 한벗, 1988)을 제시하겠다.

2) 코제브와 관련된 헤겔 시간관 연구는 다음을 참조하라. 유헌식, 「철학의 시간성과 '새로움'의 문제」, 『헤겔연구』 제6권, 청아출판사, 1995; 이상철, 「헤겔에 있어서의 시간과 역사」, 『헤겔연구』 제1권, 범우사, 1984; 이정은, 「후쿠야마의 『역사의 종말』에 나타난 헤겔의 '시간관'의 재정립」, 『시대와 철학』 제14

에 대한 논쟁의 촉발점이면서 오해의 출발점이기도 하기 때문이다.

코제브는 철학자의 개념을 영원 내지 시간과 관련하여 다음처럼 분류한다. I. 개념은 영원과 동일하다(개념 = 영원). II. 개념은 영원적인 것과 동일하다(개념 = 영원적인 것). III. 개념은 시간과 동일하다(개념 = 시간). IV. 개념은 시간적인 것이다(개념 = 시간적인 것).[3]

코제브는 I은 파르메니데스 철학에, III은 헤겔 철학에 대입시킨다.[4] 그에게 헤겔의 개념은 '시간 자체'이기 때문에, 영원도 영원적인 것도 아니며, 따라서 무시간성도 아니고, 시간과 관계하는 것도 아니다.

코제브는 헤겔의 개념을 '시간'과 동일시하는데, 코제브의 이런 해석은 재고의 여지가 있다. 헤겔이『철학강요』에서 시간에 대해 서술하는 부분에서 개념은 '영원'[5]이라고 분명하게 주장하기 때문이다. 코제브와 달리, 개념이 영원이라면 개념은 시간을 넘어서 있으며 시간 속에 있지 않다.

그러나 필자는 이 글을 시작할 때, "철학의 이념 안에 시간을 적용한다."라는 점이 다른 철학과 헤겔 철학의 차이라고 천명했기 때문에, 코제브에 대한 지금의 반론은 애초의 천명과 모순된다. 그렇다면 참다운 헤겔 해석은 무엇인가?

헤겔에게는 "개념은 영원이다."와 "개념은 시간이다."라는 이율배반적인 주장이 가능하다. 그렇다고 해서 헤겔이 영원과 시간 사이에

권, 한국철학사상연구회, 1997.

3) 코제브,『역사와 현실변증법』, p.115 이하를 참조하라.

4) 코제브는 I은 파르메니데스, 스피노자에, II는 플라톤(영원한 개념이 영원과 관계하지만 시간의 외부에서), 아리스토텔레스(영원한 개념이 영원과 관계하지만 시간의 내부에서), 칸트(영원한 개념이 시간과 관계함)에, III은 헤겔, 하이데거에, IV는 회의주의자에 적용한다.

5) G. W. F. Hegel, *Enzyklopädie der Philosophischen Wissenschaften im Grundrisse*, II, in: *Werke in zwanzig Baenden*, Bd. 9, Frankfurt a. M.: Suhrkamp Verlag, 1986, §258. 앞으로 인용은 Enzy, II로 약칭한다.

서 개념의 본질을 양자택일하는 것은 아니다. 오히려 이율배반을 화해시키면서 개념은 영원이면서 시간임을 드러내는 것이 헤겔의 진의에 접근하는 길이다.

이런 상황에서 코제브의 해석을 둘러싼 논쟁의 출발점은 '개념과 시간'의 '동일성과 비동일성'을 동시에 고려하면서 "개념은 시간 자체가 아니다."(개념≠시간)라는 '비동일성'을 확증하는 데에 놓여 있다. 이때 잘못된 헤겔 이해를 교정하려면 '철학의 이념'에 대한 이해를 필요로 한다.

그러므로 이 글은 헤겔 철학의 이념을 살펴보고, 그 속에서 이념이 시간과 어떤 관련이 있는지, 시간에 대한 이해와 구분은 어떠한지를 순차적으로 살펴보면서 헤겔 시간론을 파악하는 방향으로 나아가겠다.

2. 헤겔 철학의 이념과 시간

철학은 유한하고 변화하는 시간적인 사태 안에서 영원한 진리를 추구한다. 헤겔에게 철학의 목표는 진리 추구이며 "진리를 사유로, 개념적으로 파악하는 것"[6]이다. 개념적 파악이 가능하다면 진리는 단지 직접적인 감각 내지 직관도, 상상 내지 표상도, 지적인 직관[7]도 아니며, 시간적이고 유한한 진리도, 인식 불가능한 것도 아니다. 여기에서 사유의 산물은 사유된 것 내지 사상 일반이기 때문에 철학의 진

---

6) G. W. F. Hegel, *Vorlesungen über die Geschichte der Philosophie*, I, in: *Werke in zwanzig Baenden*, Bd. 18, Frankfurt a. M.: Suhrkamp Verlag, 1986, S.38. 번역은 『철학사 I』(임석진 옮김, 지식산업사, 1996)을 참조한다. 앞으로 인용은 VGP로 약칭한다.

7) 헤겔은 『철학사』에서 직관은 기본적으로 감성적이라고 하면서 지성적 직관과 이성을 구분하며, 직관의 한계는 사유의 도정이 결여된 것이라고 한다(VGP, S.33f.).

리는 스스로 규정하는 사상, "자기 안에서 규정된 사상"(VGP, S.39)
이다.

사상을 좀 더 상세하게 규정한 것은 '개념'이며, 사상의 총체성, 즉
총체성을 지니는 사상은 '이념'이다. 그렇다면 이념은 진리이며, 헤겔
에게는 "이념만이 참된 것이다."(VGP, S.39) 헤겔이 개념과 시간의
동일성을 문제 삼을 때의 개념은 '이념으로서 개념'이며, 논리학의
절대 이념을 의미한다.[8] 철학의 이념은 자신 안에서 스스로를 규정하
며 내용과 계기들을 구체적으로 지니는 진리다.

스스로 사유하는 철학의 목표에 해당되는 "진리는 하나다."(VGP,
S.38) 그러나 헤겔에게 진리는 하나이지만, 자기 스스로 규정하면서
"스스로 발전하고자 하는 충동"(VGP, S.46)을 지닌다. 그 때문에 진
리는 하나에서 하나가 아닌 것으로 전개된다. 이때 진리의 발전이 가
능하려면 '생동하는 것', '유기체적인 것'이어야 한다. 그리고 진리
충동과 더불어 자기규정이 가능하려면 '정신적인 것'이어야 한다.

진리는 하나이지만 자기를 전개하는 충동을 지닌다는 점은 '이념'
에도 동일하게 적용된다. '유일하게 참된 것'인 이념 또한 진리처럼
'하나'다. 게다가 이념도 진리의 본성에 따르면 자기전개를 통해서만
자기를 파악하기 때문에, "자기발전적인 유기적 체계"이며, 각 단계
와 계기들을 "자신 안에 포함하는 총체성"(VGP, S.46)이다.

헤겔은 이러한 이념을 『철학강요』에서는 "자신을 아는 이성"[9]으
로 규정한다. 왜냐하면 인간은 사상을 사유하는데, 사유는 이성의 작
용이며, 이성은 이성적인 것을 산출하기 때문이다. 사상은 이성의 산
출이면서 동시에 "이성은 곧 이성의 대상이다."(VGP, S.40) 그러므로

---

8) 코제브도 『역사와 현실변증법』, p.119에서 개념을 설명하면서 칸트의 이성 이
    념을 언급하고 있다.

9) G. W. F. Hegel, *Enzyklopädie der Philosophischen Wissenschaften im
    Grundrisse*, III, in: Werke in zwanzig Baenden, Bd. 10, Frankfurt a. M.:
    Suhrkamp Verlag, 1986, §577. 앞으로 인용은 Enzy, III으로 약칭한다.

철학의 이념 또한 자기 자신을 아는 이성의 자기의식적인 발전에 대한 자기인식이며 개념적인 사유의 전개다. 전개가 진척되고 누적될수록 철학은, 철학의 진리와 이념은 풍부해지고 완성된다.

이념은 '하나'다. 이념이 하나라면 '철학'도 하나다. 하나인 이념이 '발전'한다면, 이념의 일자성과 다자성 문제가 대두하며, 또한 철학이 하나임에도 불구하고 철학사에는 다양한 철학 체계가 존재한다는 문제가 부각된다. 그렇다면 철학사에 등장하는 다양한 체계들은 하나만 제외하고 나머지는 모두 오류인가? 하나의 철학 이념과 다양한 철학 체계 간의 모순은 없는가? 하는 질문이 야기된다.

철학 이념은 하나이지만, 철학사에서 다양한 체계가 존재하는 이유를 설명하기 위해 그리고 '하나인 철학'과 '다양한 철학 체계'의 필연적 관계를 설명하기 위해, 헤겔은 '철학의 시대 연관성'을 주장한다. 헤겔에게 철학은 고정적이고 불변적이고 초시간적인 것이 아니라 근본적으로 시대와 관계하며 시대정신의 산물이다. 철학은 한 개인의 창작물이 아니라 개인이 속한 시대의 전체 상황을 반영한다. 철학의 시대 관련성은 각 단계의 철학이 시대적 제약 속에 갇혀 있음[10]을 의미한다. 그러므로 철학은 '시대의 아들'이며 개인이 속한 민족의 정신을 드러내는 '민족의 아들'이다. 이렇게 시대적 보편성을 드러내는 과정은 "사상이 자기-자신을-발견하는 역사"(VGP, S.23)[11]이며, 이러한 역사가 지금까지의 철학들이며 철학사다.

여기에서 다시 의문점이 생긴다. 헤겔은 철학의 이념에 왜 철학사를 통해 접근하는가? 왜 철학사의 세계정신, 역사철학의 역사이성을 통해 접근하는가? 왜냐하면 철학의 이념은 — 앞에서 설명했듯이 —

---

10) VGP, S.64. 헤겔에게 철학은 "정신의 모든 형태를 지닌 개념이며, 전체 상황에 대한 의식이며, 스스로를 사유하는 정신으로 현존하는 것으로서 시대정신이다."(VGP, S.73)

11) 이 부분은 미슐레(Michelet)가 보충한 부분이다.

'정신적인 것'이라서 본질적으로 자기운동을 하며, 자기를 발현하고 창출할 때만이 현실적으로 존재하기 때문이다. 즉 진리는 '하나'이지만 '스스로 발전하고자 하는 충동'을 '실현할 때만' 진리로 드러난다. '자기를 드러내는 과정을 필연적으로 만들어 낼 때만' 철학의 이념은 현실적으로 존재한다. 이때 스스로 발현하는 정신, 스스로 사유하는 정신은 자기발현과 본질적으로 연관되어 있다. 그러므로 '자기 자신을 아는 이성'이라는 철학의 이념처럼 철학사는 이성적으로 전개된다. 바꾸어 말하면 철학은 자기발전을 이루는 것이며, 그 발전의 전개는 철학사로 드러난다.

이러한 철학의 이념은 『철학강요』에 따르면 '영원'이다. 그렇다면 시간적 제약 속에서 논의되는 철학사는 이념의 영원과 어떤 관계인가?

헤겔은 철학사는 근본적으로 '세계정신의 전개'이며, '세계정신' 또한 '영원'(VGP, S.55)하다고 주장한다. 이때 '세계정신이 지닌 영원의 구조'가 헤겔에게는 '사상의 논리적 구조'이며 그것은 곧 '논리학의 전개'와 일치하는 것이다. 헤겔은 영원의 전개를 논리학을 통해 논증한다. 이렇게 철학사와 논리학이 서로 필연적 관계를 지닌다면 세계정신의 구조는 논리학을 통해 드러난다고 할 수 있다. 세계정신과 동일하게 영원한 철학의 이념은 논리학의 각 계기를 통해 자기 안에서 총체성을 실현하는 사상이며 이러한 사상은 '순수 이념'이다. 순수 이념과 그 계기의 필연성을 서술하는 것은 철학의 과제이며, "순수 이념의 필연성만을 서술하는 것은 논리학의 과제이며 과업이다."(VGP, S.48)

철학의 이념을 전개하는 순수 이념의 논리적 구조는 철학사의 구조이기도 하다. '철학의 이념의 개념 규정들의 논리적인 도출 순서'에 해당하는 '(논리학의) 개념의 필연적 전개'는 철학사에 나타나는 '철학 체계의 순서'(VGP, S.49)로서 '역사상의 전개'와 동일하다. 비록 논리학의 개념적 전개와 철학사 내지 세계사의 시간적 순서는 '서로 어긋나는 면'이 있기는 하지만, 철학의 이념은 시대 제약적-시간 제약적 전개 속에서 이념의 필연적 단계들을 드러내는 계기들이다. 그러므로 "철학사 연구는 철학 자체의 연구이며 이것과 다를 수 없다."(VGP, S.49) 철학의 이념은 시간 속에서 전개되는 철학사의 이념이며, 철학사의 '필연적이고 일관된 진행'은 '철학의 필연적이고 일관된 진행'이다. "철학에서 개념의 발전이 필연적이듯이 철학사도 필연적이다."(VGP, S.55-56)[12]

철학의 순수 이념의 전개인 논리학은 물론 "자연이나 정신과 같은 좀 더 분화된 특수한 형태를 문제 삼지 않는다."(VGP, S.48)는 특징을 지닌다. 그에 반해 철학사는 정신이 시간 속에서 발생한 특수한 발전 단계를 통해 그리고 특정한 장소와 민족에게서 드러난 사건들을 통해 전개되기 때문에 순수 이념이 분화된 형태라는 점에서 논리학과 다르다. 그러나 정신계 또한 철학의 이념의 전개이며, 철학의 이념은 필히 철학사의 전개를 통해 드러난다는 점을 고려하면, 헤겔은 논리성과 역사성이 중첩되는 지평을 주장하고 있다고 할 수 있다.

이와 관련하여 헤겔은 "철학이 어떻게 시간 속에서 발전하는 것으로 현상하면서 하나의 역사를 갖게 되는가."(VGP, S.51)라고 다시 자문한다. 이 자문 또한 세계정신은 '영원'하기 때문에, '철학의 이념의 영원성'과 '세계정신의 영원성'은 서로 동근원성을 지닌다는 점에서 접근할 수 있다. 게다가 세계정신은 철학사의 정신이기 때문에 철학이 지닌 시대 관련성과 시대 제약성에서도 동근원성을 지닌다.

그런데 헤겔은 여기에서 세계정신은 '시간이 충분'하며 세계사의

---

12) "철학은 필경 한 시대의 정신의 사유이며 개념적 활동으로서 선천적으로 있는 것이긴 하지만, 또한 본질적으로 그것은 시대가 낳은 산물로서의 결과이기도 하다. 사상은 결과로서 창출되는 것, 다시 말하면 생명의 힘으로서 자기를 창출하는 활동이다."(VGP, S.71)

전진 또한 '천천히 진행'된다는 점을 동시에 강조한다. 왜냐하면 "세계정신 자체는 시간 외부에 있기 때문이고, 세계정신은 영원하기 때문이다."(VGP, S.51) 유한한 생명의 노고는 세계정신과 비교하면 그리 대단할 것이 없다는 것이다.

헤겔은 세계정신이 영원하기 때문에 시간적으로 느긋하며, 시간적인 느긋함으로 인해 시간 외부를 상정하게 된다. 그리고 이와 동시에 철학이 시간 속에서 하나의 역사를 갖는 것은 '시간의 형이상학'과 관련된 문제라서 철학사의 논의를 일탈하는 것이라고 주장한다. 그 대신 헤겔은 시간 자체에 대한 고찰과 시간 형식은 '자연철학'과 "유한한 정신의 철학"(VGP, S.51)[13])에서 상세히 논하고 있다고 하면서 『철학사』에서는 시간 고찰 자체에 비중을 두지 않는다.

철학의 이념 내지 세계정신은 영원하다. 그럼에도 불구하고 철학사에서 세계정신과 시간의 관계를 설명하지 않으면, 헤겔 스스로가 자문하고 있는 모순점을 회피하게 되고 '자연철학'으로 논의를 떠넘긴다는 비판을 받게 된다. 그 때문에 헤겔은 이를 만회하기 위해 『철학사』 안에서 철학의 이념이 자기를 발현하고 창출하듯이 "정신은 스스로를 현존재화하고 또 자기 자신을 외면적인 것으로 정립한다."(VGP, S.51)라는 점을 다시 지적한다.

정신의 자기운동은 자기를 외면으로 정립하는 것이다. 그런데 정신이 자기를 외면적인 상태로 정립할 때, 헤겔에게 "외면성의 한 양식은 시간이다."(VGP, S.51) 정신의 본래성은 자기를 외면화하는 것이며, 이것은 곧 자기를 '시간의 양식'으로 드러내는 것이다. 세계정신은 영원하지만, 자기운동을 하기 때문에 스스로를 시간화한다. 그리

---

13) 헤겔은 시간론에 대해 많이 다루고 있지는 않다. *Jenaer Systementwuerfe*, II권의 태양계 부분, *Jenaer Systementwuerfe*, III권의 기계론 부분, *Enzyklopädie der Philosophischen Wissenschaften im Grundrisse*의 기계론 부분에서 시간론을 집중적으로 다루고 있으며, 그 외에 『정신현상학』, 『철학사』, 『역사철학』에서도 약간씩 거론하고 있다.

고 『철학사』에서 이러한 시간화의 과정은 철학 체계들의 다양한 전개와 그 전개를 하나의 이념으로 통일시키는 구체적인 과정을 통해 실현된다.

헤겔은 정신의 외면화를 영원의 시간화로 전개할 때, 그 논리적 구조는 『대논리학』에서 근거짓고, 그 시간적 전개는 『철학사』의 철학 체계를 통해 근거짓는 역사-논리적인 중첩 구조를 주장한다. 이러한 필연적 연관성은 사실 영원한 하나님이 시간을 창조하는 문제, 즉 "왜 영원은 시간을 창조했는가?", "창조는 영원 안에서 이루어졌는가? 아니면 시간 안에서 이루어졌는가?"와 같은 철학사적 문제의식과도 연결된다.14) 헤겔은 창조를 주제화하지는 않지만, 창조와 관련하여 야기되는 철학적 딜레마를 분명 의식하고 있다. 그리고 그 딜레마 한가운데서 "영원은 자기를 시간화할 수밖에 없는 필연성을 지니며, 이와 동시에 영원 자체도 시간화를 통해서만 드러난다."는 독특한 시간관을 제시하고 있다.

다음 절에서는 정신이 자기를 외면화하는 것이 영원과 시간의 관계를 어떻게 화해시키는지를 살펴보겠다.

3. 헤겔의 영원과 시간

철학의 시대 제약성 때문에 『철학사』의 다양한 철학 체계가 전개되지만, 철학사에 관철되는 세계정신 내지 철학의 이념은 근본적으로는 '영원'하다. 헤겔은 이념과 정신의 외면화 때문에 외면성의 한 양식으로 시간을 언급하기는 하지만, 시간론을 본격적으로 펼치는 곳은 '자연철학' 부분이다. 특히 『철학강요』에서 '자연철학'의 첫 부분에

---

14) 이와 관련된 딜레마를 소개하면서 플라톤의 『티마이오스』편에 나타나는 데미우르고스의 세계창조를 우주론(논리적-상징적)과 우주발생론(역사적-사실적)으로 나누어 설명하는 이경직, 『플라톤과 기독교』, 6장도 참조하라.

해당되는 '기계론'은 '자연과 시공간'의 관계를 통해 '철학의 이념과 시간'의 관계를 파악하는 길잡이가 된다.

헤겔은 『철학강요』에서도 이념은 영원하다라는 기본 전제를 다음처럼 분명하게 서술한다. 즉 "참된 것, 이념, 정신은 영원하다."(Enzy, II, §258) 게다가 헤겔은 "개념은 시간 속에 있는 것도 하나의 시간적인 것도 아니다."(Enzy, II, §258)라고 분명하게 못을 박고 있기 때문에, "개념은 시간이다."라는 코제브의 명제는 헤겔의 진의에서 벗어난다. 이때 "개념이 영원하다."라는 것은 개념의 '절대적 무시간성'을 의미한다. 헤겔에게 무시간성은 시간의 지속과도 구분되고, 과거-현재-미래로 이어지는 계기적 시간과도 구분되는 '절대적 현재' 내지 '영원한 현재'다.

그런데 헤겔 논의를 따라가 보면 이념 내지 개념의 무시간성은 시간을 전적으로 배제하는 영원, 시간과 아무런 관계가 없는 영원을 의미하지는 않는다. 왜냐하면 헤겔은 이념이 영원하다고 하면서 동시에 시간을 언급하고 있기 때문이다. 그러므로 절대적 현재로서 영원은 "시간의 추상으로 부정적으로 파악되어서는 안 된다."(Enzy, II, §258) 달리 말하면 영원은 시간을 말소시킨 것이 아니며, 시간은 영원 외부에 존재하는 것도, 영원과 분리되는 것도, 영원의 추상인 것도 아니다. 그렇다면 영원은 시간과 관련되며, 개념과 시간의 관계 또한 필연적이라고 할 수 있다. 물론 여기에서 '개념의 시간성'이나, 더 나아가 "개념이 시간이다."라는 주장을 부각시킬 수도 있지만, '개념의 시간성'을 코제브처럼 밀고 나갈 필요까지는 없다.

헤겔에게 개념은 고정불변의 것이 아니라, 정신적인 것의 자기운동 때문에 개념의 자기전개를 야기한다. 진리는, 즉 철학의 이념은 정신적인 것이라는 그 자신의 본성상 자기를 발현하고 창출하며, 이때 자기발현이 자기 외면화이다. 앞의 『철학사』의 논의에서도 정신의 외면화는 곧 정신의 시간화였다. 진리의 자기 외면화는 진리의 시간화이며, 이것은 곧 영원의 시간화이다.

개념은 영원하지만, 영원은 스스로를 시간화한다. 정신의 외면화는 정신에게 낯선 것으로 등장하지만 '정신 자신이 낯설게 만든 것'이다. 그렇듯이 영원의 시간화는 영원에게 낯선 것으로 등장하지만 '영원 자신이 낯설게 만든 것'이다[15]. 이때 개념의 외면화는 자신에게 낯설음으로 다가오지만, 그러한 낯설음이 없으면 개념은 '자기 내면'을 드러낼 수 없다. 개념의 '내면'은 '외면'을 통해 전개되므로, 외면화는 개념이 필연적으로 겪어야 할 운동이며, 그런 이유에서 개념의 시간화는 내면을 정립하는 필연적인 과정이다. 그러므로 개념의 외면화는 내면화의 구조를 동시에 지닌다. 개념은 낯설음을 자기반성적 구조로 지양하여 자기의 계기로 내면화한다. 철학의 이념은 자기를 외면화하지만, 자기 외면화는 자기 내면화를 동반한다. 그러므로 개념에게 타자로 되는 것은 동시에 자기 안으로 복귀하는 것이다.

이때 시간화된 개념이 시간 속에 머문다면, 영원이 시간에 의해 구속되어 버리고 영원의 본래성도 지속되는 시간에 의해 좌우되게 된다. 그러므로 개념의 외면화는 내면화를 동시에 정립하듯이, 개념은 스스로를 시간화하지만, 그 스스로 '시간을 근절'[16]한다. 개념은 시간의 근절을 통해 영원으로 회귀한다. 그 때문에 영원으로의 회귀는 시간화가 없이는 그리고 시간의 근절 없이는 불가능하다. 개념은 무시간적이지만, 스스로를 시간화하고, 자신의 근원으로 회귀하기 위해 시간화된 자기를 지양한다. 즉 시간의 근절을 통해 영원으로 복귀한다.

---

15) 유헌식은 시간을 정신의 자기반성 안에 포함시키지 않는 풀다를 비판하면서, 시간이 정신 개념 자체에 속하는 것이라고 주장한다. 유헌식, 「철학의 시간성과 '새로움'의 문제」, 『헤겔연구』 제6권, 청아출판사, 1995, p.299 이하를 참조하라.

16) G. W. F. Hegel, *Phänomenologie des Geistes*, Hamburg: Felix Meiner Verlag, 1956, S.558 참조.

이를 통해 다음처럼 간략하게 정리할 수 있다. (1) 개념은 시간 속에 있는 것도 시간적인 것도 아니다. (2) 그러므로 개념에게 시간은 개념의 힘(권력, Macht)이 될 수 없다. (3) 이와 반대로 개념이 시간의 힘(권력, Macht)이다. 개념은 스스로 시간을 구성하며, 또 스스로 지양한다.

이런 논의를 총괄하면 영원은 시간 이후에 오는 것은 아니다. 헤겔은 "마치 영원이 시간 이후(nach)에 온다는 것과 같은 의미로 파악해서는 안 된다."(Enzy, II, §258)는 점 또한 직접적으로 강조한다. 그러므로 만약 영원을 '시간 이후'에 오는 것으로 간주한다면 다음과 같은 문제가 발생한다.

첫째 문제는, 이념이 시간과 아무런 관련이 없는 '시간의 추상'으로 간주되고, '시간이 결핍된, 시간이 없는'과 같은 '부정적인 방법'으로 영원한 것이 되어 버린다.

둘째 문제는, 영원이 '시간 이후'에 온다면, 애초에 상정한 개념의 무시간성은 불가능하다. 그렇다면 개념은 영원이 아니며, "영원은 미래로, 시간의 한 계기로"(Enzy, II, §258) 되어 버린다. 미래에 오는 영원은, 즉 현재 이후에 오는 영원은 '도래하지 않은 미래'에 의해 구속된다. 여기에서 영원이 주체적인 것이 아니라 시간이 주체적인 것이 된다.

그러므로 "영원은 있게 되는 것도 아니고, 있었던 것도 아니다. 영원은 있다."(Enzy, II, §258, Zu) 영원은 시간 이후에 오는 것이 아닌 '영원한 현재', '절대적 현재'다. 철학의 이념은 영원이기 때문에 '절대적 현재', '영원한 현재'다.

앞의 2절에서 논의했듯이, 영원에서 시간으로, 다시 영원으로 복귀하는 개념의 운동은 논리학의 순수 이념의 논리적 전개 과정과 내재적 연관성을 지닌다. 논리학은 이념의 논리적 구조를 추상에서 구체로 정립해 나가며, 추상적인 존재에서 학의 시원을 마련한다. 그러나

학의 시원으로부터의 전개는 자신의 근거를 정립해 나가는 후진적인 근거지음의 과정이다. "전진적 행위가 근거로의, 근원적인 것으로의, 참된 것으로의 복귀이며, 시원이 무엇에 의해 마련되는가는 이 복귀에 의존한다."[17] 그 전개는 전진적이지만, 자기의 근거는 다시 학의 시원으로의 복귀라는 후진적 과정을 통해 정립되기 때문에 '전진적-후진적 과정'의 동시적 진행이다.

그 과정은 영원과 시간의 관계에서 자기를 전개하는 이념 운동에도 그대로 적용된다. 이념은 이미 영원하기 때문에, 이념의 영원성은 시간 이후에 오는 것이 아니다. 그러나 영원한 이념은 자기규정을 통해 스스로를 시간화하기 때문에 전진적으로 '시간화하는 영원'이다. 이때 이념은 시간성을 지양하며 시간의 지양을 통해 영원으로 복귀하며, 이것은 곧 자기 시간화가 영원의 구조를 드러내는 후진적 과정이다. 이념은 영원이지만 자기를 시간 속에서만 드러낼 수 있기 때문에 전진적-전망적-미래적이다. 그러나 이념이 시간성을 지양하여 영원으로 복귀할 때, 그 내용은 전진을 통해서 드러난 것의 '근거 정립'이다. 이념의 전진적-전망적인 운동은 자기복귀라는 후진적-회고적인 운동을 동반한다. 그러므로 영원은 미래가 아니라 전망적이면서 회고적이다. 논리학에서 순수 이념이 전개되는 전진적-후진적 과정은 시간 구조 속에서 개념의 전망적-회고적, 미래(지향)적-과거(회귀)적 과정과 중첩된다.

다음 절에서는 시간의 구분을 통해 헤겔의 독특한 시간관을 좀 더 살펴보겠다.

---

17) G. W. F. Hegel, *Wissenschaft der Logik, Die Lehre vom Sein*(1832), *Gesammelte Werke*, Bd. 21, Hamburg: Felix Meiner Verlag, 1985, S.57. 번역은 이정은, 「학의 시원은 무엇에 의해 마련되어야 하는가」(『헤겔연구』 제5권, 한국헤겔학회 편, 청아출판사, 1994, pp.216-234)에 준한다.

4. 시간 구분

철학의 이념에서 정신의 자기전개를 통해 도출되는 시간은 '역사적 시간'이며, 지금까지 논리적-역사적-인간적 시간[18]의 차원을 설명했다. 이에 비추어 보면 헤겔에게는 '자연적 시간'이 없으며, 자연적 시간에 대한 무시 때문에 시간론에 한계가 있다고 생각할 수도 있다.

이와 반대로 헤겔 시간론을 자연적 시간으로 환원하면서 그 골간은 아리스토텔레스의 통속적 시간이해에 기초한다고 비판하는 철학자[19]도 있다. 이들은 '자연철학'의 시간론을 아리스토텔레스의 개념들과 비교하기도 한다. 헤겔이 시간에 대해 논하는 곳이 주로 '자연철학'이고, 자연의 순수량을 설명하는 공간과, 공간 운동을 통해 도출되는 시간 과정을 따라가면 자연적 시간이 헤겔의 시간이해의 중심에 놓인 것처럼 보이기도 한다.

그러나 헤겔은 '자연철학'의 시간론에서 단지 자연적 시간이 아니라 영원과 시간의 관계, 절대적 현재와 시간의 관계를 설명하기 때문에, 헤겔 시간론을 통속적인 자연적 시간으로 환원시키는 것은 근본의도를 망각하는 것이다.

자연적 시간과 역사적 시간이라는 두 축이 헤겔 체계의 비일관성

---

18) 역사적 시간, 인간적 시간을 마치 유한한 한 개인의 생명 활동과 죽음처럼 이해해서는 안 된다. 여기에서 의미하는 역사적-인간적 시간은 개념의 자기전개에서 나온 시간이며, 영원성을 드러내고 실현하는 시간이기 때문에, 코제브가 이해하는 '개념 = 시간 = 역사 = 인간'의 도식을 의미하지 않는다. 혼란을 방지하기 위해 이정은, 「후쿠야마의 『역사의 종말』에 나타난 헤겔의 '시간관'의 재정립」, 『시대와 철학』 제14권, 한국철학사상연구회, 1997, p.254 이하의 코제브 비판과 비교하라.

19) 헤겔 시간관을 아리스토텔레스와 같은 통속적인 자연적 시간으로 환원하는 대표 철학자는 하이데거이다. M. Heidegger, *Sein und Zeit*, Tübingen, 1972, S. 428f. 이런 지적은 이상철(「헤겔에 있어서의 시간과 역사」, 『헤겔연구』 제1권, 범우사, 1984)과 양우석(「헤겔의 시간 변증법 (1)」, 『철학연구』 제75집, 대한철학회, 2000)의 글에도 들어 있다.

내지 비논리성을 야기하는 결정적인 모순점으로 부각되기도 하지만, 헤겔은 자연적 시간은 아니지만, 자연적 시간을 고려하면서, 그러나 자연적 시간으로 환원되지 않는 시간론을 세우려고 한다. 물론 이때 헤겔은 영원을 "자연적 시간이 없는"(Enzy, II, §259, Zu) 영원이라고 하기 때문에 "자연적 시간이 없다."는 지적도 일면 타당하다. 그러나 헤겔은 개념의 영원성을 주장하면서도 동시에 자연적 시간과의 대비점을 설명하고 있다.

헤겔이 자연적 시간을 과거-현재-미래로 이어지는 통속적이고 계기적인 시간으로 언급할 때, 통속적인 시간의 현재는 "그저 현재만이 있지, 이전과 이후는 있지 않다."(Enzy, II, §259, Zu) 그런 면에서 자연적 시간은 '현재'가 무차별적으로 '반복'될 뿐이다. 자연적 시간은 그저 반복되는 현재, 동질적인 현재일 뿐이라서 과거도 미래도 의미를 지니지 않는다.

그렇기 때문에 식물이나 동물과 같은 자연계에는 영원과는 다른 구조가 펼쳐진다. 자연은 무한히 변화하고 활동하지만, 언제나 동일한 법칙에만 머물러 있지 어떤 진보도 이루지 않는다. 자연적 시간이 적용되는 자연은 주어진 대로, 있는 그대로 있다. "자연의 변화는 단지 반복일 뿐이며, 그것의 운동은 단지 하나의 순환(Kreislauf)일 뿐이다."(VGP, S.51) 자연에게 영원이 있다면 그것은 반복과 순환이다.

식물의 생성, 운동에서도 발전을 적용할 수는 있다. 그러나 이때 발전은, 도토리가 도토리나무가 되어 다시 도토리를 산출하면서 최종 단계에 도달하기는 하지만, 거기에는 애초의 식물 개체와는 다른 개체, 즉 두 개의 개체가 생성되는 발전이다. 자연의 변화는 서로 다른 개체가 동일한 순환구조를 반복할 뿐이지, 그것들 간에 하나의 통일을 이루지는 못한다. 생명 활동에서 드러나는 발전도 단기적 발전이지 세대 간 발전이 아니며, 한 세대의 노력의 결과는 다른 세대로 전이될 뿐이지, 두 세대는 한 세대로 통일되지 않는 반복이다. 이러한 반복에는 과거도, 미래도, 기억도, 전망도 없다.

그에 반해 철학의 이념에서는 계기적으로 이어지는 현재 시간들의 통일성을 요구한다. 그런 맥락에서 헤겔에게 현재는 그저 현재인 것과 달리, 과거와 미래가 의미를 지니는 현재이며, 이것은 참된 현재, 구체적 현재, 절대적 현재, 영원한 현재다. 자연적 시간에서 현재는 과거도 미래도 없는 그저 현재의 반복이다. 그러나 "구체적인 현재는 과거의 결과이며, 미래를 배태하고 있다. 따라서 참된 현재는 영원이다."(Enzy, II, §259, Zu) 참된 현재로 서술되는 이념, 영원은 과거의 결과이며, 그렇기 때문에 과거를 기억하며, 미래에 대한 기대 내지 희망과 공포(Enzy, II, §259, An)도 동시에 지닌다.

지금까지 논의한 영원의 외면화는 자신의 시간화이고, 외면화의 내면화는 시간의 근절에 의한 영원으로의 복귀이기 때문에, 참된 현재로서 영원에게 미래는 과거의 기억 속으로 정립되며, 미래는 과거를 거쳐 현재로 전개된다. 과거는 미래로부터 와서 과거로 진행된다. 그래서 헤겔에게 "시간의 진리는 미래가 아니라 과거"(Enzy, II, §261, Zu)다. 철학의 이념의 완성은 영원이 미래를 과거로 회귀시키는 구조이기 때문에 시간의 진리는 과거다. 반대로 그 과거는 다시 미래 전망성을 배태한 과거다.

자연적 시간의 순환은 그저 현재의 반복이지만, 역사적 시간의 순환은 미래적 전진이 과거 지향성으로 나아가는 원환적 시간이다. 이때 산출되는 최종 단계는 자연적 시간에서와 같은 두 개체가 아니라 한 개체로의 통일이며, 한 개체의 자기로의 복귀다. 그러므로 이념의 운동은 순환(Kreislauf)이 아니라 자기 안으로 복귀하는 원환(Kreis)이며, 원환의 원환운동이다.[20]

---

20) 헤겔은 *Wissenschaft der Logik, Die Lehre vom Sein*(S.57)에서는 논리학의 전진적-후진적 근거 지움의 과정을 오히려 'Kreislauf'라는 단어를 통해 설명하고 있다. 『철학사 I』에서 사용하는 의미와는 다른 의미를 지니기 때문에 'Klei-

원환운동은, 영원이 자기를 시간화하고, 시간을 근절하는 전진적-후진적 과정이, 미래적-과거적 과정이 동시적으로 일어나는 운동을 의미한다. 여기에서 시간의 근절과 개념에 대한 논거를 보충하기 위해『정신현상학』에 나타나는 다음과 같은 시간 설명을 좀 더 참고해 보자.

> "시간은 현존하는 개념 자체이고, 의식에게 공허한 직관으로 표상되는 개념 자체다. 그 때문에 정신은 필연적으로 시간 속에서 현상한다. 정신은 자신의 순수 개념을 파악하지 못하는 한에서, 즉 시간을 근절시키지 못하는 한에서 시간 속에서 현상한다. 시간은 자기에 의해 파악되지 않는, 외적으로 직관되는 순수한 자기, 단순하게 직관된 개념이다. 개념이 자신을 파악할 때, 그것은 자기의 시간 형식을 지양하고 직관 행위를 파악한다. 그리고 개념적으로 파악되고 파악 가능한 직관이다."[21]

여기서 나타나는『정신현상학』의 시간 규정은 시간을 개념의 "외면성의 한 양식"(VGP, S.51)으로 서술하는『철학사』의 규정보다도 더 긴밀하게 개념 자체와 연결된다. 인용문외 첫째 문장에서 주어와 술어의 관계를 생각하면, "시간은 개념이다.", "시간은 개념 자체다." 라는 판단이 가능하며, "개념과 시간이 동일하다."(개념 = 시간)라는 주장을 연상시킨다.

물론 헤겔에게 시간은 개념이지만, '현존하는'이라는 수식어가 붙은 개념'이며, '현존'은 개념을 '직관으로 표상되는' 것으로, '외적으로 직관되는' 것으로 만들기 때문에, 시간은 '개념 자체'가 아니라 '직관화된 개념'이다. 그러므로 개념과 정신이 자신을 파악하려면 '직관되는 현존'을 지양해야, 즉 시간을 근절해야 한다. 시간을 근절하지 못하는 한에서 개념은 현존하는 개념으로 나타난다.

---

slauf'에 대해 주의할 필요가 있다.

21) G. W. F. Hegel, *Phänomenologie des Geistes*, S.558.

그러나 시간은 개념의 자기전개, 영원의 자기전개 가운데서 드러난 '개념'이다. 개념이 자기를 전개하는 계기들은 시간으로 드러난다. 그렇지만 드러난 시간 또한 개념이기 때문에 "시간은 개념과 유사하다."('시간≒개념', '개념≒시간')라는 주장이 가능해진다. 헤겔에게 "개념은 영원과 동일하다."이지만, 『정신현상학』의 시간이해를 통해 "시간은 개념과 유사하다."라는, 더 나아가 "시간과 개념은 동일하다."라는 주장을 도출할 수 있는 가능성이 생긴다. 그렇다면 이제 "시간은 영원과 동일하다." 내지 "영원은 시간과 동일하다."로 나아갈 수 있다. 헤겔이 『철학강요』에서 분명하게 천명한 '개념 = 영원' 때문에 '개념과 시간의 비동일성'을 견지해야 함에도 불구하고, 『정신현상학』의 인용문은 '개념과 영원과 시간의 동일성'(개념 = 영원 = 시간)을 야기한다. 개념은 시간이 아니라는 맥락에서 지금까지 견지했던 '개념과 시간의 비동일성'이 여기에서는 오히려 설득력을 잃게 한다. "시간은 현존하는 개념 자체다."라는 『정신현상학』의 주장은 시간과 개념의 관계에서 이렇듯 어려움을 야기한다.

그리고 헤겔은 역사적 시간과 자연적 시간을 원환과 순환으로 구분하지만, 헤겔의 자연적인 통속적 시간도 이전 사람들과는 달리 독특하다. 그렇다면 자연적 시간에 대한 헤겔의 독특성이 어디에서 나오는가?

일반적으로 자연적 시간이해는 사물이 '시간 안에서' 발생하는 운동을 의미한다. 헤겔은 자연적 시간을 식물, 동물이라는 자연계를 통해 설명하면서, 자연적 시간이해에도 통속적인 시간관이 설명하는 차원, 즉 사물이 '시간 안에서' 반복하는 순환적 시간과는 다른 차원을 개입시킨다.

뉴턴이나 칸트의 시간이해와 비교하면, 뉴턴의 절대 시간과 절대 공간은 주관 밖에 객관적으로 존재하며 모든 사물은 이 '시간과 공간 안에' 놓여 있다. 그에 반해 칸트의 선천적 시간과 공간은 주관의 선천적인 직관 형식[22])이기 때문에 객관적으로 존재하는 것이 아니며 사물 또한 시간과 공간 형식을 지니는 것은 아니다.

그러나 헤겔에게 사물은 '시간 안에' 있는 것이 아니라 사물 자체가 '시간적인 것'이다. 사물 자체가 이미 시간의 구조를 지니며, 시간과 분리 불가능하다. 뉴턴처럼 객관적인 절대 시간도 아니고, 칸트처럼 주관적인 선천적 형식도 아니다. 그렇다고 해서 사물과 시간이 동일한 것은 아니다. 사물과 시간은 구분되지만, 사물과 시간은 분리 불가능하다.

사물 자체가 시간적인 것이라면, 사물이 생성-변화-소멸하듯이 시간도 생성-변화-소멸한다고 할 수 있다. 시간 자체의 생성, 소멸을 헤겔은 다음처럼 주장한다. "모든 것(만물)은 시간 속에서 생성하고 소멸하는 것이 아니라, 시간 자체가 이러한 생성이고 발생이고 소멸이며, 존재하는 추상 작용이며, 모든 것을 낳고 그리고 자신의 출산물(자식들)을 파괴하는 크로노스다."(Enzy, II, §258) 이제 통속적인 자연적 시간조차 현재가 반복되는 등질적인 시간이 아니라, 즉 변화의 근저에 놓여 있는 공허가 아니라, 크로노스가 된 시간이며 모든 운동과 변화의 주체가 된 시간으로 해석할 수 있다.

시간 자체가 사물 자체처럼 운동을 한다는 점을 정신과 연결하여 생각하면, "시간 자체는 자기의 개념 속에서 영원하다."(Enzy, II, §258, Zu) 개념 자체의 영원성처럼, 시간 자체도 영원적이다. 시간 자체가 영원적이라는 점을 입증하기 위해 다음의 인용을 보자.

"시간은 어떤 시간도 지금도 아니며, 시간으로서 시간은 시간의 개념이며, 그러나 이러한 개념 자체는, 각각의 개념 일반이 영원한 것이며 그 때문에 절대적인 현재인 것처럼, 그러하다."(Enzy, II, §258, Zu)

---

22) I. Kant, *Kritik der reinen Vernunft*, hrsg. v. R. Schmidt, Hamburg: Felix Meiner Verlag, 1956, S.77. 시간론에 대해서는 B 46 이하를 참조하라.

'자연철학'과 『철학사』에서 '이념 내지 세계정신은 영원'이다. 『철학사』에서 이념의 영원성이 야기하는 시간은 영원이 자기를 드러내기 위한 한 양식이다. 그에 반해 '자연철학'에서 시간 자체는 영원처럼 자기운동을 하며, 시간개념도 영원처럼 영원하다. 그러므로 『철학강요』는―『철학사』에서 단지 한 양식이라고만 언급한 것을 넘어서서―『정신현상학』에서처럼 '시간과 개념의 유사성'을 통해 '개념과 시간의 동일성'을 주장할 수 있는 가능성을 내비친다.

이것은 곧 헤겔이 '동일성과 비동일성의 동일성'을 논증하는 논리학에서 동일성은 모순을 만들어 내고, 모순 각자가 대립 항을 자기 내로 복귀시키는 이중 구조를 반영한다. 개념은 자기를 전개하는 가운데서 분열을 만들어 내고, 그 분열을 자기 내로 복귀시키는 과정에서 분열지와 첨예하게 모순된다. 그러므로 '개념'과 '개념이 만든 시간' 사이에도 첨예한 모순이 드러난다.

'동일성과 비동일성의 동일성'에서 '동일성'은 타자인 비동일성을 통일시키는 전체이며, '비동일성'은 타자인 동일성을 통일시키는 전체다. 전체는 자신을 부분으로 전개하며, 부분은 다시 전체로 통일되는 구조가 대립하는 양 항에서 모두 일어난다. 대립하는 양 항은 각자 부분이면서 전체로서 총체성을 지닌다.

달리 말하면 개념은 시간과 대립하며, 대립 항들은 전체와 부분으로 분화된다. 그러나 이 대립하는 양자는 각기 양자를 통일하는 총체성을 실현하려고 한다. 총체성의 실현은 대립 항들 자체가 자신 속에서 타자를 반영하는 전체일 때 가능하다. 개념은 시간성을, 시간은 개념성을 자기 매개적으로 전개하여 총체성을 실현한다. 부분이 전체를 반영하는 구조에서 개념의 외면화로서 시간은 개념 전체를 반영하며 개념의 근거 정립의 근간이다. 정신적인 것의 자기분열과 자기이중화 가운데 영원은 전체이며, 시간은 영원의 계기 내지 근거로 정립되어야 할 '부분'이기 때문에 다시 전체로 회귀하는 부분이다. 이

때 이 부분은 영원처럼 자신을 전체로 반영한다. 그러므로 '전체로서 영원'과 '전체로서 시간'은 서로 대립하면서 통일을 이루는 총체성이 된다.

영원과 시간 간에도 이러한 이중 구조가 실현된다. 일단 헤겔에게 영원은 무한성, 무시간성이고, 시간은 유한성이다. 개념이 자기를 실현하기 위해 시간화하듯이, 영원은 자기를 시간화한다. 이것은 곧 무한성의 시간화이며, 무한성의 유한화이다. 그에 반해 시간은 무한으로 복귀하는데 이것은 곧 유한성의 무한화이다.[23]

이런 맥락이라면 헤겔에게 '개념 = 영원'라는 주장은 '개념 ≠ 시간', '개념 ≒ 시간'라는 주장을 통해서만 제대로 파악될 수 있다.

5. 결론

지금까지의 내용에 따르면, 헤겔의 시간론은 철학의 이념과 분리되지 않으며, 시간은 역사적 시간과 자연적 시간으로 나뉜다. 그런데 두 측면 모두 기존의 철학자들이 지닌 시간관과는 다른 지평을 펼쳐보이고 있다. 개념은 영원하다는 것, 개념의 자기전개로서 시간화와 시간의 근절이라는 것은 개념과 시간의 동일성을 비판하는 지평이된다. 그러나 시간이 현존하는 개념 자체라는 측면에서는, 그리고 시

---

23) 지금까지의 논의는 개념의 시간화, 영원의 시간화를 통해 무한의 유한화에 초점을 맞추었다. 무한은 유한의 유한성을 지양하며 유한을 무한으로 복귀시킨다. 그것은 곧 무한의 시간화와 시간의 근절을 통해 이루어진다. 그러나 유한한 인간은 무한으로부터 논의를 출발하기가 어렵기 때문에, 유한성에서, 즉 시간성에서 출발하며, 그러므로 유한성의 무한화가 어떻게 가능한가라는 문제가 남게 된다. 유한성의 자기지양은 무한으로의 고양이며 시간의 영원화이다. 무한과 유한, 즉 영원과 시간은 대립하는 양 항으로 나타나며, 무한은 유한을 지양하는 무한으로, 즉 반드시 시간화를 통해서 영원으로 복귀하는 무한으로 전개된다. 그와 동시에 무한으로 고양되는 유한으로, 즉 반드시 영원화를 통해서 영원한 시간개념으로 고양되는 유한의 운동에 대한 정립이 필요하다.

간 자체의 생성과 소멸이라는 크로노스적 시간이해는 '개념과 시간의 비동일성'에도 불구하고 '개념과 시간의 유사성'을 도출하는 계기를 마련하고 있다. 개념은 영원하다. 그리고 개념은 시간이 아니다. 그러나 헤겔은 개념이 시간과의 비동일성 속에서 동일성을 도출하는 독특한 시간지평을 열어 보이고 있다. '개념과 영원의 동일성'은 '개념과 시간의 비동일성'을 의미하지만, '시간과 개념의 유사성'을 통해서 정립되는 것일 때 영원과 동일한 개념이 된다. 헤겔에게 개념의 영원성은— 파르메니데스와 달리— 동시에 시간성을 지니며, 시간은 개념의 영원성과 이미 관계를 지니고 있다.

참고문헌

김태규, 『고대철학의 시간이론』, 도서출판 한글, 2002.

송병옥, 『형이상학과 자연과학』, 에코리브르, 2004.

양우석, 「헤겔의 시간 변증법 (1)」, 『철학연구』 제75집, 대한철학회, 2000.

유헌식, 「철학의 시간성과 '새로움'의 문제」, 『헤겔연구』 제6권, 청아출판사, 1995.

이경직, 『플라톤과 기독교』, UCN, 2005.

이상철, 「헤겔에 있어서의 시간과 역사」, 『헤겔연구』 제1권, 범우사, 1984.

이정은, 「후쿠야마의 『역사의 종말』에 나타난 헤겔의 '시간관'의 재정립」, 『시대와 철학』 제14권, 한국철학사상연구회, 1997.

조규홍, 『시간과 영원 사이의 인간존재』, 성바오로, 2002.

황설중, 「헤겔 변증법과 시간」, 『철학연구』 제17집, 고려대학교철학연구소, 1994.

Bonsiepen, W., "Hegels Raum-Zeit-Lehre", *Hegel-Studien*, Bd. 20, Bochum: Bouvier Verlag.

Fulda, H. F., *Das Problem einer Einleitung in Hegels Wissenschaft der Logik*, Frankfurt a. M., 1975.

Hegel, G. W. F., *Phänomenologie des Geistes*, Hamburg: Felix Meiner Verlag, 1956.

_____, *Wissenschaft der Logik, Die Lehre vom Sein*(1832), *Gesammelte Werke*, Bd. 21, Hamburg: Felix Meiner Verlag, 1985.

_____, *Enzyklopädie der Philosophischen Wissenschaften im Grundrisse*, II, in: *Werke in zwanzig Baenden*, Bd. 9, Frankfurt a. M.: Suhrkamp Verlag, 1986.

_____, *Enzyklopädie der Philosophischen Wissenschaften im Grundrisse*, III, in: *Werke in zwanzig Baenden*, Bd. 10, Frankfurt a. M.: Suhrkamp Verlag, 1986.

_____, *Vorlesungen über die Geschichte der Philosophie*, I, in: *Werke in zwanzig Baenden*, Bd. 18, Frankfurt a. M.: Suhrkamp Verlag, 1986. 임석진 옮김, 『철학사 I』, 지식산업사, 1996.

Heidegger, M., *Sein und Zeit*, Tübingen, 1972.

Kant, I., *Kritik der reinen Vernunft*, hrsg. v. R. Schmidt, Hamburg: Felix Meiner Verlag, 1956.

Kojève, A., *Hegel, eine Vergegenwaertigung seines Denkens*, Stuttgart: suhrkamp taschenbuch wissenschaft, 1958. 설헌영 옮김, 『역사와 현실 변증법』, 도서출판 한벗, 1988.

Mainzer, K., *Zeit von der Urzeit zur Computerzeit*, München: Verlag C. H. Beck oHG, 2002. 두행숙 옮김, 『시간이란 무엇인가?: 태고의 시간에서 컴퓨터 시간까지』, 도서출판 들녘, 2005.

베르그송의 시간관

송영진

1. 서론

서양철학에서 시간은 존재의 또 하나의 실질적 인식 지평인 공간
과 더불어 논해져 왔다. 즉 서양 고대철학에서는 플라톤의 우주론과
더불어 시간이 '영원의 그림자' 정도로 논해져 왔다. 시간이란 그림
자가 상징하듯이 영원한 존재에 비하면 존재의 정도나 질에서 열등
한 혹은 존재에 부속하는 운동에 부속하는 그 무엇이라는 것이다. 그
러나 이 '그림자'라는 말에는 아이러니가 숨어 있다. 왜냐하면 그림
자는 플라톤에게 실재에 대한 현상을 의미하고 시간은 현상과 밀접
한 관계를 암시하는 반면, 어쨌든 그림자라는 것이 자각되기만 하면
그것은 그림자의 실재(진상)에 대한 추구를 함축하는 것이기 때문이
다. 그림자는 플라톤의 동굴의 비유에서 나타나듯이, 그의 진리관이
에로스에 의한 상기설에서 이루어지고 있는 것을 의미하고 서양철학
의 의미가 바로 자연현상에 대한 절대적 진상 추구에서 시작했다는
것을 나타낸다.

플라톤에 따르면 시간이란 공간보다 못한 존재에서 이중으로 떨어

진 모상물이나, 그의 우주론에 표명된 시간은 우주(cosmos)의 질서 (logos)의 변증법이자 음악이다. 한번 형성된 이러한 시간에 관한 현상학적이자 비유적인 이야기는 현상을 실재로 인식하는 현대의 인식론적 관점에서 해석되고 해체-구성되지 않으면 안 된다. 이 때문에 현상을 가상으로 여기지 않고 현실로 인정하는 플라톤의 제자 아리스토텔레스는 시간을 재정의한다. 즉 시간이란 '운동을 측정하는 수'라는 것이다. 플라톤에서의 존재는 이제 현실을 사유하는 아리스토텔레스에 의해 동적인 자연의 현실로 대치되며 시간은 존재의 질서에 편입되고 이어 공간화되었다. 왜냐하면 아리스토텔레스가 의미한 수는 피타고라스학파에서 의미한 현실적인 크기를 지닌 기하학적인 의미를 지녔기 때문이다.

사실 고대 그리스 자연철학이 존재론적 전회를 수행하는 것은 파르메니데스에 의해서이다. 그런데 파르메니데스의 존재 사유는 모순율에 따르는 존재 사유다. 파르메니데스에 따르면, 현상과 구별되는 '존재'란 우리의 사유(nous)에 의해 파악되는 일자다. 이 일자는 생성소멸도 없고 운동하지도 않는 영원한 존재다. 따라서 파르메니데스의 '존재'에는 변화와 관계하는 시간성은 귀속되지 않고 역설적으로 '영원한 현재'와 관계하는 연속성, 즉 공간적인 연장 개념만 개입되어 있다(파르메니데스 단편 8).[1] 이 때문에 파르메니데스의 존재를 토대로 현상세계의 생성소멸을 설명하려는 그리스 자연철학은 한편에서

---

1) '영원한 현재'라는 개념은 아우구스티누스가 처음 사용한 변증법적인 어휘다. 우리의 사유에서 영원성은 논리적 사유를 통하여 파악된 실제성이 없는 하나의 관념으로서 불변성을 함축하고 한다. 이 때문에 영원성은 변화하는 시간성을 초월한 것으로 이야기된다. 다른 한편, 현재란 변화 가운데에 있는 시간성의 한 계기다. 따라서 불변성과 변화가 함께하는 '영원한 현재'의 개념은 변증법적으로 순간, 지속, 영원성, 그리고 이 세 가지 계기가 함께 있는 시간존재 전체를 지시하는 네 가지의 다양한 의미를 형성하는 계기가 된다. 따라서 영원한 현재에 대한 인식론적 반성에 의하면 영원한 현재란 일반적으로는 순간에서 영원성으로의 고양이나 지속으로서의 영원성을 의미한다.

파르메니데스의 존재와 같은 원자와 공허를 인정하는 원자론으로, 다른 한편에서는 원자적 존재와 공허를 매개하는 운동 원인으로서 영혼의 능동성과 그 자율성을 인정하는 플라톤의 이데아론에서 완성된다.

그런데 현상세계의 생성소멸을 불변하는 원자와 공허로 설명하려는 원자론에서는 철저히 현상의 운동의 계기를 감관-지각의 착각으로 배제하려 하였기에, 운동 원인인 힘을 원자에 귀속시키고 그 힘의 타자와의 관계를 나타내는 공간은 공허(kenon)로 바뀌었다. 그 결과 원자론은 유한한 원자와 무한한 공허가 대비되어 다수의 독립된 개체와 공간의 변증법으로 형성되었다. 결국 원자론자들은 존재 사유를 시간표상이 배제된 공간표상 위에서 현상의 변증법을 구축한다. 그러나 파르메니데스의 존재는 운동 원인인 힘을 배제하는 것이다. 그리고 이 운동 원인인 힘은 시간성으로만 파악되는 것이다. 이 때문에 후기 원자론자들은 이 운동 원인을 존재와 분리하거나 루크레티우스(Lucretius)처럼 타성적인 원자들 이외에 경사 운동하는 영혼의 자유 원자를 설정하지 않을 수 없게 된다.

다른 한편, 영혼의 존재와 그 기능적 측면을 인정하지 않을 수 없었던 소크라테스-플라톤은 한편으로 모순율에 따르는 이성적 사유에 충실하여 존재 사유에 있어서 파르메니데스의 존재론적 사유에 따르면서도 존재 계기와 공간적 표상(원자와 공허, 혹은 존재론적 사유에 있어서 필연적으로 나타나는 유클리드 기하학적 공간의 모순과 역설)들의 모순과 차이를 극복하기 위하여 이들을 매개하는 원운동 하는 영혼을 운동 원인으로서의 능동자로 인정한다. 이 때문에 플라톤의 우주론에서 이 능동자는 우리의 눈에는 드러나지 않으나 우주를 제작하는 데미우르고스라는 신적 기능으로 나타난다. 반면에 공허를 자기모순적인 것으로서 그 존재를 인정할 수 없었던 플라톤은 공허 대신 존재의 모태로서 혹은 그릇으로서 현실적인 장소(chora)를 인정하고, 이 장소를 그가 타자성이라고 불렀던 우연-필연적 힘(dynamis)이자 이 힘으로 가득 차 있는 것으로 설정한다. 여기에서 공간은 공허 대신 현실적인 장소로 바뀌고 이 장소는 영혼의 능동성을 상징하는 영혼의 시간성과 서로 뗄 수 없는 관계에 있음을 알 수 있다. 이 때문에 이 장소는 공허를 부정하고 현실적인 것을 사유하는 제자 아리스토텔레스에 의해 질료라는 개념으로 대치된다.

플라톤 철학에서 시각에 드러난 공간은 존재의 기준이자 척도였다. 이 공간 요소들의 정의와 함께 이를 기초로 한 측정은 당시 유클리드 기하학의 3차원적 공간 개념 안에서 이루어지는 것이다. 그리고 이러한 3차원적 공간의 측정에서는 측정의 기준과 한계가 분명히 드러나는 것이어야 한다. 이러한 측정의 기준과 한계는 당시 아이디얼한 수들 사이에서도 드러난다. 더 나아가 문제는 기하학적인 연장과 아이디얼한 수의 관계 문제다. 피타고라스학파에 의해 드러났듯이 연장을 수에 의해 표현하려는 태도는 서구 수학의 존재론적 전통을 형성하며 서구의 수학의 발전에 창조적 기능을 수행하게 하는 것이다. 수에 관한 존재론적 사고 전통은 사실 수학과 기하학, 그리고 기하학과 철학이 연속적으로 밀접한 관계를 지니고 있음을 의미하며, 이 사실은 논리와 수학, 그리고 존재와 관념 사이의 생산적인 변증법적 관계로 나타난다. 그리고 이러한 서구의 존재론적 사고법은 엘레아학파의 파르메니데스와 제논의 존재론의 변증법에서 기원하는 것이다.

엘레아학파의 존재론의 변증법은 제논의 '운동역설'에 나타나 있듯이 운동을 논리적으로 설명하려 하는 데에서 나타나는 것으로서 현실적인 운동에 관한 부분적 진리들만으로 동적 현실 전체를 설명하려는 네 가지 경우들, 즉 이중의 역설들로 구성되는 것이다. 그런데 이러한 역설 속에서 이루어진 부분적 진리들이 모여서 전체를, 즉 개체의 운동 방식들을 나타내는 현실의 운동 사실을 설명하는 것으로 나타난다.[2] 과연 논리적으로 해명된 부분적 진리들이 모여 어떤 논리적 연결을 지니고 이 관념들이 표상하는 우주적 전체의 진리로 나타날까? 사실 운동에 관한 논리적 분석은 현실의 직관적 사실을 설명하거나 기술하는 것으로 나타나며 이 때문에 운동과 관련된 공간이나 시간 개념을 이해하기 위해서는 운동의 본질과 관련된 공간과 시간의 본성을 탐구해야 하며 이는 세계나 우리 자신의 영혼에 대한 인식론적 반성을 수행해야 한다.

동적인 현실에 대한 존재론의 이상은 결국 직관적 현실과 관념의 관계로 나타나며 그 관계는 시간과 공간 관념의 변증법적인 관계로 나타난다. 이처럼 시간과 공간은 서로 떨어질 수 없다. 플라톤은 파르메니데스의 존재론적 관점에서 존재를 불변하는 영원성으로 정의하면서 존재를 공간성 우위의 관점에서 파악하고 시간성을 존재에 부수되는 것으로 파악했으나 후기 철학에서는 이 양자를 조화의 관점에서 균형을 잡으려 했던 것이 앞에서 이야기한 그의 우주론에 나타난다. 즉 플라톤의 후기 철학에서 데미우르고스가 우주 영혼과 몸을 제작하는 것으로 묘사하는 것에서 드러나듯이 절대적 능력이 아닌 한계를 지닌 능동자(데미우르고스)가 질료와의 관계에서 이데아적으로 균형을 잡았던 것을 의미한다.

그럼에도 불구하고 이러한 시간과 공간의 조화나 절충은 파열의 징후를 함축하고 있다. 왜냐하면 이러한 조화와 균형의 배후에 운동과 힘의, 인간 이성에게는 미스터리로 남게 되는 존재가 전제되어 있었기 때문이다. 단순한 조화가 아닌 시간적 통일, 그래서 윤회가 아닌 진화와 창조는 어떻게 가능한가? 그것은 플라톤이 이데아와 변화와 운동 사이에 절충안으로 제기한 이중적으로 역설적인 영혼의 기능존재, 즉 『소피스트』편의 존재에 미소한 '능력'이나 이를 우주적으로 확대한 『티마이오스』편의 우주 제작자 신, 그러나 한계를 가진 신

---

2) 송영진, 『플라톤의 변증법』, 철학과현실사, 2000, pp.61-93, '제논 운동 역설' 참조.

을 덧붙이는 것이 아니라, 능력의 무한한 확대를 통해서이다. 이러한 능력의 무한한 확대는 플로티노스(Plotinos)의 일자철학에 나타난다. 즉 플로티노스의 이 일자는 영혼의 속성을 지녔고, 이 영적인 존재는 파르메니데스의 한계를 지닌 일자와 다른 무한성의 속성을 지녔다. 그런데 이러한 무한 속성은 곧 기독교 하나님의 무제약적 속성으로 간주된다. 마찬가지로 공간을 시간 안에서 통합하는 사상은 플로티노스의 시간론을 통해서 처음 나타나며,3) 이 사상이 아우구스티누스의 시간론으로 나타난다. 즉 플라톤의 우주론적 시간론이 아우구스티누스에 의해, 영혼의 인식론적 시간론으로 수렴된다.

아우구스티누스는 히브리적(기독교적) 전통의 시간관념을 그리스의 존재론적 전통의 지성으로써 탐구한다. 그는 "시간이란 우리가 묻지 않으면 잘 알고 있으면서도 일단 시간이 무엇인가를 물으면서 탐구하면 그것이 무엇인지 모르게 된다."는 말로써 영원성으로 지속하는 시간이나 허무화하는 시간에 대해 존재론적인 사고를 하는 지성의 무능력을 고백한다. 즉 시간을 공간화할 수 없다는 무능력을 표현한다. 그러면서도 시간이란 우리의 심적 체험 안에서 인식되며, 우리의 살아 있는 영혼과 밀접한 관계를 맺고 있고, 일종의 영혼의 확장임을 다음과 같이 말한다.

시간이란 모든 순간의 현재다. 만약 아무것도 흘러(변화하면서) 지나가지 않는다면, 그리고 아무것도 현존하지 않는다면 시간은 없는 것이다. 그런데 과거와 미래는 지금 없는데 어떻게 그것의 존재가 증명되는가? 그리고 현재라는 시간이 항상 머물러 있어서 과거로 흘러가지 않는다면 그것은 시간이 아닌 영원일 것이다. 시간이 되기 위해 현재가 과거로 지나감으로써만 증명된다면 현재의 존재는 어떻게 증명되는가? 시간은 비존재로 흘러감으로써만 그 존재가 증명된다. 그

---

3) 조규홍, 「플로티노스의 시간이해와 그의 철학적 입장」, 『동서철학의 시간관』, 한국동서철학회 편, 춘계학술발표대회 논문집, 2007 참조.

리고 이것은 우리의 마음속에 있는 시간 경험에 의해서 알 수 있다. 즉 과거란 우리의 기억이요, 현재란 직관되며, 또한 과거나 미래의 존재론적인 기초가 되면서도 존재의 영원성에 관계하고, 미래란 우리 영혼의 기대이므로 결국 시간의 세 계기는 영혼의 세 지향성에 관계 한다는 것이다. 그래서 아우구스티누스는 과거의 현재, 현재의 현재, 그리고 미래의 현재라는 말로 이 세 개의 시간 계기를 표현하며 우리 마음의 지향성과 밀접한 관계를 지니고 현재만을 존재하는 것으로 본다.

이러한 시간성에 대한 아우구스티누스의 반성과 내관법(introspec-tion)에 의한 통찰은 비록 시간의 세 계기에 대한 공간적인 환원을 수행한 존재론적 사고의 산물이기는 하나, 시간이 우리의 의식이나 정신과 밀접한 관계에 있고 생명체나 의식의 존재방식을 나타내고 있다는 것을 통찰한 점에서 서양 사상사에 있어서 그의 내면으로의 철학적 탐구방법과 함께 시간의 인식론적 성격에 대한 통찰의 신기원을 이루는 것이었다. 그는 이 시간의 존재를 기독교적인 관점에서 '무로부터의 창조'에 의해 설명한다. 즉 그에 따르면, 무로부터의 창조란 시간과 세계의 절대적 시작을 의미하며, 시간은 세계와 함께 창조된 것으로 무상성에 의해 특징지어진다. 그러므로 우리는 창조 이전의 시간에 대해 물을 수 없고 우리의 시간관념을 하나님에게 적용할 수도 없다. 그런데 하나님의 영원성은 시간의 양적 연장이 아니라 모든 것을 초월하는 탁월성에 있는 것이며, 이 영원성은 항상 머물러 있음으로써 하나님에게는 영원한 현재[4]만이 있는 것으로 표상된다.

아우구스티누스에 따르면 과거, 현재, 미래의 계기로 나누어진 시간이란 현재에서 활동하는 능동적인 유한한 인간 영혼의 공간적 확

---

4) 의식의 지향성에 따른 초월적 정신의 내재화를 수행하는 후설의 현상학에서 의식에 영원한 현재로 포착되는 현재(presence)는 현상학적 환원에 의해 살아 있는 4차원적 현재로 이해된다.

장이다. 즉 아우구스티누스의 시간론은 순간과 영원 사이를 왕래하는 인간 영혼의 변증법이다. 그는 허무로부터 신이 만물을 창조하였다는 관점에서 불변하는 영원과 변화하는 순간의 변증법을 현재에서 능동적으로 존재하는 인간의 기억과 예기의 관점에서 설명한다. 그런데 인간 영혼은 유한한 능력을 지녔다. 시간이란 존재의 영원성과 이 영원성을 현재적 순간으로 분석하여 파악하려는 인간 지능에 의해 포착되는 것이다. 즉 우리의 현재, 과거, 미래의 3계기는 시간과 공간을 통합해 지닌 신의 영원한 현재에 대한 인간의 유한한 지능에 의해 포착된 현재를 중심으로 한 과거와 미래로의 무한한 연장으로 이해된다. 이러한 신적 영원성을 전제하는 인간의 시간이해는 원자론자들의 공허 개념과 같이 변증법적 모순으로 점철되어 있으나 이의 극복은 삼위일체론과 전지전능한 신을 향한 관상으로 변한다. 여기에서 공간 위주의 소크라테스-플라톤의 철학은 기독교 철학에서 창조적인 역동적 신의 영원성의 시간의 개념으로 수렴되며, 베르그송의 지속존재의 시간 우위의 존재론에서 멀지 않게 된다. 즉 베르그송처럼 말한다면, 인간의 시간은 공간화된 시간이며 진정한 시간은 이러한 공간화된 시간을 초월하는 역동적인 지속의 무한한 신적 영원성으로 상징된다.

2. 의식의 흐름

우리의 의식은 양면이 있다. 의식이 흐르면서도 변화 속에 자기 동일성을 유지하고 있기에 의식은 같은 것이면서 동시에 다른 것이다. 더 나아가 우리의 의식은 의식과 무의식의 두 가지 양상으로 작동한다. 하나는 모든 것을 분별하는 분석하며 사유하는 의식이다. 이 사유 의식에서는 양적인 것의 다양성과 이들의 관계가 가장 분명하게 드러난다. 말하자면 사유는 공간을 전제하고 이루어진다. 그러나 우리가 조금만 반성적으로 생각하면 우리의 감각이나 감정을 나타내는 심리적인 직접적 의식은 질적 다양성으로서 나타나고, 이 질적 다양성들은 흐름이자 지속으로 나타난다. 이러한 지속으로서의 심리적 느낌은 무의식 속에 있고 이를 바탕으로 우리의 분별하는 현실적 의식이 작동하는 것이다. 이 때문에 의식의 현상은 이중적으로 변증법적 관계에 있다. 즉 심리적인 지속은 연속적으로 생성 발전하는 데 반해 이를 기초로 하는 자유의 의식은 이에서 초월적이면서도 분석적이다. 베르그송은 이 초월적이면서도 분석적인 의식을 진정한 의미의 지속과 통합시키려고 한다. 그리고 이러한 의식은 베르그송에 있어서 직관적 의식으로 나타난다.5) 의식은, 의식과 무의식, 그리고 이들의 매개에 의한 이중 삼중적이면서도 기능하는 측면에서는 하나의 의식으로서 현상학에서 말하는 지향성을 지니며, 이 이중 삼중적 의식의 관계는 시간의식 속에서 전체-부분의 관계가 유기적이면서도 4차원적인 것이다.6) 이 때문에 이러한 이중 혹은 삼중적 변증법적 관계 속에서 찾아진 한 경우인 베르그송이 말하는 참다운 지속으로서의 '연속'과 우리의 상식적인 시간(베르그송의 말로는 '공간적 시간') 속에서 '병렬(succession)'은 다르고, 속으로부터 나오는 '진화(evolution)'와 이미 존재하는 것의 '전개(development)'는 다르며, '근본적 새로움'과 '전에 있었던 것의 재배치'는 각각 다르다. 즉 지속은 공간과 구분되는 시간의 질서에 속한다.

그렇다면 베르그송이 말하는 '지속(durée)'이 상식적인 '시간(le temps)'의 차원과 동일한가? 베르그송이 시간이란 낱말을 사용할 때, 그 뜻은 물리학적, 수학적 개념으로 좁혀서 이해되어야 한다. 그에 있어서 '지속'은 심리적 시간이고, '시간'은 물리적 운동 개념을 수량

---

5) 송영진, 『직관과 사유』, 서광사, 2005, 제7장 참조.
6) 여기서 4차원의 의미는 공간 3차원이 기초적이면서도 그 위에 공간화된 시간성이 겹쳐진 방식이 아닌 진정한 의미의 시간성이 자신과 공간 3차원을 통합하는 방식이다.

화한 것이다. 베르그송에 따르면, 과학은 실질적으로 공간 속에 임의의 직선을 그어 놓고 그 직선을 통과하는 데 소요되는 운동 속도를 시간과 연관지어 생각하고 있다. 그러나 이런 물리학적 시간은 양(量)으로서의 단위에 불과하다. 움직이지 않는 직선 위에서 움직이는 물체의 이동성이 시간일 뿐이다. 과학자들이나 수학자들은 시간을 생각할 때, 지속을 양적으로 측정할 것만 생각하지, 결코 심적 체험으로서의 지속 자체를 생각하지 않는다. 일정한 거리를 일정한 속도로 통과할 때, 또는 그 속도가 점차 빨라지거나 느려질 때 걸리는 시간이라는 것은 느낌으로서의 지속이 아니다. 수학자나 물리학자들에게 시간은 수치로 환원되어야 한다. 그래야만 계산할 수 있고, 또 앞으로 걸리는 시간을 예견할 수 있다. 시간은 출발점과 종점 사이의 중간에서 발생하는 사건 속에서 인간 심리가 직접 느끼는 직관적 흐름을 고려하지 않는다. 인간은 구체적 시간을 바라보거나 생각하지 않고, 그냥 무의식적으로 그것과 더불어 살 뿐이다. 이 때문에 과학과 오성은 의식의 흐름 속에서 변화와 더불어 나타나는 질적인 비약과 새로움을 보지 않는다. 어쩌면 과학과 오성은 물질세계에서 반복되는 것과 계산할 수 있는 것만을 취하려 할지 모른다. 인간은 그의 의식이 직접 느끼는 구체적 시간으로서의 지속을 생각하지 않고 추상적 시간을 쳐다보고 계산한다. 그런 점에서 구체적 시간인 지속은 자연스럽고, 이를 밑바탕으로 하여 생각하는 인간은 시간을 추상적 시간으로 대치한다. 이 때문에 추상적 시간은 느낌의 세계에 존재하는 것이 아니라 사유의 세계에 존재하며 추상적 시간은 자연스럽지 못하고 인위적이다. 살아 있는 존재의 인식이나 또는 자연적 체계는 지속에 관계하는 인식이지만, 인위적이고 수학적인 체계의 인식은 지속의 양 끝만을 관계할 뿐이다.

3. 기억과 인식론적 시간

　인간의 정신은 기억현상 속에서 살고 있기 때문에 기억에 대해서는 잘 모른다. 즉 우리는 무의식적으로 기억하면서 살고 있다. 그런데 기억은 곧 시간의식이며 생명현상에서만 나타나는 특이한 것이다. 아니 시간성이 곧 우리의 존재의 본성을 이루고 있다. 이 때문에 우리는 무엇인가를 기억한다고 하면 그것이 최소한 나에게 있어서 지나간 무엇임을 바로 안다. 그러나 정말로 우리는 무엇을 바로 안단 말인가? 우리는 일상적으로 과거라고 말하고 옛일들, 지나가 버려서 더 이상은 존재하지 않는 어떤 것들이라고 단순하게 여기는 경향이 있다. 그리고 이러한 과거의 현실화 작용을 기억이라 부르며, 또한 기억이라는 것을 의식작용의 하나로 생각한다. 그러나 우리가 살고 있고 경험하는 것이 삶이요 기억이며 따라서 이 기억이 곧 시간이며 지속하는 것으로서 의식 자체다. 그런데도 우리는 이 기억작용을 현재에서 의식화하는 것만을 기억이라 부르며 의식의 한 양상으로 간주한다. 그래서 우리가 매우 잘 안다는 현재에 왜 그런 의식작용이 일어나는지에 대해서, 그리고 그 과거라는 기억이 어떻게 현재에 진입하는지에 대해서는 의심을 갖지 않을 뿐더러 심지어 당연시 여기기까지 한다.

　사람들은 인지하든 아니든 간에 이 세상이 공간으로 이루어졌다는 것을 안다. 그리고 이 공간의 것들은 우리가 어떻게든, 가령 우리의 감각지각들을 통하여 인지할 수 있는 한에서 그 안에서 자신 있게 활동하며 살아간다. 반면에 시간은 그저 공간에 부수되고 이에 유비하거나 참조하는 것으로 여기고 단지 일정한 방향을 지닌 흐름 또는 느낌 정도로만 생각하지 그 이상은 아니다. 그러나 문제는 이 지점에서 발생한다. 즉 시간을 흐름으로 보는 것은 옳지만 이 흐름을 하나의 방향성을 지닌 벡터와 같은 선분의 연장으로 본다는 점이 문제다. 다시 말해 시간을 공간적으로 사유하는 데서 문제는 발생한다. 그런데 이러한 사고방식에서는 즉 시간을 공간으로 사유하는 것에서는 시간이 무엇이라는 것은 물론 과거라는 기억이 왜 현재 속에서 재현되는지 설명할 수 없는 것이다. 다시 말하면 인간의 동일성을 보장하는 기억이 자신의 삶이요 정체성이라고 말할 기회를 상실하게 된다. 즉 어제의 나는 더 이상 오늘의 나인지 아닌지 말할 수 없게 되는 것이다. 베르그송은 우리의 통상적인 기억작용을 다음과 같이 묘사하고 있다.

"우리는 과거 일반 속에, 그리고 과거의 어떤 지역에 다시 위치하기 위해 현재로부터 벗어나는 어떤 고유한 행위의 의식을 가지고 있다. 이는 사진기의 초점 맞추기와 유사한 모색의 작업이다. 그러나 우리의 작업은 아마도 잠재적 상태에 머물러 있다."[7]

의식적 기억 이외에 본질적 작업이 잠재적 상태로 머물러 있다는 말은 무슨 의미인가? 그것은 우리의 분별하는 의식과 지속하는 심리적 무의식 사이의 변증법적 관계처럼 우리의 기억도 이중적이라는 말이다. 그리고 이들은 서로 다른 차원에 있으면서 현재라는 한 지점에서 변증법적인 관련성을 맺고 있다. 베르그송은 학과를 암송하는 예를 들면서 기억을 두 가지로 구분한다. 하나는 암송 행위와 관계하는 신체적 기억이요 다른 하나는 순수기억이라고 말한다. 전자가 행위와 관계하고 항상 현재에 관계하는, 우리가 통상적으로 기억이라 부르는 의식적 기억이라면, 후자는 지속과 같이 무의식의 상태에서 끊임없이 우리가 한 행위에 날짜와 장소를 모두 기록하고 있는 순수한 과거, 즉 베르그송이 말하는 심리적 상태와 같은 무의식 속에 있으면서 자연스럽게 우리의 역사를 기록하는 기억이다. 즉 이 순수기

---

7) 베르그송, 『물질과 기억』, 박종원 옮김, 아카넷, 2005, p.230.

억은 지속하는 것으로서 무의식의 상태로 있다고 베르그송이 주장하는 것이다. 순수기억은 때를 기다린다. 그것은 우리 현재의 행위의 때다. 이러한 순수기억에 기초하여 우리의 의식은 현재의 행위를 위하여 앞에서 인용한 그의 비유와 같이 과거의 어느 지점에 초점을 맞춘다. 이것이 보통 기억이라 불린다. 그래서 과거는 본질적으로 잠재적이고, 그것이 어둠으로부터 빛으로 솟아 나오면서 현재적 이미지로 피어나는 운동을 기초적인 것으로 인정하고 우리가 이를 따르면서도 우리의 행위적 필요에 따라 그것에 초점 맞추기의 의식적 노력을 수행할 때만 우리에게 과거로 포착될 수 있다. 이 때문에 우리는 과거를 흔적 속에서 찾는데 이는 공간적인 것에서 현실적인 생생한 작용을 찾는 형국이다. 그러나 베르그송은 "사람들이 현실적인 것 그리고 이미 실현된 어떤 것 속에서 그것의 흔적을 찾으려고 해보아야 헛된 일"이라고 주장한다.[8]

여기에서 베르그송은 우리의 상식이나 과학자들 그리고 철학자들의 관념 연합론의 오류를 발견한다. 즉 그들은 빛에서 어둠을 찾으려는 자들이다. 그들은 현실 속에서 이미 실현된 것의 지나간 과거를 흔적에서 찾으려고 하고, 기억과 지각을 구분하기 위해 그리고 크기의 차이만 보기 위해 처리한 것을 본성의 차이로 세우기 위해 헛된 노력을 하고 있다고 지적한다. 베르그송이 보기에 관념 연합론의 오류는 "생생한 실재 자체인 연속적 생성을 부동적이고 병치되어 있는 다수의 불연속적인 요소들로 대치하는 것"[9]이라고 본다. 즉 관념 연합론자들은 실재를 고정시켜야 하고 또한 뒤섞여 있는 것 가운데 그들이 보기에 불순한 것들을 제거한 후 그 본질만을 보려고 하기 때문에 실재의 생생함을 보지 못할 뿐더러 그 생생함을 물질로 환원시킬 수밖에 없는 것이다. 그들은 분해되어 버린, 그리고 죽은 물질에서

---

8) 베르그송, 『물질과 기억』, p.223.
9) 베르그송, 『물질과 기억』, p.231.

안도감을 찾는다. 말하자면 그들은 지속을 관념화한다.

더 나아가 베르그송은 관념 연합론자들의 기억 개념을 상상력과 연관지으면서 선험적으로 우리의 상식적인 기억과 다른 순수기억에 대해 말한다. 상상력은 기억과 무엇이 다른가? 상상력도 물론 의식작용이다. 그러나 이 상상력은 우리의 현실적인 사고와 밀접한 관련이 있지 순수기억하고는 별 상관이 없다. 우리가 이미 말했듯이 잠재적으로 있는 순수기억을 현실화하는 것이 의식적인 기억작용이라면 상상력은 현재적 사실들의 결합으로 사고가 이루어진 것이다. 우리의 통상적인 의식은 이처럼 사고 작용을 시발로 이루어진다. 그리고 이 사고 작용에 있어서 언어는 필수적이다.10) 그러나 지속으로서의 심리적 의식 그리고 순수기억은 무의식적이면서 언어 없이 저절로 연장되고 저절로 생성되며 저절로 기억을 이루면서 창조적으로 진화하고 있다.

예를 들면, 베르그송은 고통에 대해서 말하면서 이 둘의 차이를 드러낸다. 즉 강렬한 고통은 우리에게 큰 고통을 준다. 그리고 미약한 고통은 미약한 고통이다. 그런데 이 고통이 기억이 되어 약해진다면 강력한 고통은 미약한 고통으로 변하는가? 아니다. 현재에서 멀어진 미약해진 고통은 우리에게 미약한 고통을 느끼게 하나, 강렬한 고통이라는 기억은 그것이 현실화되면 우리에 끊임없이 강렬한 고통을

---

10) 우리의 사유는 언어 없이 이루어질 수 없으며 감관-지각과 마찬가지로 현재적이다. 그런데 언어는 현재에서 말함의 사유(Parole)와 현재화하지 않는 무의식의 체계로서의 언어(langue)가 있다. 라캉이 무의식의 발현이 언어적이라고 하는 이유가 바로 여기에 있다. 그런 한에서 말함과 관계하는 사유작용은 바로 운동-감각적이다. 따라서 순수기억이 현재화되는 것은 우리의 사유를 통하여 가능하다. 즉 기억에도 언어화 작용이 필요하다. 이 때문에 순수기억과 습관기억으로 나누는 베르그송의 기억론은 실상은 습관기억을 언어적 기억과 감각-지각적 기억 둘로 나누는 것이 된다. 이러한 관점에서 보면 베르그송의 순수기억은 감관-지각의 지속으로서의 기억이다. 송영진, 『직관과 사유』, pp.134-145 참조.

주고, 미약한 고통은 그것이 현실화되면 미약한 고통을 준다. 즉 기억은 현실적으로 우리 현재적 의식에 대한 실재적 대응이라 말할 수 있다. 반면에 상상력은 실제적인 고통 없이도 고통을 느끼게 할 수 있다. 가령 최면술사가 반복한 암시된 말들은 우리에게 고통을 느끼게 만든다. 그러나 이때 미약한 고통은 미약한 고통이고 강한 고통의 연상은 강하나 그것은 연상되는 정신적인 고통일 뿐 현실적인 것은 아니다. 과거라는 순수기억과 실재라는 현재 사이에는 정도의 차이를 넘어선 엄연한 다른 차원과 사실이 다르게 있다. 그것은 후자는 "나의 관심을 야기하는 것이고 나를 위해 살고 있는 것이며, 나의 행동을 촉발하는 것이다. 반면에 전자는 본질적으로 무력한 것이다."[11]

4. 지속하는 무의식

여기에 두 이미지들이 있다. 하나는 무력한 이미지이고 다른 하나는 관심을 야기하고 행동을 촉발한다. 그러나 우리는 '야기한다'와 '촉발한다'에 주목하면서 베르그송의 이어지는 논의 속으로 들어가 보자. 방금 전의 구절은 순수기억과 현재를 표현해 본 것이다. 그러나 무엇인가가 촉발한다고 할 때는 과거를 말하는 것도 아니요, 미래를 말하는 것도 아니다. 그것은 현재이며 좀 더 엄밀하게 현재적 순간을 말하는 것이다. 또한 우리는 앞에서 시간을 흐름이라고 말한 바 있고 흘러간 것을 과거라 했다. 그리고 덧붙여 현재는 흐르는 순간이다.[12]

그러나 여기서 과거를 흘러간 것이라고 묘사하고 현재를 흐르는 것이라고 말하는 것은 문제가 있다. 과거는 지속하고 현재는 그 지속의 첨단(pointe)이라고 말하는 것이 정확하다.[13] 여기서 베르그송이

---

11) 베르그송, 『물질과 기억』, p.236.
12) 베르그송, 『물질과 기억』, p.237.

문제 삼고 있는 것은 심리적 시간을 흐름으로 보았을 때 현재는 순간
이 된다. 왜냐하면 순간이라는 말은 어떤 한 지점을 고정시킬 때를
지칭하기 때문이다. 그것은 수학에서 현재를 점으로 표현하는 사고를
발생시킨다. 그러할 경우 베르그송이 그렇게나 거부하던 기하학적 사
유가 들어오는 것이다. 그러나 베르그송에게 시간은 가분적이어서는
안 된다. 반대로 시간이 불가분적이라면 과거와 미래가 포함되어 버
린다. 체험의 관점에서 보면 우리는 미래도 과거도 현재와 같이 체험
가능하기 때문이다. 따라서 베르그송은 "실재적이고 구체적이며 체험
된 현재, 내가 나의 현재적 지각에 대해 말할 때 내가 말하는 현재라
는 이상적인 현재"[14]를 찾는다. 그것이 현재에서의 지속으로서의 시
간이다. 베르그송은 이러한 현재는 어떤 지속을 점유한다고 보면서
이 지속의 위치를 묻는다. 이 점에 대해 베르그송은 역설적으로 다음
과 같이 답변한다.

"내가 '나의 현재'라고 부르는 것은 나의 과거와 나의 미래를 동시에
잠식한다. 그것은 우선 나의 과거를 잠식하는데, 왜냐하면 '내가 말하는
순간은 이미 나로부터 멀리 있기' 때문이다. 그것은 나의 미래를 잠식하
는데, 그 이유는 이 순간이 향해 있는 것이 바로 미래이고, 내가 지향하
는 것이 미래이며, 그리고 내가 만일 이 불가분적인 현재를 고정할 수
있다면, 시간의 곡선의 이 무한소적인 요소가 보여줄지도 모르는 것은
미래의 방향이기 때문이다. 따라서 내가 '나의 현재'라고 부르는 심리적
상태는 직접적 과거에 대한 지각임과 동시에 직접적 미래에 대한 결정
이다."

우리는 여기서 몇 가지 의문을 던져 보자. 즉 나의 현재가 과거나
미래를 잠식한다고 할 때 잠식한다는 것은 무엇인가? 그리고 과거가

---

13) 베르그송, 『창조적 진화』, p.202.
14) 베르그송, 『물질과 기억』, p.237.

지각이고 미래가 결정이라는 것은 어떤 차원에서 말할 수 있는가? 나의 신체는 행동하는 신체다. 그래서 나의 현재는 행위를 지각하고 행위를 위해 지각한다. 그리고 지각한다는 한에서 감각하는 것이다. 다시 말해 나의 신체가 감각한다는 것은 알아차림이다. 만약 현재의 순간에 감각하지 않는다면 그것은 현재의 순간일 수 없다. 반대로 감각되지 않은 현재라는 것이 있을 수 있을까? 사실 우리의 감관-지각은 현재에서만 이루어진다. 미래 또한 마찬가지다. 현재의 어떤 관점으로 볼 때 미래는 현재로 오는 것같이 보인다. 하지만 행위의 관점으로 본다면 우리의 행위는 미래로 나아간다. 즉 현재의 순간은 미래를 지향하는 것이다. 미래를 지향하기 위해서 행위는 행동을 결정해야만 한다. 다시 말하자면 현재 순간의 결정은 근접한 미래를 약속한다. 그것은 미래에 대한 가능적 행위다. 그래서 행동을 결정하는 한에서 미래는 운동이다. 현재의 순간은 이러한 감각과 운동이 결합된 것이다. 그러므로 베르그송은 현재를 감각-운동적(sensori-moteur)이라고 결론짓는다.15)

현재란 나의 신체에 대한 의식이고 이 현재에 대한 의식은 감각-운동을 기반으로 한 신체의 실용적 기능이라는 것을 알 수 있다. 이것은 나의 신체라는 특별한 이미지에서 동시에 일어난다. 다시 말하면 감각되는 동시에 운동하는 것이다. 이 특별한 이미지는 물질적 세계의 중심을 점하는 것이다. 또한 이 이미지는 생성의 현실적 상태.

15) 현재를 운동감각적인 것으로 표현하는 것은 아우구스티누스의 영원한 현재의 역동성으로의 전회이며 현대 물리학에서 4차원적 시간개념에 적합하다. 베르그송에 따르면, 현재의 계기(지속의 첨단)는 우리의 의식과 밀접한 관계를 지니며 이 현재의 세 모습은 기억 능력을 지닌 마음으로 측정되고 그 마음은 현재의 반성적 사유에서 파악된다. 그리고 이 반성적 사유는 시간을 기억에 의해 공간화하기에 우리의 마음의 외부에 있다고 생각된 외적, 3차원의 물리적 시간에 관계한다. 이러한 관점에서 보면 우리의 정신이란 물질 위에 부수하는 현상으로 나타나 보이나, 생명력과 정신의 역동성을 인정하는 베르그송의 관점에서 보면 물질이란 이러한 정신의 고정되고 정지된 것으로 나타난다.

그것은 지속 속에서 형성되고 있는 것을 나타낸다. 이것은 생성의 연속성 속에서 이루어지며 흐르는 유동체 속에서 이루어지는 것이다. 만약 이러한 운동을 순간들로 절단할 수 있는 것으로 오인한다면 그것은 우리가 물질의 세계의 것이라고 부르는 것이라고 베르그송은 말한다. 물질의 세계는 흐르기는 하나 타성적인 것이고 따라서 동일성에 따르는 필연적인 것으로서 관성적인 것이고 상호 연속성이 없는 것으로 나타나기 때문이다. 이 때문에 베르그송은 물질을 라이프니츠처럼 순간적 정신이라 부른다.

그런데 과거와 현재 사이에는 본성의 차이가 있다. 왜냐하면 현재는 활동성인 반면 과거인 순수기억은 무력하며 무의식 상태로 계속 잠기기 때문이다. 이 때문에 무력하다고까지 한 순수기억이 어떻게 내 신체에 감각의 요인이 될 수 있는가 하는 문제가 발생한다. 또한 베르그송은 이 순수기억이 나의 신체에 어떤 부분에도 관련되어 있지 않다고까지 말한다. 즉 순수기억은 두뇌에 저장되지 않는다고 말한다. 우선 베르그송이 순수기억을 말할 때 이것이 감각이 아님을 기억하자. 그런데 감각은 현재의 행위에 참여할 수 있는 기억(souvenir), 즉 신체적 기억이다. 이 기억은 나의 신체의 체험에 참여한다. 그러나 순수기억은 잠재적인 것으로 있으며, 순수기억을 감각에 참여하게 하는 것은 "내가 그것을 능동적인 것으로 만든다는 조건 아래에서이다."16) 따라서 "감각은 본질적으로 외연적이며 국지화되어 있고 운동의 근원이다. 또한 순수기억은 비연장적이고 무기력하기 때문에, 감각에 참여하지 않는다."17) 즉 지속하는 순수기억에 비교하면 감각은 질적인 것이나 이미 연장성에 참여하고 있다.

그래서 나의 순수기억과 현재에 대한 감각적 기억의 근본적 차이는 다음과 같다. 즉 후자는 행동에 참여할 수 있는 나의 신체의 직접

---

16) 베르그송, 『물질과 기억』, p.240.
17) 베르그송, 『물질과 기억』, p.241.

적인 과거이며, 그것은 나의 태도를 반영하고 그리고 나의 신체에 참여하는 한에서 현재적이며 또한 나의 신체에 유용하게 되기 위해서라고 할 수 있다. 반면에 전자는 비연장적으로 현재와는 어떠한 접촉도 불가능하고 접촉이 불가능한 한에서 순수한 상태로 남아 있다.

5. 순간과 동시성

순수기억의 무력함이 순수기억이 잠재적 상태로 보존되는 이유라고 베르그송은 말한다. 그의 표현을 빌리자면, "만일 의식이 단지 현재적인 것의 표시, 즉 현실적으로 체험된 것, 다시 말해 결국 작용하는 것의 특징적인 표식에 불과하다면, 그때 작용하지 않는 것은 그것이 어떤 방식으로 필연적으로 계속 존재하는데도 의식에 더 이상 속하지 않을 수 있을 것이다. 다른 말로 해서 심리학적 영역에서 의식은 존재(existence)와 동의어가 아니라, 단지 실제적 작용 또는 직접적 효율성과 동의어다."[18] 이러한 논구에서 베르그송이 의도하는 것은 의식을 신체적 차원에서 본다는 것을 의미한다. 사실 행동하는 신체와 관계된 현재 의식은 과거의 연장이고 미래의 잠식이나, 현재를 순간적인 것으로 생각하면 현재는 과거나 미래와 연속되고 또 동시적으로 존재한다. 이러한 연속으로서의 지속과 동시성에 대한 의식의 변증법적 매개가 우리에게 시간관념과 4차원적인 현재 의식을 형성한다. 즉 현재란 방향성을 지닌, 즉 벡터를 지닌 동적인 것이면서도 공간적 확장으로 나타나고 이 양자가 매개되어 4차원 공간의 관념이 형성되는 것이다. 왜냐하면 동시성이란 공간을 시간화한 것이기 때문이다. 그리고 현재의 의식이 순간으로 표상되었기에 공간은 연장(3차원적 공간을 단순화한 직선)으로 표현된다. 그런데 의식을 신체적 차

---

18) 베르그송, 『물질과 기억』, p.243.

원에서 본다는 것은 우리가 앞에서도 보았듯이 한순간에 이루어지는 것으로 말하면서도 지속을 지닌 운동감각적 현재적 순간을 말하는 것이다. 그것은 행동의 주체의 의식인 것이다. 즉 감각을 받아들이며 운동을 결정하는 곳이다. 이러한 점에서 의식은 "행동을 주재하고 선택을 조명하는 역할"을 한다.

따라서 자아의식의 현존성은 행위의 결단에 앞서서 기억과 신체적 행위가 유용하게 조직될 수 있게 한다. 그러나 이런 관점에서 보면 의식에 비춰진 것만 현실적이 된다. 즉 기억의 경우 의식에 조명된 기억의 부분들만 현실적이다. 다시 말하면 의식의 필요에 의해 조명하는 곳, 즉 그것이 기억의 전체일 수도 있겠지만 부분적이라면 그래서 조명된 부분만 현실에 참여한다면, 우리는 나머지 부분이 사라진다고 보아야 한다.

그러나 과연 기억이 사라지는가? 아니다 순수기억은 우리의 의식에서만 사라질 뿐 자기 스스로는 지속하고 끊임없이 때와 장소를 저장하고 있다. 의식의 역할은 유용성이지, 존재의 여부를 정하는 것은 아니다. 그렇다면 의식이 조명하기를 멈춘 부분의 지각은 "사라진다고 말할 이유는 없을 것"이라고 베르그송은 말한다. 여기에서 베르그송은 "일단 지각된 과거가 사라진다고 말할 이유가 없는 것"을 무의식이라고 한다. 그러나 사람들은 지각된 것만이 전부가 아니라는 것을 알지만 현실적으로 지각된 것만 믿는 경향이 있다고 말한다. 베르그송은 무의식에 관하여 "상상되지 않는 무의식적 정신이며, 창조된 것이 아닌 어떤 방식으로든 이미 있는 것이며, 그리고 의식 밖에 존재"한다고 주장한다. 과거인 순수기억, 그리고 무의식적으로 존재하는 순수기억은 시간적 존재다. 그리고 이미 있었다는 것은 이미 지각된 것만을 포함한다. 이 존재는 현재로 삽입될 때를 기다리는 것이다. 이 존재가 현재로 삽입될 때를 기다리는 한에서 순수기억 비결정성이며 잠재적인 상태로 있는 것이다.

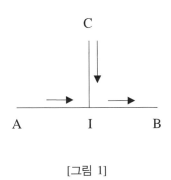

[그림 1]

이 그림은 베르그송이 시간과 공간을 좌표로 표시한 것이다. CI라는 수직선은 시간을 나타낸다. 우리의 기억은 시간 속에서 전 과정이 순차적으로 싸여 있는 것이고, AB라는 수평선은 공간을 나타내는 것으로서 동시적인 모든 대상을 포함하는 것을 나타낸다. 이 두 선분은 I라는 교차점에서 만난다. 이것은 현실적인 순간이다. 우리는 현실적인 I만을 지각한다.

그러나 베르그송이 지적하듯이 사람들은 AB라는 공간 속의 것들에 대해 설령 지각되지 않더라도 실재하는 것으로 인정하는 반면, 시간의 선분인 CI에 대해서는 오직 I만을 실재하는 것으로 여긴다는 점이다. 그러나 우리가 분명히 알아야 할 것은 선분 AB와 CI의 교차점은 우리의 현재적 순간이라는 것이고, 시간은 그 점으로부터 아직 지각되지 않은 미래로 나아가는 것이다. 또한 지나간 과거, 즉 잠재적 존재는 "현실성을 가질 수도 없고 가지지도 않는다." 그것은 "오직 우리 삶의 실제적 유용성과 물질적 필요들에 관계되는 이 구분은 우리의 정신 속에서 점점 더 선명한 형이상학적 구분의 형식을 취한다."고 베르그송은 말한다.[19]

___

19) 베르그송, 『물질과 기억』, p.247. 여기에서 베르그송은 정신의 지속존재를 무의식적인 것으로 인정하는 이원론자임이 드러난다. 그러나 이러한 지속이 신체와 관련을 맺는 한에서 신체적 기억과 통합되는 측면이 있다. 즉 순수기억이 신체적 기억과 4차원적으로 변증법적 관련성을 지니는 것이다. 이 때문에

그러나 공간적 사고에 익숙한 우리는 지각하지 못하는 대상들도 주어져 있다고 느낀다. 이러한 점은 지속의 인과적 연쇄의 측면이고 현재적 지각은 이러한 측면의 한 고리에 불과할지도 모른다고 베르그송은 말한다. 그런데 지속의 이러한 인과성은 기계적인 것이 아니라 자발적인 것이다. 그것은 베르그송에 따르면 창조적으로 진화하는 것이다. 베르그송은 우리의 '성격'에 주목하면서 우리의 기억도 인과적 연쇄의 측면과 동일한 종류를 가진다고 지적한다. 즉 우리의 성격은 '지나간 상태들의 현실적 종합'이라는 것이다. 우리의 성격은 기억의 '응축된 형태'인 것이다. 베르그송의 도식에서 점 I는 현실적인 점이다. 그것은 공간상의 한 지점만을 차지하지만 기억은 체험의 전체적 작용으로 수축한다. 그러므로 우리의 성격 규정은 체험된 경험으로부터 주어진다고 할 수 있다.

그러나 성격이 체험된 과거의 경험에 의한 규정이라면, 왜 그것은 지나간 과거의 시간에 의해서만 주어지는가? 이러한 것이 공간에 있어서는 안 되는 것일까? 그러나 이러한 점에 있어서도 의식은 유용성을 찾는다는 것에서 발견할 수 있다. 즉 "공간 속에 주어진 한 지점 위에서 나타내기 위해서 공간 속의 거리라고 일컬어지는 것을 구성하는 이 매개적인 것들 또는 장애들을 하나하나 건너뛰어야만 한다면, 반면에 행동을 조명하기 위해서는 현실적 상황을 조명하기 위해서는 유사한 이전의 상황으로부터 분리하는 시간의 간격들 위를 뛰어오르는 것이 의식에게는 유용하다." 즉 의식은 필요에 의해 단번의 도약으로 기억의 전 과정을 거치지 않고서도 자신의 지점을 정확히 찾는다. 그것은 '불연속적인 방식'으로 드러나는 것이다. 반면에 공간에서는 엄밀한 연속성으로 나타난다. 그러나 이러한 정의가 의미하는 바는 무엇인가? 다시 말해 이러한 상이한 방식으로 어떻게 한 존재를

그의 이원론은 역설적으로 그가 『창조적 진화』 4장에서 말하는 무-공간 관념의 부정 때문에 플로티노스의 일원론과 관계한다.

이룰 수 있는가? 그러나 이런 상이함은 서로 결합하여 유기적 연속성과 조화로움을 만들어 낸다. 이런 결합은 다음과 같은 조건에서이다. (1) 의식에서 나타남, (2) 그렇게 나타난 것이 앞선 것과 뒤따르는 것과 맺는 논리적이거나 인과적인 연결이 그것이다. 이러한 조건을 베르그송은 경험의 차원에서 풀어 나간다. 즉 우리 앞에 한 대상은 지각의 방향성 때문에 단면만을 알 수밖에 없을 것이다. 그러나 지각 대상은 그 인과적 연결성으로 인해 완벽하게 되는 것이다. 반면, 의식에 나타남에 의해 즉 기억에 의한 그 대상은 인과적으로는 불명확해 보이지만 그 내용의 총체를 넘겨주기 때문에 완벽하게 구현된다.[20] 여기에서 정신의 기억작용이라는 것이 자발적으로 즉 창조적으로 진화하는 지속하는 것이라는 것이 드러난다.

따라서 기억과 물질은 서로 다른 방식으로 존재한다는 것을 알 수 있다. 그것들은 서로간의 정도의 차이를 보여준다. 결론적으로 말해서, "우리의 지나간 심리적 삶은 그 전체가 우리의 현 상태를 필연적인 방식으로 결정함 없이 조건짓는다. 또한 그것은 전체가 우리의 성격 속에서 드러난다. 비록 지나간 상태들 중 어떤 것도 거기에 분명하게 나타나지 않는다 하더라도 그러하다. 이 두 조건들이 결합하여 과거의 심리적 상태들의 각각에 무의식적이지만 실제적인 존재를 보장한다."[21]

6. 구체적 지속

우리는 시간이 흐름이라는 일반적인 표현을 지속의 관점에서 지금까지의 논의를 이끌어 왔다. 그러나 이 지속을 흐름으로 설명하기 위

---

20) 황수영, 『물질과 기억, 시간의 지층을 탐험하는 이미지와 기억의 미학』, 그린비, 2006, p.220 참조.
21) 베르그송, 『물질과 기억』, p.254.

해 과거, 미래, 현재라는 시간의 분절들을 도입했고 이 분절들을 통해 나의 신체라는 특별한 이미지가 관련된다는 사실을 분명히 알게했다. 이 특별한 이미지는 시간을 공간과 더불어 4차원을 형성하는 하나의 사건 존재이자 벡터를 지닌 역동적인 것이며 자신의 삶을 살아가는 데 있어서 의식이라는 특별한 기능을 가지고 삶에 유용함을 주기 위해 물질과 기억이라는 서로 대립적인 작용들을 서로 상보적으로 만드는 것, 다시 말해 삶에 유용하게 적용시킨다는 것을 보았다. 이러한 지점에서 과거라는 시간이 두 가지 독특한 모습으로 우리에게 나타난다. 그것은 순수기억(pur mémoire)과 그가 신체적 기억이라말한 주의하는 의식적 운동의 기억(souvenir)이다. 여기에서 기억은 삶에 유용함으로 우리에게 다시 나타난다. 다시 말해 지나간 과거는 사라지는 것이 아니다. 그것은 삶의 전 과정이, 즉 우주의 전 과정이 순수기억으로 축적되고, 존재하는 것이다. 여기에서 과거가 현재로 삽입되는 것, 다시 말해 과거가 현재로 연장되는 것을 베르그송은 '지속'이라고 부른다. 이것은 과거와 현재의 의식에 나타나는 과거 기억의 현재와의 전제가 되기도 하고 함께 조화되기도 하는 변증법적 관계(rapport)를 나타낸다. 여기에 아인슈타인 이후에 이야기하는 존재의 층위와 4차원이 개입된다. 여기에서 물질은 우리가 확인할 수 있는 데 반해 기억은 어디로부터 오는지 알 수 없다는 것이 문제된다. 유용성의 관점에서 단번의 도약으로 그 위치를 정확히 찾는다면, 도대체 그 위치는 어디인가? 즉 베르그송이 묻듯이 기억은 어디에 보존되는가이다.

베르그송은 의식의 작용이 일어나는 두뇌를 그 출발점으로 삼는다. 하지만 두뇌는 단지 공간적 이미지에 불과할 뿐이다. 왜냐하면 두뇌를 이루는 신체는 그 자체가 이미 공간적 이미지이고 이 공간적 이미지들은 상호간에 내외의 관계를 함축하지만 다른 이미지들을 축적할 수는 없다. 따라서 "지나간 지각들을 또는 현재적 지각들까지도 두뇌

속에 국지화하려는 시도는 비현실적인 것이다. 이미지들은 뇌 속에 있지 않고 오히려 이미지들 안에 두뇌가 있다."22) 베르그송이 두뇌를 이미지로 본 것은 타당한 논리를 가진다. 뇌는 기능의 한 측면이다. 그 기능은 나에게 작용하는 사물들과 내가 작용을 행사라는 사물들 사이의 연결선이자, 통행로다. "한마디로 감각-운동적인 현상들의 자리인 것이다."

두뇌가 이미지로 정의된 이 지점에서 과거와 현재를 분리해 생각해 볼 필요가 있다. 우선 현재는 생성되는 것(ce qui se fait)이다. 그런데 사람들은 현재를 있는 것(ce qui est)이라고 정의한다. 그러나 현재가 과거와 미래를 나누는 불가분적인 한계라고 규정한다면 현재는 있을 수 없는 결과가 나온다. 왜냐하면 현재는 지나가 버렸거나 아직 오지 않았기 때문이다. 그렇다면 과거는 어떠한가? 과거는 무수한 지각들의 집합인 것이다. 예를 들어 빛의 매우 짧은 순간에도 수조의 파동으로 이루어지는데, 과거는 포착할 수 없는 빛의 파동처럼 이루어져 있고 그것도 압축되어 있다. 그래서 모든 지각은 감각이며 감각은 앞에서 보았듯이 이미 기억이라는 결과가 도출되는 것이다. 이 때문에 베르그송은 "우리는 실제로는 단지 과거만을 지각하는 것이다."라고 한다. 이런 점에서 "순수한 현재는 미래를 잠식하는 포착할 수 없는 전진이다."

그렇다면 이 전진하는 현재를 의식의 차원에서 논해 보자. 의식은 미래를 결정하기 위하여 기억 속으로 도약하여 유용한 기억만을 가져온다면 나머지 기억은 어떻게 되는 것일까? 나머지 기억은 망각된다. 즉 망각의 행위는 삶의 유용성의 법칙이라고 말할 수 있다. 가령 행위를 위해 기억을 도출할 때 우리의 전체 기억이 행위에 작용된다면 우리는 이러한 기억을 어떻게 유용하다고 할 수 있겠는가? 그러므

---

22) 베르그송, 『물질과 기억』, p.257.

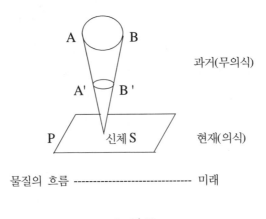

A   B

과거(무의식)

A'   B'

P   신체 S   현재(의식)

물질의 흐름 ------------------------------ 미래

[그림 2]

로 기억은 불연속적으로 우리에게 유용성으로 다가온다. 신체의 차원에서 이루어지는 기억이 있다. 그것은 "우리를 현재적 상황에 적응하게 하고, 우리가 겪는 작용들을 때로는 완성되고 때로는 단순히 시발적인 반응으로, 그러나 다소간 적용되는 반응들로 이어지게 한다. 그것은 기억이라기보다는 습관이다."[23] 이 습관은 과거의 경험을 작동시키는 것이지, 그것의 이미지를 떠올리는 것은 아니다. 여기에서 우리는 과거와 현재, 신체와 정신, 그리고 지속의 형이상학을 보여주는 도식을 만나게 된다. [그림 2]의 도식은 우리의 모든 논의를 압축하고 있다.

여기에서 원뿔 SAB는 나의 기억 전체를 나타낸다. 그리고 평면 P는 현재 지각에 의해 결정된 채 고정되지 않고 사실상 움직인다. 꼭짓점 S는 현재의 순간을 나타내고 끊임없이 앞으로 나아간다. 점 S는 평면 P의 일부를 이루고 AB는 순간의 경험들 모두를 보존한다. 이 보존된 전체 기억은 현재 순간의 부름에 응하기 위해 S로 향한다. 이러한 기억은 보존하고 응하기 위해 끊임없이 왕복 운동한다. 심신관계에 있어서 S는 신체의 이미지다. 이 이미지는 움직이는 평면에 즉

23) 베르그송, 『물질과 기억』, p.258.

현실에 고정된다. 즉 "신체의 기억은 습관이 조직한 감각-운동 체계들의 전체로 구성되므로 과거의 진정한 기억이 그것의 기초로 사용하는 거의 순간적인 기억이다."[24] 과거의 기억은 신체의 감각-운동적 기제들에 삽입되어 운동적 반응들을 미래로 향하게 한다. 그것이 행동인 것이다. 즉 우리의 행위란 과거의 기억과 신체 사이에서 신속하게 반응하는 것이다. 그러나 기억의 작용 없이 현재의 반응에만 직접적으로 응답하는 것은 하등동물의 특징이고 그것은 충동인이라 할 수 있다. 또한 과거의 기억 속에서 사는 사람, 즉 삶의 유용성에 필요 없는 기억을 수시로 떠올리는 사람들은 몽상가다.

지능의 발달은 기억능력의 감소처럼 보이지만, 이러한 관계는 기억과 행동을 더 잘 조직화하기 위해서이다. 그러나 지능의 발달이 아직 덜 이루어진 어린아이의 경우 기억을 행동에 연관시키기보다 인상을 더욱 많이 반영한다. 그런데 기억과 행동을 잘 조직화한다는 것은 무엇인가? 그것은 신경계의 긴장이다. 이 긴장은 받은 자극을 적절하게 반응하는 것이다. 그러나 긴장이 풀린 상태는 어떠한가? 그것은 이완이다. 이완의 기능은 긴장의 작용을 더욱 용이하게끔 도와주는 신체의 유용성의 한 단면이라고 말할 수 있다. 활동하는 인간은 자신의 전 존재를 증명하기 위해 언제나 자신의 전 기억을 작동시키지는 않는다. 그 대신에 반응에 적절하게 유용한 습관의 경향, 즉 습관-기억으로 반응한다.

7. 베르그송의 실재관

베르그송은 인간이 상이한 두 가지 질서의 실재를 인식하고 있다고 한다. 하나는 이질적인 것으로서 감각적 질의 실재이고 또 다른

---

24) 베르그송, 『물질과 기억』, p.260.

하나는 동질적인 것으로서의 관념적 양의 공간이다. 이 동질적 공간은 인간의 지능에 의하여 명쾌하게 인식되기에, 그 공간은 우리의 지능에 대하여 분명한 구분을 만들고 계산하고 추상하도록 권장하고 있다. 그런 점에서 시간은 이 동질적인 공간을 구분하고 계산하고 추상하기 위하여 만들어진 인위적 수의 척도요 단위에 해당된다. 그래서 베르그송은 '공간화된 시간'과 '공간화될 수 없는 시간'을 구별하였다. 그의 표현에 의하면 '공간화된 시간'은 '흘러간 시간'이고 그렇게 될 수 없는 지속은 '흐르는 시간'이다.

공간이나 '공간화된 시간'이나 모두 다 어디서나 같은 법칙, 같은 연장성의 지배를 받는 '동일성'으로 상징된다. 이곳과 저곳이 다른 시간으로 설명되지 않기에 그런 시간을 '동질적 시간'이라고 부른다. 이 '동질적 시간' 속에서는 특이한 것이 존재할 수가 없다. 어떤 시간이 다른 시간보다 더 농축되었다든지 느슨해졌다는 것은 거기에서 성립하지 않는다. 이 '동질적 시간' 속에서는 모든 것이 균등하고 제일(齊一)하다. 한 시간을 긴장 속에서 재미있게 보내는 이와 권태 속에서 보내는 이의 차이가 거기에서는 무의미하다. 그 시간은 인간에 대하여 무관심하다.

그러나 지속으로서의 시간은 이와는 아주 다르다. 지속으로서의 시간은 사람에 따라 그것을 느끼는 것이 다르고, 같은 시간(공간화된) 안에서도 한 사람의 마음의 질에 따라서도 그 시간의 지속이 달리 나타난다. 그래서 '동질적 시간의 동시성(la simultanété)'과 달리 '지속(la durée)'은 '이질적(hétérogène)'이다. 그런 지속의 시간은 밖에서 균등하고 제일적(齊一的)으로 쪼개질 수 없다. 그런 지속을 베르그송은 다음과 같이 정의하였다. "우리 안에 있는 지속은 무엇인가? 그것은 수와 아무런 유사성이 없는 질적인 다양성이다. 그것은 증가하는 양이 아닌 유기체적인 발전이다. 그것은 순수한 이질성으로서 그 안에 외연적 구분이 판명한 질은 없다. 요컨대 내면적 지속의 계기들은 서로서로 외면적인 것이 아니다."25)

이리하여 '의식의 세계'와 '공간의 세계'가 내면적 자아의 세계와 외면적 사물의 세계처럼 선명히 구별된다. 의식 안에서 우리는 서로 구분됨이 없이 서로 이어지는 상태를 우리가 발견하게 되고, 공간 안에서 서로 이어짐이 없이 하나가 나타나면 다른 것은 이미 존재하지 않듯이 그렇게 서로 구별되는 동질적 시간을 우리가 발견한다. 우리 바깥에는 계속이 없는 상호적 외면성이 있고, 우리 안에서는 상호적 외면성이 있고, 우리 안에서는 상호적 외면성이 없는 계속이 있다. 지속인 우리의 자아니 의식 내부에서 지니고 있는 '연속성(la succession)'은 하나의 형식이 경직되게 자기 동일성을 고집하는 그런 장르가 아니라, 그것은 음악의 선율처럼 어떤 영속성과 변화의 힘을 동반하는 흐름이다.

베르그송은 칸트의 시간론을 공간화된 시간이라고 비판하며, 자신의 시간은 자아가 안에서 확실하게 느끼는 절대적 존재의 시간론임을 전제한다. 기하학자나 물리학자가 파악하는 시간은 공간 속에서 동질적인 시간을 보는 것이기에 어디서나 같은 법칙이 지배해서 여기에 있는 시간이 저기에 있는 시간과 질적으로 다른 절대적 시간일 수는 없다. 그러나 인생을 살아가면서 느끼는 고통과 쾌감, 노력과 즐거움은 그 무엇과도 바꿀 수가 없는 절대적인 것이고 또다시 같은 것이 되돌아올 수 없는 '불가역적(不可逆的, irréversible)'인 것이다. 나의 내면적 자아가 안에서 느끼는 지속은 '취소할 수 있는 약속'도 아니고, '의식적으로 선택된 관점'도 아니다. 객관적인 수량의 시간이 먼저 있었던 것이 아니고, 나의 내면적 자아가 흐르는 운동이기에, 우리의 직접적인 느낌이 시간이다. 그런데 사람들은 공동생활을 영위하기 위해서 편의상 '동질적 시간'을 인위적으로 만들었다. 그러나

---

25) 베르그송,『의식에 직접 주어진 것들에 관한 시론』, 최화 옮김, 아카넷, 2001, p.277.

이러한 시간은 자아의 지속이 없었다면 존재할 수가 없었을 것이다. 이 말은 이 우주에 인간이 없다면, 시간도 설립할 수 없다는 뜻이다. 왜냐하면 베르그송의 철학에서 볼 때 인간은 지속이고, 그 순수 지속이 시간을 잉태시켰기 때문이다.

인간은 의식이고, 의식은 기억이며, 기억은 정신이다. 그런데 그 정신은 고정된 형이상학적 실체가 아니라, 끊임없이 변화하면서 하나로 흐르는 '진보(le progrés)'다. 진보가 정신 속에 있다기보다, 오히려 정신과 의식이 진보 자체라고 보아야 한다. 만약에 우리가 물질생활과 공간생활에서 벗어나 내면에 충실할 수 있다면, 그때에 우리는 내면세계의 가장 깊은 곳에서 울려 퍼지는 정신의 화음과 선율과 박자를 듣게 될 것이다. "우리가 순수 지속 속에서 우리의 진보를 의식하면 할수록, 그만큼 더 우리는 우리 존재의 여러 가지 부분들이 서로서로 삼투작용을 하고 있는 것을 느끼게 되고, 우리의 인격이 그 전체에서 끊임없이 미래를 침식하면서 미래 속으로 자리를 잡아 나가는 한 점, 아니 첨단(pointe)으로 집중되고 있음을 느끼게 된다."

베르그송에 따르면, 나와는 다른 나의 외부에 있는 실재에 대한 직관을 말할 때에도 자주 "그것들의 내부로 들어가 그것을 내부로부터 인식한다."[26]라고 말하고 있다. 즉 나와는 외적으로 있는 여러 존재들(감관-지각에 나타난 현상적 사물들)은, 베르그송에 따르면 강도에 따라 서로 다른 지속의 다양한 종류들이다. 이 다양한 존재들에 대한 감관-지각적 직관이란 우리 자신의 고유한 지속으로부터 출발하여 이것이 외적 대상의 운동에 공감함에 의해 연결을 가짐으로써 획득된다. 즉 "우리 자신의 지속에 대한 직관이 … 우리가 하등의 것으로 향하든 상등의 것으로 향하든 우리가 따르려 해야 할 전 지속들과 우리를 접촉하게 한다. 이 두 경우 우리는 점점 더 격렬한 노력에 의해

26) H. Bergson, *La Pensée et le mouvant*, Paris: PUF, 1962, pp.202-205; H. Bergson, *L'évolution créatrice*, Paris: PUF, 1969, p.390.

무한히 우리를 팽창(집중)시킬 수 있다. 그리고 또 이 두 경우에 우리는 우리 자신을 초월한다. 첫째의 경우(감관-지각)에 있어서 우리는 점점 확산되는 지속으로 향하는데, 이 지속의 박동들은 우리 자신의 것보다 훨씬 빠른 것으로, 우리의 단순한 감각을 나누어 그것의 질을 양으로 희석한다. 그 극한에 순수한 동질성이 있게 되는데 이것은 우리가 물질(matérialité)이라 부른 순수한 반복적인 것(운동)이다. 다른 방향으로 가면, 우리는 점점 더 긴밀하고 압축되며 강화되는 지속으로 가게 되며 그 끝에는 영원성이 있을 것이다. 이 영원성은 정지의 죽어 있는 영원인 개념적 영원성이 아닌 생명의 영원성이다. … 이 양 극단 사이에 직관이 움직이며 이 운동이 형이상학 자체다."[27] 즉 동적 실재를 인정하는 반성적 지성이 존재론적 판단을 한다면 동적 존재들의 위계적 계층을 말할 수 있고 이 계층의 최하위에는 물질이, 최첨단에 동적 영원성(神)이 있다는 것이다.

8. 결론

베르그송은 자신의 사상의 원조가 기독교 신비주의임을 그의 주저 『도덕과 종교의 두 원천』에서 밝히고 있다. 시간성 우위의 존재론은 기독교 철학에서 말하는 하나님의 존재에 우주만물의 모든 것을 기초 짓는 존재론이자 역으로 하나님을 향한 존재론으로서의 특징을 지닌다. 그런데 이러한 하나님에 대한 접근은 아우구스티누스에 의해 우리 영혼의 존재의 모습이 시간성임을, 영혼의 운동이 인간의 시간을 산출하고 이에 의해 영원성을 앙모하는 존재임을 드러냄으로써 밝힌다. 결국 시간은 인간의 영혼의 지향적 운동이 산출하거나 형성해 내는 것이다. 그런데 영혼의 이러한 존재론적인 구성방식은 이미

---

27) H. Bergson, *La Pensée et le mouvant*, pp.210-211.

칸트의 철학에서 나타난다.

칸트는 과거 이성의 모순율에 따르는 존재론을 인식론적으로 전환하게 한다. 칸트에 따르면 자연과학적 진리는 우리의 감관-지각인 감성에 주어진 질료에 대한 이성의 상상력과의 합작이다. 즉 그에 따르면 선험적 형식에 의한 질료의 구성에서 자연과학적 진리가 성립한다. 그리고 이러한 선험적 형식에는 감성적 수준에서 시간과 공간이 있다. 그런데 시간과 공간에 관한 인간의 표상은 모순과 이율배반으로 점철되어 있다. 이러한 이율배반과 모순을 어떻게 극복할 수 있는가? 우주를 4차원 공간으로 사색하는 현대의 물리학자들은 우주란 유한하면서도 무한하다고 한다. 그것은 변증법적인 말로서 4차원에서 보면 유한하지만 3차원에서 보면 무한하다는 것이다. 그런데 칸트에 있어서 이러한 진리의 구성은 구상력의 작업인 도식론에서는 영혼의 산물인 시간으로 공간성이 수렴된다. 이것은 플로티노스-아우구스티누스의 전통을 상기하게 된다. 그런데 시간과 공간의 이율배반을 신이 없이 인간의 이성에 의해 통합할 수 있는 것일까? 인간의 이성이 신의 역할을 할 수 있는 것일까? 이 때문에 베르그송은 이에서 더 나아가 공간마저도 인간 지능이 구성한 것으로 말한다. 아니 베르그송의 사유는 인류의 시원에 있는 원시적인 것보다 더 기원에 있는 기독교 종교의 신에 의한 우주의 탄생을 말하는 신화를 지향하고 있다. 유대인의 구약의 창조론이다.

베르그송은 시간성이 실재의 모습이고, 이 시간성이란 근원적으로 생기력으로 말해지는 엘랑비탈에서 기원한다고 말한다. 그러나 엘랑비탈이란 관찰 지각이 불가능하다. 자크 모노(Jacques Monod, 1910-1976)와 같은 과학적 지성은 이러한 힘이 생명현상을 살펴보아도 존재하지 않는다고 말한다. 이 때문에 베르그송은 이러한 힘이 마음으로 직관될 뿐이라고 말하고 공간성이란 인간 지능의 모순율에 따르는 구성의 표상이라고 말한다. 역으로 진정한 존재의 모습은 4차원의 시간성에서 성립하고 이의 직관이 운동-감각적인 현재에 관한 의식이다. 언어를 통한 인간의 사유는 결국 이러한 운동감각적인 현재적 현실을 시간과 공간으로 분리하고 이들의 변증법적 관계에서 살아 있는 현재적 현실을 직선적인 것이나 순환적인 것으로 설명하고 기술하려고 한다. 그러면 이러한 변증법적 사유에서 직선과 순환 관계를 넘어서거나 통합하는 현실에 대한 직관이란 무엇인가? 더 나아가 시간성에 대한 직관과 공간성을 상징하는 논리적 사유의 관계는 무엇인가? 베르그송에 나타나는 이들의 관계는 4차원적이면서도 열린 사건 존재인 지속존재로 나타나며, 정신과 물질 및 이들의 관계에 대해서도 고대와 비교하면 상호 전도된 것으로 표상되기도 하나 어쨌든 창조적으로 진화하는 유기체의 변증법으로 나타나고 있다.

하나의 사건 존재, 혹은 의식 존재는 베르그송에 의하면 공간 4차원을 상징하는 원뿔 모양으로 표현된다. 즉 [그림 2]에서 보았듯이 현재 지각에 포착된 신체가 참여하고 있는 평면으로 표현된 현재의 물적 공간세계는 2차원 평면으로 표현되었으나 여기에서는 3차원을 상징하는 것으로 해석하고, 원뿔로 표현된 의식의 세계는 이 물적 세계에 4차원적으로 관계하는 정신의 변증법의 작용을 상징하는 것으로 해석할 수 있다. 그런데 이러한 의식의 세계는 사실 실재하는 정신의 모습이나 사건 존재를 나타내는 것이고 이러한 사건 존재란 동적 존재를 표상하는 것이다. 그리고 이 동적 존재는 자기모순을 이중적으로 지닌, 그러나 이를 통일한다면 4차원의 시공에서 일정한 방향을 지닌 편향된 것이다. 이 때문에 현대의 철학자들은 이제 4차원 시공을 시간성 우위에서 정리하여 동적 존재인 세계나 우주나 인간의 존재를 이러한 사건 존재론으로 이해하려고 한다. 즉 현대의 존재론은 동적 존재론으로서 공간성보다 시간성 우위의 존재론으로 경도된다. 베르그송의 철학이 바로 그 시발을 이룬다.

그러나 다른 한편 물리학에서 아인슈타인의 상대성 이론에 따르면

이 원뿔의 밑면은 중력이나 힘에 관계하는 실재 세계를 상징하는 4차원적 공간의 것으로서 타원적이며 둥글어야 한다. 역설적으로 감관-지각에 의해 현상한 이 세계는 굽어 있다. 유클리드 기하학처럼 3차원적 평면이 아니라 힘에 관계하는 다양한 구-평면이나 말안장-평면을 이루는 것이다. 이 때문에 호킹(Steven Hawking)의 우주론에서도 하나의 운동하는 현실적 존재의 모습은 원뿔이 겹쳐진 방추체의 모습을 띠고 서양 배 모양을 하고 있다. 아니 그의 『호두 껍데기 속의 우주』에서 보면 이 우주는 다양한 공간이 모여 있는 호두 껍데기를 연상하게 한다. 이 점을 이해하기 위해서 우리는 베르그송이 비판한 공간적 사유를 한, 그래서 실재하는 세계를 4차원적인 공간으로 설명하는 아인슈타인의 상대성 이론을 베르그송이 비판한 것을 살펴보아야 한다.

참고문헌

Bergson, Henry, *Oeuvres*, André Robinet, Paris: PUF, 1970.
베르그송, 『물질과 기억』, 박종원 옮김, 아카넷, 2005.
_____, 『의식에 직접 주어진 것들에 관한 시론』, 최화 옮김, 아카넷, 2001.
폴 리쾨르, 『시간과 이야기』, 김한식 옮김, 문학과지성사, 2004.
판넨베르크, 『자연신학』, 박일준 옮김, 한국신학연구소, 2000.
김형효, 『베르그송의 철학』, 민음사, 1991.
송영진, 『직관과 사유』, 서광사, 2005.
황수영, 『물질과 기억, 시간의 지층을 탐험하는 이미지와 기억의 미학』, 그린비, 2006.

'귀향'의 시간, '유랑'의 시간

하이데거와 메를로-퐁티의 '존재론적 주체론'의 토대

송 석 랑

1. 시간 : 형이상학의 전제

주의력을 시간에 집중할 때 우리는 몇몇의 난관에 직면한다. 클랭은 그것들을 '존재와 비존재' 및 '순간과 연속', 그리고 '정의와 비(非)정의'에 걸려 있는 세 개의 역설로 분류한다.[1] "부인된 채 스스로를 드러내는 방식"이 함축하는 시간의 기적 ─ 달리 쓰자면, "더 이상 있지 않는 과거, 아직 있지 않는 미래, 그리고 시작하려는 그 순간부터 벌써 있기를 그치는 현재" 등 실재의 무게와 두께를 결여한 존재구조 ─ 이 빚어낸 첫 번째 것은 우리를 <시간의 존재를 상상할 수 없듯 시간의 비존재 역시 상상할 수 없다>는 명제의 모순에 빠뜨린다. 그리고 " '지금'의 지속성과 '지금'이라는 순간 고유의 추진력 사이의 불가피한 대립성" 혹은 " '지금'이라는 순간의 정체성"에서 유래한 두 번째 것은 다음과 같은 물음들이 되어 우리를 붙든다. 즉, "자신의 '정지된' 속성을 유지하면서 순간은 어떻게 움직임과 연결될

---

1) É. Klein, *Le Temps*, Paris: Flammarion, 1995. 박혜영 옮김, 『시간』, 영림카디널, 1997, pp.82-97.

수 있는가? 어떤 장치를 통해 순간과 순간이 연속하는 것일까? 어떻게 나는 '소멸로써 존재하는 현재' 속에 있으면서, 동시에 시간이 지나가는 것을 파악할 수 있을 만큼 그것과 충분한 거리를 유지할 수 있는 것일까?" 또, 세 번째 것은 흡사 말라르메가 말한 '종족의 언어'처럼 "그 내용을 포착하려 들자마자 곧 안개 속으로 사라지는" '시간'이라는 용어의 의미론적 차원을 이르는 것으로서 우리 앞에 "정의 불가능의 장애"를 세운다.[2]

'인식의 개입'은 물론이고 '자신의 존재'조차 거부하는 듯 보이는 시간의 이 같은 역설적인 외양은 그러나 철학자들에게는 차라리 유혹이었다. 실제로 그들 중 몇몇은 그 유혹에 기꺼이 이끌려 논리의 '어떤 피난처'에 이를 정도의 고단한 노동을 시간에 바쳤다. 언뜻 보면 이러한 몰입은 역설의 마력으로 끝없이 지성을 자극하는 하나의 대상에 대해 그것의 본질에 닿으려 자신을 소진하는 사유의 '특별한' 유희에 그칠 것 같지만, 사실은 그렇지가 않다. 그것은 '대상 일반'에 대한 사유주체의 형이상학적 욕망을 결정해 줄 노동으로서 철학의 토대를 이룬다. 사실이지 그 주체는 사물들이 그러하듯 시간 외부에 존재할 수 없는 우리 중의 '나'일 것인데, 이때 '나'의 모든 활동은 고유한 시간과의 일정한 관계로서 존재할 것이기에 그러하다. 보르헤스의 감각적인 은유처럼 "시간은 나를 삼키는 불이지만, 그러나 나 또한 불"[3]인 것이다. "시간에 대한 사색은 모든 형이상학의 '전제(la

---

2) 그럼에도 시간에 대해 시도된 다양한 정의는 여전히 있어 왔다. 즉 "시간은 아무 일도 일어나지 않을 때에도 흘러가는 것이다. 시간은 모든 것이 이루어지고 해체되도록 하는 것이다. 시간은 연속되는 것들의 순서이다. 시간은 변화가 진행되고 있는 변전이다. 시간은 모든 것이 단번에 일어나지 않게 하기 위해 자연이 발견해 낸 가장 편리한 수단이다."(같은 책, p.83) 등등. 하지만 이 같은 정의들은 돋보이는 수사에도 불구하고 시간의 본성을 온전히 나타내지 못하는데, 이 난국은 '시간 밖의 것들' 혹은 '사물들의 변양(變樣)'에 기대지 않고서는 '시간'에 대해 생각할 수 없는 우리 습관의 귀결이다.

3) 같은 책, p.7.

prémisse)' "4)라는 말이 없더라도, 사물들의 리얼리티를 겨냥한 '존재론으로서의 철학' 즉 '형이상학'은 어차피 '자신과 자신의 대상들을' 현존의 선험적 조건으로서 에워싼 시간의 문제를 어떤 식으로든 나름의 논리로써 해소한 주체 위에서나 성립 가능한 그런 것이다. 하지만 서로 달리 전개된 숱한 형이상학적 욕망들이 입증하듯 주체의 시간은 다양하다. 따라서 지성을 교란하는 역설을 헤아리며 '시간의 본질'을 논하는 일은 무엇보다도 다음의 물음, 즉 <사물의 진정한 리얼리티에 진입하려면 주체는 어떤 시간을 살아야 할까?>에 바쳐진다. 이 글은 기존의 '주체'론을 극복하면서 '또 다른' 형이상학의 지평을 열었던 현대의 두 철학자 하이데거와 메를로-퐁티의 존재론적 '시간'론에 관한 것이다. 정말로 그들이 종래의 것들을 능가하는 주체를 통해 새로운 형이상학을 말했다면, 그것은 그들의 주체가 살았던 시간이 더 낫기 때문이었을 것이다. 이는 결국 '시간의 역설'들을 처리하는 그들의 논리가 더 정당했다는 것을 함축한다. 어떤 면에서 그러한지, 그들이 말했던 시간의 모습도 모습이지만 각자의 시간 속에서 달리 주장될 '진리'의 진정성을 가늠하기 위해서라도 알아볼 문제다.

2. 하이데거 : '귀향'의 시간

시인 예이츠는 "특정한 인격이나 정신의 소유에서 벗어난 이미지들의 전체적 보고"라는 구절로써 '세계정신'을 정의했는데, 예컨대 시간에 관한 것일 때 그 이미지는 '운동'과 결탁해 두 개의 '흐름'을 변주한다.5) '무한한 미래'로부터 나와서는 '현재'를 지나 '무한한 과

---

4) G. Bachelard, *L'intuition de l'instant*, Paris: Editions Stock, 1992, p.13.

5) L. E. Wolcher, *Time's Language*, 남경태 옮김, 「시간의 언어」, 『시간으로부터의 해방(*Liberating the Future from the past? Liberating the past from the Future?*)』, 도서출판 지인, 2000, pp.195-196.

거'를 향해 마치 직선처럼 뻗는 시간의 표상, 즉 <과거 ← 현재 ← 미래>의 흐름은 그 중 하나다. 여기서의 미래는 "끊임없이 현재를 쇄신하고 과거 속으로 사라지는 힘"의 원천으로 기능한다. 남은 하나는 그 연쇄의 방향이 뒤집어진 채 직선을 긋는 것으로서, '무한한 과거'에서 유출해 '현재'를 채운 후 '무한한 미래'로 빠져드는 시간의 표상인 <과거 → 현재 → 미래>의 흐름이다. 이 경우라면 힘의 원천은 과거가 되는데, 그것은 '어쩔 수 없는' 양적 증대로 인해 자신을 넘쳐 현재로 스민 후 "지금까지의 것이 지금의 것과 앞으로의 것에 영향을 미친다는 점에서" 미래에까지 이른다.

'세계정신'에 든 시간의 이미지에 대한 이러한 표상들은 시간에 대한 분석의 출발점이 된다. 그 분석은 어쨌든 '시간의 본질'을 겨냥한 나름의 수고일 것인데, 어떤 것의 본질을 따져 묻는 일은 '공적 차원'에서 발현된 '우리의 심상(心象)' — 예이츠의 표현을 다시 쓰자면, "특정한 인격이나 정신의 소유에서 벗어난 이미지" — 에 대한 재평가 위에서나 결국 가능할 것이기 때문이다. 여기서 '공적 차원'이 '일상적인 삶'과 그 내막이 다르지 않은 것이라 할 때, 『존재와 시간』에서 세인의 "통속적 시간(die vulgäre Zeit)"[6]에 대한 분석을 논리의 기점으로 삼았던 하이데거의 '시간'론[7]은 이러한 사실에 정확히 상

---

6) M. Heidegger, *Sein und Zeit*, Tübingen: Max Niemeyer Verlag, 1972[이하 SZ로 약칭], pp.420-428.

7) 하이데거의 '시간'론이 특히 세인(世人)의 '통속적'인 삶과 연관되어 체계적으로 기술된 곳은 『존재와 시간』 중 2편인 "현존재와 시간성(Dasein und Zeit-lichkeit)" 부분이다. 그런데 이 부분에서 '시간'론의 기점은 하이데거가 궁극적으로 가리키고자 했던 '근원적인 시간(die ursprüngliche Zeit)'인 듯이 보인다. 왜냐하면, 거기에서의 논의가 '근원적인 시간'론에서 '통속적인 시간'론으로 진행되고 있기 때문이다. 그러나 2편의 이러한 '시간'론이 1편의 논의, 즉 <'통속적인 시간'의 삶을 전제하는 일상의 퇴락한 '세계-내-존재'로부터 시작해서 '근원적인 시간'을 요청하는 '불안(die Angst)'의 근본 느낌에 직면한 초월론적인 '세계-내-존재'로서의 실존에 이르는 "현존재에 대한 예비적 기초 분석(Die vorbereitende Fundamentalanalyse des Daseins)" 논의> 뒤에 붙여져

응한다. 실제로, 아직 '하나의 철학적 주체' 혹은 '특정한 인격이나 정신'의 이념적 주제화에 선재하는 익명의 공공성을 띤다는 점에서 그의 '통속적 시간'은 흐름의 이미지로 표상된 예이츠의 '세계정신'의 시간과 다르지 않다. 시간을 '세계 내부적 존재자로서 객관적으로 존재하는 사물'이나 '주관 안에서 성립되는 사물'로서 바라보는 입장 모두를 극복하려 했던 하이데거의 의도에 비추어 볼 때 이러한 일치는 우연과 무관하다.

> "시간은 '주관인 것'이나 '객관적인 것', 즉 우리의 '내면'이나 '외면'에 하나의 사물처럼 존재하는 대상이 아니다. 차라리, 시간은 모든 주관성과 객관성보다 '더 이전에(früher)' 존재하는 것이라 해야 마땅하다. 살펴보면, 시간이란 그 '더 이전에'를 가능하게 하는 조건 자체이기에 그러하다."[8]

'주/객'관의 태도 너머에서 시간의 본질을 '사실적으로' 규명하려 했던 하이데거에게 '통속적 시간'은 피할 수 없는, 아니 통과해야만 하는 첫 관문이었다. 그것은 다른 것이 아니라 세계와 분리된 주관과 객관의 두 관점 모두를 이탈하는 순간에 '일상의 삶'에서 마주칠 "공적인 시간(die öffentliche Zeit)", 그 "세계의 시간(die Weltzeit)"[9]의 일차적 현상이기에 그러하다. 이 경우, '세계'는 인간과 대립하여 존

1편의 분석을 시간적 해석으로 반복한다는 점을 고려하면 하이데거의 '시간'론이 기점으로 삼고 있는 것은 '통속적 시간'이 된다. 이러한 사실은 『존재와 시간』의 연장에 해당하는 책으로서 회자되는 『현상학의 근본문제들』의 "시간과 시간성" 부분에서 "통속적인 시간이해와 근원적인 시간으로의 회귀(Das vulgäre Zeitverständnis und der Rückgang zur ursprünglichen Zeit)"(M. Heidegger, *Die Grundprobleme der Phänomeologie*, Frankfurt a. M.: Vittorio Klostermann, 1975, p.362)의 문제를 다루는 하이데거의 논의에서 분명히 나타난다.

8) SZ, p.419.
9) SZ, p.414.

재하는 대상일 수가 없다. 거기에는 이미 타자와 사물에 몰입된 인간 삶의 "현사실성(die Faktizität)"[세계 안에 이미 존재함]10)이 개입해 있으며, 따라서 그에 맞갖은 인간의 모습인 '세계-내-존재'로서의 '현 존재(das Dasein)'가 정신의 주체로 작용한다. 그의 '통속적 시간'은 처음부터 예이츠가 말했던 '세계정신'이 함축할 '세계의 시간'이었 다.11) 그러나 시인인 까닭에 그 시간을 다른 것들과 함께 이미지 속 에 묻어 놓길 원했던 후자와는 달리, 철학자였던 전자는 그 이미지의 표상인 '과거와 현재와 미래가 연쇄하는 흐름'을 분석하며 '시간의 본질'에 이르고자 했다. "이미지는 그 자체로는 진리라고도 허구라고 도 할 수 없지만 환상의 근원이다."12) 시간의 진상에 접근하려 했던 하이데거에게 우선 중요한 것은 그러므로 '세계정신'의 이미지가 표 상된 '세계의 시간', 즉 "우리가 일상의 삶을, 거의 변함없이 아무런 생각도 없이, 상상하고 또 영위하는 수단인 '과거-현재-미래'라는 진

---

10) SZ, p.56.

11) 예이츠(W. B. Yeats)의 '세계정신(Spiritus Mundi)'은 그가 "현재의 세계와 자 아의 변모에 대한 욕망에서 출발해 위로 올라가는 길을 거부하고, 아래로 내 려가는 길을 찬양"했다는 점에 비추어 볼 때 관념론의 범주를 이탈한다. 실제 로 예이츠는 초·중기의 시들 이후 "순수한 세계에서 그 반대의 방향으로 시 선을 돌렸을 때 … 예술이란 결국 현실로부터 나오는 환영"임을 자각한다. 그 렇기 때문에, 예컨대 「어린 학생들 사이에서(Among school children)」라는 시 를 통해서 보면, "우리가 추구하는 '완전한 삶'과 우리가 가정하는 '이상적 실 체'는 인간세계의 현실 속에서 구해져야 할 것들"임을, 또한 "인간의 '육체의 세계'와 '정신의 세계'는 각자의 영역을 견지하면서 이분법적인 구도를 허물고 하나로 될 때 비로소 존립 가능한 것들"임을 시인은 주장한다. 이경수, 「현상 학적 접근방법의 이론과 실제: J. H. 밀러의 초기비평을 중심으로」, 『원광대학 교논문집』 26호, 1992, pp.1-23 및 이창배, 「예이츠의 시적 방법: 개인의 경험 과 시적 형상화의 문제」, 한국 현대 영미시 학회 편, 『현대 영미시 개관』, 한신 문화사, 1999, pp.46-57 참조. 이렇게 보면, 예이츠가 가리킨 '세계정신'의 '주 체'는 하이데거 같은 '현상학적 존재론'자들이 말하는 일상의 '생활세계'를 사 는 인간의 '일차적'[現象的] 모습과 흡사한 존재라 말할 수 있다.

12) L. E. Wolcher, *Time's Language*, p.214.

부한 삼중구조"13)의 직선적 흐름으로서의 '통속적 시간'에 대한 비판적 검토였다. '통속적 시간'은 떨쳐내야 할 것이지만, 또한 반드시 딛고 나가야 할 절대의 전제조건이기도 하다. 하이데거가 뒤쫓는 시간의 본질은 '세계의 시간'과 단절한 차원의 것이라기보다는 그 시간 내부에 '나름의' 방식으로 은폐되어 있는 어떤 것이기 때문이다. 시간의 본질을 품고 있는 '세계의 시간'의 한 변양체로서의 '통속적 시간'은 폐기될 것이 아니라 "보존될 것이며, 심지어 어떤 불가피한 합법성을 가질 수밖에 없는 것"14)인 이유는 여기에 있다. '세계의 시간'의 일차적 현상에 그쳐 있는 한, 하이데거에게 '통속적 시간'은 시간의 본질을 가리는 동시에 시간의 본질을 자신의 '근거'로서 가리키는 '이중체'다. 이러한 사실은, '숨겨져 있는 것'을 '숨겨져 있는 것'으로서 나타나게끔 하는 독특한 [그러나 후설을 계승한] '현상학적 시각'이 그의 '시간'론에서도 그대로 적용될 수 있음을 뜻한다.15) 하지만 삼중구조로 된 '통속적 시간'의 두 흐름에 해당하는 각각의 이미지, 즉 <과거 ← 현재 ← 미래>와 <과거 → 현재 → 미래> 모두에게 하이데거가 합법성을 부여하는 것은 아니다. 미리 말하자면, 그가 시간과의 관계를 통해 규정한 '현상학적 주체'[즉, 현존재]의 형이상학적 욕망이 시간흐름의 원천을 '과거'로 보는 뒤의 것 — 비록, 이것이 미래를 통해 과거를 현재화하며 순환하는 '동(同)근원적인 시간성'의 통일적 구조로 변형되긴 하지만 — 에 정당성을 제공하는 것이기에 그렇다. 그러나 정작의 문제는 '어떻게'일 것이다.

'세계의 시간'의 일차적 현상으로서의 '통속적 시간'을 하이데거는

---

13) G. Steiner, *Heidegger*, Glasgow: Harvester Press, 1982. 임규정 옮김, 『하이데거』, 지성의 샘, 1996, p.180.

14) 같은 책, p.181.

15) SZ, pp.28-32; R. Bernasconi, *The Question of Language in Heidegger's History of Being*, Atlantic Highlands: Humanities Press, 1985, p.197.

'현존재'의 '평균화하는 은폐'로 인해서 변질된 '세계의 시간'이라 규정한다.16) 그러니까 그에게서 삼중구조의 흐름인 '통속적 시간'이 시간해명의 기점이 된다고 했을 때, 이 해명의 전략은 '세계의 시간'을 '지양/극복'하는 변증법의 논리가 된다. '세계의 시간'에 든 '현실적 한계'에 대한 부정을 딛고 '초월적 가능성'을 살려낼 이 논리는 '세계의 시간'에 겉과 속이 있다는 것을 승인하고 있는 격인데, 그 겉과 속 모두는 위에서 언급했던 '세계정신'의 주체 혹은 현존재가 '일상적인 삶'의 표면에서 펼치는 '이해(das Verstehen)'에 상응한다. 표면이되, '세계의 시간'의 겉과 속에 상응하는 시간이해의 두께를 갖는 것이 현존재의 '일상적인 삶'의 표면인 셈이다. 하이데거가 가리킬 '시간의 본질'은 바로 이 역설적인 표면 아래의 깊이에 놓인 현존재의 이해에 상응한다. 이런 점에서 그가 생각하는 시간은 세계의 겉에 있든 속에 있든, 혹은 '세계의 시간'을 '지양/극복'한 본질의 차원에 있든, 전부 현존재로서의 인간의 이해에 걸려 있다.17) "인간 없이는 시간도 없다."18)는 명제는 여기서도 수용된다. 그러나 이러한 사실이 시간에 대한 종래의 '주/객'관적 해명을 거부하려는 그의 의도와 충돌하는 것은 아니다. 그의 '시간'론이 궁극적으로 지향하는 '본질의 시간'은 인간을 전용(專用)하여 부리는 "일어남의 사건(das Ereignis)"19)의 시

---

16) SZ, p.422. "Diese nivellierende Verdeckung der Weltzeit, die das vulgäre Zeitverständnis vollzieht ⋯."

17) 물론 따지고 들자면 현존재가 삶의 표면에서 펼치는 '이해'는 '비(非)본래적인 것'이며, 그 표면 아래에서 펼치는 이해는 '본래적인 것'이라 할 수 있다. 하지만 "그 두 이해는 현존재를 있게 하는 것으로서, 어디까지나 '가능성의 끈으로 (von Möglichkeit)' 묶이게 된다." SZ, p.146.

18) M. Heidegger, Zur Sache des Denkens, Tübingen: Max Niemeyer, 1976[이하 SD로 약칭], p.17. "Zeit gibt es nicht ohne den Menschen."

19) M. Heidegger, Unterwegs zur Sprache, Frankfurt a. M.: Vittorio Klostermann, 1959, p.249. "Das Ereignis ereignet den Menschen in den Brauch für es selbst."

간이기에 그렇다. 하이데거는『시간과 존재』에서 '시간의 본질' 혹은 '본질의 시간'에 다름 아닌 '본래적 시간'에 대해 이렇게 말한다.

"본래적 시간이란 '현재, 있어 왔음(과거), 미래'로부터 현존으로 육박하는 '근접(die Nähe)'인데, 이때의 '근접'은 그 시간의 세 겹이 빛처럼 밝게 펼치는 '증여'들을 통일하는 방식을 이른다. 시간이란 인간에게 '이미 그러한 것'으로서 그렇게 다가와 있다. 이 때문에 인간은 그 '증여'들 속에 있는 동시에, 그 '증여'들을 규정하는 '근접' — 즉, 과거의 현재화를 '거절(verweigert)'하고 미래의 현재화를 '유보(vorenthält)'함으로써 현재로 열리게 된 과거와 미래의 '도래'를 통해 '과거와 현재와 미래'가 하나로 묶인 진정한 시간 — 을 기꺼이 맞을 때 인간으로 존재하게 된다. '근접'으로서의 시간은 인간의 제품이 아니며, 인간 또한 그 시간의 제품이 아니다. 여기엔 어떤 제작의 기미도 없다. 미래와 과거와 현재가 서로에게 자신을 개방하며 빛처럼 밝게 펼치는 '의미'의 증여라는 뜻에서의 '내어 줌(das Geben)'이 있을 뿐이다."[20]

'이미 그러한 것'으로 다가와 '증여'된다는 점에서 위 진술의 '본래적 시간(die eigentliche Zeit)'은 '선험적'일 것이지만, 그러나 그것은 오로지 인간과의 '관계' 속에서만 자신의 모습을 드러낸다는 점에서 '경험의 심층'과도 같다. 이 경우 '관계'는 사물을 '주/객'관적으로 대상화하는 '인간주의적 인간'이 아니라 삶의 존재방식으로써 수용하는 '비(非)인간주의적 인간'이 시간과 만나는 '시간이해의 양태'를 가리키는 것으로서, '현존재의 시간성(die Zeitlichekeit des Daseins)'을 뜻한다.[21] 하지만 지금 중요한 것은 이 같은 귀결을 빚어낸 변증법의

---

20) SD, p.17. 필자는 논리의 일관성과 의미의 명확성을 위해 인용문 중 일부를 그것을 끌어온 곳의 바로 앞부분(pp.14-16) - 이 부분에서는 인용문의 축약된 내용이 곳곳에서 구체적으로 해명되고 있다 - 에 의거해 말을 첨가 혹은 변형했다.

21) 여기서 '현존재의 시간성'을 구성하는 '이해'는 '본래적인(eigentlich)' 것이라 할 수 있지만, 그렇다고 '현존재의 시간성'이 '비(非)본래적인' 이해와 단절한

논리다. '미래와 과거와 현재가 서로에게 자신을 개방'하는 장(場)인 '현존재의 시간성'을 통해 '의미'로서 주어지는 것이 진정한 시간이 라는 응축된 주장의 이유가 거기에 있기 때문이다. 변증법의 논리로 써 '본래적 시간'을 도출하려 했던 하이데거에게 궁극의 과제는 '현 존재의 시간성'을 현존재의 '일상적인 삶'의 깊이에서 확보하는 일이 된다. 그리고 이 과제는, 그의 '현상학적 방법'으로 인해, 현존재가 펼치는 '일상적인 삶'의 표면에서 이해된 '세계의 시간'의 겉과 속을 통과할 것을 우선 요청한다. 물론 이때의 '일상적인 삶'은 현존재의 '세계-내-존재'성을 함축하는 '생활세계의 삶'과 다르지 않다.22) 따라

것은 아니다. 앞의 주 17)에서 말했듯 현존재를 존재 가능하게 한다는 점에서 양자는 '가능성의 끈'으로 묶이기 때문이다. 물론, '현존재의 시간성'을 구성하 는 것은 '이해' 말고도 '정황성(die Befindlichkeit)'과 '퇴락(das Verfallen)', '말(die Rede)' 등의 실존범주가 있다. 하지만 이것들 중 "이해와 실존론적으 로 '동근원적인(gleichursprünglich)' 정상성과 말"(SZ, p.161)은 '비(非)본래성' 을 이르는 '퇴락의 증후들'[애매성(die Zweideutigkeit), 호기심(die Neugier), 잡담(das Gerede)]에서 우선은 '본래적 이해의 실존론적 가능태'로 수렴되어 — 하이데거의 다음 말은 이러한 수렴에 상응한다. 즉, "이해는 정황성의 기분을 가지며, 정황적 이해는 퇴락의 성질을 띤다. 또한 퇴락 속에서 기분으로 느껴 진 이해는 자신의 이해 가능성에 대해 말을 통해 스스로 발설한다. 이러한 현 상들의 시간적인 구성은 그때마다 [현존재의] 단일한 시간성으로 '되돌아 (züruckführen)' 가는데, 이때 '단일한 시간성'은 이해, 정황성, 퇴락, 말 등의 '가능한 구조의 통일성'을 보증한다."(SZ, p.335) — '현존재의 시간성'을 구성 한다. 이러한 점을 고려해 이 글에선 '정황성'과 '말'을 '이해'로 환원한 뒤 그 것들('정황성'과 '말')을 함축하는 '이해'로써 '현존재의 시간성'을 가리켰다. 그리고는, 당연한 일이겠지만, 이러한 '현존재의 시간성'을 먼저 현상적(現象 的)으로 가리키는 '비본래적인 이해'의 수준을 명시하기 위해 '퇴락'이라는 용 어를 사용했다.

22) G. Brand, *Die Lebenswelt I -Eine Philosophie des konkreten Apriori*, Berlin: Waiter de Gruyter & Co., 1971, p.118. "Analysieren wir das Dassein, dann analysieren wir sein In-der-Welt-Sein, das heißt wir analysieren die Lebens-welt." 이 말은, <비록 후설의 '생활세계'가 '일상적인 경험 이전의 선술어적인 세계로서 통상적 의미의 일상세계와 다른 것'이라고 해도, 하이데거와 같이 일 상을 천착하는 '실존 현상학'자들에게 그 '다름'은 일상의 깊이일 뿐>이라는 의미를 전제하고 있다.

서 '세계의 시간'의 겉과 속을 통과하는 우선의 과제는 생활세계를 살아가는 현존재의 표면적 삶에서 이해된 시간의 두께를 돌파하는 형식을 띤다. 아무래도 '두께'라는 표현이 여전히 애매하게 들릴 수 있지만, 이 경우 그것은 " '자기 자신이 아닌(das Nicht es selbst sein)' 현존재"의 '현실적 한계'[<'퇴락성'(die Verfallenheit : 세계에서 마주치는 타자에 몰입됨)>의 단적(端的)인 사실]와 '초월의 가능성'[<'실존성'(die Exkstenzialität : 자신을 미리 앞질러 나가 있음)>의 '증후로서의' 퇴락성]이 각각 작용하는 '이해'에 잡힌 시간의 두 층과 다르지 않다.23) 여기에서 '자기 자신이 아닌'이라는 말은 '자신의 고유성을 상실'한 실상을 형용하는 것으로서 '비본래성'을 이른다. 그러니까 '비(非)본래적'이라는 말과 '본래적'이라는 말은 '시간'을 수식하기에 앞서 '현사실성'에 처한 '세계-내-존재'로서의 현존재가 생활세계의 나날에서 누리는 삶의 '표면'과 '깊이'를 각각 이르던 말이었다.

먼저, '세계의 시간'의 일차적 현상으로서 '세계의 시간'의 겉이 될 '통속적 시간'은 '현존재'의 '삶의 표면'에서 이루어질 '이해'들의 그 두 층 가운데 앞의 것에 상응한다. 그리하여, '초월의 가능성'[즉, 실존성]이 철저하게 은폐된 '단적인 퇴락성'[즉, 현실적 한계] 밑에 자신의 본성을 묻어 버린 '비'본래적 현존재의 '시간이해'["통속적 시간이해(das vulgäre Zeitverständnis)"24)]의 내용으로서 존재한다. 이렇게 보면, 본래의 진정한 시간에 닿기 위해 '세계의 시간'을 통과할 '변증법의 논리'가 뚫어야 할 첫 관문으로서의 기점이 되는 '통속적 시간'은 퇴락한 '비'본래적 현존재의 이해에서 발현한다. 이때, 퇴락한 '비'본래적 현존재는 주위의 '다른 현존재'들을 '고려(die Fürsorge)' 하고 '세계 내부적 존재자'들을 '배려(die Besorge)'하며 '일상적인 삶'의 세계인 생활세계에 몰입된 채 살아가는 '세계-내-존재'로서의

23) SZ, pp.176-180.
24) SZ, p.422.

'세인(das Mann)'[평균적 일상성에 처한 '나'와 '타자']을 가리킨다.25) 그리고, 이제야 말하게 되었는데, 이러한 사실은 '통속적 시간'이 '세계의 시간'일 수 있었던 '현사실성'의 구체적 이유가 된다. 하지만 그 고려와 배려가 '현사실성'의 일면인 퇴락에만 오롯이 걸려 있는 한, 아직 현존재의 이해는 '시간의 본질'로부터 멀리 떨어져 있다. 아닌 게 아니라 '세계-내-존재'라 했을 때의 '세계'가 '공동세계(die Mitwelt)'와 '환경세계(die Umwelt)' 모두를 의미하는 총체라는 점에서 현존재는 '나' 아닌 '다른 현존재'를 고려하며 '세계 내부적 존재자'를 배려하는 일상을 누릴 수밖에 없지만, 일상의 그 친밀한 관계가 우선은 <거부 못할 유혹으로 자신을 흡입하는 대중화의 평균적 객관성>과 <그러한 대중화의 평균적 객관성에 입각해 사물로 뻗는 자신의 욕망>에 각각 기인한 '자기상실'과 '세계은폐'라는 '세인의 국면'에 숙명적으로 처해 있다. 이 국면에서 포착된 현존재의 '세계의 시간'이 '본래적 시간'일 리는 없다. 그것은 겨우 겉으로서의 '세계의 시간'인 '통속적 시간'일 뿐이다. '시간'이 자신의 진상을 드러낼 장(場)인 본래적인 '현존재의 시간성'은 '통속적인 시간이해'의 지평, 그 '세계의 시간'의 겉에서는 "끝내 접근할 수 없는 것으로 '전복된 채(umgekehrt)' 있다."26)

하이데거에 따르면,27) '세계의 시간'을 흡사 껍질처럼 덮고 있는 '통속적 시간'은 한마디로 '지금-시간(die Jetzt-Zeit)'이다. 부단히 눈앞에 '현전하면서(vorhanden)' 지나가자마자 이내 다시 다가오는 '지금'들의 연속으로 나타나는 이 시간은 하나의 '계기(繼起)'라 할 수 있는 '지금의 흐름' 혹은 '시간의 경과'로서 이해된다. "중단도 없고 빈틈도 없기 때문에 아무리 '지금'의 부분을 확장해도 '언제나 지금'

---

25) SZ, p.67, pp.113-121.
26) SZ, p.426.
27) SZ, pp.423-426.

에 그칠 뿐"이라는 점에서, 우리를 '지금'에 가두는 그 시간은 '단지 지나가는 것'이라는 의미의 '비(非)가역성'을 보인다. 이렇듯 '역류할 수 없는 연속체(ein nichtumkehrbares Nacheinander)'로서 규정되는 '통속적 시간'은 '지금'을 기점으로 삼아 '이미 없는 지금'으로서의 과거로 뻗치는 동시에 '아직 없는 지금'으로서의 미래로 뻗친다는 점에서 양 방면으로 끝없이 펼쳐진 '무한성'을 갖는다. 이 말이 옳다면, 언제나 '사물처럼 존재하는 지금'의 세계가 있을 뿐이며 거기에 사는 이상 현존재는 결코 죽지 않는 자다. 그러나 '비'본래적인 현존재, 즉 '세인'의 수준에서의 이러한 생각은 '공적인 시간' 혹은 '세계의 시간'에 대한 '세계-내-존재'의 소외된 심리표상에 불과하다. 물론 이 수준에서 멈춘다 해도 '존재와 비존재' 및 '순간과 연속', 그리고 '정의와 비(非)정의'에 걸려 있는 시간의 역설들이 거칠게나마 해소될 수는 있을 것이다. 하지만 문제는 그 역설들과 함께 '시간의 진정성'까지 해소된다는 점이다. '무한한 시간'을 이야기하는 것은 무엇보다도, 죽음의 종말을 향해 가는 현존재로서의 '나'의 운명에 비추어 볼 때, '시간'과 '인간'을 분리하는 귀결을 부르기 때문이다. '무한한 시간'은 자신의 고유성을 망각한 현존재의 환상일 뿐이다. 그렇다고 이러한 사실이 하나의 현존재인 '나'의 앞과 뒤로 '확장되는 시간(die Zeit weiter geht)'에 대한 상상력을 논박하는 것은 아니다. 삶의 유한성을 내다보는 삶 속에서도 분명 '나'는 '나'의 존재 이전에 있었던 혹은 그것 이후에 진행될 시간을 사유할 수 있으며, 이 사유는 인간의 삶의 종말이 "단순한 종결이 아니라 시간화의 한 특성"[28]이라는 점을 고려할 경우 결코 무의미한 것일 수 없기 때문이다. 그렇다면 차라리 우리는 이렇게 말해야 한다. 즉, '시간의 무한성'은 종말이 오해된 '통속적 시간'의 현저한 속성을 가리키므로 중요한 것은 '통속

---

28) "Seine Endlichkeit besagt nicht primär ein Aufhören, sondern ist ein Charakter der Zeitigung selbst." SZ, p.330.

적 시간', 그 '종말 없는 시간' 아래에서 '시간화(die Zeitigung)'에 걸려 있는 '시간의 본질' 내지 '본래적 시간'을 도출하는 일이다.

'지금'의 무한성으로써 현존재의 죽을 운명을 가리며 '본래적 시간'을 단단히 은폐시킨 '통속적 시간'의 한계는 '대중화의 평균적 객관성'을 좇는 '일상의 퇴락한 비(非)본래적 현존재'의 시간이해에서 비롯한다. 이 이해의 주체는 '시간 속에 존재하는 현존재'가 아니라, 시간 속의 처지 내지 시간성을 잊고 '시간 밖에서 시간을 대상화하는 현존재'다. 그러나 이런 주체는 불멸의 존재가 되어 시간의 진상과 단절한다. 그러니 우리는 "시간이란 무엇인가?"라고 묻는 대신 이렇게 물어야 한다. "시간의 의미란 무엇인가?" 만일 '현존재의 시간성'으로 이끌 이 물음을 묻어둔 채 시간이해의 통속적 관점에 머무른다면 우리는 철학적 반성의 수준에서조차 사물과 인간을 둘러싼 '시간의 본질'에 결코 접근할 수 없으며, 따라서 '이 세계'의 진실에 도달할 어떤 '형이상학적 주체'를 건립할 수도 없다. 할 수 있는 일이란 빈틈없이 앞뒤로 뻗친 '지금'의 앞에서 시간을 인식론적으로 규정하며 '대중화의 평균적 객관성'을 '객관주의' 혹은 '주관주의'의 논리로써 정교히 다듬는 것이다. 하지만 그러한 논리는 마치 시간을 극복하듯 시간을 초월함으로써 결국은 '시간 아닌 시간'에 대해 말하게 된다. 그리하여 시간을 버티지 못하고 시간의 피안으로 밀려 나가며 '이 세계'의 진실을 유기하는 '절대의' [니체 식으로 말하면, '허무의'] 형이상학적 주체를 생산한다. 사실은, 시간을 각각 "움직이는 '영원의 모상(das Abbild der Ewiigkeit)'"과 "어떤 사건의 선후 지평에서 만나게 되는 운동이 '세어진 것(das Gezählte)'"이라 생각했던 플라톤과 아리스토텔레스[29]를 비롯한 이후의 전통철학자들, 예컨대 아우구스티누스와 칸트 그리고 헤겔과 후설 같은 이들이 그러했다. 그러니

---

29) SZ, pp.421-423.

까 '세계의 시간의 겉', 그 '통속적 시간'을 통과해 '본래적 시간'이 자신의 모습을 내줄 '현존재의 시간성'에 이른다는 것은 종래 철학의 시간관을 극복하며 새 형이상학에 바쳐질 '주체론의 토대'를 세운다는 것을 뜻한다. 이때 그 통과의 방법이 '현상학적'인 동시에 '변증법적'이라 했으므로 이러한 건립은 '세계의 시간'의 부정적인 측면을 넘어 '시간의 본질'로 나가는 일이 되겠지만, 이 일은 '세계의 시간의 속'에 "시간에 대한 통속적인 테제들의 권리근거"[30]로서 은폐되어 있는 '가능성'을 파악함으로써 실현될 수 있다. 이를 두고 하이데거는 이렇게 썼다: "통속적인 시간경험에는 우선 '세계의 시간'에 대한 대략적인 인지만이 함축되어 있지만 거기에서 그치지 않는다. 그것은 동시에 '세계의 시간'과 '영혼 혹은 정신'과의 명백한 관계를 보여준다. 그리고 이러한 사실은 [시간에 대한] 철학적인 물음의 방향이 아직 '주관(das Subjekt)'에 또렷이 집중되지 않았을 때에도 역시 마찬가지였다. 다음의 두 사례가 이를 충분히 입증하는데, <만일 '영혼'이나 '영혼 속의 이성' 말고는 수를 세는 본성을 갖는 것이 아무것도 없다면, 영혼 없는 시간이란 존재하지 않을 것>이라는 아리스토텔레스의 말과 <시간은 하나의 '연장(延長)'과 다른 무엇으로 생각할 수 없고, 또 그것이 무엇의 연장인지 알기는 어렵지만, 그러나 정신의 연장이 아니라고 한다면 이상한 것>이라는 아우구스티누스의 말이 그것들이다."[31] 이 문장으로써 하이데거가 전하려 했던 것은 <통속적인 시간개념의 지평 위에서 현존재와 시간성이 묶일 수 있다>는 주장이었다. 아닌 것이 아니라, 분명 '현존재의 시간성'은 '통속적 시간'의 '주관'이 스스로 회복해야 할 대상이다. 하지만 문제는 주관의 존재양상이다. 설령 누군가가 아우구스티누스나 아리스토텔레스 또

---

30) "die vulgären Thesen über die Zeit auf ihren Rechtsgrund." SZ, p.426.
31) SZ, p.427. 내용 중 인용된 아리스토와 아우구스티누스의 말에는 각각 *Physik* △14, 223a 25"와 *Confessiones* lib. XI, cap.26"라는 출처가 딸려 있다.

는 플라톤 등에서와는 달리 '시간'론의 방향을 명백하게 주관 위에서 잡았다 하더라도 주관성과 시간 사이의 틈을 메우지 못한다면, 그 누군가의 논의에서도 역시 '현존재의 시간성'은 언제까지나 '통속적인 주관' 아래에 은폐된 채 있을 것이다. 칸트와 헤겔 그리고 후설의 경우는 여기에 해당한다. 이들은 시간을 주관성에 대놓고 연관짓지만, 시간을 각자 "정신이 그 안으로 '떨어져(fallen)' 들어가는 … '정재적인(daseiende)' 존재", "<나는 '생각'한다>와 분리되어 '나란히(neben)' 양립하는 것",[32] "절대적인 의식의 흐름 속에서 구성된 것"[33] 등으로 규정함으로써 주관과 시간의 온전한 결합을 말하지 못한다.

현존재의 시간성에 주어지는 '본래적 시간'을 얻기 위해서는 통속적 시간이해가 벌려 놓은 인간의 주관성과 시간을 세계 속에 섞어 틈을 제거해야 한다. 이를 위해 하이데거가 일차적으로 제시한 것은 '수평화로 은폐된 세계의 시간'의 속, 그러니까 '현사실성'의 일면인 퇴락에만 오롯이 걸려 있는 '비'본래적 현존재의 이해 이면에서 포착된 시간이었다. 때문에 '속'으로서의 '세계의 시간'은 현존재의 퇴락의 측면에서 바라보면 '통속적 시간'이라는 부정적 면모를 보일 '비'본래적 시간으로 변질되지만, 현존재의 실존 가능성의 측면에서 바라볼 경우에는 '본래적 시간'을 숨기고 있는 현상이라는 긍정적 면모를 보일 '비'본래적 시간이 된다. 타자를 '고려'하는 현존재의 '배려된 시간(die besorgten Zeit)'으로 불렸던 그 시간의 본성은 결국에는 '공적인 시간계산'과 '시계사용'의 경로를 거쳐 '통속적인 시간'으로 변질되는 중에 가려졌던 것들, 이를테면 '시점기록 가능성(die Datierbarkeit)'['지금'에 근거해 배려된 시간으로서의 '때'가 갖는 시간적

---

32) SZ, pp.434-435, p.427.

33) E. Husserl, *Zur Phänomenologie des inneren Zeitbewußtseins*, Haag: Martinus Nijhoff, 1969, p.73. "Wir fanden: den absoluten zeitkonstituierenden Bewusstseinsflus."

연관성]과 이것이 수반하는 '유의미성(die Bedeutsamkeit)'이다.[34] 이러한 사실은 그 시간이 요컨대 일출과 일몰을 두고 "이제 무엇을 해야 한다."거나 "이제 무엇을 할 수 없다."거나 라는 등의 의미로 파악되는, 다시 말해 '둘러보는 배려'의 이해로 파악되는 시간임을 가리킨다. 시간을 '연속하는 지금'으로서 객체화하여 파악하는 대신 '세계 곁'에 몰입해 있는 삶의 연관 속에서 이해한 '현존재'의 것이라는 점에서, 그리고 그런 만큼 시간과 주관성의 존재론적 일치에 육박했다는 점에서, '세계의 시간의 속'에는 '배려의 시간성'으로 한정되는 '현존재의 시간성'이 흘러든다. 그러나 한정적인 까닭에, 비록 지금의 연속성을 버리고 "탈자들(die Ekstasen der Zeitlichkeit)"['시간성의 가능한 방식들' 혹은 '지향성으로써 자신의 경계를 초월하는 과거와 현재와 미래'][35]을 소유한 몸이 되었다 해도 그 시간성은 아직 '비' 본래적인 것, 즉 "예기하면서-간직[또는 망각]하는-현재화"[36]다. 왜냐하면 "배려된 세계에 [그리고 또 한편으로는 '타자들과의 공동존재에'] 몰입할 때 현존재는 자기 자신이 아니기"[37] 때문이다. 생활세계의 삶의 표면을 사는 현존재의 이해에 해석된 것인 한, '세계의 시간의 속' 혹은 '배려된 시간'은 '세계의 시간의 곁' 혹은 '통속적 시간' 이면의 잠재적 긍정성에 머문다. 중요한 것은 이 긍정성으로부터 '현

---

34) SZ, p.422.

35) '미래'와 '존재해 왔음'(과거)과 '현재'는 각각 '자신을 향해(Auf-sich-zu)', '…에게로 돌아와(Zurück auf)', '…의 곁에서 만나게 하는(Begegnenlassens von)'이라는 현상들을 가리키는데, 이때의 '향해'와 '에게로' 및 '곁에서'는 근원적으로 시간성이 '자기 밖으로 빠져나가는(Außer-sich)' '미래'와 '과거'(존재해 왔음)와 '현재'라는 탈자들의 구성체임을 뜻한다. SZ, pp.328-329.

36) "die gewärtigend-behaltende (oder vergessende) Gegenwärtigen." SZ, pp.352-356.

37) SZ, p.125. "시간이란 무한하고 역류 불가능한 지금의 연속"이라는 통속적 규정은 이처럼 "퇴락하면서 있는 현존재의 비(非)본래적인 시간성"에서 발현한 것이다. 그리고 퇴락하면서 있는 현존재의 '비'본래적인 시간성으로서의 '배려의 시간성'은 '본래적인 시간성'에서 파생한다. SZ, pp.426-465.

존재의 시간성'에 나타날 '본래적 시간'을 현존시키는 것이지만, 그러기 위해서는 먼저 그 긍정성을 노출해야 한다. 이를 위해 하이데거는 '현실적 한계'와 '초월의 가능성'이 뒤섞인 퇴락한 현존재의 '비'본래적 이해를 총체적으로 가시화한다.

이 변증법적 시도는 현존재에 이미 들어 있던 '세계-내-존재'라는 근본적인 "존재구성의 틀(die Seinsverfassung)"[38]의 전모를 밝혀내는 논리로 귀착되는데, 거기서 하이데거는 온전한 구조를 갖는 현존재의 총체성을 하나의 실존범주인 '염려(die Sorge)'로서 규정한다. "염려는 퇴락성과 현사실성, 그리고 실존성 모두를 포괄하는 단일한 정서다."[39] 타자를 서로 '고려'하며 사물을 '배려'하는 현존재의 세계내적 존재방식이 퇴락성과 현사실성 및 실존성의 근본구조인 '염려'로 환원된 셈이지만, 그러나 정작 문제는 시간과 주관성의 틈을 제거하여 '시간이해'와 '자기이해'가 매일반인 현존재의 존재론적 이해를 '염려' 위에서 확보하는 데에 있다. 현존재의 '초월의 가능성'인 '실존성'을 해명하기 위해, 하이데거는 "염려를 아주 탁월한 방식으로써 개진하는 우리의 존재방식, 즉 '불안(die Angst)' "[40]을 통해 거리를 지우고 시간을 현존재의 한복판으로 끌어당겼다. 그것이 가능했던 것은 죽음, 즉 '비-존재'의 위협이 몰고 오는 '무'의 정황[자신에게 발생 가능한 불가능성] 덕분이었다. 무를 매개 삼아 불안을 시간과 짝지으며 시간성을 '염려의 의미'로 전환시킬 수 있었기 때문이다.

  " '존재해 왔음'(과거)은 미래에서부터 발원한다. 이로써 존재해 왔던, 아니 존재해 오고 있는 '미래'가 자기로부터 '현재'를 내보낸다. <존재해 오면서(gewesend) 현재화하는 미래(gegenwärtigende Zukunft)>의 이

38) SZ, p.44.
39) SZ, p.93.
40) F. Zimmermann, *Einführung in die Existenzphilosophie*, Darmstadt: Wissenschaftliche Buchgesellschaft, 1977, pp.98-99.

'통일적' 현상을 우리는 '시간성'이라고 말한다. 현존재가 시간성으로 규정되어 있는 한에서만, 시간성은 현존재로 하여금 선구적 결단성의 본래적인 존재 가능성 전부를 실현할 수 있도록 한다. 이 같은 사실 속에서, 시간성은 본래적인 염려의 '의미(der Sinn)'로서 자신을 드러낸다."[41]

본래성에 걸려 있는 '현존재의 시간성'은 따라서 존재자 같은 것이 아니다. 그것은 '염려의 기분'에 끌린 현존재가 자신의 '고유한 초월성'을 실현하며 스스로를 펼치는 기획투사의 장[42]에서 시간을 일으키며 뻗치는 '탈자들'의 운동이라 할 수 있다. 시간이 일어나는 곳에 '탈자들'의 잇따름은 없다. "미래는 존재해 왔음[과거]보다 늦은 것이 아니며 존재해 왔음[과거]보다 현재가 더 빠른 것도 아니다. 시간성은 존재해 오면서 현재화하는 미래로서 '스스로 자신을 시간화(sich zeigt)'한다."[43] 그리고 이러한 시간성이 하나의 '의미'인 이상 결국, 사실은 예정된 것이었지만, 앞[각주 20]에서 들었던 하이데거의 전언을 '달리 반복'해 우리는 이렇게 말할 수 있다. 즉, '본래적 시간'[혹은, '통속적 시간' 쪽에서 보면, "근원적인 시간"[44]]은 '현존재의 시간성'으로서 존재론적 이해 속에 주어지는 '의미'에 다름 아니다. 이렇듯 인간의 존재를 '시간성'으로, 그리고 '본래적 시간'을 존재론적 이해의 '의미'로서 정의내린 것은 이전의 입장들, 즉 "인간을 인격, 주체, '정신 및 이성'적 존재와 같은 '불변의 것' 혹은 '초시간적으로

---

41) SZ, p.326.

42) '염려'는 다음과 같은 특별한 실존론적 의미를 갖고 있다. 즉, "현존재의 존재는 (세계 내부적으로 만나게 되는 존재자의) 곁에 있는 것으로서 자기를 앞질러 이미 세계 내에 있음(Sich-vorweg-schon-sein-in-(der Welt-) als Sein-bei)을 말한다." SZ, p.192.

43) SZ, p.350.

44) SZ, p.405. "Der vulgäre Zeitbegriff verdankt seine Herkunft einer Nivellierung der ursprünglichen Zeit." 여기에서 보면 '현존재의 시간성'은 '현존재의 주관성'이되, '세계의 시간'을 <가능하게 하는 '존재조건(存在條件)'>으로서의 주관성임이 나타난다.

무한한 것' 등으로 규정함으로써 인간의 유한성을 정당히 취급할 수 없었던 전통철학'45)의 형이상학들을 부정하고 능가한다. 주관성을 시간성과 동일시하는 인간이해의 존재론적 지평에 진입하는 순간, 형이상학의 주체는 '시간으로서의 주관'이 된다. 그리고 이 주관은 세계의 사물들에 대해 '시간으로서의 리얼리티'를 취하게 된다.

쉬로버가 간명하게 요약했듯, 사물의 리얼리티가 현존재에 이해의 '사실 자체'로서 주어지는 '존재(das Sein)'라 했던 하이데거의 '실존론적 현상학'은 이 경지의 전형을 펼치고 있다: "하이데거에서 '시간'과 '존재'는 함께 호명될 것을 요구한다. 그것들은 모두 하나의 사물이 아니며, 상호 교환이 가능한 것이다. 그것들은 우리에게 매우 동일한 방식으로 알려진다. 우리는 그것들이 갖고 있는 차이들을 단적인 검토를 통해서 밝힐 수는 없다. 그보다 이렇게 말해야 한다. 즉 시간과 존재는 스스로 일어나는 '하나의' 사건 속에서 나타나며, 때문에 이 경우 하나의 사건은 '존재의' 그리고 '시간의' 역동적이고 구체적인 종합이다. 그 둘 중 어떤 것도 다른 하나가 결여된 채 이해될 수 없다."46) 이 귀결로써 변모될 형이상학에선 '주체'와 '사물의 리얼리티', 그 둘이 서로를 섞는 [본래적] 시간의 "변증법적 대화"47) 속에서 '상대적 보편성'을 선취한 하나의 진리가 '시간성으로서의 의미'

---

45) F. Zimmermann, *Einführung in die Existenzphilosophie*, p.103.

46) "In 'Time and Being' we are reminded that they are named together, that neither is a 'thing', that they determine themselves reciprocally, that they are known to us in much the same way but that we can not clarify either by a direct examination of its own separate properties. We are told that they appear together in an event, that 'an event events', that an event is a dynamic concrete synthesis of Being and of Time, that neither can appear to human apprehension without the other." C. M. Sherover, *Heidegger, Kant & Time*, Bloomington: Indiana University Press, 1971, p.282.

47) H.-G. Gadamer, *Wahhrheit und Methode*, Tübingen: Paul Siebeck, 1982, p. 192.

로서 폭발한다. 하이데거의 '시간'론은, 헤겔에 이르기까지 성성했던 전통의 이성주관을 '숭고(die Erhabenheit)'의 위력으로 압도하며 합리주의 이후를 차단했던 '논리 너머의 진리'를 '실존의 로고스'를 되찾아 돌파함으로써 현대 형이상학의 출구를 넓혔다는 점에서, 또한 역사주의적 기획들을 좌절시켰던 '보편의 영원'과 '개체의 시간' 사이의 딜레마를 '시간 속에서' 시간의 응집력으로 극복하며 '일상의 체험'을 통해 이해될 형이상학적 진리를 또렷이 제시했다는 점에서, 그리고 주관의 초월성을 '나'의 고지가 아닌 '우리'의 평면인 삶의 시간으로 끌어들임으로써 형이상학의 진리에 '타자의 윤리성'이 개입할 단서를 주었다는 점에서, 당대의 철학으로 날아든 요체들('탈'근대의 '비(非)인간주의와 역사성')의 기착지였다. 하지만 여전히 수수께끼로 남아 있는 <'시간'의 곁에서만 나타날 수 있는 '존재의 본성'>과 <'존재'의 드러남이 필요로 하는 '시간 자체의 본성'>에 어울리듯 그의 '시간'론은 동시에 근대의 [나아가 전통의] 인간주의적 '초월과 추상'의 관념성이 근대 [또는 전통] 극복의 논리로써 변주되는 곳이기도 했다. 아마도 까닭은 '세계의 시간'을 뚫고 나온 그의 시간이 '귀향의 시간' 즉, <'오늘-여기'의 현재에 걸린 '우리의 몸'을 돌파한 '정신'이 자신의 잃어버린 진정성을 찾아 '과거의 이상'으로 퇴행하는 '회상 (die Erinnerung/das Andenken)'의 시간>이라는 사실에 있을 것이다.

3. 메를로-퐁티 : '유랑'의 시간

"나는 아프다. … 내 시간이 아프다."[48] 본래의 '가역성'과 '유한성'을 복구함으로써 시간의 역설들을 해소하며 하이데거가 말했던 '시간성'과 '의미'의 연관을 고려할 때, 시인 발레리의 이 구절은 수

---

48) P. Valéy의 「고정관념(L'Idée fixe)」 중 일부. É. Klein, Le Temps, p.47.

사의 미학을 초과한다. 우선, 전자가 드러냈던 '의미의 시간성'에는 연속하여 강물처럼 밀려오는 흐름은 없다. 그러나 "존재해 오면서 현재화하는 미래"에 함축된 " '과거-현재-미래'의 상호 발생적이며 재해석적인 순환성"49)의 운동, 즉 <미래에서 과거로, 과거에서 현재로, 현재에서 다시 미래로>를 반복하는 '탈자들'의 동근원적인 흐름은 있다.50) 이 흐름의 발현을 가능하게 하는 것은 '미래'였지만, 그러나 "우리를 앞으로 부르면서 다시 뒤로 부르는 '호소(der Anruf)' "51)가 말해 주듯 실상 이 "미래는 과거의 '부과'물에 불과하다."52) 또한 그 흐름에서의 '현재' 역시 미래를 통해 과거를 '순간(der Augenblick)'53)에서 불러들여 인간의 진정성을 만나게 하는 중계의 책무에 그친다는 점에서, '과거'에 걸려 있다. 이러한 사실은 '세계의 시간'의 겉이라 했던 '통속적 시간'의 두 이미지의 표상 중 <과거→ 현재→ 미래>에 하이데거의 시간성이 정당성을 제공할 수 있음을 시사한다. 만일 누군가가 '전통의 인과율'에 입각해, "우리의 전통과 배경이 지금 우리의 세계관과 그 안에서 할 수 있는 일들을 규정하고 제약하고 있다."라고 했을 때, 적어도 하이데거의 관점을 수락하는 한, 우리는 따라서 그가 틀렸다고 말하기보다는 '퇴락의 시간' 혹은 '퇴락의 역사'를 이야기했다고 말해야 한다. 그가 자신의 주장을 '현존재'의 존재

---

49) G. Steiner, *Heidegger*, p.183.
50) 이렇게 보면, 다음의 진술은 일면적이다. 즉, "후설은 시간성의 흐름의 성격을 인정하였다. 그러나 아우구스티누스에게서는 시간의 방향에 대한 언급은 있었으나 시간의 흐름의 성격은 얼른 보이지 않는다. 하이데거가 말하는 본래적 시간성에도 흐름의 성격은 없고 시간의 구조가 있을 뿐이다. 흐름의 성격은 '비'본래적인 시간에서만 찾아볼 수 있다." 소광희, 『시간의 철학적 성찰』, 문예출판사, 2001, p.577.
51) SZ, p.286.
52) R. Bernasconi, *The Question of Language in Heidegger's History of Being*, p.11. "The future comes as the imposition of the originating(Anfangliche)."
53) SZ, p.338.

론적 논리로 정련할 수 있을 것이기에 그러하다.

　이제 이러한 귀결에 갖다 대고 발레리의 구절을 다시 보면, 시인의 '아픈 시간'은 <선구적 결단의 '기획투사(der Entwurf)'를 통해 미래 속에서 '최고의 이상적 과거'를 '회상'함으로써 자신의 진정성을 되찾은 실존>의 열린 눈이 '본래적 현재로서의 순간'에서 포착한 '아픈 의미'가 될 것이다. 그러니까 시인의 말은 하이데거가 드러낸 시간의 비밀에 닿아 있다. 아니, 정확히 말하자면, 그렇게 읽을 수도 있다. 이 경우라면, 결국은 하나의 진리가 될 그 '아픈 의미'는 과거의 정서를 현재에 살려낸 '이 세계' 속 인간의 표현물이다. 그러나 이 과거의 본질이 "비록 '근접(die Nähe)'의 현존으로부터 이탈한 것은 아니라 하더라도 … 어디까지나 잃어버린, 그래서 시간적으로 현재에 소유할 수 없는 것"54)과 다르지 않다는 주장의 타당성에 비추어 볼 때, 아무래도 그가 말할 그 '아픈 시간' 혹은 그 '아픈 의미'가 '오늘-여기'의 일상 속에서 '우리'가 직조하는 '구체의 현실'과 끝내 단절한다. <인간을 용해한 후 다시 '전용(die Aneignung)'하는 비합리적 리얼리티>를 위하여 <구체의 삶 속에서 구체의 삶을 전복하는 위반>을 빚으며 '인간주의'와 '추상의 초월성'을 존재론적 수동(受動)의 음조로써 달리 변주했던 하이데거의 '신종의 관념론'을 단적으로 표상하는 이 '단절의 시간', '단절의 의미'를 갖고 우리는 무엇을 할 수 있을까? 시인의, 아니 철학자의 '아픈 시간' 속에서 생겨난 '아픈 의미', 그 '아픈 진리'가 도대체 이 일상의 야만에 얼마만큼의 폭력을 가할 수 있는 것일까? 비록 "현재의 이 세계와는 완전히 다른 체제, 즉 '일차원성'이나 '통속성'으로부터 자유로운 체제에 대한 하이데거의 조명은 분명 그 자체로서 '우리가 살고 있는 이 세계의 한계를 통찰하게 하는 비판적 도구'가 될 수 있다"55) 하더라도, 모든 것이 그러하듯

---

54) A. Megill, *Prophet of Extremity: Nietzsche, Heidegger, Foucault, Derrida.* 조형준 옮김, 『극단의 예언자들』, 새물결, 1996, pp.218-219.

여기에서도 관건은 질 아닌가? 진리의 한 사건이 그저 '나'의 내면만을 정화하는 '추상의 정서'로서 소멸되는 풍경을 곳곳에서 노출했던 그의 불안한 증후에 대해 메길은 이렇게 잘라 말한다. 즉, "유감스럽게도 이 관념론은 분명히 전적으로 바람직하지만은 않은 결과를 가져왔다. 간단히 말해 그것은 구체적이고 현실적인 권력과 통제라는 중요한 문제를 배제해 버리고 만다. 예컨대, 새로운 기술의 운용 방식은 무엇인지, 그리고 이것은 누구를 위해 봉사해야 하는지, 하이데거는 이런 물음들을 다루지 않는다."56) 그러니 우리의 삶은, 우리의 역사는 하이데거의 귀결대로57) 단지 '귀향의 시간' 속에 숙명처럼 주어질 그 '무력한 진리'의 사건을 기다릴 수밖에 없는 것일까? "죽음의 상하(相下)에서 '왕좌의 처지'와 '사슬에 묶인 처지'의 차이가 무화되는 실존"58)의 '시간', 그 '의미의 진리'에 우리의 해방을 마냥 '내맡겨야'[die Gelassenheit] 할 뿐인가?

소급해 짚어 보면, 문제의 발단은 '시간'과 '주관'의 존재론적 일치를 '이 세계'의 시간을 통해 '이 세계'의 시간을 <뚫고 나간> 현존재의 '개인적인' 실존에서 구한 데에 있었다. 그러나 이러한 사안을 명료히 제출한 이는 메를로-퐁티였다: "하이데거 역시 타자의 실존이나 그 귀결로서 나타나는 역사성에 관해 부정하지 않는다. 사람들이 종

---

55) 같은 책, p.303.

56) 같은 책, p.253. 저자는 또 이렇게 반복한다. "하이데거는 '평범한' 세계가 어떻게 움직이는가를 알고 싶어 하는 사람들에게는 형편없는 안내자이다. 그의 고풍스런 관념론은 '이 세계' 안에서 작동하고 있는 '사회적-경제적-정치적' 권력의 다양한 형태를 무시하도록 이끈다."(p.303)

57) "We are to do nothing but wait(Wir sollen nichts tun sondern warten)." M. Heidegger, *Gelassenheit*, tr. J. M. Anderson and E. H. Freund, *Discourse on Thinking: A translation of 'Gelassenheit'*, New York: Harper & Row, 1966, p.62.

58) K. Kosík, *Die Dialektik des Konkreten*, Frankfurt a. M.: Suhrkamp Verlag, 1967. 박정호 옮김, 『구체성의 변증법』, 거름, 1985, pp.66-76.

종 이 점을 오해하는 것은 『존재와 시간』의 종결부가 역사의식으로 열려 있다는 점을 간과해서인 듯싶다. 오히려 하이데거의 철학이 결여하고 있는 것은 역사성이 아니라 거꾸로 '개인에 대한 확실한 정립(l'affirmation de l'individu)'이다. 그는 '자유의 적'이나 '의식의 투쟁'을 말하지 않았으며, 이로 인해 인간의 '공존'은 일상과 익명의 진부함 아래로 침몰된다."59) 단언컨대, 진정한 주관은 '이 세계'의 내부에 머물되, '끝까지' 머무는 자라야 한다. 그것은 '타자'와 빈틈없이 묶인 인간의 구체성 속에서나 가능한 존재다. <시간이 모든 관념성을 넘어 스스로를 펼칠 장(場)으로서의 주관>에 접근했던 메를로-퐁티의 출발은 이처럼 하이데거의 결말에서였지만, 그러나 그럴 수 있었던 것은 처음의 화두가 그와 동일했기 때문이었다.

"시간의 '분출(le surgissement)'은 선행하는 일련의 모든 것들을 과거로 밀어 넣을 여분의 시간을 창조하는 것으로서는 이해될 수 없을 것이다. 그러한 수동적 견해는 턱없는 생각이다. 한편, 시간을 굽어보는 식의 '고공 비행적인 사유'는 어딘가 부족하다. 분명 '시간은 스스로 자신을 구성(Il faut que le temps se constitue)'하지만, 동시에 한시도 시간을 벗어날 수 없는 누군가의 관점에서 보일 수밖에 없다. 그러나 이러한 사실은 하나의 모순으로 다가와서 우리를 위의 양자택일적인 두 구절 중 하나로 이끌어 갈 것이다. 그 모순은 '새로운 현재(le présent nouveau)' 자체가 스스로 하나의 초월일 경우에만 해소된다."60)

주관 밖의 사물 같은 대상이나 주관 내의 관념적인 대상으로서 규정된 '연속하는 지금(une succession de maintenant)'의 시간 대신, 과거와 현재와 미래를 스며들며 '스스로 자신을 구성'하는 존재론적 '주관의 시간성'에 '이해'의 어떤 '의미'로서 주어질 시간을 말한다는

---

59) M. Merleau-Ponty, *Sens et Nonsens*, Paris: Nagel, 1948, p.120.

60) M. Merleau-Ponty, *Le Visible et l'Invisible*, Paris: Gallimard, 1964, pp.237-238.

면에서 메를로-퐁티는 하이데거와 상당한 유사성을 공유한다.61) "막 발생 중인 시간, 눈앞에 보이는 시간, 늘 시간의 관념 '아래에서(sous)' 은밀히 이해되는 시간, 지식의 대상이 아닌 우리들의 존재 차원으로서의 시간"62)을 해명함으로써 그 역시 시간의 '탈자'성을 취하며 주관의 '시간성(la temporalité)'에 도달, '시간의 역설'을 풀어 버린다. "시간을 의식의 소여로 생각하지 말고, 의식이 시간을 펼치고 구성한다고 생각할 것"63)을 주장하며, "자신을 통한 '자기-촉발'로서의 시간 안에서 의미와 시간은 하나"64)라는 사실을 입증한다. 마치 하이데

61) 하이데거와 마찬가지로 메를로-퐁티에게도 시간을 주제화해 주/객관적으로 다루는 것은 '시간을 상실하는 첩경'이었다. 즉, "객관적인 세계는 너무 빈틈이 없기에 시간이 들어설 여지가 없으며(Le monde objectif est trop plein pour qu'il y ait du temps)", "누구도 참여할 수 없다는 점에서 의식에 내재된 대상으로서의 관념적 시간 역시 '시간이 아닌 시간' 내지 '평균화된 시간'에 불과하다(personne n'y est engagé … Le temps comme objet immanent d'une conscience est un temps nievelé, en d'autres termes n'est plus du temps)." 참된 시간은 "사물로부터 '철수해(se retirer)' 단지 주관성의 차원으로서만 나타날 수 있는 것"이기에 "우리는 우리 자신이 과거와 현재와 미래가 될 때 시간의 어떤 무엇[의미]에 접할 수 있다." M. Merleau-Ponty, *Phénoménologie de la Perception*, Paris: Gallimard, 1945[이하 PP로 약칭함], pp.471-474, p.492. 그런데 이와 연관해 필자는 다른 곳에서 이렇게 말한 바 있다. 즉, "… 하이데거의 시간관에 의존하고 있는 메를로-퐁티의 시간관은 하이데거의 미래 중심적인 (그렇지만 실상은 '과거' 중심적인) 성격에 비해 현재 지향적인 차이가 있으나 사실상 그 두 사람은 (탈자들의 측면에 국한하면) 결론적으로 별 차이가 없다." 송석랑, 『언어와 합리성의 새 차원』, 충남대학교 출판부, 2003, p.80, 각주 130. 그러나 이 책의 원 문장엔 필자의 불찰로 인해 괄호 안의 구절이 빠져 있어 결과적으로 필자의 본의를 제대로 반영하지 못하고 있었기에 차제에 밝힌다.

62) PP, p.475.

63) "Ne disons plus que le temps est une <donnée de la conscience>, dissons plus précisément que la conscience déploie ou constitue le temps." PP, p.474.

64) "Le temps est <affection de soi par soi> … que temps et sens ne font qu'un."[여기에서 앞의 것, 즉 "시간은 자신을 통한 자기촉발"이라는 표현은 칸트가 '심정(das Gemüt)'을 가리키기 위해 썼던 것인데, 훗날 하이데거는 『칸트와 형이상학의 문제』(pp.180-181)에서 "시간은 본질적으로 순수한 자기촉발

거의 '근원적인 시간'이 '현존재의 시간성인 의미'이듯 그에게도 그 '본질의 시간'은 일찍이 클로델이 시적인 비유로써 이야기했던 그대로 "삶의 '의미(le sens)', 즉 사람들이 말하는 '물의 흐름'이나 '문장의 구절' 혹은 '직조된 피륙'이나 '냄새의 감각' 같은 숱한 것들의 '방향(le sens)'과 동일한 것"65)이다.

하이데거가 그랬듯이 메를로-퐁티 또한 시간을 '고립된 지금들의 연속체'['지금-시간']로 보았던 전통의 '주/객'관주의적 인식주관의 '대상적인 시간'관을 극복하며 '주관의 시간성', 즉 '자신에 침투된 시간을 살아가는 주관'의 존재론적 지향성으로써 '시간의 본질'을 새롭게 규명한다. 그들의 '시간'론은 시간이 어떻게 시간성의 형태로 '인간의 실존'[현존재/삶]에 뿌리를 내리고 있는지를 기술하는 데 진력한다. 이로써 '시간성'과 '주관성'을 동일시할 수 있었던 그 두 '시간'론의 의도가 궁극적으로 겨냥했던 것은 종래의 형이상학을 '해체'하고 형이상학을 새로이 '건축'하는 일이었다. 주관성이 시간성이 되고 시간성은 '시간의 의미'가 된다는 점에서, 그리고 이에 따른 '탈자적인 시간으로서의 주체'와 이 주체에게 시간의 의미로서 주어지는

이다(Die Zeit ist ihrem Wesen nach reine Affektion ihrer selbst)."라고 쓰며 이 표현을 시간에 붙여 버렸다]. PP, p.487과 이곳의 각주 1.

65) P. Claudel,『시(詩)의 기술(Art Poétique)』; PP, p.469. 그리고 이 구절들을 끌어 쓴 이유는 p.491. 요컨대, 메를로-퐁티에게 'le sens'에 든 '의미/방향'이라는 이중의 뜻은 <"어떤 거리와 관점으로부터 바라보는 시선의 방향" 속에서 사물과 관계 맺는 '세계-내-존재'로서의 우리의 '의미작용(la signification)'>을 통해 '주관성'과 '시간성'과 '의미'가 동일화되는 사태를 함축한다. 한편, '주관성'과 '시간성'과 '의미'의 등가성은 하이데거에서도 나타난 것이었는데, 이는 그들이 철학과 시(예술)의 경계를, 적어도 진리 폭로라는 <'언어' 혹은 '사유'의 표현> 측면에서, 지워 버린 이유가 된다. 그러니까, 하이데거와 메를로-퐁티에서 나타나는 '시(예술)와 언어에 대한 철학적 사유'의 새로움은 '시간'론으로서의 '주체'론 위에 세워진 새 형이상학에 상응하는 것이라 할 수 있다. '언어'와 '시(예술)'에 대한 이들의 철학적 입장은 송석랑,『언어와 합리성의 새 차원』, pp.101-150.

'사물의 리얼리티'를 통해 '새로운' 형이상학의 '진리'를 이야기한다는 점에서, 메를로-퐁티는 하이데거와 겉으로 일치한다. 이 외관상의 일치는 물론 이들이 드러낸 시간들의 유사성에서 유래한 것인데, 이 유사성은 예컨대 전자가 『보이는 것과 보이지 않는 것』에서 썼던 "수직성(le vertical)"[66]으로써 압축될 수 있다. 즉, '지금-시간'의 대상적 혹은 객체적인 '평면성'을 벗고 실존의 '탈자적인 시간성'이 누적하는 '깊이의 운두'를 갖는다는 측면에서 그 두 철학자의 시간은 '친족'성을 띤다. 그러나 이 친족성엔 '이상의 부력'과 '현실의 중력'으로 양분된 이면, 즉 '상승의 수직성'과 '하강의 수직성'이 대립하는 차이의 국면이 있다. 이 차이의 두 요소는 그들 각자의 '주체 및 리얼리티'에 각각 '추상의 관념성'과 '구체의 현실성'을 입히며, 그들이 말했던 '형이상학의 진리'가 가리킬 성취와 한계를 달리 빚어낸다. 무엇보다도 <① '주관의 시간성'에 이르는 길>과 <② 그 시간성의 '탈자적인 구조' 및 이 구조에 주어지는 '시간' 또는 '의미'의 초월적 면모> 모두에서 메를로-퐁티의 '시간'론은 '누항(陋巷)을 초탈한 개인'의 삶에 걸린 하이데거의 그것과 차별성을 보이면서, '일상의 개인'들이 어울려 이룰 '우리'의 사회적 삶으로부터 '탈'근대의 혹은 '탈'전통의 '내재적(immanente)'이고 '구체적(concréte)'인 '비(非)'인간성과 역사성을 확보하는 귀결로 향한다.

먼저, ① 메를로-퐁티는 '주관'과 '시간'의 단절을 극복하기 위해 하이데거처럼 '비본래성'으로써 일상의 현실을 살아가는 인간들을 폄하하지 않는다. 그에게 중요한 것은 어디까지나 그 현실의 내부에 존재하는 인간 '개인들의 관계'였기 때문이다. 그에겐 처음부터 '일상의 현실' 자체가 가능성이었다. 따라서 그가 '주관과 시간'의 존재론적 일치를 목도한 곳은 '나'로 인해 '너'에게 혹은 '너'로 인해 '나'에게

---

66) M. Merleau-Ponty, *Le Visible et l'Invisible*, p.325.

내려진 현실의 무게를 비우며 비상하는 '실존적 주관' 내지 '본래적 현존재'의 것으로서 재생된 관념론적 사유의 이해가 아니라, 그 무게를 견디며 감당하는 '실존적 주관'[또는, 그의 고유한 용어를 쓰자면 '야생적인 몸']의 '지각적(perceptif)' 이해였다. "'나'가 세계를 이해하는 일"을 "세계가 '나'를 이해하는 일"로 역전시키며 '나'의 코기토를 세계와 하나로 묶어 놓은 '몸으로서의 주관', 그 '침묵의 로고스'['실존의 로고스' 내지 "생활세계의 로고스(le logos de Lebenswelt)"67)]에 대해 메를로-퐁티는 이렇게 부연한다. "… 구체적으로 파악될 때, 결국 '나'라는 주관은 '이 몸(ce corps-ci)'과 떨어질 수 없는 동시에 '이 세계(ce monde-ci)'와도 분리 불가능한 것이다. 우리가 주관의 심장에서 복원한 존재론적인 세계와 몸은 '이념 속에 있는(en idée)' 세계와 몸이 아니다. 그렇기보다 그것들은 각각 '전면적인 파악으로써 압축된 세계 자신'과, '인식하는 몸으로서의 몸 자신'이다."68) '주관으로서의 나'와 '몸으로서의 나', 그리고 '이 세계'는 동일한 존재론적 구조물이므로, '물질성이 누락된 정신의 연장으로서의 세계'나 '불가해한 인과관계를 매개로 하여 그와 같은 세계의 정신과 연결된 기계론적인 몸'이라는 것은 애당초 있지 않다. 이러한 사실 위에서 주관은, 마치 다른 인식대상들에 대해서 그러한 것처럼, 내내 '구체적인 이 세계의 한계 안에서' 시간과 하나로 얽힌 일종의 "살(la chair)"69)로서 거듭나며 "글자 그대로 '우리의 삶의 의미(le sens de notre vie)'가 되는 시간"70)의 시간성을 복원하게 된다.

그리고 ② '시간과 섞인 주관'의 '이 세계'와의 단단한 결속력으로 인해 메를로-퐁티가 취한 '탈자들'로서의 시간, 즉 '과거와 현재와 미

---

67) 같은 책, p.221.

68) PP, p.467.

69) M. Merleau-Ponty, *Le Visible et l'Invisible*, pp.302-304.

70) PP, p.492.

래'는 하이데거의 그것들과는 달리 '옛 과거'가 아니라 '새로운 현재'를 기점으로 발산하고 수렴한다. 그가 말하는 '새로운 현재'란 "미래로부터 현재로의, 그리고 '낡은' 혹은 '이전의(ancien)' 현재로부터 과거로의 '이행(le passage)' "71)을 뜻하며, 이는 '현재'라는 <과거와 미래 양쪽으로 개방된 '예측과 기억'의 '장(場)'> 속에서 우리의 과거와 미래가 현전한다는 사실을 함축한다. 이때의 '장'은 하이데거에서처럼 " '나'의 지금뿐 아니라 오늘과 금년을 지나 '나'의 생 전체로 확산하는 '이 순간(cet instant)'의 현재"로서 명명될 것이지만, 그러나 그것은 '불러내야 할 과거의 어떤 이상'에 복무하는 자리가 아니라 '때마다의 생생한 삶의 과정'에 복무하는 자리다. 이러한 '현재' 혹은 '현전의 장(le champ de présence)' 안에서 "과거와 미래 쪽으로 '나(je)'가 뻗어 들어갈 때 비로소 과거와 미래라는 것이 분출한다."72) 랭거는 '현재의 우위성'이 승인된 탈자들의 이 전개 양상을 해독하고는 그 모습을 다음처럼 재구성했다. 즉, "우리가 '현전의 장'으로 복귀할 때, 현재와 미래가 과거의 힘에 밀려가는 것이 아님을 알게 된다. 오히려 그와는 달리 우리 자신의 경험을 참조하는 가운데 미래가 현재와 과거로 미끄러져 들어간다는 것과, 그리하여 이전의 미래의 지평은 폐쇄되고 이전의 방금 지나간 과거는 더 멀어지는 사실을 알게 된다."73) 이와 같은 현상은 '통속적인 시간'의 이미지가 표상된

71) PP, p.479.

72) "Un passé et un avenir jaillissent quand je m'étends vers eux." PP, p.481.

73) Monika M. Langer, *Merleau-Ponty's Phenomenology of Perception: A guide and commentary*, London: Macmillan, 1989. 서우석 외 옮김, 『메를로-뽕띠의 지각의 현상학』, 청하, 1997, pp.200-201. 인용문은, <우리가 시간적 차원들의 상호관계를 배우게 되는 것은 우리의 '현전의 장' 안에서라는 메를로-퐁티의 생각>에 대한 다음의 숙지된 이해에 따른 것이다. 즉, "예컨대 우리가 몇 년 전에 일어났던 일을 상기할 때, 우리는 그 사건에 대한 관념이나 이미지를 불러들이는 것이 아니다. 그 상기를 통해 우리는 오히려 시간을 재(再)개방한다. 그리고는 그 사이에 놓인 세월의 사슬을 통해서 우리 자신을 그 사건이 '우리

시간의 두 흐름 중 나머지 하나인 <과거 ← 현재 ← 미래>의 근거를, 그 흐름의 방향이 외적으로 일치한다는 점에서 그렇지 않았던 '하이데거의 경우'['통속적인 시간'을 표상한 또 하나의 이미지(<과거 → 현재 → 미래>)에 근거를 제공해 주었던 하이데거에 있어서, 그 근거가 되는 시간에는 '순환성의 흐름'이 있었다]와는 달리, 직접적으로 제공한다. 그러나 물론 이 근거의 흐름에도 역시 '내적 상태들'이나 '외적 사건들'이 빚는 연쇄의 방향은 들어 있지 않다. 그것은 연쇄이되, '맞물려 있는 현전의 장'들의 연쇄다. 그렇게 말할 수 있는 것은 미래, 현재, 과거를 각각 "임박한 현재인 동시에 곧 될 과거", "임박한 과거이자 최근의 미래", 그리고 "이전의 미래이며 또한 최근의 현재"74) 등으로 풀어쓰기가 성립하기 때문이다. '현재의 우위성' 위에서 자신을 '내보이는' 시간의 이러한 모습을 메를로-퐁티는 <"줄지어 발생하는 현재의 순간들"을 가리키는 지평선, "차후에 오는 현재의 순간들"의 위치에서 파악된 "'동일한 현재의 순간들의 '음영들(die Abschattungen)' "을 가리키는 사선들, "하나의 동일한 현재의 순간"에서 파생된 음영들을 가리키는 수직선들>을 조합하여 그린 <도표>로써 표상한 후에 "시간이란 하나의 줄이 아니라, [현재로부터 뻗어난] 지향성들의 망"과 같은 것임을 강조한다.75)

의 현전의 장'의 일부였던 바로 그 시간으로 되가져간다. 그리고 보면, 그 자체로 그 '장'은 자신의 미래의 지평과 '방금 지난(immediate) 과거'의 지평을 갖고 있었다. 하지만 그 이후, 그 미래는 물론 현재가 되었고 그 사건 자체는 '방금 지난 과거'의 일부가 되었으며 그 당시에 '방금 지난 과거'였던 것은 더욱 멀리 떨어지게 되었다. 그런 연후 현재가 되어 버렸던 그 미래는 이제 방금 지난 과거가 되었고, 이러한 연쇄는 계속되었던 것이다."

74) 같은 책, p.202.

75) PP, p.477. [도표] 참조. 이 그림은 후설의 『내적 시간의식의 현상학(Zur Phänomenologie des inneren Zeitbewußtseins)』(p.28)에 나오는 '시간의 도식(das Diagramm der Zeit)'을 메를로-퐁티가 자신의 관점에서 재구성한 것이다. 그리고 '같은 곳'에서 이어 따온 인용문의 '꺾인 괄호' 안의 구절은 필자가 첨가한 것이며, 원문은 다음과 같다. "Le temps n'est pas une ligne, mais un ré-

'지향성'과의 이러한 본질 연관은 그의 시간관이 하이데거의 그것과 일정한 간격을 유지한 채 후설의 현상학에 함께 닿아 있다는 철학사적 맥락을 새삼 환기한다. 이 맥락에 비추어 다시 말하자면, 메를로-퐁티는 후설의 『내적 시간의식의 현상학』에서 언급된 '지향 작용들'['미래지향(die Protention)'과 '과거지향(die Retention)']을 하이데거의 『존재와 시간』에 분석된 '현존재의 초월성'을 검토하는 가운데 더욱 진전시킴으로써 시간을 <미래와 과거로 이행하는 존재론적 주관의 '현재' 위에서 펼쳐지는 '시간성'에 주어진 것>으로서 만든다. 예컨대, 다음 언명은 바로 그러한 '시간성'을 겨냥한 것이었다.

"후설의 용어를 빌려 말하자면, '어떤 대상에 대해 단정'하거나 '지성적인 기억을 갖고서 그 대상을 하나의 관념으로 전환'하는 의식의 '작용 지향성(l'intentionnalité d'acte)' 아래에서 이 지향성을 가능하게 해주는 것, 즉 하이데거가 '초월성'이라 달리 일컬었던 '작동하는(opérante) 지향성'을 우리는 '재인식'해야 한다."[76]

이 '재인식'을 통해, 메를로-퐁티가 하이데거를 참조하며 후설로부터 읽어 낸 것은 두 가지였다. 즉 <연속하는 현재의 순간들 아래로 떨어지는 일련의 '음영들'에 대한 '지적인 종합(la synthèse intellectuelle)'의 인식론적 초월성[후설 전기의 선험적 현상학의 관념론적 태도의 초월성을 포함해서]을 갖는 이상 우리는 겨우 시간성을 무릅쓴 '시간의 인위적인 혹은 파생적인 통일성'을 주장할 수 있을 뿐이며, 따라서 결코 진정한 과거와 미래를 가질 수 없다는 사실>, 그리고 <단지 '지적인 종합'의 깊이에 그것의 가능조건으로서 놓여 있는 '존재론적' 토대의 '현재'로부터 돋는 주관의 '지향성' 내지 '초월성'

---

seau d'intentionnalités."
76) PP, p.478. "작동하는 지향성(une intentionnalité opérante)"은 후설의 "die fungierende Intentionalität"을 이른다.

을 통해 '과거와 미래' 자체와 관계할 때, 그때서야 비로소 우리는 "시간의 자연적인 혹은 근원적인 통일성"[77])을 주장할 수 있다는 사실>이 그것들이다. 따지고 보면, 이른바 후설 후기의 '생활세계 현상학'에 나타났던 '시간의 수동적 종합(la 'synthèse passive' du temps)'을 하이데거의 '시간의 탈자성(脫自性)'을 나름의 논리로 흡입함으로써 심화시킨 메를로-퐁티의 '시간성'은 그 두 철학자들의 '시간성'과 함께 적어도 '현재에서 뻗는 지향성'의 초월적 측면에서 동일하다. 그러니까 그의 시간성이 '현재의 우위성'을 띤다고 했을 때, 이는 단순히 '현재의 개방성'만을 가리켰던 것은 아니다. 그 우위성의 요체는 현재에서 과거와 미래로 열리는 '초월'의 진상(眞相)에 있었다. '현재의 개방성'이되, 후설과 하이데거의 그것은 차례로 <순수의식주관의 능동적 구성작용인 '노에시스'에 바쳐지는 '시간의 수동적 종합>과 <실존주관의 수동적 [『존재와 시간』의 현상학적 입장을 고려하면, 이 '수동적'이라는 말은 이차적인 의미에서 '능동적'이라는 말로 바꿀 수 있다] 개시작용인 '탈(脫)은폐'에 바쳐지는 '시간의 수동적 종합>에 맞물린 것들이다. 하지만 이러한 '현재의 지향적 개방성'들은 결국엔 '대상화된 지금의 우위'[78])와 '이상화된 과거의 우위'로 각각 떨어지게 된다는 점에서 시간의 '인식론적' 관념성과 '존재론적'

---

77) "une unité naturelle et primordiale." PP, p.479.

78) 물론 후설의 경우인데, 이에 대해 한 논자는 하이데거의 비판["시간현상을 의식의 지향적 구조에 입각하여 통찰한 것은 후설이 처음으로 이루어 낸 철학적 기여지만, 후설 자신도 역시 '지금(Jetzt)', '방금(soeben)', '이제 곧(sogleich)'의 부단한 흐름으로 시간을 이해함으로써, 시간문제에 관한 한 근본적으로는 전통적인 시각에 매여 있다." M. Heidegger, *Metaphysische Anfangsgründe der Logik im Ausgang von Leibniz*, GA. Bd. 26, Hrsg. v. Klaus Held, Frankfurt a. M., 1978, p.263]을 참조하여 이렇게 말한다. "… 궁극적으로 후설의 시간이해는 '생생한 지금'을 기점으로 삼아 '더 이상 아닌 지금'과 '아직은 아닌 지금'으로 뻗어 나가는 시간에 관한 통속적인 이해의 차원을 결코 넘어선 것이 아니다." 신상희, 『시간과 존재의 빛』, 한길사, 2000, p.88 및 각주 58.

관념성을 초래한다. "주관으로서의 시간과 시간으로서의 주관"[79]을 주장하고 싶었던, 게다가 이 주장의 내용에 어떠한 '관념성(la idéali-té)'도 들이려 하지 않았던 메를로-퐁티에게 두 선행자의 그 같은 귀결들은 분명 한계였지만, 동시에 미완의 가능성이기도 했다. 그는 하이데거의 존재론적 지향성의 긍정적 일면을 끌어들여 <아직껏 '인식론적 주관'의 능동적 관념성에 묶여 있던 후설의 '시간의 수동적 종합'>을 그 관념성으로부터 풀어 분리한 뒤, 이로써 <후설로부터 하이데거로 흘러든 '시간의 수동적 종합'에 하이데거 자신이 부여했던 '존재론적 주관'의 수동적 관념성>을 극복한다.

현상학의 내적 차이가 반영된 이 분리와 극복 이후의 '지향성'은 '초월성'의 측면에서 다음처럼 달리 말해질 수도 있다: 후설의 '시간의 수동적 종합'에 들어 있던 존재론적 초월의 '능동성과 생활세계 내재성'을 하이데거의 '탈자' 개념을 통해 적극적으로 살려 내고, 그렇게 살려 낸 '능동성과 생활세계 내재성'으로써 하이데거의 '시간의 수동적 종합'에 들어 있던 존재론적 초월의 '수동성[혹은, 이차적인 의미에서의 능동성]과 생활세계 초월성'을 능가한다. '보며 보이는', 그래서 타자와 얽히며 사물로 섞여 드는 '살'로서 호명되었던 '몸'에 대한 고고학적 복원의 열망과 실천이 있었기에 가능했던 이 성취로써 메를로-퐁티는 "전적으로 능동적인 동시에 전적으로 수동적인"[80] '시간화(la temporalisation)'의 새로운 '존재론적 초월성'과 이 '내재적인' 초월성이 펼치는 '객관적 혹은 사회적' 세계성이라는 경지에 진입한다. 그리고는 시간성을 '사물과의 사실적이고 적극적인 경험관계를 맺고 생활세계를 살아가는 인간'의 본질로서 만든다. 물론, 존재

---

79) "le temps comme sujet et le sujet comme temps." PP, p.483.

80) "tout actifs et tout passifs." PP, p.489. 부연하자면, 다음과 같이 달리 이야기할 수 있다, 즉, 시간화가 "능동적인 동시에 수동적"인 까닭은, 시간화가 "시간의 분출(nous sommes le surgissement du temps)"(같은 곳)인 동시에 '스스로 시간을 투사'하는 인간 주관의 '시간성'에 다름 아니기 때문이다.

론적인 '지향성 내지 초월성'에 입각한 시간화의 그 양면성[능동성과 수동성]이 '객관적 또는 사회적'인 세계성과 겹치는 것은 '우연'이 아니었다. 거기에는 그가 예컨대 "시간을 자발성에서 연역해 낼 수는 없으므로 … 차라리 시간이 우리의 자발성의 척도이자 토대가 되는 것이 옳다."[81])라고 주장하며 그 시간화의 '능동성' 이면에 존재하는 '수동성'을 가리켰을 때, 이 '수동성'이 " '낯선 리얼리티를 받아들이는 우리의 수용'이나 '외부가 우리에게 끼치는 인과적 작용'을 뜻하는 것이 아니라, '우리들 각자의 실존에 앞서 이미 주어진 것'으로서 '우리들 각자에게 영원히 반복되는 동시에 우리들 각자의 자신을 구성'하는 '하나의 에워싸임' 및 '어떤 상황에 속해 있음(un être en si-tuation)' "[82])을 뜻한다는 사실에 응축된 '필연'의 까닭이 있었다. 메를로-퐁티는 존재론적인 '지향성 내지 초월성'으로부터 도출된 '우리들 주관 각자의 시간성'에 유입한 객관적, 아니면 사회적 세계성에 대해 『지각의 현상학』의 '시간'론 말미에서 이렇게 썼다.

"[나와 타자의] 두 시간성은 그러나 두 의식에서처럼 서로를 배척하지 않는다. 왜냐하면, 그것들 각자는 현재에서 스스로를 '투사(le projet)'하는 중에 서로 얽힐 수 있는 곳에서만 자신을 인식하기 때문이다. '나의 생생한 현재(mon présent vivant)'가 더 이상 내가 살지도 않는 과거에 대해 열리는 한편, 아직 내가 살지 않은 (어쩌면 끝내 살지 못할지도 모를) 미래를 향해 열리는 것처럼 그 '생생한 현재'는 또한 '내가 살지 않는(je ne vis pas)' 시간성들 쪽으로 열리며 '하나의 사회적 지평(un ho-rizon social)'을 획득할 수 있게 된다. 그리고 이로써 나의 세계는 나의 '개인적 실존'이 취하고 진행하는 '집단적인 역사(l'histoire collective)'의 차원으로 확장되는 것임이 밝혀진다."[83])

---

81) PP, p.489. "Il ne peut donc pas être question de déduire le temps de la spontanéité. … mais au contraire le temps est le fondement et la mesure de notre spontanéité."
82) PP, p.488.

이러한 '시간성'은 무엇보다도 실존적으로 투사하며 '세계'를 살아 갈 뿐 아니라 "추상적으로 고안되지도 않은 인간 개인", 따라서 일상 의 굴레를 절단하지 않는 "인간 개인의 주관이 갖는 구조의 본질적 양상"[84]일 것이지만, 여기에 그치지 않는다. 그것은 <'나'가 선택할 수 없는 선험적 조건으로서의 생활세계 내재성 및 이에 따른 수동성> 과 <이 내재적인 수동성에 조건지어진 '탈자'적 자유로서의 능동적 지향의 존재론적 초월성>을 '사회적이라는 의미에서 객관적'인 세계 성의 끈으로 일괄(一括)한다. 그리고는 '각자의 경계를 허물어 버릴 우리'가, 즉 '몸'으로 꿰인 '나'와 '타자'가 '상호주관성(une inter-subjectivité)'으로써 꾸며 낼[85] 세계와 역사의 크기로 늘어난다. "우 리가 중심이 되는 것은 언제나 현재 안에서이며, 우리의 '결단들(les décisions)'은 그런 현재로부터 나오는 것"[86]이라는 문장으로 압축할 수 있는 메를로-퐁티의 '현재의 우위성'은 그러므로 '몸의 두께와 깊 이'에 상응하는 '구체적 현실성'과 맞갖은 말이 된다. 때문에 비록 '통속적 시간'의 두 이미지 중 <과거 ← 현재 ← 미래>의 흐름에 근거 를 제공하는 것이 그의 '시간성'이라 해도 여기에는, 적어도 이론상 으로는, 미래의 어딘가에서 '오고 있을지도 모를' [혹은, 올 것이라고 미리 규정된] 사악한 질서나 허황된 희망의 시간에 대한 두려움이나 도취의 근원은 없다. 있다면 '현재', 그 '현전의 장' 속에서 모험을 하 듯 자기실존의 우연성과 끝없이 조우하며 '과거'와 '미래' 속으로 미 끄러져 들어가 이것들의 의미를 '수동적인 능동'의 변증법으로써 '종 합하는'[87] <'몸'이 된 시간으로서의 인간>의 수고가 있다. '돌아갈

83) PP, p.495.

84) P. Ynhui, *Being and Meaning in Merleau-Ponty: An ontological interpre- tation of the concept of expression in the philosophy of Merleau-Ponty*, Seoul: Pankorea Book Co., 1981, pp.133-139.

85) PP, vii.

86) PP, p.489.

곳'은 물론이고 '기다릴 것'도 없을 그 시간은 "여정을 미리 가늠할 '지도(la carte)' 한 장 없는 '현재'의 제한된 조망"[88]을 좇을 따름인 시간이다. 아마도 이 시간은 우리의 한 작가가 이야기했던 "세계가 다 타향처럼 느껴지는 사람"[89]의 시간, 그 '유랑의 시간'일 것이다.

"[일상의 삶이 요구하는] 해방의 시간적 토대는 언제나 '살아 있는 현재'이며, '어제와 내일'의 해방은 해방 자체가 아니라 해방에 대한 기억과 기대일 뿐"[90]이라는 지적의 온당함에도 불구하고, 우리는 '과거와 미래'의 해방에 대한 '기억과 기대'의 유혹을 떨쳐 내기 어렵다. 그러나 아무래도 일상의 삶을 해방으로 이끌 건강한 길의 입구는 '과거의 기억으로부터 미래를 구출하고, 미래의 기대로부터 과거를 구출하는' 일이다. 이 입구를 통해 그 길로 들어설 경우 우리가 취하게 될 것은 해방을 향한 '현재'의 '갈구와 모색'일 것이지만, 문제는 <과거와 미래의 실재를 환상 쪽으로 몰아붙이며 현재의 순간에 매몰하는 유아론적 주관>과 <세속을 초월하고 개체를 제압하는 사유로써 시간을 표상하는 형이상학의 주관>의 두 덫이다. 메를로-퐁티의 "탈자적인 시간성으로서의 인간 주관성"과 이 주관성의 "능동 = 수동"[91]성은 그 덫들을 제거할 논리의 '양(兩)날'이었다. 물론, 무심히 생각하면,

---

87) '실존의 우연성'에 달려 있다 했으니 이 '변증법적 종합'은 종말을 뜻하지 않는다. 그의 변증법은 "다양성과 모호성을 감수하는 '초(超)변증법(l'hyperdialectique)'이다." M. Merleau-Ponty, *Le Visible et l'Invisible*, p.318. 예를 들어 말하자면, "메를로-퐁티가 그렇게 믿듯이, 예컨대 죽음에 대한 '나'의 모든 경험들이 죽음에 대한 예전의 '첫 경험 자체'를 포함하되 늘 다른 조망 속에서 포함하는 것처럼 '시간성의 경험(the experience of temporality)'은 동일화의 종합이 내줄 '절정(climax)'에 도달할 수 없다." P. Ynhui, *Being and Meaning in Merleau-Ponty*, p.140.

88) M. Merleau-Ponty, *Les Aventures de la Dialectique*, Paris: Gallimard, 1955, p.13.

89) 은희경, 『비밀과 거짓말』, 문학동네, 2005, p.148.

90) L. E. Wolcher, *Time's Language*, p.235.

91) "Activité = passivité" M. Merleau-Ponty, *Le Visible et l'Invisible*, p.318.

'어제의 해방'과 '내일의 해방'으로써 현재를 해방시킬 수도 있을 듯 싶다. 하지만 그럴 수 있으려면 우선 '해방된' 과거와 '해방된' 미래의 어떤 진리를 '현재'로 끌어와 해방의 무기로 삼아야 할 터인데, 이때의 끌려온 진리는 '인식론적'인 것이든 '존재론적'인 것이든 '추상의 관념성'과 단절할 방도가 없다. 이러한 사태는 거꾸로 다음의 사실을 입증한다. 즉, <'완료된 이념'의 형태로서 미리 가정된 '있어 왔던 혹은 있어야 할' 해방의 진리>가 아니라 <현재의 '구체적 현실'에서 막 탄생하는 해방의 진리>에 부단히 천착할 때 우리는 '더 나은' 삶을 맞이할 수 있게 된다. 그의 '시간'론은 달리 보면 바로 이 사실이 가리키는 진리를 옹호해 줄 '새 형이상학의 전제', 곧 '새 주체론의 토대'였다. '시간'론이 '주체'론의 토대이기는 어느 철학자에게든 다 마찬가지겠지만, 시간에 대한 더욱 섬세한 '현상학적 기술'을 통해 '주관성의 존재론적 본질'을 구체의 현실에 뿌리내린 시간성으로서 해명하고는 '초월의 숙명'에 멍에처럼 들러붙던 '인간주의적 추상의 관념성'을 자신 이전의 누구보다도 더 멀리 내던졌다는 점에서 분명 그는 달랐다. 그의 '시간'론은 요컨대, 전통 형이상학의 주체에 밴 '인식론적 추상의 관념성'을 훌쩍 넘고는 '예전의' 현상학적 형이상학의 주체에 밴 '존재론적 추상의 관념성'까지 마저 넘어섬으로써 현상학적 형이상학의 '새 주체'를 확보하게 된다. 자신의 고유한 주관성인 시간성을 통해 '시간'과 '의미'와 일체가 된 이 '주체' 위에 건축될 '새 형이상학'은 흡사 하이데거의 그것이 그러하듯 <그때마다 '시간의 의미'로서 주어질 '사물의 리얼리티'[l'Être]를 역사적 진리로서 부단히 드러낼 것>을 주장할 것이다. '하이데거에 착안해 후설을 보충한 성취'로써 펼쳐진 메를로-퐁티의 '시간'론에서 비롯된 이 형이상학의 '진리'는 그러나 이질의 주체, 즉 <'초월의 문제'를 '존재론적 구체의 현실성'[현상학적 견지에서 말하자면, '생활세계 내재성']의 '깊이'에 상응하는 "이 현재의 두께 안에서(dans l'épaisseur du présent)"[92] 풀어 버리며 '본래의 이상적 시간'이 아니라 '일상의 사회적 시간'을 끌어안은 채 '우리'의 '상대적 보편성'을 확보할 주체>의 것이라는 점에서 하이데거의 그것을 추월한다.

이 추월성은 예컨대, 앞에서 읽었던 시인 발레리의 구절["나는 아프다. … 내 시간이 아프다."]에 대한 해석의 차이로써 부연될 수 있다. 메를로-퐁티의 눈으로 다시 보면, 시인의 그 구절이 가리킬 '시간'은 하이데거의 자리에서 보았을 때와는 달리 '일상의 야만'에 대한 파괴력을 함축한 것으로서 읽힐 것이기 때문이다. 물론, 시간을 '나'[주체]의 '아픔'과 동일화하여 '아픈 의미'로서의 '아픈 진리'를 표현했다는 사실의 외형은 여기서도 다르지 않다. 해석의 다름은 그러니까 이 외형 이면에 있을 내용, 즉 <어떤 상처의 시간에서 유래했을 시인의 '아픈 의미' 혹은 '아픈 진리'가 일상을 살아가는 우리의 사회[나아가, 역사]와 단절된 실존 개인의 '극적인 자기수정'을 부르는 곳에서 멈추지 않는다는 것>에 있다. " '타자(ein Anderer)'가 목전에서 현전되거나 인지되지 않는 결여의 상황 역시 현존재의 '함께 있음'을 실존론적으로 규정하므로 '현존재의 고립(das Alleinsein des Daseins)' 또한 '세계-내'에서 타자와 '함께 있음'을 … 표시하는 역설의 현상"[93]이라는 하이데거의 말이 비록 있었다고 하더라도 이러한 해석의 상이함은 변하지 않는다. '고립의 가능조건으로서의 타자'와 '나'의 관계를 승인하고 있는 그 말의 진의를 고려할 경우, 결국 '함께 있음'은 일상의 시간을 초월한 '고유한 존재 가능성의 시간'에서나 존재할 타자성과 짝하게 될 것이기에 그러하다. 슬픔이 힘으로 바뀌되 '실제의 힘'으로 바뀌는 '희망'의 역설은 '나'의 일상의 아픔이 '너'의 일상의 아픔으로 통하게 될 그런 시간의 의미에서나 가능하다는 점을 생각할 때, 중요한 것은 <'나의 고립'의 가능조건으로서의

---

92) PP, p.495.
93) SZ, p.120.

타자>가 아니라 <타자의 가능조건으로서의 '나의 고립'>이다. 메를로-퐁티가 하이데거를 추월할 수 있었던 까닭도 사실은 이 중요성을 간과하지 않은 그의 태도에 있었으며, 따라서 우리는 다음처럼 말할 수 있다. 즉, '억압과 억압됨'으로 갈라진 '우리'의 욕망구조에서 연유할 좌절의 시간, 가까스로 도달한 하나의 화해로부터 돌연히 솟구칠 회오의 시간, 그리고 하나의 화해를 비웃듯이 이내 억압과 억압됨의 구조에 다시 갇혀 버리는 '우리'의 욕망이 안겨 줄 배반의 시간 … 등등, 시인 발레리의 구절이 보여준 '아픔으로서의 시간'은 그런 것들의 존재론적 흐름에 다름 아니다. 그리고 이런 시간 속에서라면, 그때마다의 '어떤 의미'인 채 '어떤 진리'가 될 <'나'의 '아픔'>은 '이 세계'의 '오늘-여기'에서 벌어지는 현재의 일상 속에서 '우리'가 꾸밀 '구체의 현실'을 반영하지 않을 리 없다. 그렇지 않기는커녕, 역시 하나의 '진리'가 될 그 '아픈 시간'들의 '의미'를 따라 타자로 몰입한 '윤리의 몸'으로써 '자유의 적(la opposition des libertés)'과 맞서 '의식의 투쟁(la lutte des consciences)'을 벌이며[94] 일상의 해방을 실현해 나갈 역사 속의 '나'가 있다.

4. 타자 : 시간의 또 다른 장

주관의 본성으로 작용하는 '시간성'은 주체의 '타자'성을 가리킨다. 시간성의 '탈자'적인 뻗침이 "자신 밖의 지시대상들을 겨냥한 주관성"[95]의 '초월적인' 혹은 '지향적인' 운동을 함축하고 있기 때문이다.

---

94) M. Merleau-Ponty, *Sens et Nonsens*, p.120.

95) H. Spiegelberg, *The Phenomenological Movement*, The Hague & Boston & London: Martinus Nijhoff Publishers, 1982, p.567. 다음 구절들을 참조했다. 즉 "This ecstatic outreaching of temporality makes possible not only sub-jectivity but also 'sense' and 'reason', as they imply the movement toward referents other than themselves." 여기서 '감각'과 '이성'은 메를로-퐁티의 '시

'현재의 순간'들 위에서 '이미 지나간 과거'와 '아직 오지 않은 미래' 쪽으로 자기 안의 출구를 열어젖히며 시간을 분출하듯, '나'는 손수 겪지 못한 <'너'의 시간, '너'의 의미>로 자신을 개방할 수 있다. '주관의 시간성'을 주장하고 있는 이상 누구라도 이러한 사실을 메를로-퐁티와 함께, 물론 그 개방성의 내막에 든 차이들이 별도의 문제로 남겨지겠지만, 공유할 수 있다. 따라서 만일 앞뒤의 정황을 치우고 볼 경우 그의 다음 문구, 즉 "주관성은 '부동의 자기 동일성'이 결코 아니다. 주관성으로 존재하기 위하여 '자신을 타자 쪽으로 열어서 (s'ouvrir à un Autre)' '자신 밖으로 빠져나가는 것'이야말로 시간의 속성이자 주관성의 본질이다."[96]라는 표현은 하이데거의 다음 표현과 별 저항 없이 인과의 고리로 엮인다. 즉, "주관이 실존하는 현존재로서 존재론적으로 파악되고 이 현존재의 존재가 시간성 안에서 '정초된(gründet)' 것이라면 세계는 '주관적인 것'이지 않을 수 없지만, 이때의 주관적인 세계는 '시간적-초월'적인 세계인 까닭에 오히려 가능한 어떤 객체보다 더 객관적이다."[97] 그러나 치웠던 전후의 정황을 꺼내어 함께 읽으면 그들 각자가 자신의 '시간'론에서 규명하고 있는 <'시간성과 주관성과 의미', 그리고 이것들에 근거한 형이상학의 '비(非)'인간주의적 '주체와 리얼리티와 진리'>들 사이에 놓여 있던 틈이 그 두 표현을 가른다. '타자를 향한 개방'[혹은, '타자'성]의 이질성을 결정짓는 두 요체, 즉 <이상적인 본래의 존재로 비상하는 하이데거의 '시간-초월'성>과 <현실적인 일상의 존재 아래로 파고드는 메를로-퐁티의 '시간-초월'성>이 등지며 대립한다.

전통의 관념성을 압도하는 '시간'론 위에 설립된 '현상학적 형이상

간성'에 맞갖은 '주체성'의 다른 측면들로서 각각 '방향으로서의 의미'와 '새로운 로고스로서의 지각'에 상응한다.

96) PP, p.487.
97) SZ, p.366. 내용 중 <'시간-초월'적인>은 "zeitlich-transzendente."

학'의 '존재론적 주체'에 더 단단한 '타자'성[바꿔 쓰면, 더 단단한 '시간-초월'성]을 부여함으로써 그것의 관념성까지 넘어섰던, 하여 더욱 '진정한' 혹은 더욱 '어떤 객체보다 더 객관적인' 주체의 리얼리티를 통해 건강한 형이상학의 진리를 이야기했던 이는 물론 후자였다. 하지만 그렇다고 해서 메를로-퐁티의 '현상학적 형이상학'의 '존재론적 주체'가 전통과 말끔히 단절한 것은 아니다. 모든 현상학자들의 철학이 그렇듯 그의 철학 역시 ─ 분명 그들의 경우와 현격한 정도의 차이를 보이긴 하지만 ─ "비인간적인 경험을 무시하거나 구조 밖에 있을 인식의 자리를 가정함으로써 … 실제의 '차이'와 '생성'을 어떤 근거나 기초 안에, 언어의 구조나 경험 안에 가두었다."98)는 말로부터 온전히 자유롭지 못하며, 따라서 그의 '현상학적 형이상학'이 말하는 '존재론적 주체' 또한 <사실은 [비록 후설과 하이데거의 '현상학적 형이상학'에 각각 내재해 있던 인식론적 주체의 관념성과 존재론적 주체의 관념성에서보다 훨씬 옅어진 것이기는 하지만] 여전히 전통 형이상학의 '인간주의적 초월'을 반복하고 '추상의 관념성'을 재생산하고 있다>는 비판을 피하기가 어려울 것이기 때문이다. 후설이나 하이데거도 가졌던, 그러나 메를로-퐁티가 한결 약화시켜 놓은 이 한계는 "거의 끊어질 듯 팽팽하게 당기는 '타자의 원심력'을 참아낼 '주체의 구심력'과 맞바꿔진 것"99)이라는 점에서 그의 문제에 그치지 않는다. 그것은 근대에서 집약된 '전통의 형이상학' 밖에 있을 '새 형이상학'의 진리를 위해 '탈'근대의 더 나은 '비인간주의'와 '역사성'을 확보하려 애쓰는 현대철학에서도 여전히 유효한 문제로 살아

─────────────

98) '비인간적인 경험(inhuman experience)'은 동물이나 비유기체적인 삶, 그리고 "심지어 우리가 지금 그것에 대한 '이미지조차' 갖고 있지 않은 미래"[Claire Colebrook, *Gilles Deleuze*, London: Routledge, 2002. 백민정 옮김, 『질 들뢰즈』, 태학사, 2004, p.13] 등의 경험과 같은 '주체 이전의' 경험을 의미한다.
99) 송석랑, 「지성의 감각, 감각의 지성: 메를로-퐁띠의 세잔論과 탈근대의 진리」, 『동서철학연구』 제39호, 2006, p.278.

있다. 그가 남긴 문제의 요체는 결국 '주체의 동일성'으로부터 '타자의 차이성'을 구출하는 방법일 것인데, 정말이지 이는 분명 아직 온전히 풀리지 않은 우리의 난제다. 만일 이 난제의 출로가 오직 주체를 해체하고 타자의 세계로 편입하는 길 하나뿐이라면, 우리는 우리의 삶과 역사가 '차이의 시간' 혹은 '차이의 의미' 속에서 흩어지거나 표류하는 사태에 직면할 것이다. 그러니, 그것을 불사하겠다면 몰라도 그렇지 않은 한, 우리는 이렇게 채문해야 한다. 타자의 '타자'성을 지우지 않고 타자와 섞이되, 구체의 현실에 묶인 주체는 어떤 것인가?

이 물음을 좇는 일은 적어도 다음의 사실, 즉 <실존 역시 어쨌든 하나의 주체인 이상 "에고이즘에서 발생한 동일자"[100]의 하나일 수밖에 없으며, 따라서 이제 관건은 '타자로 흘러드는 주체'가 아니라 '타자로부터 흘러나온 주체'의 타자성이다>로부터 출발해야 한다. 그렇다면, "시간(에 대한 사색)은 모든 형이상학의 전제"라 했던 바슐라르의 말은 이 자리에서도 타당할 터이므로, 문제의 해소를 위해 우리가 규명해야 할 사항은 '타자의 시간'을 사는 주체가 될 것이다. 그러나 이 경우 막상 중요한 것은 주체의 '주관성'에 '시간성'으로 수신(受信)될 '타자의 시간'이 '어떤 타자'의 시간인지를 따져 밝히는 추궁의 수고다. 만일 누군가 <여전히 주체의 '앞에 놓여 있는' 타자>에 몰입한다면, 그는 '역방향으로 되살아난' 동일화에 직면할 것이기에 그러하다. '타자'[이것이 '윤리의 존재'(레비나스)이든 '욕망의 존재'(라캉)이든]가 내리는 '추상적 관념의 시간'을 살게 될 '비인간주의적 주체'의 존재론적 초월을 허락해야만 할 이 국면에선 하이데거의 추상적 관념성을 극단화하거나 세속화할 수는 있어도 '우리의 문제'가 된 메를로-퐁티의 문제를 해소할 수는 없다. 타자는 분명 시간의 '또 다른 장'일 것이지만, 과연 그곳이 '구체의 현실성'과 짝하는 '존재론

---

100) H. Spiegelberg, *The Phenomenological Movement*, p.620.

적 초월'의 자리, 다시 말해 그의 것이 지양된 진정한 '수동 = 능동 (l'activité = la passivité)'의 자리가 되려면 무엇보다도 주체'의' 타자를 딛고 나가야 한다. 그럴 때 우리는 타자로 열린 '주체의 타자'나 주체로 열린 '주체의 타자'보다 더 근원적인 타자, 즉 '주체로서 타자가 되고 타자로서 주체가 되는 타자'의 시간을 접할 수 있을 것이다. 이런 의미에서 예컨대, "타자의 타자(de l'Autre qu'autrui)"[101]를 통해 인간 주관에 '시간 자체의 시간성'을 심어주려 했던 들뢰즈의 "이미지-시간(l'image-temps)"[102]은 우리의 궁지를 깨뜨릴 하나의 유력한 기재가 된다. 그는 '타자(의 타자)의 시간'을 펼치는 주관의 '시간성' 내지 '의미'가 '침묵의 로고스'의 힘을 능가하는 '전혀 다른 로고스'의 힘[또는, 그가 말했던 '리듬-카오스'적인 '감각의 논리'로 '이 세계'와 관계하는 '머리-고기'의 힘[103])]으로써 발생하는 사건을 보여준다. 현상학적 '실존의 로고스'에 흔적처럼 남아 있던 '동일화의 열망'을 표상하는 '존재론적 변증법'을 대신할 이 더 깊은, 아니 더 '세계-내적'인 힘은 말하자면 '주체가 될 타자' 혹은 '타자가 될 주체'에 작용하는 '차이성의 역능(la puissance)'일 것이다. '너'나 '나'의 주관성이 될 '차이들의 시간성' 속에서 흩어져 분출하는 '시간'들, 그 '의미'들이 마치 "소수자가 만인이 되는 것"처럼[104] 때맞게 하나로 모아

101) G. Deleuze, *Logique du Sens*, Paris: Les Editions de Minuit, 1969, tr. M. Lester, *The Logic of Sense*, Columbia University Press, 1990, p.319.

102) G. Deleuze, *Cinéma 2, L'Image-temps*, Paris: Les Editions de Minuit, 1985, tr. H. Tomlinson and R. Galeta, *Cinema 2, The Time-image*, Minneapolis: University of Minnesota Press, 2001, xii.

103) G. Deleuze, *Francis Bacon, Logique de la Sensation*, Paris: Les Éditions de la Différence, 1981, tr. D. W. Smith, *Francis Bacon, The Logic of Sensation*, Minneapolis: University of Minnesota Press, 2003, pp.71-80.

104) "… the minority is 'the becoming of everybody'(devenir de tout le monde)." G. Deleuze and F. Guattari, *Mille plateaux*, tr. B. Massumi, *A Thousand Plateaus*, Minneapolis: University of Minnesota Press, 1987, p.105.

져 오늘의 삶을 '더 나은' 곳으로 끌고 가는 '생성'과 '변이'의 원리
를 그 힘에서 발견할 때, 우리는 '지각의 현상학'을 돌파한 형이상학
의 '주체'와 '리얼리티', 그리고 '진리'에 이미 들어서 있다는 확신을
'언뜻' 가질 수도 있다. 그러나 다른 것은 차치하고 우선 그 힘의 본
질로 지목된 '욕망(le désir)'을 두고 <그것은, '상징체계를 초과하는
실재성'과 '권력을 전복하는 탈주(la fuite)의 생산성' 및 '주체와 타자
모두로부터 벗어난 자율성' 등으로써 '라캉'주의를 넘고 푸코를 보충
한 논리의 산물임에도 불구하고, '지나친 일반화'와 '파괴적인 부정
성'을 간과하고 있다>고 지적되는[105] 사정을 수긍하면, 더 이상 그
확신을 유지할 수가 없게 된다. 때문에 오히려 우리는 이렇게 종합해
야 한다. 즉, 메를로-퐁티가 '지각의 시간현상' 아래로 헤집고 들지
않았던 이유였을 것들에 대한 '논박'[차이성의 창조적 역능]과 '반
증'[욕망의 환원성과 폭력성]이 '우리의 문제'에 선명한 각을 세우며
겹치는 곳, 거기에 '이미지의 시간현상'에 몰두하는 들뢰즈가 있다.
"초월론적 경험론(le empirisme transcedantal)",[106] 그 '시뮬라크르의
현상학'이 있다.

---

105) 예컨대, "들뢰즈의 욕망이론은 두 가지의 근본적인 문제점을 갖고 있다. ①
   욕망이 '무의식적, 성적'인 동시에 '사회적'이라는 견해로부터 모든 '자연적,
   사회적' 과정에 근원적인 성적 에너지를 설정하는 무리한 일반화가 도출된
   다. ② 욕망의 긍정성과 혁명성을 지나치게 강조함으로써 욕망과 권력의 융
   합과 그것이 낳는 파괴적 부정적 효과들을 상당 부분 도외시한다." 김필호,
   「욕망의 사회이론」, 서울사회과학연구소 편, 『탈주의 공간을 위하여』, 푸른
   숲, 1997, p.83.
106) "우리는 감성적인 것 안에서도 오로지 감각할 수밖에 없는 것, 곧 감성적인
   것의 존재 자체를 직접적으로 포착할 수 있다. 그때 경험론은 실로 '초월론
   적' 성격을 띠게 되고 감성론은 완전히 확실한 분과학문이 된다. … 차이들
   로 가득 찬 강렬한 세계, 거기에서 질(質)들은 자신의 이유를 발견하고 감성
   적인 것은 자신의 존재를 발견한다. 그런 강렬한 세계야말로 우월한 경험론
   의 대상이다." G. Deleuze, *Différence et Répétition*, Paris: Presses Universi-
   taires de France, 1989. 김상환 옮김, 『차이와 반복』, 민음사, 2004, p.145.

참고문헌

김필호, 「욕망의 사회이론」, 서울사회과학연구소 편, 『탈주의 공간을 위하여: 들뢰즈와 가타리의 정치적 사유』, 푸른숲, 1997.

소광희, 『시간의 철학적 성찰』, 문예출판사, 2001.

송석랑, 「지성의 감각, 감각의 지성: 메를로-뽕띠의 세잔論과 탈근대의 진리」, 『동서철학연구』 제39호, 2006. 3.

____, 『언어와 합리성의 새 차원』, 충남대학교 출판부, 2003.

신상희, 『시간과 존재의 빛』, 한길사, 2000.

은희경, 『비밀과 거짓말』, 문학동네, 2005.

Bachelard, G., *L'intuition de l'instant*, Paris: Editions Stock, 1992.

Bernasconi, R., *The Question of Language in Heidegger's History of Being*, Atlantic Highlands: Humanities Press Inc, 1985.

Brand, G., *Die Lebenswelt I: Eine Philosophie des konkreten Apriori*, Berlin: Waiter de Gruyter & Co., 1971.

Colebrook, Claire, *Gilles Deleuze*, London: Routledge, 2002. 백민정 옮김, 『질 들뢰즈』, 태학사, 2004.

Deleuze, G., *Logique du Sens*, Paris: Les Editions de Minuit, 1969. tr. M. Lester, *The Logic of Sense*, Columbia University Press, 1990.

____, *Francis Bacon, Logique de la Sensation*, Paris: Les Éditions de la Différence, 1981. tr. D. W. Smith, *Francis Bacon, The Logic of Sensation*, Minneapolis: University of Minnesota Press, 2003.

____, *Mille plateaux*. tr. B. Massumi, *A Thousand Plateaus*, Minneapolis: University of Minnesota Press, 1987.

____, *Différence et Répétition*, Paris: Presses Universitaires de France, 1989. 김상환 옮김, 『차이와 반복』, 민음사, 2004.

____, *Cinéma 2, L'Image-temps*, Paris: Les Editions de Minuit, 1985. tr. H. Tomlinson and R. Galeta, *Cinema 2, The Time-image*, Minneapolis: University of Minnesota Press, 2001.

Gadamer, H.-G., *Wahhrheit und Methode*, Tübingen: Paul Siebeck, 1982.

Heidegger, M., *Sein und Zeit*, Tübingen: Max Niemeyer Verlag, 1972.

_____, *Die Grundprobleme der Phänomeologie*, Frankfurt a. M.: Vittorio Klostermann, 1975.

_____, *Zur Sache des Denkens*, Tübingen: Max Niemeyer, 1976.

_____, *Unterwegs zur Sprache*, Frankfurt a. M.: Vittorio Klostermann, 1959.

Husserl, E., *Zur Phänomenologie des inneren Zeitbewußtseins*, Haag.: Martinus Nijhoff, 1969.

Klein, É., *Le Temps*, Paris: Flammarion, 1995. 박혜영 옮김, 『시간』, 영림카디널, 1997.

Langer, Monika M., *Merleau-Ponty's Phenomenology of Perception: A guide and commentary*, London: Macmillan, 1989. 서우석 외 옮김, 『메를로-뽕띠의 지각의 현상학』, 청하, 1997.

Megill, A., *Prophet of Extremity: Nietzsche, Heidegger, Foucault, Derrida*. 정일준 외 옮김, 『극단의 예언자들』, 새물결, 1996.

Merleau-Ponty, M., *Phénoménologie de la Perception*, Paris: Gallimard, 1945.

_____, *Sens et Nonsens*, Paris: Nagel, 1948.

_____, *Les Aventures de la Dialectique*, Paris: Gallimard, 1955.

_____, *Le Visible et l'Invisible*, Paris: Gallimard, 1964.

Sherover, Charles C. M., *Heidegger, Kant & Time*, Bloomington/London: Indiana University Press, 1971.

Spiegelberg, Herbert, *The Phenomenological Movement*, Boston/London: Martinus Nijhoff Publishers, 1982.

Steiner, G., *Heidegger*, Glasgow: Harvester Press, 1982. 임규정 옮김, 『하이데거』, 지성의 샘, 1996.

Wolcher, L. E., *Time's Language*. 남경태 옮김, 「시간의 언어」, 『시간으로부터의 해방』(*Liberating the Future from the past? Liberating the past from the Future?*), 지인, 2000.

Ynhui, Park, *Being and Meaning in Merleau-Ponty: An ontological interpretation of the concept of expression in the philosophy of Merleau-Ponty*, Seoul: Pankorea Book Co., 1981.

Zimmermann, F., *Einführung in die Existenzphilosophie*, Darmstadt: Wissenschaftliche Buchgesellschaft, 1977.

레비나스 : 주체의 시간과 타자의 시간들

김연숙

1. 서론

우리는 무한히 펼쳐진 공간과 시간 속에 있다는 생각을 할 수도 있을 것이다. 그러나 이것은 부가적 설명이 필요한 부분적 진리일 것이다. 우주공간은 광대할지 몰라도, 실질적으로 우리에게 펼쳐지는 공간은 제한적이다. 시간 또한 마찬가지다. 한도 끝도 없이 그 시원을 알 수 없이 펼쳐져 있을 것 같은 시간이지만 우리에게 주어진 시간은 제한적이다. 오랜 연륜을 자랑하는 지구의 역사는 그 기원을 계산할 수 없을 정도로 오랜 시간을 축적하고 있는 듯하지만, 우리들 각자에게 허용된 시간의 길이는 우리들 각자의 생명의 길이(life)와 일치한다. 그렇다면 어떻게, 무엇에 근거하여, 우리는 기억할 수도 없을 만큼 먼 과거를 상정하고 아직 오지 않은 미래가 무한히 펼쳐질 것이라고 예측하는 것일까? 우리의 존재의 유한성에도 불구하고, 내가 오기 전에도 그리고 내가 사라진 이후에도 무한히 연속될 것으로 생각하는 시간의 줄은 누구를 통해서 이어지는 것이고 어디에 존재하는 것일까? 또한 나의 시간과 다른 이들의 시간은 어떤 방식으로 관련되는 것일까? 마치 경주로에서 함께 달리는 사람들처럼 하나의 공간 속에 우리는 함께 동일한 시간을 동일한 속도로 달리고 있는 것일까? 또한 무심히 생각해 온 대로, 나와 타자의 시간을 마치 하나의 줄로 연결된 것처럼 일련의 연속성을 지닌 것으로 생각해도 무방한 것인가? 나의 시간과 타자의 시간들을 하나의 줄로 이은 것으로 생각할 때, 서로 다른 사람들의 시간을 한 줄로 이어 주는 자는 누구인가? 시간의 신 크로노스인가? 아니면 운명의 여신 파르카(Parque)인가? 아니면 현재를 주관하는 바로 나, 주체인가? 그것이 누구든 이렇게 이어지는 시간성에서 발생하는 문제점은 없는가?

시간에 관한 생각은 오랫동안 철학적 사유의 최종 주제로서 중요하게 다루어져 온 것 같다. 김규영 교수는 그의 『시간론』 말미에서 "고대와 중세는 영원한 존재를 향모하는 시간론을 낳았고, 근세는 자연과학을 전제로 하는 시간론을 구상하였고, 현대는 주체의 의식 속에서 시간론을 추구하였다."고 시간에 관한 서구적 사유 전통을 간명하게 압축적으로 설명하고 있다.[1] 아리스토텔레스는 시간을 운동과 관련하여 분석하여 시간을 '운동의 수'로 설명한다. 플로티노스는 시간의 문제를 영원의 문제에 연결시켜 논의를 진행하며, 시간을 마음 (영혼) 밖에서 파악하려고 하지 않는다. 그는 시간을 마음에서 드러나는 것으로 보아 마음의 작용 및 동작과 그때그때의 시간 차이와 삶의 모습을 통하여 마음과 시간의 불가분의 관계를 해명하고 있다.[2] 근대 이후 시간에 관한 그동안의 논의는 대체로 연대기적 시간이나 아우구스티누스, 베르그송, 후설, 하이데거, 메를로-퐁티 등의 현상학적 시간 개념으로 구분해 볼 수 있을 것이다. 연대기적 시간은 과학의 패러다임이나 일상의 삶에 더 일반적으로 받아들여지는 반면, 현상학적 시간의 개념은 죽음으로 향한 존재(Sein zum Tode)로서의 실

---

1) 김규영, 『시간론』, 서강대학교 출판부, 1987, p.433.
2) 같은 책, p.411.

존적 존재들에 있어서 시간성의 의미를 부여하는 것으로 우리에게 좀 더 익숙하다.

그런데 이런 방식으로 시간을 사유할 때, 시간은 주체에 의해 구성되든지 아니면 익명적이고 중립적인 존재와의 관련성 속에서만 다루어지게 된다. 이와 같은 시간이해에서 가장 문제되는 것은 타자의 시간들이 들어설 곳이 없다는 것이다. 즉 타자의 시간들은 의식적 자아의 표상으로 구성되거나 익명적인 전체의 시간 속으로 무차별적으로 흡수된다. 이런 문제의식으로부터 이 글은 시간이 나와 타자의 삶에 어떤 방식으로 작용하고 의미를 형성하게 되는지, 타자의 시간이 나의 시간에 어떤 방식으로 관여되는지, 나의 시간과 타자의 시간의 관계방식을 레비나스(Emmanuel Levinas)의 『전체성과 무한』과 『존재와 다른 또는 본질의 저편』을 통하여 살펴볼 것이다. 『존재와 다른 또는 본질의 저편』은 그의 시간관을 심층적이면서도 전반적으로 이해하는 데 도움이 되며, 특히 그의 시간관을 중심으로 읽어 갈 때, 감성, 타자를 위한 책임과 같은 그의 윤리학의 핵심 개념들을 심층적으로 이해하는 데도 도움이 되는 측면이 있다. 이 논문의 한계라고도 말할 수 있는 범위의 제한적 설정을 미리 밝혀 둔다면, 죽음과 관련된 시간의 문제를 다음의 연구 주제로 미루어 둔 점이다.

2. 연대기적 시간과 현상학적 시간

일상의 생활에서 우리가 가장 일반적으로 접하고 그리하여 자주 인식하게 되는 시간의 관념은 아마도 연대기적 시간(Chronological Time)의 관념일 것이다. 연대기적 시간은 일반적으로 일련의 문헌이나 사료 등의 기록물에 의거하는 역사의 연대표나 개인의 삶의 주기표 등을 통해 자명한 일련의 시간적 연속물로 우리에게 받아들여져 왔다.

로스(Wolff-Michael Roth)는 연대기적 시간과 현상학적 시간을 구분하면서, 시간의 시간성을 정밀하게 세분하여 설명하고 있다.3) 그는 연대기적 시간까지도 반성의 결과이며, 그러한 것으로서 현재로부터의 사유였다고 주장한다. 연대기적 시간이 객관적 경험과 연관되고, 통상 동시적으로 발생하지 않은 대상과 사태들을 동시적으로 현재화하는 능력으로부터 발생한다는 측면에서다. 여기서 우리가 주목할 점은 연대기적 시간까지도 주체의 현재에 의한 재현을 통해 구성된다는 점일 것이다.

연대기적 시간에서 현재는 단지 미래와 과거 사이의 무한소의 순간이다. 지금의 무한한 연결은 시작과 끝이 없다. 물리학의 구조로서, 연대기적 시간은 선 위의 한 점으로서, 조작될 수 있는 한 변수로서 재현될 수 있다. 이와 같은 것으로서 연대기적 시간은 우리에게 외재적인 시간의 한 표현이다. 그것은 계산(수업 계획), 순간의 표시(수업의 시작과 끝을 알리는 종소리), 날짜, 측정(활동시간에 쓸 시간의 계산) 등에 사용되는 시간이다.

연대기적 시간의 구조는 또한 다른 시간에 일어난 사건들을 동시적으로 재-현한다. 이런 방식에서 연대기적 시간은 과거, 현재, 미래의 측면들 사이를 현재 속에 동시적으로 주어진, 그리고 논리적으로 연결된 구성으로 만든다. 이런 의미에서 이 양식은 실제로는 결코 동시적으로 발생할 수 없는 대상과 사건들의 동시적 현존을 요구하는 이론화를 가능하게 한다. 하나의 시간양식과 결합된 경험과학은 인간의 총체적 경험으로부터 현재 속에서 동시적으로 나타나도록 만들 수 있는 측면들만을, 즉 재-현될 수 있는 측면들만을 포획한다. 그 속성상 연대기적 시간성에서는 모든 사건들이 일렬로 정돈될 수 있지만, 동시화할 수 없는 삶의 측면들을 동시화하는 것에는 반드시 무리

---

3) Wolff-Michael Roth, *Being and Becoming in the Classroom*, Ablex publishing, 2002. ch.1. p.14.

함이 따를 것이다. 인위적으로 조작되는 연속적 시간의 선상에는 누군가에 의한 개입이 불가피해진다. 이 문제에 관해서는 뒤에서 다시 다루어진다.

연대기적 시간과 대조되는 현상학적 시간(Phenomenological Time)에 대하여 로스는 순간의 경험과 관련시켜 설명한다. 현상학적 시간의 감각적 특징은 지속적인 비가역적 흐름 속에 기입되는 순간의 '지속'이다. 현상학적 시간의 사유를 가능하게 한 계기로서 지속의 개념은 베르그송의 시간이해로부터 조명되었다고 볼 수 있을 것이다. 아인슈타인과의 시간논쟁으로 유명할 뿐만 아니라 레비나스도 격찬한 그의 시간론의 핵심 개념은 '순수지속'[4]으로 볼 수 있을 것이다. 베르그송은 우리의 의식을 내관(內觀)함으로써 우리는 시간을 공감한다고 본다. 그는 생명과 함께 끊임없이 생동하는 의식사실 속에서의 질적 다양성으로 시간을 직관함으로써 지속이 가능해진다고 주장한다.[5]

로스는 순간의 지속감은 현재 속에서의 직접적인 과거와 직접적 미래감각으로부터 일어난다는 점에 주목한다. 의식의 지향성에서 가능해지는 현상학적 시간은 연대기적 시간 속의 현재 지점들이 갖지 않은 외연을 현재로 제공한다. 이 같은 경험의 시간적 구조는 '미래 속의 현재' 또는 임박한 미래에 나타날 것으로서의 현재로 표기한다. 로스는 현상학적 시간에서 해명되는 시간의 지속과 방향성에서 시간은 하나의 흐름으로서 경험된다고 보며, 그로 말미암아 우리가 완전하게 어떤 활동에 몰입되어 있을 때조차도 여전히 임박한 미래와 우리로부터 흘러가는 사건들에 대한 감각을 가진다고 본다.

---

4) Emmanuel Levinas, *Ethics and Infinity*, trans. R. A. Cohen, Pittsberg: Duquesne University, 1985, p.27.

5) H. Bergson, *Essai sur les données immédiates de la conscience*, 1924, p.104. 김규영, 『시간론』, p.424 재인용.

3. 존재와 시간

연대기적 시간의 관념이나 현상학적 시간의 관념에서는 타자나 타자의 시간이 자아의 시간성에 작용하는 것이나 시간의 흐름 그 자체가 신체성의 자아에 미치는 작용 등은 적극적으로 해명되지 않는 것 같다. 통상적 시간관념과 달리, 레비나스는 오히려 시간성이 함유하고 있는 이와 같은 측면들을 잘 해명해 주고 있다. 이러한 측면들에 대한 고찰은 주체에 의해 주도된 존재론적 시간론의 문제점들을 더 잘 드러내 준다. 이 문제를 먼저 살펴본다. 레비나스는 존재들이 항상 현재로 취합되고 있음을 주목한다. 이 말은 보충 설명이 필요할 것이다. 모든 존재했던 것들, 앞으로 존재하게 될 것들, 이미 비-존재인 것들과 같은 모든 형태의 존재들이 현재로 취합된다는 것의 의미는 무엇일까? 모든 존재자들은 우선적으로 각자 자기의 시간과 공간을 펼치며 존재할 것이다. 때로 공유되는 시간과 공간도 있겠지만, 더 근본적으로 이들 모든 존재하는 것들의 각각의 삶의 시간과 공간은 우선적으로 그 자신을 중심으로 분리되어 있다. 즉 각자의 삶의 시간들이 있고, 그것의 펼침이 바로 그 자신의 이야기, 역사를 구성할 것이다. 그런데 각 존재들의 시간과 공간에 대해서, 그 경계를 와해시키고 균질화하면서 하나의 시공을 펼쳐 보인다는 것은 무엇을 의미하는 것일까? 하나의 시공으로 펼쳐진다는 것은 하나의 공간화, 하나의 세계사, 하나의 연속된 시간으로 묶임을 의미한다. 그러나 이것이 어떻게 가능해지는 것일까? 본질적으로 다원적인 것을 하나의 총체성으로 구축하는 작업에서는 본질적으로 무리함이 따르고, 폭력으로 변질될 위험이 내장된 것이 아닐까?

레비나스는 현재로 펼쳐 놓는 것을 가능하게 만드는 것으로 기억, 역사, 물질과 같이 결정된 총체성을 지목한다. 기억과 역사를 통해 이미 지나간 것들의 재-현(다시 현재로 만듦)이 가능해지며, 어떤 균열이나 예측 불가능할 것도 없는 현재에서 존재의 변화는 배제되고 있다고 본 것이다.[6] 총체성의 결정론적 개입 속에서 사건들의 내재성과 질서가 드러내어지며, 공시화된 시간과 역사 속에서 그것들의 자리가 배치된다.

그런데 존재의 변화가 배제되면서 주장되는 진리는 굳이 "삼라만상의 그 무엇도 항상한 것은 없다."고 말하는 제행무상(諸行無常)을 떠올리지 않아도 영원을 갈망하는 우리의 마음에 위로는 될지언정 존재의 진리라고 보기는 어려울 것이다. 왜냐하면 나는 이미 어제의 내가 아니기 때문이다.[7] 어제의 나와 오늘의 나 사이에서 발생하는 차이, 순간의 격차들을 배제한 채 무차별적으로 공시화되는 무감각함 속에서는 우리가 맞이하게 되는 변화들과 그 끝에서 맞이하는 죽음에 대한 설명이 용이하지 않을 것이다. 삶에서는 모든 체험, 의식의 상태까지도 시간이 지나면서 느슨해진다. 다시 말하면 모든 것을 다시 현재로 불러 세우는 우리의 의식조차도 시간이 흐르면서 흔들리고 변형된다.

그러나 앞에서 언급하였듯이, 재-현 속에서는 모든 변화가 배제된다. 그럴 수밖에 없는 것이 우리가 과거의 어느 한순간을 현재로 불러 세울 때, 그 지점의 어떤 것을 회상하는 것일 뿐 그 이후 발생할 차이들까지 모두 고려해서 회상하는 것은 아닐 것이기 때문이다. 레비나스는 이런 측면에 대해 분명하게 문제를 제기한다. 그는 시간의

---

6) Emmanuel Levinas, *Autrement qu'être ou au-dela de l'essence*, Martinus Nijhoff, 1974, p.16. 이하 a.e.o.s로 약칭함.

7) 여기서 '제행무상'은 참된 진리인가라고 논증하는 것이나 어제의 나는 오늘의 나가 아니라는 말을 단서로 고대 그리스에서 전개되었던 존재와 변화에 관한 논쟁을 되풀이하는 것은 무익하다고 본다. 필자가 하고자 하는 말은, 우리가 시간 속에서 변해 가고 있다는 것이고 그것은 나의 몸이 지치고 주름지면서 늙어 가고 있다는 단순한 경험적 사실로서도 해명된다는 사실이다. 그리고 이런 단순한 사실을 염두에 두는 것만으로도 레비나스가 말하려는 시간론의 중요한 부분을 짚어 준다고 본다.

흐름의 순간의 틈 속에서 동일한 것의 변화 즉 차이가 표출되지만, 보존, 기억, 역사에 의해서 그 틈새들이 메워진다고 본다. 잃어버린 시간도 잃을 시간도 없는 그 무엇도 잃지 않는 시간화 속에서, 모든 것이 현재화되고 재현되는 현재 속에서, 모든 것이 맡겨지고 새겨지고 종합되어 취합되는 시간화 속에서, 모든 것이 투명해지고 실체로 굳어지는 시간화 속에서 그 틈새들이 복구되고 있음을 주목한 것이다.[8]

이것은 하나의 중요한 사실을 함축한다. 즉 과거와 미래를 현재로 불러 세우는 의식의 작업에서 현재는 과거와 미래에 대하여 절대적 특권을 누리고 있는 것이다. 그런데 현재를 특권화시킨 자는 누구이고, 이러한 특권적 권력의 특성은 무엇인가? 레비나스는 리텐션(re-tention)[9]과 프로텐션(protention)을 통해 시간의 단계가 현재로 재결합되는 것은 바로 존재의 작업에 의한 것으로 본다.[10] 그리고 존재, 현재, 진리로부터 구성되는 시간이야말로 동시성의 특권적 시간이라고 본다. 즉 주체의 재-현을 통해 흩어지는 시간들은 현재로, 동시성으로 재정립된다. 존재는 되돌릴 수 없는 것을 복구시키면서, 시간의 흐름을 고정시키면서, 주제화하고 의미를 부여하고 현재에 고정된 어떤 것으로 입장을 채택하고, 재현하는 방식으로 시간의 불안정성을 벗어난다.

---

8) a.e.o.s., p.23.

9) 김규영은 리텐션을 '과거파지(過去把持)'로 번역하고 있다. 그는 후설이 사용한 이 용어는 바로 반성된 의식은 벌써 현재의 의식이 아니고 과거로 된 의식이지만, 과거를 의식하는 작용도 의식으로서는 현재의 의식임을 말한다고 본다. 즉 과거의 지향은 현재에 있어서 파악하고 있는 과거인 것이다(『시간론』, p.208). 필자는 최근의 번역어를 따라 '과거지향'으로 쓰기도 하였으나 과거를 움켜잡고 지속시킴의 의미로서 '과거파지'가 적절해 보인다. 그러나 가장 최근의 일반적 용례에 따라 이 글에서는 리텐션으로 쓰겠다.

10) 이 말을 통해 우리는 레비나스가 주체와 존재를 분리시키고 있음을 알 수 있다. 이들의 차이에 대해서는 차후에 논의한다.

들뢰즈가 말하는 아이온의 시간을 통해 생각하면 이 문제의 심각성은 간명하게 드러난다. 아이온에 따르면, 오직 과거와 미래만이 시간 안에서 내속하거나 존속한다. 과거와 미래를 흡수하는 현재 대신 두 방향으로 현재를 매 순간 분할하는, 현재를 미래와 과거로 무한히 분할하는 것이 미래와 과거라는 것이다. 또는 미래와 과거를 각각 포함하는 광대하고 두꺼운 현재 대신, 각 현재를 과거와 미래로 분할하는 것은 두께도 없고 넓이도 없는 순간(l'instant)이라는 것이다.11) 이렇게 본다면, 아이온은 현재로 모아지는 시간이 아니라 과거와 미래로 흩어지는 시간성이다. 물론 레비나스 자신도 피력하였듯이, 그의 시간관은 아이온의 시간과도 다르다. 또한 단지 현재를 과거와 미래로 흩트리는 것으로 만족할 것으로 보이지도 않는다. 그의 작업은 좀 더 섬세하고 치밀하다. 왜냐하면 단순히 현재를 추상적인 과거와 미래로 분산시키는 것이 아니라 각자에게 속해 있는 구체적 시간성을 각자의 것으로 되돌려 주는 작업을 시도하기 때문이다. 어떤 방식으로 이것이 가능해지는 것일까?

레비나스는 주체에 의해 행사되는 이런 지성적 작업이 주체의 사유능력에 의거하고 있음을 주목한다. 그리고 더 나아가 사유하는 주체는 그것의 능동성과 자발성에도 불구하고 결국은 이와 같은 정돈과 진리를 위하여 차용된 것으로 해석한다. 존재의 표명에서 주체에게 부여된 역할은 존재에 의해 주도되는 진행의 일부분이 되는 것이다. 리텐션, 기억, 역사 속에서 주체는 재빠르게 취합하고 더 잘 정돈하기 위해, 다양한 요소들을 현재로 결합시키기 위해 개입한다. 개입과 취합을 통해 이해가 가능해지고, 이로써 주체는 존재사건에 대한 참여자로서 표명된다.

주체는 기억을 부여받은 주체로서 전권을 행사한다. 레비나스는 이

---

11) 들뢰즈, 『의미의 논리』, 이정우 옮김, 한길사, 2002, p.283.

런 주체를 기억 가능한 시간으로 공시화되고 주제화되어 이야기되는 에포스(épos, 서사시)나, 마치 한 권의 책 속으로 동시성을 구성하는 저자, 또는 사료를 편찬하는 역사가에 비유한다. 이야기, 쓰인 글, 주제의 연속적인 동시성 속에서 시간들의 복구가 가능해진다. 그런데 과연 타자들과의 관계에서 주체가 일종의 저자와 같은 또는 마치 역사가인 것과 같은 전권을 행사할 수 있는가의 의문은 차치하고, 주체에 의해 행사되는 이런 권력의 본질을 살펴볼 필요가 있다. 주체로 하여금 이러한 치외법권적인 절대권력의 행사가 가능하도록 만드는 것은 무엇일까? 존재에 봉사하고 존재를 위하여 지성적 능력을 발휘하는 주체의 정체는 무엇인가?

레비나스는 존재를 드러내는 주체의 작용이 바로 '자기의식'이라고 말한다. 현재에서 과거를 추정하고, 과거와 현재를 넘어서 가는 것에서 주체를 영원한 것으로 세우게 되는 것은 바로 자의식이라는 것이다. 시간의 회복, 재포착, 연속성, 단절 없는 이완과 긴장, 순수 경과가 아닌 재-현, 추억과 기투, 리텐션과 프로텐션에는 의식의 통일성이 부단히 작용하고 있다. 의식의 통일을 가져오는 이런 자의식에 대해서 레비나스는 사유에서 자신에게 말을 거는 신탁(daemon)에 일치하면서 특수한 자아가 보편적 사고로 되는 플라톤의 회상(Reminiscence)과 유사한 것으로 설명한다. 이런 설명에 의거한다면, 이와 같은 능력을 행사하는 자의식의 주체는 영원한 것, 신탁을 받는 자, 보편적 사유와 일치하는 것으로 격상(?)된다.[12]

---

12) 이런 자의식의 특권을 지닌 주체를 레비나스는 보여짐 없이 보는, 침해받음이 없는 존재론적 구조의 완성으로 본다. '보여짐 없이 보는' 주체의 원형을 우리는 플라톤의 기게스의 주체에서 찾아볼 수 있다. '보여짐 없이 보는 자'로서 그는 다른 이들에게 방해받지 않고 자기가 원하는 대로 할 수 있는 특권을 누린다. 그러나 감성, 신체성의 자아는 타자로의 노출의 특징을 보이며, 외부로 드러내어진다. 즉 신체성의 자아는 자기 안에 숨어 있는 기게스의 자아, 육체로부터 분리된 코기토와는 구분된다.

그런데 이와 같이 현재 속으로의 존재 취합을 가능하게 하는 과거 파지, 기억, 역사, 회상의 공시성과 재현과 같은 방식으로 이해되는 시간관의 가장 큰 문제점은 절대적으로 분리된 타자의 시간들과 병존하는 것이 어렵다는 점일 것이다. 자기의식을 중심으로 하는 표상의 방법으로는 타자와 함께하는 것이 어려워지기 때문이다.

4. 감성의 주체와 시간

베르그송은 시간의 본질을 지속(durée)에서, 지속의 근거를 우리의 의식에서 직접 찾고자 한다. 시간의 지속(durée du temps)은 의식이 기억을 갖는다는 사실에서 기원하며, 기억이 없는 것에 대해서는 현재에 있어서의 과거의 존속 또는 미래를 배는(孕) 현재와 같은 순수 지속은 어렵다고 본다. 이와 달리 기억을 갖지 않는 물질성은 순수반복(la pure répétition)으로 구분된다.13)

하이데거는 『존재와 시간』에서 시간의 개념을 도래(Zukunft), 기재(Gewesen), 현재화되는 의미에서의 현재(Gegenwartim Sinne des Gegenwärtigen)로서 논한다. 과거가 기재하는 현재, 되어 가는 현재(현재화), 장차 도래할 미래를 향한 현재로서, '현재화'로서의 현재는 도래를 예상하는 기재를 전제로 한다. 그런데 궁극적으로 도래할 것은 무엇인가? 그것은 유한한 실존적 존재로서 죽음을 뜻하며,14) 죽음은 궁극적 소멸, 무로서 설명된다.15)

그러나 레비나스는 시간의 지속이 언제나 존재-무의 쌍에 관련되어 논의되어야만 하는 것은 아니라고 본다. 그는 프랑스어 '시간의

---

13) 김규영, 『시간론』, p.63.
14) 같은 책, p.250.
15) Emmanuel Levinas, *Dieu, la mort et le temps*, Grasset & Fasquelle, 1993, p.15.

길이와 인내(patience et longueur de temps)'라는 말을 환기하면서 시간이 인내, 수동성의 의미와 연관될 수 있음을 시사한다. 그러므로 이제 우리는 레비나스가 시간과 존재의 관련성을 수동성, 인내로 설명하는 근거를 해명해야 할 것이다. 여기서 먼저 서구 사유 전통에서 인간존재의 수동성이 어떤 의미로 받아들여져 왔는가를 확인해 보아야 한다.

존재는 자기 자신에 대해서나 타자에 대해서 자신의 의지를 관철시키고자 하는 욕망을 가질 수 있다. 그러나 반대로 자기의 의지가 좌절되거나 자신의 의지를 스스로 거스르게 될 수도 있다. 예컨대 주체는 존재에서 무의 위협만이 아니라 자기의 의지 안에 있는 낯선 의지에도 직면하게 된다. 전통적으로 의지는 자신의 정념에 대해 승리할 때 가장 강한 열정일 뿐만 아니라 자신에 의해 침해될 수 없는 것으로, 스스로를 결정하는 모든 열정 이상의 것으로서 받아들여져 왔다. 반대로 의지가 무엇인가에 굴복하였을 때, 그것은 영향 받음, 영향에 노출됨을 의미하며, 좀 더 열등한 수동성의 상태로 해석되어 왔다.16) 철학의 기원이 되었던 그리스 시대에 이미 인간의 수동성과 능동성은 존재질서의 중요한 문제가 되어 왔다. 자아 내적 측면에서는 자기에 대한 자신의 지배력의 상실로 해석된 동시에 존재론적 질서의 전도로서 받아들여진 존재의 수동성은 최근까지 일종의 무기력으로까지 해석되어 왔다.17)

---

16) 이 점은 푸코(M. Foucault)가 잘 해명해 주고 있다. 김연숙, 「M. 푸코의 존재론적 주체 윤리학에 관한 비판적 연구」, 『사회와 사상』 제16집, 서울대 대학원, 1997 참조.
17) 수동성을 주체의 무력함으로 보는 것은 서구 전통철학뿐만이 아니다. 필자의 논문(「레비나스의 시간론」) 프리젠테이션에 대한 탁월한 논평자였던 송석랑 박사 역시 "수동의 비의지성을 띤 무력한 주체 …"라는 말을 쓰고 있다. 그러나 레비나스의 수동성의 주체는 전통적인 의미의 수동성과는 다른 의미를 함축한다. 이런 오해를 우려해 그도 "어떤 수동성보다도 더 수동적인 수동성"이라는 말로 전통적 의미의 수동성과는 다른 수동성의 함의를 드러내고자 한다.

그러나 레비나스는 의지가 정념과 열정에 굴복하는 것을 수동성으로 해석하고 정념을 극복하는 것을 최고의 승리로 간주하는 방식의 사유에서 작동하게 되는 미묘한 개입을 드러내고자 한다. 전통적으로 의지가 정념에 굴복할 때 가장 문제시되는 것은 자의식이 침해받고 사유의 자유가 사라진다는 점일 것이다. 그러나 레비나스는 의식적으로 된다는 것은 결국 시간을 지배하는 것임을 명시한다. '의식적으로 된다는 것은 시간을 갖는 것'이라는 말은 바로 '현재에 관하여 거리를 두는 것'을 뜻한다. 그런데 현재에 대하여 거리를 두는 것, 이것은 어떻게 가능해지는 것일까? 이에 대하여 레비나스는 자신의 존재에 관하여 거리를 유지하는 것으로, 자유롭게 된다는 것은 결국 자신의 포기를 막을 수 있는 시간을 가지는 것을 의미하는 것으로 설명한다. 요컨대 자의식은 자기에 대한 거리 둠을 통해 냉정성을 유지하면서 타자로부터 영향 받고 침해되는 것에 저항하며, 이를 극복하는 데 필요한 시간을 갖는다는 것이다.

　그런데 엄밀히 말하자면, 내적으로나 외적으로 영향 받음이 없이, 자기를 유지하려는 의식적 노력도 시간 앞에서는 궁극적으로 그 힘을 잃는다. 기억과 회상에 의해 과거를 의식의 현재로 끌어들이는 방법에 의해서건 또는 상상과 예견에 의해 미래를 현재 안에서 구상하는 방법을 통해서건, 현재 의식에서 행해지는 표상의 시간에 대하여 레비나스는 경과(le laps)되는 시간 — 사라지는 시간 — 의 측면을 대립시킨다. 즉 지나가는 시간, 소실되는 시간에 대해 주체는 어떤 주도권도 갖지 못하며, 어떤 목적(telos)을 향한 행위도 하지 못하는 측면을 직시한 것이다. 시간의 소실은 주체의 작업이 아니며, 쉼 없이 이루어지는 수동적 종합일 뿐이다. 그것은 바로 세월 앞에서 늙어 감을 의미할 뿐이다. 시간 속에서 노쇠해짐은 세월의 무게 아래 폭발하며, 현재에서, 즉 재현으로부터 비가역적으로 빠져나간다.

　레비나스는 시간에 대한 주체의 수동성은 인내의 방식으로 주체의 또 다른 이면인 지향성에 대립해 있다고 본다. 모든 의지의 밖에서 회복이 불가능한 채로 흐르는 시간의 경과는 현재로 취합하고 장악하고자 시도하는 의식의 지향성에 대립하여 있다. 이것은 우리가 과거의 좋은 추억을 회상할 수 있다고 해서 그 시절이 반복되는 것이 아닌 가장 단순한 사실을 통해서도 쉽게 납득될 수 있다. 현재의 사유 속으로 과거와 미래를 집합시키고 그릴 수 있다고 해서 우리 자신의 역량이 진정으로 확대되고 그것을 주도해 갈 수 있는 것은 아니다. 엉클어진 기억들과 성마르고 조급한 불안의 기우 속에서 늙어 가는 삶들을 우리 모두는 지니고 있다. 이와 같은 측면은 시간 앞에 놓인 모든 삶의 결코 폄훼할 수 없는 측면일 것이다.

시간의 흐름 속에 있는 늙어 가는 주체성을 레비나스는 '정체성(identitité)이 없는 그러나 단일성(singularité)을 지닌' 주체성으로 설명한다. 시간성 속에 형성되는 주체성에 대한 이런 설명은 탁월한 통찰이라고 볼 수 있을 것이다. 시간의 흐름 속에 놓여 있는 주체는 이미 늙어 가는 신체성을 지녔다는 측면에서만도 이미 동일한 정체성을 지니지는 못한다. 노화로서의 시간성, 자의식의 현전을 통해 수행되는 동일성의 회복을 불가능하게 하는 시간성은 정체성의 분열을 의미한다. 즉 동일자는 동일한 자로 다시 결합되지 못한다. 그러나 어제의 나와 오늘의 나가 동일하지는 않지만, 바로 나인 것, 한 사람으로서 나인 것이다.

늙어 감의 주체성은, 주체임에도 불구하고 반항을 준비하는 도피를 갖지 못하는 복종 속에 있게 된다. 기억할 수 있는 시간의 이면에 압축된, 동일한 것으로 인지되는 이해의 종합 이면에 있는 노쇠해짐에 대하여 주체가 행할 수 있는 노력은 늙어 감의 인내로서 단지 견딤일 뿐이다. 세계에 대한 주체의 능동적 활동성에 대한 최대의 도전은 아마도 더 이상의 존재의 지속을 허용하지 않는 죽음이 될 것이다. 죽음은 그 누구에게도 더 이상의 존재 지속 욕구, 즉 코나투스 에센디

(conatus essendi)를 허용하지 않는다. 그것은 더 이상의 존재의 지속, 존재 유지를 허용하지 않는다는 측면에서 무의 위협으로 해석되기도 한다. 그러나 죽음을 절대적 소멸로서의 무로 보고 접근해 가는 것과는 다르게, 인간의 의지의 작용이 더 이상 불가능한 죽음에 직면하여, 더 이상 존재의 지속이 그리하여 더 이상 시간의 흐름이 허용되지 않는 죽음 앞에 놓인 인간의 존재양식을 드러내어야 한다. 레비나스는 이와 같은 극단적 수동성의 형태를 빠띠앙스(patience: 인내, 참고 견딤, 참을성)[18]로 설명한다. 시간을 견뎌 내는 인내의 수동성은 의지와 관련된 어떤 수동성보다도 더 수동적인 수동성으로서 '수동적 종합'을 의미한다. 삶의 수동적 종합 속에서 부여되는 단일성, 피할 수 없는 복종을 의미하는 늙어 감과 죽음에 대한 주체의 방식이 바로 인내다. 레비나스는 이런 주체에게서 시간은 비-예견, 자신의 의지에 반하는 지속, 복종의 양태로 나타난다고 본다. 능동적 자아의 이면에 웅크리고 있는 늙어 가는 주체의 인내는 자신의 죽음에 대한 어떤 입장인 것이 아니라 일종의 피로함을 보인다. 이것을 레비나스는 수임(assomption)을 갖지 않은 일종의 수동적 노출의 피로함으로도 설명한다.

5. 주체의 시간과 타자의 시간들

1) 시간과 얼굴 그리고 흔적

경과로서의 시간개념은 회복 불가능함, 현재의 동시화에 대한 거

---

18) 손봉호 교수는 인간의 인내의 측면을 고통으로 설명하고 있다. 그는 고통을 그것이 겪을 수도 겪지 않을 수도 있는 성질의 것이 아니라 오히려 속수무책으로 감수할 수밖에 없는 성질의 것이라고 설명한다. 손봉호, 『고통받는 인간』, 서울대학교 출판부, 1995, p.64.

부, 표상 불가능성, 기억 불가능성, 전-역사성을 그 특징으로 한다. 기억 불가능성은 통상적인 기억력의 쇠퇴, 시간의 엄청난 간격 등과 같은 이유에서가 아니다. 기억 불가능성의 이유는 무엇일까? 그것은 단순히 '할 수 없음'의 부정성만을 함의하는가? 여기서 문제되는 것은 분명히 기억의 불완전성의 문제가 아니다. 하루의 일을 완벽히 기억해 낼 수 있는, 그리고 그와 같은 일을 하는 데 정확히 똑같은 하루를 필요로 하는 기억의 천재 프네스에 관한 보르헤스의 소설[19])이 암시하듯이, 기억에 관련된 문제는 얼마나 정확하게 잘 기억하는가를 문제 삼는 것이 아니다.

레비나스는 전-근원적인 과거를 회상 등의 어떤 것으로도 회복할 수 없음은 그것이 너무 오랜 옛날이기 때문이라든지 기억의 불가능성 때문이 아니라 현재와의 통약 불가능성 때문이라고 한다. 회상은 시간적 체계를 따라서 멀리 있는 과거로 향하는 선형적 후퇴의 움직임이다. 그러나 기억 불가능한, 재현이 불가능한, 엄밀하게 말하자면 현재를 필요로 하지 않는 과거가 있다. 그러므로 현재의 연속성과는 다르게 구성되는 시간의 계기가 있다고 볼 수 있다. 예컨대 절대적 다름의 과거는 현존의 질서에 속하지 않기에 모든 현재의, 현재화 가능성의 저편에 있다. 어떤 자유보다 더 오래된, 심원한 통시성은 표명의 현재에 대하여, 내재성에 대하여, 동시성에 대하여 근본적으로 저항한다. 이처럼 현재와 절대적으로 통약 불가능한 과거와 미래의 시간들을 드러내고자 하는 레비나스의 시간관은 기억에 반하는, 기억을 지우는 망각 능력으로부터 새로워지고, 그로부터 새로운 생성을 일으킨다고 말하는 니체의 시간이해와도 다르다.[20])

타자의 시간은 모든 현행의 현재, 재현적 현재를 넘어선다. 그것은 현재로부터 그 앞의 것으로 가는 소급이나 기억 가능한 시간에 따른,

---

19) 이진경, 『노마디즘』 2, 휴머니스트, 2003, p.45.
20) 니체, 『도덕의 계보』, 김정현 옮김, 책세상, 2002, pp.395-396.

즉 재현에 의한 현재화의 수집에서 취합할 수 있는 시간에 따른 현재의 확장과 같은 방식으로는 이해될 수 없다. 의식을 구획하는 시간성과는 다른 방식의 시간성, 그것은 표상이 유지되는 역사와 기억으로 복구되는 시간을 해체시킨다. 레비나스는 타자의 시간이 '어떤 과거보다 더 오랜', '어떤 기원 이전의 전근원적인' 그 무엇과 관련되어 있다고 주장한다. 이것은 현재에 의한 조작이나 그로부터 가능한 시작과 원리를 갖지 않는 역사와 기억 가능한 모든 과거의 기원을 의미함이 없는 과거의 의미를 드러내는 것과 관련된다. 이러한 기원 이전의 기원은 모든 현재, 모든 표상에 대하여 낯선, 절대적 다름으로 남아 있는 것으로 이로써 원-근원적인, 근원을 갖지 않은 과거, 표상 가능한 모든 근원보다 더 오랜 과거의 가능성을 함축한다.

타자는 결코 현재였던 것이 아니며, 어떤 자유에서 시작된 것도 아닌 것 같은, 기억할 수 없는 과거로부터 오는 것처럼 다가온다. 이와 같은 이웃의 방식을 레비나스는 얼굴이라고 부른다. 세월은 모든 현재의 과거, 리텐션을 벗어나는 늙어 감을 함축한다. 이런 의미에서 얼굴은 비-현상이라고 설명된다. 타자의 얼굴은 에고의 현재, 표상을 벗어난다. 왜냐하면 이미 늙어 가고 쇠잔해 가는 그리하여 어떤 고정된 상태도 아니며 어떤 형상도 갖지 않는 타자의 얼굴은 나의 의식으로 포획될 수 없기 때문이다. 또한 타자의 얼굴은 나의 의식의 대상으로서의 현상이 아닌 그 자신의 표출이라는 측면에서 이미 비현상이다. 레비나스는 타자의 얼굴은 그것의 출현에 있어서 너무나 연약하기 때문에 현상보다 더 작다고 설명한다. 벌거벗은 타자의 얼굴은 비형상, 자아의 포기, 늙음, 죽어 감을 보여준다. 어떤 벌거벗음보다 더 벌거벗, 주름진 피부는 그 자신의 흔적을 드러낸다.

타자의 근접성(proximity)은 공통의 현재를 갖지 않는 통-시성의 거리를 연다. 통시성은 기억이나 사료 편찬에 의해서도 현재로 공시화되지 않는다. 여기에서 차이는 포획할 수 없는 과거, 상상할 수 없는 미래, 재현할 수 없음이다. 근접성은 기억할 수 있는 시간의 혼란이다. 레비나스는 이것을 종말론적인, 시간의 폭발로 표현한다.21) 종합과 동시성을 거부하는 벌거벗은 얼굴의 근접성은 존재의 본질을 중단시킨다. 타자의 얼굴 속의 과거의 흔적은 아직 누설된 적 없는 것의 부재가 아니라 결코 현재였던 적이 없었던 것의 아나키이다. 그것은 타자의 얼굴이 명령하는 무한의 아-나키(an-archie)이다. 타자의 근접성은 현재와 어떤 공통의 척도를 갖지 않는 절대적 외부성이다. 자신을 의식의 아르케(arche)에 부여함 없이, 현재를 흐트러뜨리면서 가로지르는 이와 같은 방식을 레비나스는 흔적(trace)이라 부른다.22) 단순히 표상으로 귀결시킬 수 없는 이웃의 근접성은 이미 긴박한 지명이라고 볼 수 있다.

레비나스는 아나키는 아르케처럼 원리로서 제시될 수 없다고 한다. 아나키는 아르케처럼 통치권을 가질 수 없으며, 다만 흔들 수 있을 뿐이다. 그러나 아나키는 종합의 거절로만 축약될 수 없는 의미를 가진다. 아나키는 단순히 질서에 대립하는 무질서가 아니다. 무질서는 단지 하나의 다른 질서일 뿐이다. 무질서의 산만함은 주제화가 가능하다. 그러나 아나키는 존재를 혼란시킨다. 그것은 현재에 기시착오적으로 뒤처진 채, 이 같은 지체를 회복할 수 없는 형태로, 동일자에게 영향력을 행사한다. 나는 타자에게 지연되어 있고, 그에 의해 사로잡혀 있다. 이런 의미에서 아나키는 강박, 박해로도 설명된다. 박해는 자아가 영향 받는 형식을 말한다. 이 같은 형식은 의식을 결여하며, 여기에서 의식의 전복은 수동성을 의미한다. 그것은 지향성의 개념과는 완전히 다르게 정의되는 수동성, 모든 수동성보다 더 수동적인 수동성을 말한다.

이웃의 근접성에서 모든 계약 이전에, 기시착오처럼 선행하는 의무

---

21) a.e.o.s., p.74.
22) a.e.o.s., p.85.

가 부과된다. 이것은 자발성에 의해 자신을 서임하여 맡기지 않고 영향을 받게 되는 감성적 주체의 존재방식을 표현한다. 즉 정서의 근원이 재-현의 주제가 됨이 없는, 영향을 받게 되는 주체를 의미한다. 감성적 주체의 수동성은 현재에 기초해 있는 자의식에 그 기원을 두지 않는다. 오히려 의식의 너머에서, 어떤 현재보다 더 선행한, 어떤 시작보다 앞선, 전-근원적인 영향력으로부터 구성된다고 할 수 있다. 전-근원적인 것은 그것이 근원보다 앞서기 때문이 아니라 감성이 지닌 통시적 성격 때문이다. 표상의 현재로 취합될 수 없는 통시성은 그 자신과 동시적으로 될 수 없게 만든다. 자기로 되돌아가는 회귀의 방향성을 지닌 자의식과는 달리 타자로부터 영향 받는 감성은 비가역적이다. 자기로 되돌아갈 수 없는 것, 즉 비가역성은 출발의 지점으로 되돌아가지 않는 일방향성을 지닌다. 비가역적인 정서는 자기로 향한 움직임 속에서 자신을 염려하는 것이 아니라 타자로 향하게 된다.

2) 시간과 무한

레비나스가 보여주는 시간성의 구조는 전체화를 거부하는 존재자의 근본적인 몸짓을 드러낸다. 그리고 무한의 시간을 향한 존재는 자신의 가능성을 초월한다. 레비나스는 이와 같이 자아의 현재에 도래하는 무한한 시간의 계기를 에로스로부터 빚어지는 출산과 부성을 통해 설명한다.

에로스는 내재성과 초월성의 한계에 위치한 사태의 모호성을 보여준다. 사랑은 타자에의 욕망과 외재성의 담론을 넘어서 시간과 관련되는 중요한 방식을 드러낸다. 사랑의 무상함에서 주체는 가능성의 미래로 자신을 설계하지 않는다. 에로스는 대상에 고착된 주체로서 완성되지 않으며, 가능한 것을 향해 가는 설계로서도 완성되지 않는다. 그것의 움직임은 가능한 것을 넘어서 가는 데 있다. 아직 존재하지 않음은 정확하게 다른 가능성보다도 더 멀리 떨어져 있게 될 가능성이 아니다. 사랑의 행위는 자아의 나 자신에 대한 관계를 압도하며, 자아와 비아의 관계까지도 압도한다. 익명적인 비아는 자아를 절대적인 미래로 휩쓸어 가며, 주체로서의 지위를 상실하게 한다.[23]

에로스는 실존의 구조를 갖지 않은 것, 씨앗을 싹틔우는 무한한 미래를 추구한다. 에로스는 동일자와 타자를 결합하는 것이 아니라 모든 가능한 설계를 넘어서, 모든 의미와 지적 힘을 넘어서는 아이를 잉태하게 한다. 나의 아이는 나에게 이방인이지만, 동시에 나이기도 하다. 즉 그는 나 자신에 낯선 나이다. 아이의 미래는 가능성을 넘어선 곳으로부터, 설계를 넘어서 다가온다. 이런 측면에서 레비나스는 미래는 아리스토텔레스적인 배아(germ)도, 하이데거의 존재 자체를 구성하는 의미로서 가능성도 아니라고 말한다.[24] 나의 미래는 나 자신의 가능성이면서도 또한 다른 이, 사랑하는 이의 가능성인 것으로, 가능한 것의 논리적 본질로 들어가지 않는다. 미래와의 관계, 가능한 것으로 축약할 수 없는 힘을 그는 출산(fecondité)이라고 부른다.

출산은 이원성을 포함한다. 그것은 나의 가능성, 이해 가능성을 나타내지 않는다. 그것은 동일자의 미래, 즉 동일성의 영역에서 일어날 수 있는 사건이 아니다. 어린이와의 관계, 출산으로 다가오는 타자와의 관계가 절대적인 미래, 무한한 시간과의 관계를 형성시킨다. 출산에서 동일한 것을 반복하는 지루함은 멈춘다. 출산은 나이 먹음이 없이, 시간을 연속시킨다. 그러나 무한한 시간일지라도 나이를 먹어 가는 주체에게 불로, 불사의 영원한 삶을 가져다주는 것은 아니다. 그것은 불연속적인 동시에 세대의 불연속성을 가로지르는 것으로, 아이

23) Emmanuel Levinas, *Totality and Infinity*, trans. A. Lingis, Netherlands: Kluwer Academic Publishers, 1991, p.259. 이하 TI로 약칭함.
24) TI, p.267.

의 꺼지지 않는 젊음으로 약속되는 것이다.25)

이로써 레비나스는 파르메니데스의 존재의 철학에 안녕을 고한다. 부성의 모험은 주체의 불가피한 노화 속의 단순한 가능성의 재생을 초월해 가도록 하는 실체 변화의 모험이다.26) 무한한 것은 분리된 존재의 닫힌 가능성에서가 아니라, 사랑하는 이의 타자성을 포함하는 출산으로 생산된다. 에로스는 아직 존재하지 않는 미래로 향한다. 그것은 더 이상 율리시즈와 같은 자기에게 익숙한 것으로의 회귀를 약속하는 주체의 구조를 지니지 않는다. 에로스의 미래는 과거를 재생시키는 것으로 돌아가지 않으며, 힘을 생산하는 데 있는 것도 아니다. 그것은 절대적인 미래를 의미한다. 미래는 아이이며, 어떤 의미에서 나의 것, 나이지만, 절대적으로 나 자신이 아닌 것이다.27)

레비나스는 부성에서 자아가 필연적인 죽음의 유한성을 가로질러 타자 안으로 자신을 연장하며, 불연속적 시간성에 의해 유한성의 운명을 이기는 것을 주목한다. 순간들은 서로 별개로 연결되는 것이 아니라, 타자로부터 나에게로 확장된다. 미래는 나의 현재로 흐르는 가능성들로부터 나에게로 다가오는 것이 아니라 절대적인 간격을 가로질러 다가온다. 그것이 나의 아이일지라도. 시간의 작용은 유한한 것의 유한하지 않음이며, 계속해서 재개되는 타자성이다. 존재 안에는 어떤 연속성이 없다. 죽음과 재개가 시간을 구성한다. 시간은 불연속적이다. 죽음과 재개의 형식은 나와 타자의 관계를 전제하며, 불연속적인 것을 가로지르는 출산으로 시간을 구성한다. 이런 의미에서 시간의 본질은 존재의 유한성이 아니라 바로 불연속적 연속성을 통해 가능해지는 무한성을 의미한다.

---

25) TI, p.268.
26) TI, p.269.
27) TI, pp.272-273.

6. 결론

앞의 논의에서 필자는 시간론의 일반적 형태로 구분해 볼 수 있는 연대기적 시간론과 현상학적 시간론을 소략하게 살펴본 다음, 기존의 시간이해에 대한 레비나스의 문제의식과 더불어 그 자신이 드러내고자 하는 시간의 의미를 살펴보았다. 타자들의 고유한 시간들에 대하여 그 자체의 고유한 자리(?)를 부여하면서 의미 해명을 시도하는 레비나스의 독창적 시도는 전통적인 시간관에서 논의되어 온 방식과는 다르게 시간성이 해명되고, 그에 따라 중요하게 사용되는 용어들도 생소한 것이 많이 있어 이해를 더욱 어렵게 만드는 측면이 있는 것 같다. 이해를 돕기 위해 앞에서 논의된 내용들의 핵심적 내용을 요약하면서, 이 글을 마무리한다.

연대기적 시간과 현상학적 시간을 분석하면서 시간성의 의미를 해명하고자 시도한 로스는 객관적 시간 정립의 가능성 근거로 하는 연대기적 시간도 결국 반성의 결과이고 현재로부터의 사유라고 주장한다. 수집, 기록, 구성, 측정 등의 여러 요소에 근거하여 제반 자연과학이나 역사적 시간성의 이론적 근거가 되는 연대기적 시간은 현재로부터 과거를 정리하고 구획한다.

연대기적 시간이 과거의 서로 다른 시간에 발생한 사건들을 재-현의 동시성이라는 인위적 조작에 의해 하나의 이론적 구성물로 구축해 간다면, 현상학적 시간은 의식의 지속적 흐름에 대한 주목을 특징으로 한다. 의식의 지향성에 의한 리텐션과 프로텐션은 현재에 과거와 미래의 외연을 두텁게 제공한다. 의식의 지향성은 리텐션에 의해 과거를 현재로 포획하며, 프로텐션에 의해 미래를 현재로 선취한다. 과거와 미래를 다시 현재로 놓는 대담한 에고의 작업의 가능조건은 근본적으로 에고에 의해 행해지는 표상, 재-현의 작업에 있다. 그러므로 현상학적 시간의 기원은 리텐션과 프로텐션을 일으키는 에고에 있으며, 모든 시간의 기원이 에고에 있게 되는 중심성을 띠게 된다.

레비나스는 시간의 흐름 속에 차이가 표출됨에도 불구하고 이런 차이가 배제되면서 과거와 미래를 현재로 불러 세우는 의식의 작업28)에 개입되는 특권적 권력을 감지한다. 그것은 바로 취합과 정돈을 위해 주체의 지성적 사유작업에 부여한 특별한 역할과 관련된다. 즉 존재에 봉사하기 위하여 지성적 능력을 발휘하는 주체는 현재에서 과거를 추정하고, 시간의 회복, 연속성, 회상과 기투 등에 의해 의식의 통일성을 확보하며, 과거와 현재를 넘어 주체를 영원한 것으로 세운다. 이로써 주체는 마치 공시화된 서사시의 저자나, 사료를 편찬하는 역사가처럼 기억을 부여받은 주체로서 행사한다.

그런데 문제는 자의식에 의해 행사되는 주체의 연속성, 주체의 정립에서는 시간 앞에서 회피 불가능하게 겪게 되는 주체 자신의 변이와 타자의 시간들을 해명할 수 없다는 문제점이 제기된다. 베르그송은 시간의 본질을 지속으로 보고, 지속의 기원을 의식에서 찾는다. 의식의 기억을 통해 현재에서의 과거의 존속과 미래의 예견이 가능하며, 이와 달리 기억이 없는 물질은 순수반복으로 구분된다. 하이데거는 시간 속에서 불가피하게 직면하는 인간존재의 유한성을 잘 드러내고 적극적으로 현존재의 가능성의 실현을 위해 성실하게 분투할 것을 촉구한다.

레비나스는 시간에서 지속의 개념을 발견한 베르그송이나 존재의 유한성을 해명한 하이데거에게 진 빚을 인정함에도 불구하고, 시간의 지속이 궁극적으로 존재-무의 논의로 귀결되어야 하는 것은 아니라고 주장하며, 그와 다르게 시간에 접근하는 방법을 모색해 간다. 레비나

---

28) 피터 싱어는 인간은 단순한 의식을 넘어선 미래에 대한 계획을 세울 수 있는 존재로 규정하며, 자의식을 시간을 넘어서 미래에 대한 계획을 세울 수 있는 능력으로 정의 내린다(『철학과 현실』 74호, 철학문화연구소, 2007, p.160). 이처럼 인간의 자의식을 미래규정과 관련시키는 학자들은 피터 싱어 외에 이 논문에서 다루어진 후설, 베르그송 등 다양하다.

스는 시간의 흐름을 겪는 주체의 수동성을 인내라 부른다. 그것은 심지어 일종의 주체의 무력감(?)과 동일시되면서 혼란스럽게 이해되어 온 정념의 수동성과는 구분되며 어떤 수동성보다도 더 수동적인 방식으로서의 인내를 의미한다.

레비나스는 영향 받는 정념을 극복하는 방식으로서의 의식화의 본질을 현재에 관하여 거리를 갖는 것, 자기 존재에 관하여 거리를 두면서 냉정성을 유지하는 것으로 설명한다. 그리고 모든 자의식적 노력에도 불구하고 그 자신의 의지를 거스르면서 모든 것을 휩쓸어 가는 것, 어떤 주도권이나 목적적 행위가 작용할 여지없이 이행해 가는 시간의 수동적 종합 아래서 존재의 늙어 감이 있음을 주목한다. 이런 늙어 가는 신체성의 주체성은 동일성을 유지하지 못하지만 유일무이한 주체인 것으로 정체성이 없는 단일성의 주체로 표현된다. 시간 속에서 늙어 가는 신체성의 주체는 어제의 주체와 동일한 정체성을 유지하지 못하지만 그럼에도 불구하고 그 나는 바로 나, 유일무이한 나인 것이다.

레비나스는 정체성이 없지만 유일무이한 나의 시간들과 타자의 시간들의 다원적이고 심층적인 관계성을 펼쳐 보인다. 타자의 시간들은 자의식의 현재로 함부로 끌어당겨 취합시키고 배치될 수 있는 성질의 것이 아니다. 나아가 우리의 의식의 기억작용의 불완전성이나 무능력에 기인한 것이 아니라 근본적으로 타자의 시간들의 절대적 다름, 즉 현재의 연속성과는 다르게 구성되는 시간의 계기로서, 현재를 필요로 하지 않는, 현재의 질서에 속하지 않는, 현재에 그 기원을 두지 않는, 어떤 기원보다 더 근원적인, 전-근원적 기원을 가진, 현재와 통약 불가능한 통시성의 시간성을 드러낸다.

요컨대 타자는 모든 것의 기원이 되어 온 의식의 현재에서 이루어지는 표상을 벗어나며 거부한다. 취합과 동시성을 거부하는 타자의 통시성은 그 무엇에 의해서도 의식의 현재로 공시화되지 않는다. 현재와 어떤 공통의 척도도 갖지 않은 절대적 외부성인 타자의 얼굴은 현재를 흐트러뜨리면서, 결코 현재였던 적이 없었던 흔적을 드러내며, 자아의 원리, 아르케를 흔들어 놓는다. 이와 같은 타자의 아나키는 결국 자아의 아르케를 근본적으로 흔들면서 의식의 전체화 작용을 거부한다. 그것은 의식의 현재와 어떤 공통의 것을 갖지 않는, 통약 불가능성에 기인한 것으로 타자의 통시성을 의미한다.

그렇다면 타자의 시간들과 나의 시간들은 불연속성만을 표출하는가? 타자의 시간들은 나에 대해 절대적 타자성을 선언하지만, 타자의 시간들은 나의 시간에 대해 또 다른 방식의 접근 가능성을 보여준다. 그것은 유한한 나의 시간을 종말이 아닌 무한한 미래의 시간으로 연결짓는 것이다. 타자와의 에로스를 통해 이루어진 출산은 우리에게 나이면서 내가 아닌 존재를 선물하며, 이들 타자는 나의 시간을 미래로 이어 준다. 타자로부터 선사되는 미래는 내가 원인이 되어 나로부터 기획되고 펼쳐지는 미래와는 다른 방식, 나의 가능성과 설계를 넘어 절대적 다름의 차원에서 다가오는 미래를 선보인다. 타자로 말미암아 선사된 미래는 내가 아니면서도 나이기도 한 아이들을 통해 다가온다는 점에서 나와의 연속성을 지니며, 또한 나의 아이조차도 나의 설계를 넘어서 있는 절대적 타자성을 지닌다는 측면에서 본다면 절대적으로 뛰어넘을 수 없는 간격을 지닌, 분리된 존재자라는 점에서는 불연속성을 지닌다.

이상에서 논의된 타자의 시간의 현재와의 통약 불가능성, 나의 현재로 동시화되는 것이 불가능한 타자의 통시성, 자아의 아르케를 혼란시키는 타자의 아나키, 자아와 타자의 시간이 엮이는 불연속적 연속성의 시간성들은 레비나스가 나의 시간과 타자의 시간들의 관계성의 조명에서 새로이 해명해 낸 중요한 측면들이라 할 수 있을 것이다.

참고문헌

김규영, 『시간론』, 서강대학교 출판부, 1987.

김연숙, 『레비나스 타자윤리학』, 인간사랑, 2001.

니체, 『도덕의 계보』, 김정현 옮김, 책세상, 2002.

들뢰즈, 『의미의 논리』, 이정우 옮김, 한길사, 2002.

손봉호, 『고통받는 인간』, 서울대학교 출판부, 1995.

이진경, 『노마디즘』 2, 휴머니스트, 2003.

철학문화연구소, 『철학과 현실』 74호, 2007.

Chalier, Catherine, "The Philosophy of Emmanuel Levinas and the Hebraic Tradition", ed. A. T. Peperzak, *Ethics as first Philosophy*, New York, 1995.

Jacquard, A., *Petite philosophie à l'usage des non-philosophes*, Calmann-Lévy, 1997.

Gibbs, R., *Correlations in Rosenzweig and Levinas*, New Jersey: Princeton University, 1992.

Peperzak, A. T., *Ethics as First Philosophy*, New York: Routledge, 1995.

____, *To the Other*, Indiana: Purdue University Press, 1993.

Levinas, E., *Autrement qu'être ou au-dela de l'essence*, Martinus Nijhoff, 1974.

____, *Basic Philosophical Writings*, ed. A. T. Peperzak, S. Critchley & R. Bernasconi, Bloomington and Indianapolis: Indiana University, 1996.

____, *Dieu, la mort et le temps*, Grasset & Fasquelle, 1993.

____, *Ethics and Infinity*, trans. R. A. Cohen, Pittsberg: Duquesne University, 1985.

____, *Totality and Infinity*, trans. A. Lingis, Netherlands: Kluwer Academic Publishers, 1991.

Roth, Wolff-Michael, *Being and Becoming in the Classroom*, Ablex publishing, 2002. ch.1, p.14.

필자 소개

집필순

서영식(徐英植)은 충남대학교 철학과를 졸업하였으며, 스위스 취리히, 바젤, 루체른에서 철학과 신학을 공부한 후 루체른 대학교에서 서양 고대철학 전공으로 박사학위를 취득하였다(2004). 주요 저서로 *Selbsterkenntnis im Charmides*(2005), 『철학과 세계』(이화, 2009) 등이 있으며, 서양 고대철학 분야에서 다수의 연구논문을 발표하였다. 최근의 연구 관심 분야는 고대철학 및 그 영향사, 의식이론, 윤리학 등이다.

조규홍(曺圭弘)은 독일 밤베르크 대학교에서 박사학위를 취득하였으며(1999), 현재 배재대학교와 대전 가톨릭대학교에 출강하고 있다. 주요 저서로 『시간과 영원 사이의 인간존재』(성바오로, 2002), 『플로티노스』(살림, 2006), 『플로티노스의 지혜』(누멘, 2008) 등이 있고, 역서로는 『하느님의 다스림과 하느님 나라』(가톨릭출판사, 2002), 『니콜라우스 쿠사누스의 '다른 것이 아닌 것'』(나남, 2006), 『엔네아데스』(지만지, 2009) 등이 있으며, 플로티노스 및 니콜라우스 쿠사누스 관련 연구논문들이 다수 있다. 관심 및 연구 분야는 플로티노스(고대) 및 니콜라우스 쿠사누스(중세)의 철학사상이며, 최근에는 피치노(르네상스)의 철학사상에 흥미를 갖고 있다.

김태규(金泰圭)는 전북대학교에서 아우구스티누스의 시간론 연구로 박사학위를 취득하였으며(1991), 현재 한국성서대학교 교양학부에 재직 중이다. 주요 저서로는 『고대철학의 시간이론』(한글, 2002), 『형이상학의 역사』(한글, 2009) 등이 있으며, 서양 고대와 중세, 그리고 르네상스의 철학사상에 관한 다수의 논문을 발표하였다.

이경재(李京宰)는 연세대학교 철학과를 졸업하였으며, 동대학원에서 서양 중세 토마스 아퀴나스 형이상학으로 철학박사학위를 취득하였다(2000). 월간 『에머지』 편집장을 역임하였으며, 현재 백석대학교 기독교철학과에 재직 중이다. 주요 저서로는 『중세는 정말 암흑기였나』(살림, 2003), 『열 가지 물음으로 보는 아퀴나스 철학』(UCN, 2005), 『인격』(공저, 서울대출판부, 2007) 등이 있다. 현재는 신-세계-인간이라는 전통철학의 주제를 중심으로 중세의 기독교적 형이상학과 인간학 이론을 체계적으로 정리하고 그 현재적 가치를 규명하는 데 주력하고 있다.

이근세(李根世)는 벨기에 루뱅대학교 철학고등연구소에서 철학박사학위를 취득하였으며(2002), 현재 경희대학교 철학과에서 강의하고 있다. 역서로는 『스피노자와 도덕의 문제』(선학사, 2003)가 있으며, 스피노자 및 근대철학을 주제로 한 다수의 연구논문을 발표하였다. 관심 분야 및 연구 영역은 서양 근대철학, 프랑스철학, 형이상학이다.

이태하(李泰夏)는 서강대학교 철학과를 졸업하고 동대학원에서 석사학위를 받았으며, 미국 세인트루이스 대학교 대학원에서 흄의 종교철학에 대한 연구로 철학박사학위를 취득하였다(1995). 현재 세종대학교 교양학부에 재직 중이다. 관심 분야는 17-18세기 영국철학과 현대 종교철학이다. 주요 저서로는 『경험론의 이해』(프레스21, 1999), 『현대인의 삶과 윤리』(민지사, 2000), 『종교적 믿음에 대한 몇 가지 철학적 반성』(책세상, 2000) 등이 있고, 역서로는 『이성과 신앙』(철학과현실, 1999), 『다원주의자가 기독교인이 될 수 있는가?』(청년정신, 2002), 『기적에 관하여』(책세상, 2003), 『종교의 자연사』(아카넷, 2004), 『신과 타자의 정신들』(살림, 2004) 등이 있으며, 근세철학 및 종교철학을 주제로 한 다수의 연구논문을 발표하였다.

박진(朴璡)은 서울대학교에서 철학박사학위를 취득하였으며(1998), 독일 괴팅겐 대학교 post-doc.(2000) 연구 후 현재 동의대학교 철학윤리문화학과에 재직 중이다. 주요 저서로『토마스에서 칸트까지』(공저, 철학과현실사, 1999),『하이데거와 철학자들』(공저, 철학과현실사 1999),『칸트와 독일이상주의』(공저, 철학과현실사 2000),『칸트와 정치철학』(공저, 철학과현실사 2002),『칸트와 문화철학』(공저, 철학과현실사 2003),『반성과 이성』(공저, 동과서, 2003),『인간에 대한 철학적 성찰』(공저, 문예출판사, 2005) 등이 있으며, 칸트와 독일이상주의, 하이데거, 토마스, 근대철학 및 논리학, 인식론, 형이상학을 주제로 한 연구논문을 발표하였다. 관심 분야 및 연구 영역은 신학, 서양 고중세 철학, 근현대 철학, 형이상학, 존재론, 인식론, 논리학, 예술철학, 정치철학, 종교철학, 현상학, 해석학, 철학적 인간학 등이다.

이정은(李程殷)은 연세대학교 철학과를 졸업하고, 동대학원에서 헤겔 철학 연구로 철학박사학위를 취득하였다(1999). 현재 연세대학교 철학연구소 전문연구원 및 연세대 외래교수로 재직 중이다. 주요 저서로는『사랑의 철학』(살림, 2004),『사람은 왜 인정받고 싶어 하나』(살림, 2005),『헤겔 대 논리학의 자기의식 이론』(한국학술정보, 2006),『이성의 다양한 목소리』(공저, 철학과현실사, 2009) 등이 있으며, 역서로『여성주의 철학』(공역, 서광사, 2005) 등이 있다. 그 밖에 헤겔 철학, 여성철학과 관련된 다수의 연구논문을 발표하였다. 관심 분야 및 연구 영역은 서양 근대철학, 여성철학, 정치/사회철학 등이다.

송영진(宋榮鎭)은 서울대학교 철학과와 대학원을 졸업하고, 벨기에 루뱅대학교 후설연구소에서 연구하였으며, 전북대학교에서 철학박사학위를 취득하였다(1984). 현재 충남대학교 철학과 교수로 재직 중이다. 주요 저서로는『플라톤 변증법』(철학과현실사, 2000),『철학과 논리』(충남대출판부, 2002),『직관과 사유』(서광사, 2005),『인간과 아름다움』(충남대출판부, 2006) 등이 있으며, 역서로『철학의 단계적 이해』(서광사, 1986),『도덕과 종교의 두 원천』(서광사, 1998) 등이 있다. 플라톤과 베르그송 철학을 주로 연구하였으며, 관심 분야 및 연구 영역은 형이상학, 심리철학, 미학, 논리학, 종교철학 등이다.

송석랑(宋錫朗)은 한국외국어대학교 및 대학원을 졸업한 후, 충남대학교 대학원에서 철학박사학위를 취득하였으며(1998), 현재 공주교육대학교 등에서 강의하고 있다. 주요 저서로는 『언어와 합리성의 새 차원: 하이데거와 메를로-뽕띠』(충남대출판부, 2003)와 『메를로-뽕띠의 철학: 존재와 예술과 진리의 현상학』(문경출판사, 2005) 등이 있으며, 역서로는 『하이데거의 존재의 역사와 언어의 변형』(자작아카데미, 1996) 등이 있다. 관심 분야 및 연구 영역은 현상학, 미학, 문화철학, 예술철학이다.

김연숙(金連淑)은 충북대학교 윤리교육과를 졸업하고 레비나스의 윤리학 연구로 서울대학교 대학원에서 박사학위를 취득하였으며(1999), 현재 충북대 윤리교육과에 재직 중이다. 주요 저서로 『소통과 출판』(공저, 도서출판 개신, 2008), 『레비나스 타자윤리학』(인간사랑, 2001), 『인격』(공저, 서울대출판부, 2007), 『서양 근·현대윤리학』(공저, 인간사랑, 2003), 『인간과 현대적 삶』(공저, 철학과현실사, 2003) 등이 있으며, 윤리적 주제를 다룬 다수의 논문을 발표하였다.

시간과 철학

·

2009년 8월 15일 1판 1쇄 인쇄
2009년 8월 20일 1판 1쇄 발행

엮은이 / 한국동서철학회
발행인 / 전 춘 호
발행처 / 철학과현실사
서울시 종로구 동숭동 1-45
전화 579-5908 · 5909
등록 / 1987.12.15.제1-583호

ISBN 978-89-7775-696-0   03160
값 18,000원